UTB **3498**

Eine Arbeitsgemeinschaft der Verlage

Böhlau Verlag · Wien · Köln · Weimar
Verlag Barbara Budrich · Opladen · Farmington Hills
facultas.wuv · Wien
Wilhelm Fink · München
A. Francke Verlag · Tübingen und Basel
Haupt Verlag · Bern · Stuttgart · Wien
Julius Klinkhardt Verlagsbuchhandlung · Bad Heilbrunn
Mohr Siebeck · Tübingen
Nomos Verlagsgesellschaft · Baden-Baden
Orell Füssli Verlag · Zürich
Ernst Reinhardt Verlag · München · Basel
Ferdinand Schöningh · Paderborn · München · Wien · Zürich
Eugen Ulmer Verlag · Stuttgart
UVK Verlagsgesellschaft · Konstanz, mit UVK/Lucius · München
Vandenhoeck & Ruprecht · Göttingen · Oakville
vdf Hochschulverlag AG an der ETH Zürich

Karin Schöpflin

Die Bibel in der Weltliteratur

Mohr Siebeck

KARIN SCHÖPFLIN, geboren 1956; Studium der Anglistik, Klassischen Philologie, Romanistik, Erziehungswissenschaft und Evangelischen Theologie; 1988 Promotion im Fach Anglistik; 2001 Habilitation im Alten Testament; seit 2002 Lehrtätigkeit an der Georg-August-Universität Göttingen; apl. Prof. für Biblische Theologie und ihre Didaktik.

ISBN 978-3-8252-3498-0

Die Deutsche Nationalbibliothek verzeichnet diese Publikation in der Deutschen Nationalbibliographie; detaillierte bibliographische Daten sind im Internet über *http://dnb.d-nb.de* abrufbar.

© 2011 Mohr Siebeck Tübingen.

Das Werk einschließlich aller seiner Teile ist urheberrechtlich geschützt. Jede Verwertung außerhalb der engen Grenzen des Urheberrechtsgesetzes ist ohne Zustimmung des Verlags unzulässig und strafbar. Das gilt insbesondere für Vervielfältigungen, Übersetzungen, Mikroverfilmungen und die Einspeicherung und Verarbeitung in elektronischen Systemen.

Das Buch wurde von Computersatz Staiger in Rottenburg a.N. gesetzt und von Hubert & Co. in Göttingen auf alterungsbeständiges Werkdruckpapier gedruckt und gebunden.

Vorwort

Die Entstehungsgeschichte dieses Bandes reicht weit zurück in meine eigenen Studientage: Dass biblische Bezüge bei der Lektüre literarischer Werke viel zu wenig bedacht wurden, empfand ich seinerzeit als Mangel bei meinen literaturwissenschaftlichen Studien. Dies Phänomen besteht nach wie vor, vermutlich noch verschärft, da die Vertrautheit mit der Bibel noch weniger selbstverständlich ist als in früheren Generationen. Durch meine theologischen Studien gewann der Plan zu einem Buch, das Literaturwissenschaftlern einschlägiges Wissen vermitteln helfen sollte, weiter an Profil: Aus theologischer Perspektive liegt der Akzent auf einer Rezeptionsgeschichte der Bibel.

Während meiner Tätigkeit in der akademischen Lehre habe ich die interdisziplinäre Verbindung zwischen Bibel und Literatur in unterschiedlichen Veranstaltungen erprobt. Die Gestalt dieses Bandes basiert auf einer Vorlesung, die ich in den vergangenen Jahren mehrmals in unterschiedlicher Form in Göttingen als interdisziplinäre Veranstaltung sowohl für Philologen als auch für Theologen sowie für interessierte Hörer aller Fakultäten gehalten habe – die Studierenden der Bachelorstudiengänge erwerben darin „Schlüsselqualifikationen". Aus den in den Vorlesungen vorgestellten literarischen Werken musste für dieses Buch eine Auswahl getroffen werden; behandelt werden daher fast ausschließlich „Klassiker", die vor der Wende zum 20. Jahrhundert erschienen.

Mein Dank gilt dem Verlag Mohr Siebeck für die Aufnahme dieses Buches in die Reihe der UTB-Bände. Besonders herzlich danke ich Herrn Dr. Henning Ziebritzki, der sich für dieses Projekt begeistern ließ und seinen Entstehungsprozess mit großem Interesse und mancher wertvollen Anregung begleitete.

Ein weiterer Dank gilt den Mitarbeiterinnen des Verlages Mohr Siebeck, Frau Katharina Stichling und Frau Jana Trispel, die das Manuskript sehr umsichtig und hilfreich betreuten und für den Druck vorbereiteten.

Hamburg, im Februar 2011 *Karin Schöpflin*

Inhaltsübersicht

Vorwort	V
Inhaltsverzeichnis	IX
Einführung	1
1. Die Bibel als „Kulturgut"	3
2. Bedeutung der Bibel für die Literatur am Beispiel von Goethes *Faust. Der Tragödie erster Teil*	7
3. Zu diesem Band	14

A: Das Alte Testament 17

    Einleitung 19
1. Die Genesis (1. Mose): Anfänge 22
2. Exodus bis Deuteronomium (2.–5. Mose): Moseerzählungen 97
3. Die Geschichte Israels: Von Josua bis Ester 121
4. Psalmen und Lehrbücher 176
5. Schriftpropheten 210

B: Das Neue Testament 245

    Einleitung 247
1. Die Evangelien – Leben, Leiden, Tod und Auferstehung Jesu Christi 250
2. Apostelgeschichte und Briefe – das Entstehen christlicher Kirche und Lehre 313
3. Apokalypse – Vision der Endzeit 319

Auswahlbibliographie 329

Register 333

Inhaltsverzeichnis

Vorwort V
Inhaltsübersicht VII
Abkürzungen für die Bücher der Bibel XV

Einführung 1
1. Die Bibel als „Kulturgut" 3
2. Bedeutung der Bibel für die Literatur am Beispiel
   von Goethes *Faust. Der Tragödie erster Teil* 7
2.1. Bearbeitung biblischen Materials:
   Der Prolog im Himmel 7
2.2. Einzelne biblische Bezüge und Anspielungen 11
3. Zu diesem Band 14

A: **Das Alte Testament** 17

   Einleitung 19
1. Die Genesis (1. Mose): Anfänge 22
1.1. Die biblische Urgeschichte (*Gen* 1–11) 22
1.1.1. Die Schöpfung 23
   Biblisch 23
   ▪ *Gen* 1,1–2,4a – Die erste Schöpfungserzählung . . . 23
   ▪ *Gen* 2,4b–3,24 – Die zweite Schöpfungserzählung . 25
   Literarisch 25
   ▪ Christian Fürchtegott Gellert – *Die Ehre Gottes
     aus der Natur* 31
   ▪ Andrew Marvell – *Der Garten* 33
   ▪ John Milton – *Das verlorene Paradies* 35
   ▪ Mary Wollstonecraft Shelley – *Frankenstein oder
     der moderne Prometheus* 46
1.1.2. Brudermord 51
   Biblisch 51
   ▪ *Gen* 4,1–16 – Kain und Abel 51

	Literarisch	52
	▪ William Shakespeare – *Hamlet*	53
	▪ Charles Baudelaire – *Abel und Kain*	54
	▪ Georg Gordon Lord Byron – *Kain. Ein Mysterium*	56
1.1.3.	Sintflut	61
	Biblisch	61
	▪ *Gen 6,5–9,17*	61
	Literarisch	65
	▪ Alfred de Vigny – *Die Sintflut*	65
	▪ Ernest Hemingway – *In einem anderen Land*	67
1.1.4.	Die Völker und der Turmbau zu Babel	70
	Biblisch	70
	▪ *Gen 9,18–11,9*	70
	Literarisch	71
	▪ Gottfried Benn – *Wir gerieten in ein Mohnfeld*	71
1.2.	Erzvätergeschichten und Josefsnovelle (*Gen* 12–50)	72
	Biblisch	72
	▪ *Gen 12–36* – Die drei Erzväter Abraham, Isaak und Jakob	72
	▪ *Gen 37.39–50* – Die Josefsnovelle	78
	Literarisch	80
	▪ Thomas Mann – *Joseph und seine Brüder*	81
2.	Exodus bis Deuteronomium (2.–5. Mose): Moseerzählungen	97
	Biblisch	97
	▪ *Ex 1,1–15,21* – Der Auszug aus Ägypten	97
	▪ *Ex 15,22–17,16; Num 10,11–32,42* – Die Wanderung durch die Wüste	100
	▪ *Ex 19,1 – Num 10,10; Dtn* – Die Offenbarung des Gesetzes	103
	Literarisch	106
	▪ Victor Hugo – *Moses auf dem Nil*	107
	▪ Alfred de Vigny – *Moses*	109
	▪ George Eliot – *Der Tod des Moses*	109
	▪ John Steinbeck – *Früchte des Zorns*	111
	▪ Fjodor M. Dostojewski – *Schuld und Sühne*	114
3.	Die Geschichte Israels: Von Josua bis Ester	121
3.1.	Von der Landnahme zum Babylonischen Exil	121
3.1.1.	Landnahme und Landverteilung	121

	Biblisch	121
	▪ Das Buch Josua	121
	Literarisch	123
	▪ Rainer Maria Rilke – *Josuas Landtag*	123
3.1.2.	Israels Stämme im Teufelskreis der Abgötterei und die heldenhaften Retter	124
	Biblisch	124
	▪ Das Buch der Richter	124
	Literarisch	127
	▪ Lion Feuchtwanger – *Jefta und seine Tochter*	127
	▪ Hans Sachs – *Tragedia, mit 17 Personen, der Richter Simson*	131
3.1.3.	Davids ausländische Urgroßmutter	132
	Biblisch	132
	▪ Das Buch Rut	132
	Literarisch	134
	▪ Victor Hugo – *Boas schläft*	134
3.1.4.	Die Könige Saul und David	136
	Biblisch	136
	▪ Das erste Samuelbuch	136
	▪ Das zweite Samuelbuch	138
	Literarisch	141
	▪ Vittorio Alfieri – *Saul*	141
	▪ William Shakespeare – *Richard III.* / – *Hamlet*	145
	▪ Émile Zola – *Doktor Pascal*	146
3.1.5.	Von Salomo bis zum Babylonischen Exil	150
	Biblisch	150
	▪ Die Königebücher	150
	Literarisch	153
	▪ Berthold Brecht – *Der Augsburger Kreidekreis*	153
	▪ Andreas Gryphius – *Elias*	156
	▪ Jean Racine – *Athalja*	157
3.2.	Israel und persischer unter hellenistischer Herrschaft	160
3.2.1.	Das Buch Tobit	161
	Biblisch	161
	Literarisch	162
	▪ Novalis – *Wenn in bangen trüben Stunden*	163
	▪ Joseph von Eichendorff – *Gottes Segen*	163

3.2.2. Das Buch Judit 164
      Biblisch 164
      Literarisch 167
      ▪ Friedrich Hebbel – *Judith* 167
      ▪ Johann Nepomuk Nestroy –
        Judith und Holofernes 170
3.2.3. Das Buch Ester 172
      Biblisch 172
      Literarisch 173
      ▪ Franz Grillparzer – *Esther* 173
4.   Psalmen und Lehrbücher 176
4.1. Psalmen 176
      Biblisch 176
      Literarisch 180
      ▪ Martin Luther – *Ein feste Burg* 181
      ▪ Friedrich Schiller – *Hymne an den Unendlichen* . 181
      ▪ Eduard Mörike – *Gebet* 182
      ▪ Theodor Fontane – *Bekenntnis* 183
      ▪ Heinrich Heine – *Mich locken nicht die
        Himmelsauen* 184
4.2. Lehrbücher 185
4.2.1. Das Buch Hiob 185
      Biblisch 185
      Literarisch 190
      ▪ Hugo von Hofmannsthal – *Jedermann* 191
      ▪ Giovanni Boccaccio – *Il Decamerone X 10* 192
4.2.2. Das Buch der Sprüche Salomos *(Proverbien)* 196
      Biblisch 196
      Literarisch 198
      ▪ John Bunyan – *Pilgerreise* 198
4.2.3. Der Prediger Salomo *(Kohelet/Ecclesiastes)* 202
      Biblisch 202
      Literarisch 204
      ▪ Andreas Gryphius – *Es ist alles Eitel* 204
      ▪ Andrew Marvell – *An seine spröde Geliebte* 206
4.2.4. Das Hohelied Salomos 207
      Biblisch 207
      Literarisch 208
      ▪ *Melker Marienlied* 208
      ▪ Francesco Petrarca – *Canzoniere 127* 208

5.	Schriftpropheten	210
5.1.	Prophetische Gestalten	211
5.1.1.	Leben und Wirken eines Propheten	211
	Biblisch	211
	▪ Das Buch Jeremia	211
	Literarisch	214
	▪ Alexander Puschkin – *Der Prophet*	214
5.1.2.	Prophetenlegenden	217
	Biblisch	217
	▪ Das Jonabuch	217
	Literarisch	220
	▪ Herman Melville – *Moby Dick oder Der Wal*	220
5.1.3.	Der legendäre weise Prophet	224
	Biblisch	224
	▪ Das Danielbuch	224
	Literarisch	227
	▪ Pedro Calderón de la Barca – *Balthasars Nachtmahl*	228
	▪ Friedrich von Hagedorn – *Susanna*	231
5.2.	Prophetische Botschaften	232
	Biblisch	232
	Literarisch	235
	▪ William Shakespeare – *Macbeth*	236
	▪ Dante Alighieri – *Die Göttliche Komödie*	239
B:	**Das Neue Testament**	245
	Einleitung	247
1.	Die Evangelien – Leben, Leiden, Tod und Auferstehung Jesu Christi	250
	Biblisch	250
	▪ Das Markusevangelium	251
	▪ Das Matthäusevangelium	251
	▪ Das Lukasevangelium	263
	▪ Das Johannesevangelium	266
	Literarisch	268
	▪ Leiden, Tod und Auferstehung Jesu Christi und Auszüge aus Jesu Leben	268

- Friedrich Gottlieb Klopstock – *Der Messias* 269
- Heinrich Heine – *Deutschland. Ein Wintermärchen* 279
- Leo Tolstoi – *Auferstehung* 281
- Johannes der Täufer 290
- Oscar Wilde – *Salome* 291
- Heilungswunder Jesu 295
- Franz Werfel – *Das Lied von Bernadette* 297
- Jesu Gleichnis *Vom verlorenen Sohn* 301
- Friedrich Schiller – *Die Räuber* 302
- Jesus und die Ehebrecherin 307
- Nathaniel Hawthorne – *Der scharlachrote Buchstabe* 307

2. Apostelgeschichte und Briefe – das Entstehen christlicher Kirche und Lehre 313
   Biblisch 313
   - Die Apostelgeschichte 313
   - Die Paulusbriefe 314
   - Die Taufe 314

   Literarisch 315
   - Jeremias Gotthelf – *Die schwarze Spinne* 315

3. Apokalypse – Vision der Endzeit 319
   Biblisch
   - Die Offenbarung des Johannes 319

   Literarisch 322
   - Cormac McCarthy – *Die Straße* 322

Auswahlbibliographie 329

Register 333

Abkürzungen für die Bücher der Bibel

Altes Testament

Dan	Daniel
Dtn	Deuteronomium (5. Mose)
Esr	Esra
Est	Ester
Ex	Exodus (2. Mose)
Ez	Ezechiel / Hesekiel
Gen	Genesis (1. Mose)
Hi	Hiob
Hld	Hoheslied
Hos	Hosea
Jdt	Judit
Jer	Jeremia
Jes	Jesaja
Jos	Josua
Lev	Levitikus (3. Mose)
Mal	Maleachi
Mi	Micha
Nah	Nahum
Neh	Nehemia
Num	Numeri (4. Mose)
Pred	Prediger Salomo
Ps	Psalmen
Ri	Richter
Sach	Sacharja
Sir	Jesus Sirach
Spr	Sprüche
Tob	Tobit
1/2 Chr	1./2. Chronikbuch
1/2 Kön	1./2. Königebuch
1/2 Sam	1./2. Samuelbuch
2 Makk	2. Makkabäerbuch

Neues Testament

Apg	Apostelgeschichte
Hebr	Hebräerbrief
Joh	Johannes
Lk	Lukas
Mt	Matthäus

XVI Abkürzungen für die Bücher der Bibel

Mk	Markus
Off	Offenbarung des Johannes
Röm	Römerbrief
1Kor	1. Korintherbrief

Einführung

Einführung

1. Die Bibel als „Kulturgut"

Der Begriff „Bibel" leitet sich ab vom Griechischen *ta biblia*   Bibel
„Bücher". Diese Pluralform ist zutreffend, weil die Bibel streng genommen nicht ein einzelnes Buch ist, sondern eine ganze Sammlung von einzelnen Schriften. Diese Sammlung ist zudem zweiteilig: Aus christlicher Perspektive wird der umfangreichere erste Teil als „Altes Testament" bezeichnet, der zweite als „Neues Testament"[1]. Zusammen bilden sie die verbindliche Glaubensurkunde, den Kanon, der christlichen Kirche. Die „Heilige Schrift" war und ist Grundlage kirchlicher Lehre und Praxis und christlicher Lebensführung. Da der europäische Raum Jahrhunderte lang unangefochten vom Christentum geprägt wurde, stellt die Bibel damit unbestritten ein bedeutsames Kulturgut des Abendlandes dar.

Die Bibel der frühen Christen war Griechisch: sie lasen das Alte   Übersetzungen
Testament in der „klassischen" griechischen Übersetzung, der „Septuaginta"; die neutestamentlichen Schriften waren von vornherein auf Griechisch verfasst worden. Um 400 n. Chr. übersetzte Hieronymus die christliche Bibel ins Lateinische. Diese Übersetzung wurde nur noch geringfügig überarbeitet und als „Vulgata" zum maßgeblichen Bibeltext im christlichen Abendland. Vom Zeitalter der Reformation an wurde die Bibel verstärkt[2] in die modernen Volkssprachen übersetzt[3] und dadurch allmählich breiteren Bevölkerungsschichten als Lektüre zugänglich. Diese Bibelübersetzungen beeinflussten zudem die Volkssprachen – im Deutschen die Lutherbibel, die 1534 komplett vorlag.

---

[1] Zu einer genaueren Einführung in diese Teile vgl. jeweils die Einleitung zu Teil A und Teil B.
[2] Es gab bereits in vorreformatorischer Zeit diverse Bibelübersetzungen, die jedoch nicht den Verbreitungsgrad erreichten wie die reformatorischen.
[3] Als Reaktion darauf erklärte das Trienter Konzil 1546 den lateinischen Text der Vulgata zum verbindlichen Wortlaut der Hl. Schrift in der römisch-katholischen Kirche.

Einführung

Rezeptionen

Von Anfang an wurden Bibeltexte einerseits in kirchlicher Verkündigung und Lehre ausgelegt, andererseits waren sie frühzeitig in vielfältiger Weise Quelle künstlerischer Inspiration. Ihr hoher Stellenwert für Malerei – angefangen mit Illustrationen in kostbaren Bibelhandschriften – und bildende Kunst ist offensichtlich. Doch ist biblisches Gut für Dichtung und Literatur nicht minder bedeutsam. Die Texte von Hymnen und Chorälen beispielsweise schöpften aus der Bibel ebenso wie frühe Dramatisierungen biblischer Stoffe (z.B. Passionsspiele). Diese Werke waren noch an kirchlichen Gebrauch gebunden. Doch lösten sich dichterische Verarbeitungen biblischen Materials zunehmend vom Raum der Kirche. Die biblischen Schriften in ihrer Vielfalt boten und bieten sich für unterschiedliche schriftstellerische Verwendungen an: Nach- und Neuerzählungen biblischer Geschichten in epischen Formen, Bühnenbearbeitungen und Dramatisierungen, lyrische Gedichte – Adaptationen unterschiedlichster Art lassen die biblische Vorlage häufig genau erkennen. Sie bieten den Reiz, in Erfahrung zu bringen, wie deren Verfasser ihre biblische Quelle ausgelegt und wo sie neue, eigene Akzente gesetzt haben. Daneben stehen jedoch auch Werke, die biblische Handlungs- oder Personenkonstellationen, Bilder oder Sprachformen aufnehmen und aktualisierend verarbeiten. Hinzu treten Zitate einzelner Bibelworte, die nicht immer als solche gekennzeichnet sein müssen, oder Anspielungen, die nur einer Leserschaft erkennbar werden, die sich in der Bibel auskennt. Selbst wenn Bibelkenntnisse zum Verstehen solcher Literatur nicht unabdingbar sind, wird das Verständnis zweifellos vertieft und Feinheiten werden sichtbar, die dem Werk eine zusätzliche Dimension verleihen. Damit ein Lesepublikum biblische Bezüge erkennt, bedarf es eines in seinem Wortlaut markanten und bekannten Bibeltextes, also einer Übersetzung, die hohe Akzeptanz in einer Sprachgemeinschaft besitzt und Allgemeingut geworden ist. Für den deutschen Sprachraum dürfte dies immer noch die Übersetzung Martin Luthers, selbst in ihrer indessen mehrfach revidierten Form für sich beanspruchen können.

Wissenschaftliche Bibelkritik

Nicht zuletzt ist die Bibel auch Gegenstand wissenschaftlicher Betrachtung und Auslegung. Auch dies gilt von frühester Zeit an; man denke nur an philologische Arbeiten und Kommentierungen der Kirchenväter. Von der Alten Kirche an bis in das Zeitalter der Vernunft verstand man die Bibel generell als Gottes Wort, als göttliche Offenbarung; die menschlichen Verfasser galten als göttlich inspiriert, während sie Gottes Wort in menschliche Sprache kleideten und zugänglich machten. Unter dieser Maßgabe las man die Bibel – aus moderner Perspektive gesprochen – unkritisch. Es bildeten sich noch in biblischer Zeit Traditionen, die einzelne Bücher aus der Bibel bekannten Persönlichkeiten zuschrieben; z.B. galt Mose als Autor der *Torah*, David als Dichter des Psalters oder der Lieblingsjünger Jesu als der Evangelist Johannes. Hinzu trat die Neigung, offensichtlich vorhandene Widersprüche – beispielsweise beim Vergleich von Inhalt und Gottesbezeichnungen der beiden Schöpfungserzählungen in *Genesis* 1 und 2 – zu harmonisieren. Abgesehen von einigen wenigen älteren Ausnahmen[4] entwickelte sich eine kritische Wahrnehmung biblischen Schrifttums in der Aufklärung. Nun las man die Bibel wie andere antike Literaturwerke als rein menschliches Produkt, entdeckte in den vorfindlichen Widersprüchen Spuren einer komplexen Entstehungsgeschichte der Texte, die nicht aus einer Feder stammen, sondern teils in Jahrhunderte langen Prozessen allmählich die heutige Gestalt erreichten. Kritische Bibelwissenschaft ist seit dem späten 18. Jahrhundert darauf bedacht, die Schriften des Alten wie des Neuen Testamentes historisch zu verstehen, also ihre theologischen Aussagen in ihren sich wandelnden Entstehungskontexten zu begreifen und ihr allmähliches Werden ausgehend von möglichen mündlichen Vorstufen über frühe schriftliche Fassungen und deren redaktionelle Bearbeitungen bis zur Endgestalt nachzuzeichnen. Diese historisch-kritischen Zugänge waren und sind nicht unumstritten. In diesem Band kann die wissenschaftliche Analyse der Bibel weitgehend, wenn auch nicht völlig, ausgeblendet werden, denn für die Aufnahme und Verarbeitung biblischen Materials durch Dichter und Schriftsteller spielt sie nur eine relativ geringe Rolle. Bis zur Aufklärung und darüber hinaus haben Dichter die Bibel ganzheitlich, „kanonisch", gelesen, ohne den vorliegenden Text – seit der Reformation in aller Regel eine in ihrer Muttersprache verfügbare Übersetzung – zu hinterfragen.

Allerdings erfuhr die Bibel seit jeher literarische Aufnahme nicht nur durch bekennende, praktizierende Christen, sondern auch kritische Lektüre, die kirchlicher Auslegung widersprach. Neben die Bibel traten zudem etwa klassisch-antike Traditionen als zweite Inspirationsquelle, und nicht selten gingen beide eine Synthese ein. Man wird mit biblischen Einflüssen und Bezügen

Literarische Bibelkritik

---
[4] Zu nennen wäre hier etwa Baruch de Spinoza.

in der Literatur rechnen müssen, auch bei Autoren, die man auf Anhieb nicht unbedingt mit dem Christentum in Verbindung bringen und in deren Werk man biblische Bezüge nicht unbedingt vermuten würde. Goethes Äußerung „Wenn ich in ein Gefängnis geworfen würde und nur ein Buch mitnehmen dürfte, wählte ich die Bibel.", mag ebenso überraschen wie Brechts Auskunft anlässlich einer Zeitungsumfrage im Jahr 1928, auf die Frage, welches, literarisch gesehen, sein stärkster Eindruck sei: „Sie werden lachen – die Bibel."[5] Die Bibel ist bis in die Gegenwart hinein Anregung und Folie geblieben, selbst für überzeugte Nicht-Christen und „Atheisten".

---

[5] „Der stärkste Eindruck", in: *Die Dame*, Berlin, Beilage: Die losen Blätter, 1928, Nr. 1, S. 16.

2. Bedeutungen der Bibel für die Literatur am Beispiel von Goethes *Faust*. *Der Tragödie erster Teil*

Nach mehrjähriger Beschäftigung mit dem Stoff erschien der erste Teil der Tragödie 1808 im Druck. Sie weist vielfältige biblische Bezüge auf, von denen markante Beispiele herausgegriffen werden.

2.1. Bearbeitung biblischen Materials: Der *Prolog im Himmel*

Nach dem allgemeiner gehaltenen, das dramatische Medium reflektierenden *Prolog auf dem Theater* führt der Prolog im Himmel in die Tragödie selbst ein. Goethe (1749–1832) greift darin deutlich auf das Buch *Hiob* zurück, das in den beiden Eingangskapiteln zwei Himmelsszenen (1,6–12; 2,1–6) enthält, deren zweite die erste wiederholt und zugleich weiterführend geringfügig variiert. In diesen biblischen Szenen findet ein himmlischer Thronrat statt: Es versammeln sich die Gottessöhne vor dem HERRN, unter ihnen auch der „Satan". Gott tritt in einen Dialog mit ihm, erkundigt sich nach seinem Knecht Hiob, den er charakterisiert als „fromm und rechtschaffen, gottesfürchtig und meidet das Böse." Der Satan unterstellt, dass Hiob nur solange gottesfürchtig bleibt, wie er Gottes Segensgaben genießt: seinen Reichtum an Vieh, Dienerschaft und Kindern. Gott gestattet Satan daraufhin, Hiob Besitz und Familie zu nehmen unter der Bedingung, dass er Hiobs Leben nicht antastet.[6]

Die Himmelsszenen des Hiobbuches

In seinem Prolog folgt Goethe der Tradition, die die Gottessöhne als Engelwesen interpretiert: Goethe lässt die himmlischen Heerscharen und die drei Erzengel Raphael, Gabriel und Michael auftreten. Letztere kommen in der Bibel vor[7], doch entwickelte sich die Vorstellung von Engelwesen vor allem außerhalb der ka-

Erzengel loben die Schöpfung

---

[6] Nachdem Hiob sich bewährt hat, darf der Satan in einem zweiten Schritt Hiobs Gesundheit schädigen. Dazu erhält er in der zweiten Himmelsszene freie Hand.

[7] Raphael in *Tobit* 3,16–12,15; Gabriel in *Dan* 8,16 ff. und 9,21 ff.

nonischen biblischen Schriften. Jeder Erzengel besingt Elemente des Kosmos, den Wechsel von Tag und Nacht, Meer und Land, Sturm und Gewitter (V. 243–266). Gemeinsam beten die drei Gott lobend an (V. 267–270). Die einleitenden Worte der Engel berühren sich sowohl mit der ersten Schöpfungserzählung in *Genesis* 1 als auch mit hymnischer Psalmensprache.

<small>Dialog zwischen Mephistopheles und Gott</small>

Im Anschluss daran entspinnt sich ein Dialog zwischen Mephistopheles und Gott, den nicht Gott wie in *Hiob* 1,7, sondern Mephistopheles eröffnet (V. 271). Mephistopheles entspricht der Satansgestalt, die analog zu den Engeln eine eigene, außerbiblische Entwicklung durchgemacht hat. Anders als die Engel versteht Mephistopheles sich nicht auf erhabene Lobpreisungen, seine Interessen sind weltlicherer Natur:

> Von Sonn' und Welten weiß ich nichts zu sagen,
> Ich sehe nur, wie sich die Menschen plagen.
> Der kleine Gott der Welt bleibt stets von gleichem Schlag,
> Und ist so wunderlich als wie am ersten Tag. (279–282)[8]

Er beklagt die Lebensbedingungen der Menschen und wirft Gott vor, dass er dem Menschen die Vernunft geschenkt hat (283–292), hat also an der Schöpfung grundsätzlich nur etwas auszusetzen (296–298)[9]. Wenn er den Menschen als „kleinen Gott der Welt" (V. 281) bezeichnet, spielt er damit an auf die Gottebenbildlichkeit des Menschen und den göttlichen Auftrag an ihn, über die übrigen Geschöpfe zu herrschen (*Gen* 1,26). Gott spricht Mephistopheles auf Faust, seinen „Knecht" (V. 299, vgl. *Hi* 1,8) an, den Mephistopheles daraufhin charakterisiert (V. 300–307), was Gott im *Hiob*-Prolog selbst tut (*Hi* 1,8): Mephistopheles beschreibt Faust als einen unbefriedigt Zerrissenen, der nach den Sternen greift und göttliche Erkenntnis erstrebt, andererseits aber den Freuden der irdischen Welt zugetan ist. Gott setzt Hoffnung in Doktor Faust, obwohl er ihm offenkundig nicht so geradlinig dient wie Hiob:

---

sowie *Lk* 1,11 ff. 26 ff.; Michael in *Dan* 10,13.21; 12,1 und *Off* 12,7 ff.

[8] Goethe, *Faust. Der Tragödie erster und zweiter Teil. Urfaust*, hrsg. und kommentiert von E. Trunz, München 1999, S. 17.

[9] Wenn Gott ihn fragt „Kommst du nur immer anzuklagen?" (V. 294), entspricht dies ganz der Bezeichnung und Funktion des biblischen *śāṭān* (hebr. „Ankläger").

2. Bedeutungen der Bibel für die Literatur

> Wenn er mir jetzt auch nur verworren dient,
> So wird' ich ihn bald in die Klarheit führen.
> Weiß doch der Gärtner, wenn das Bäumchen grünt,
> Daß Blüt' und Frucht die künft'gen Jahre zieren.[10]   (308–311)

Daraufhin wettet Mephistopheles, dass es ihm gelingen werde, „Ihn meine Straße sacht zu führen!" (V. 314). Gott gesteht es ihm zu, jedenfalls solange Faust sein irdisches Leben führt (V. 315–316). Der HERR rechnet durchaus mit einem Ausgang zu seinen Gunsten; doch auch Mephistopheles ist zuversichtlich, dass sein Vorhaben gelingt (V. 330–331). Für den Fall eines Erfolges wünscht er sich: *Die Wette*

> Wenn ich zu meinem Zweck gelange,
> Erlaubt Ihr mir Triumph aus voller Brust.
> Staub soll er fressen, und mit Lust,
> Wie meine Muhme, die berühmte Schlange.   (332–334)

Wenn er Faust auf seine Seite gezogen und von Gott abgebracht hat, soll es jenem gehen wie der Schlange, die Gott verfluchte, dass sie Staub fressen sollte (*Gen* 3,14b), nachdem sie die Frau im Garten Eden zum Ungehorsam gegen Gott beredet hatte. Indem Goethe Mephistopheles hier einen Bezug zur Sündenfallgeschichte der Bibel herstellen lässt, ordnet er diese Gestalt einmal mehr den Gott widrigen Mächten zu und deutet die existentielle Tragweite der Wette an, bei der es darum geht, ob Faust den Sündenfall gewissermaßen wiederholt oder nicht. Mit der anschließenden Gottesrede füllt Goethe eine viel diskutierte Leerstelle aus:

> Ich habe deinesgleichen nie gehaßt.
> Von allen Geistern, die verneinen,
> Ist mir der Schalk am wenigsten zur Last.
> Des Menschen Tätigkeit kann allzuleicht erschlaffen,
> Er liebt sich bald die unbedingte Ruh;
> Drum geb' ich gern ihm den Gesellen zu,
> Der reizt und wirkt und muß als Teufel schaffen.   (337–343)

Gottes Verhältnis zum Bösen

Gott lässt das Wirken teuflischer Mächte bewusst zu, um den Menschen herauszufordern und ihn nicht in Trägheit verfallen zu lassen. Damit ist bei Goethe klar, dass die Mächte, die das Böse, das Gott Entgegen-Gesetzte („Geister, die verneinen"), verkörpern, Teil der von Gott gesetzten Weltordnung sind. Gott scheint

---

10 Im Bild des grünenden, Frucht tragenden Baumes wird biblisch der gerechte Mensch, der Gute versinnbildlicht, vgl. etwa *Ps* 1,3. Es ist nicht auszuschließen, dass Goethe dies hier im Sinn hatte.

Mephistopheles sogar mit einer gewissen Wertschätzung zu betrachten, da er ihn „Schalk" nennt und so Intelligenz, Scharfsinn und Witz[11] seines Gegenspielers hervorhebt. Dem entspricht Mephistopheles' allein gesprochene, ironische Schlussbemerkung, in der er sich zudem explizit als „Teufel" bezeichnet:

Von Zeit zu Zeit seh' ich den Alten gern[12],
Und hüte mich, mit ihm zu brechen.
Es ist gar hübsch von einem großen Herrn,
So menschlich mit dem Teufel selbst zu sprechen. (352–353)

Goethes Umgestaltung des *Hiob*-Prologes

Goethes *Prolog im Himmel* hat in älteren Verarbeitungen des Faust-Stoffes keine Entsprechung. Wie die Himmelsszenen im *Hiob*-Buch, die Goethe als Vorbild gedient haben, bietet der Prolog dem Publikum Einblick in die Hintergründe des Geschehens, das auf der Bühne zu sehen sein wird, und zwar buchstäblich auf höchster Ebene: Eine Wette zwischen Teufel und Gott bildet den Grund dafür, dass Mephistopheles Doktor Faust in Versuchung führt. Gute, göttliche Mächte und böse, teuflische stehen im Wettstreit um Faust, wobei Mephistopheles als göttlicher Widerpart aktiver sein wird. Im Anschluss an gängige Traditionen sind die biblischen Göttersöhne als Engel dargestellt und der Ankläger als Teufelsgestalt. Wer mit *Hiob* vertraut ist, könnte angesichts des *Prologes im Himmel* zunächst erwarten, dass Gott analog zur biblischen Vorlage den Sieg davontragen werde. Doch gibt es gerade im Vergleich zu *Hiob* Indizien, die diese Erwartung relativieren: Während in der Bibel Gott das Gespräch bestimmt, indem er es eröffnet und Hiob überaus positiv charakterisiert, ist bei Goethe Mephistopheles der eindeutig führende Dialogpartner: Er beginnt die Unterredung, ist weitaus beredter als Gott, übernimmt die Schilderung von Fausts Charakter und hat auch das letzte Wort. Überdies deutet die Beschreibung Fausts auf einen zwiespältigen Charakter, der durchaus anfällig für Versuchungen erscheint. Die Anspielungen auf die Sündenfallgeschichte (*Gen* 3), die Goethe in den nach dem *Hiob*-Buch gestalteten Dialog eingeflochten hat, tun ein Übriges, um das folgende Geschehen vorwegnehmend zu beleuchten. Durch die vorgeschalteten biblischen Bezüge gibt Goethe dem Faust-Drama somit eine theologische Tiefendimension, die sich nur voll erschließt, wenn man mit *Hiob* und *Gen* 3 vertraut ist.

---

11   Vgl. Trunz, Anmerkungen, S. 510.
12   Das Motiv des „gern Sehens" fasst Mephistos Dialog mit Gott ein, vgl. V. 273.

2.2. Einzelne biblische Bezüge und Anspielungen

Zwei knappe Ausschnitte aus der Tragödie sollen illustrieren, wie Goethe biblisches Material an Stellen einbringt, die nicht wie der Prolog im Himmel insgesamt nach biblischem Vorbild gestaltet sind.

Zunächst ein Ausschnitt aus der ersten Szene, „Nacht", die Faust einführt (V. 354 ff.). Faust hat in allen vier Fakultäten studiert, den Doktorgrad erworben und Studenten unterrichtet, und doch sieht er, „daß wir nichts wissen können!" (V. 364). Diese Verzweiflung an der Unfähigkeit des Menschen zu erkennen, „was die Welt / Im Innersten zusammenhält" (V. 382–383), teilt Faust, der sich als „gescheiter als alle die Laffen, / Doktoren, Magister, Schreiber und Pfaffen" (V. 366–367) ansieht, mit dem *Prediger Salomo*, der nach Weisheit strebte, weiser war als alle und doch erkannte, „dass [...] dies ein Haschen nach Wind ist. Denn wo viel Weisheit ist, da ist viel Grämen, und wer viel lernt, der muss viel leiden." (*Pred* 1,17–18)[13]. Weil die Wissenschaften ihn nicht weitergebracht haben, will Faust es mit der Magie versuchen (V. 377 ff.), mit Geisterbeschwörung, die ihm die ihm gesetzten Grenzen überwinden helfen und die Weltordnung erschließen soll. Die Versenkung in ein magisches Buch schenkt ihm die Ahnung einer Entschränkung und lässt ihn ausrufen: „Bin ich ein Gott? Mir wird so licht!" (V. 439).

Sein zu wollen wie Gott stellt eine Versuchung für den Menschen dar, die ihn zu Fall bringt, was die Sündenfallerzählung beispielhaft zeigt (vgl. *Gen* 3,5). Faust erscheint ein Erdgeist (V. 481), dessen genaue Natur und Identität jedoch geheimnisvoll bleiben, der Fausts Gottebenbildlichkeit verächtlich relativiert (511–517). Nachdem Wagner ihn unterbrochen hat, greift Faust wieder allein den Gedanken der Gottebenbildlichkeit des Menschen, der aus *Gen* 1,26–27 stammt, erneut auf (614–622). Als Ebenbild Gottes fühlt sich Faust wie (ein) Gott und nicht mehr wie ein „Erdensohn", wie Adam, den Gott aus Erde schuf (*Gen* 2,7). Er fühlt sich aufgrund der Gottebenbildlichkeit einem Cheruben überlegen, einem göttlichen Wesen, das jedoch Gott untergeordnet ist[14]. Das verächtliche Wort des beschwore-

---

[13] Zudem hat der Prediger erkannt, dass Gott den Menschen „die Ewigkeit in ihr Herz gelegt [hat]; nur dass der Mensch nicht ergründen kann das Werk, das Gott tut, weder Anfang noch Ende." (*Pred* 3,11).
[14] Vgl. *Ez* 10, wo Cheruben als Träger des Gottesthrones, also als der

Menschliches Erkenntnisstreben bleibt vergeblich

Der Mensch will sein wie Gott

nen Geistes hat ihn jedoch buchstäblich wieder auf den Boden zurückgeholt, so dass er konstatiert:

Den Göttern gleich' ich nicht! Zu tief ist es gefühlt;
Dem Wurme gleich' ich, der den Staub durchwühlt,
Den, wie er sich im Staube nährend lebt,
Des Wandrers Tritt vernichtet und begräbt. (652–655)

Er fühlt sich nun wie die niedrigste Kreatur, die im Staub lebt und unversehens umkommt. Der Staub als ihr Lebenselement und ihr leicht eintretender Tod betonen ihre Vergänglichkeit. Zugleich mag der „Wurm" auch die Schlange assoziieren, die nach dem Sündenfall des Menschen verflucht wurde, auf dem Bauch zu kriechen und Erde zu fressen und von den Nachkommen des Menschen zertreten zu werden (*Gen* 3,14–15). Diese Assoziation deutet darauf hin, dass auch Faust sich wie verflucht empfindet.

<small>Bezüge zur Anthropologie der biblischen Schöpfungserzählungen</small>

Die genannten biblischen Bezüge und Anspielungen in dieser Eingangsszene der Tragödie verweisen auf Texte, die sich mit der Erschaffung des Menschen und seinem Sündenfall befassen und die Frage nach der Stellung des Menschen innerhalb der Schöpfung und gegenüber Gott implizieren. Es besteht eine Spannung zwischen der Gottebenbildlichkeit des Menschen nach *Gen* 1 sowie der durch die Verbotsübertretung erlangten gottgleichen Erkenntnis des Menschen nach *Gen* 2–3 und seiner Kreatürlichkeit, die seine Vergänglichkeit und Begrenztheit seiner Erkenntnismöglichkeiten einschließt. Eben diese Spannung macht Faust zu schaffen, weil er sich mit dieser Grundbefindlichkeit des Menschen nicht abfinden kann. Die biblischen Anspielungen passen zudem zur Figur des Faust, der ja auch als studierter Theologe eingeführt wird.

Gottheit untergebene Wesen auftreten. Zugleich kann auch eine Anspielung auf *Ez* 28,12–17 mitschwingen, wo Gott einen König anspricht, den er vollkommen wie einen Cheruben geschaffen und ihm eine exponierte Stellung gegeben hatte. Doch dieser wurde überheblich und versuchte, den Himmel zu erstürmen, so dass Gott ihn zu Boden stürzte. Der Sturz des himmelstürmenden Cheruben in *Ez* 28 ist eine der Wurzeln für die Vorstellung Satans als gestürzten Himmelsstürmers. Von daher gesehen schwingt in dem Verweis auf den vermessenen Cheruben auch eine Anspielung auf den Engelsturz mit.

Goethe hat eben diese genannten Verweise auf biblisches Gut bewusst gewählt; sie machen insofern die Eigenart seiner Bearbeitung des Faust-Stoffes aus. Das lehrt ein Vergleich mit der Eingangsszene von Christopher Marlowes *The Tragical History of Doctor Faustus* (zwischen 1587 und 1593): Dort geht Faust in seinem Studierzimmer die Fakultäten durch und zitiert jeweils kurze Sätze aus Werken, die für Philosophie, Medizin und Jurisprudenz bedeutsam sind. Für die Theologie holt er zum Abschluss die Bibel des Hieronymus, d.h. die Vulgata hervor und zitiert daraus zwei neutestamentliche Stellen (*Römer* 6,23 und *1Joh* 1,8)[15], die den Tod als der Sünde Sold und die unbestreitbare Sündhaftigkeit des Menschen konstatieren. Durch die unterschiedlichen biblischen Verweise setzen Marlowe und Goethe je eigene Akzente in der Deutung des Titelhelden.

---

[15] 1. Akt, 1. Szene, 39–43; Christopher Marlowe, *The Complete Plays*, hg. J.B. Steane, Harmondsworth 1969.

3. Zu diesem Band

Konzept Dies Buch möchte nicht die Reihe der bereits vorhandenen klassischen Bibelkunden um ein weiteres Exemplar vermehren. Dennoch soll es Wissen über die Bibel vermitteln, allerdings mit einer Zuspitzung auf die Elemente, die in der literarischen Rezeptionsgeschichte der Bibel relevant geworden sind. Geboten wird also ein Überblick über die biblischen Schriften des Alten und Neuen Testaments, die schwerpunktmäßig in bedeutsamen Werken der „schönen Literatur"[16] aufgegriffen wurden. An ausgewählten Werken der Weltliteratur wird exemplarisch Einblick in die Wirkungsgeschichte der Bibel gegeben. Angestrebt wird damit eine interdisziplinäre Zusammenschau von Bibel und Literatur. Literaturwissenschaftlich Interessierten sollen Grundinformationen über die Bibel geboten werden, die ungebrochene Relevanz der Bibel für die Literatur soll demonstriert und dazu angeregt werden, biblische Bezüge und Spuren auch in hier nicht behandelten Werken wahrzunehmen und zu entdecken. Auf der anderen Seite soll theologisch und bibelwissenschaftlich Interessierten die reiche Rezeptionsgeschichte der Bibel in der Literatur exemplarisch illustriert werden, die manchen Bibeltext rückblickend in ein neues Licht rückt. Damit der Zusammenhang zwischen biblischer Vorlage und deren literarischer Rezeption leicht nachvollziehbar wird, folgen auf die Vorstellung biblischer Einheiten (BIBLISCH) jeweils unmittelbar Abschnitte zu literarischen Werken (LITERARISCH), deren Verfasser das einschlägige biblische Material nutzten. So sind die einzelnen Abschnitte je für sich lesbar.

Vorentscheidungen Ein Projekt wie dieses erfordert weitere Vorentscheidungen, die teils naturgemäß mehr oder minder subjektiven Charakter besitzen. Notwendig ist eine Entscheidung über den zugrunde gelegten biblischen Kanon. Ausgegangen wird hier in Umfang und Anordnung von dem altkirchlichen christlichen Kanon, also der griechischen Tradition, so dass die so genannten deuterokanonischen

---

[16] D.h. für die Vertonung geschaffene Texte – Opernlibretti und Oratorientexte – bleiben schon allein aus Raumgründen unberücksichtigt; ebenso neue Medien wie Verfilmungen.

bzw. apokryphen Schriften[17] einbezogen sind. Wegen ihrer Verbreitung, Wirkung und ihrer eigenen literarischen Qualität wird die Lutherübersetzung zitiert. Alle literarischen Werke werden in deutschen Übersetzungen geboten, um Einheitlichkeit und allgemeine Verständlichkeit der Darbietung zu gewährleisten.

Die Bibel wird in ihrer Gesamtheit betrachtet, also nicht nur in einem Ausschnitt, nicht nur eine biblische Gestalt (z.B. Hiob), ein Stoff oder dergleichen. Präsentiert wird eine Auswahl aus Werken der Weltliteratur, die – mit zwei Ausnahmen – vor 1945 entstanden. Alternativ wäre eine Beschränkung auf einen Sprachraum, eine Epoche (Barock, 20. Jh.) oder auf einen Schriftsteller (Shakespeare und die Bibel) denkbar. Gerade in der Sprachen, Zeit und biblische Materialien übergreifenden Präsentation scheint jedoch ein Reiz zu liegen, da damit ansatzweise eine literarische Kulturgeschichte in den Blick kommt.

Die Marginalia bieten inhaltliche Stichworte und erleichtern so die Orientierung. Das Sachregister ermöglicht es, Querverbindungen innerhalb des biblischen Schrifttums – dabei spielen die Bezüge zwischen Alten und Neuem Testament eine besondere Rolle – sowie zwischen biblischem Material und rezipierenden literarischen Werken aufzufinden.

---

[17] Zur Klärung der Begriffe vgl. Teil A, Einleitung.

A: Das Alte Testament

Einleitung

Grob betrachtet haben christliche und jüdische Glaubensgemeinschaften das „Alte Testament"[1] gemeinsam und sehen es als Glaubensurkunde an. Genau genommen muss man hier jedoch differenzieren: 39 Einzelschriften, die ursprünglich in hebräischer Sprache verfasst waren, wurden im Verlauf des 2. Jahrhunderts n. Chr. zu für jüdischen Glauben und religiöse Praxis verbindlichen Schriften erklärt, d.h. kanonisiert. Diese „Hebräische Bibel" war nach dem Zeugnis der Vorrede (1,1) des Buches *Jesus Sirach* bereits im 2. Jahrhundert v. Chr. in drei Teile gegliedert. Sie erhielt später nach den Anfangsbuchstaben dieser drei Teile – *Torah* („Weisung"), $N^ebi'im$ („Propheten"), K^etubim („Schriften") – die Bezeichnung „Tanak".

Hebräischer Kanon

- Die *Torah* oder der Pentateuch[2] umfassen die Bücher *Genesis* („Entstehung"[3]), *Exodus* („Auszug"), *Leviticus* („Priesterliches" [sc. Gesetz]), *Numeri* („Zahlen") und *Deuteronomium* („zweites Gesetz") (Luther: 1.–5. Mose).
- Die Propheten sind in der Hebräischen Bibel unterteilt in
  Vordere Propheten: *Josua*, *Richter*, die beiden *Samuel*bücher und die beiden *Könige*bücher; und
  Hintere Propheten: *Jesaja, Jeremia, Ezechiel, Hosea, Joel, Amos, Obadja, Jona, Micha, Nahum, Habakuk, Zefanja, Haggai, Sacharja, Maleachi*.
- Als „Schriften" werden im *Tanak* zusammengestellt: *Psalmen, Sprüche, Hiob, Hoheslied Salomos, Rut, Klagelieder, Prediger Salomo, Ester, Daniel, Esra, Nehemia, Chronikbücher*.

Diese hebräischen Schriften waren bereits in vorchristlicher Zeit für den Gebrauch in Griechisch sprechenden jüdischen Gemeinden in Ägypten (Alexandria) ins Griechische übersetzt worden. Da der Legende[4] nach 70 bzw. 72 Gelehrte diese Übersetzung besorgt hatten, erhielt sie den Namen „Septuaginta" (LXX). Dieser griechische Kanon umfasst über den *Tanak* hinaus noch wei-

Griechischer Kanon

---

1   Dieser Begriff taucht erstmals bei Paulus auf, *2Kor* 3,14.
2   Grch. eigentlich „fünf Gefäße" – bestimmt für die Aufbewahrung jeweils einer Schriftrolle, d.h. „fünf Bücher".
3   Die griech.-latein. Bezeichnungen verweisen auf einen inhaltlichen Aspekt des jeweiligen Buches. Als hebräischer Titel dient jeweils das erste markante Wort, z.B. $b^ere'šît$, „Im Anfang" *Gen* 1,1.
4   Sie wurde im so genannten *Aristeasbrief* überliefert.

tere sieben Schriften und einige Stücke, die als Deuterokanonische Literatur bzw. Apokryphen bezeichnet werden[5].

Es handelt sich um die Bücher *Judit, Weisheit Salomos, Tobit, Jesus Sirach, Baruch,* 1. und 2. *Makkabäerbuch* sowie zusätzliche Stücke zu *Ester, Daniel* (insbesondere die Geschichte von Susanna) und das *Gebet Manasses*.

War man lange der Ansicht, dass diese Teile ursprünglich in griechischer Sprache verfasst wurden, weiß man heute, dass von der *Weisheit Salomos* abgesehen auch diese Texte in hebräischen Fassungen existierten und vielleicht Übersetzungen aus dem Hebräischen sind. Die ältere Annahme spielt insofern noch eine Rolle, als sie sich auf den Stellenwert auswirkt, der diesen Schriften in den verschiedenen christlichen Konfessionen zugemessen wird. Da Luther sich dem humanistischen Prinzip des „zurück zu den Quellen" entsprechend entschied, seiner Bibelübersetzung den Text des Alten und Neuen Testamentes in der jeweiligen Originalsprache zugrunde zu legen, übersetzte er das Neue Testament aus dem Griechischen und das Alte Testament aus dem Hebräischen, so dass Letzteres vom Umfang her mit dem jüdischen Kanon identisch war. Zwar übersetzte Luther auch die zusätzlich in der Septuaginta (und Vulgata) vorhandenen Bücher aus dem Griechischen, doch stellte er sie als gesonderten Block zwischen Altes und Neues Testament. Er schätzte diese Bücher zwar als „gut und nützlich zu lesen, aber nicht gleichen Ranges" wie die Hebräisch vorliegenden Schriften, die *hebraica veritas*.

Anordnung in christlicher Tradition
Die Anordnung der Schriften folgt in der christlichen Tradition einem grundsätzlich anderen Prinzip als in der jüdischen. An die fünf Bücher der *Torah* schließen sich die weiteren erzählenden Bücher an, die so angeordnet sind, dass die Geschichte Israels in chronologischer Abfolge dargestellt erscheint; es werden somit Bücher, die im hebräischen Kanon zu den *K^{e}tubim* zählen, hier eingestellt. Abgesehen von den *Klageliedern*, die die Tradition dem Propheten Jeremia als Verfasser zuschrieb, und *Daniel*, der ebenfalls unter die prophetischen Bücher gerechnet wird, nehmen die fünf verbleibenden Bücher der *K^{e}tubim* die mittlere Stelle im christlichen Kanon ein. An die Schlussposition rücken die prophetischen Schriften, denn sie enthalten einige Texte, die für die Zukunft einen Heilskönig, den „Messias"

---

[5] Der Begriff „Apokryphen" bürgerte sich im evangelischen Bereich ein, während in der römisch-katholischen Tradition von „deuterokanonischen Schriften" gesprochen wird.

verheißen. Diese Verheißungen verstand man vom christlichen Standpunkt aus als Prophezeiungen, die Jesus Christus ankündigen. So leiten die prophetischen Schriften des Alten Testamentes in der christlichen Bibel über zum Neuen Testament.

Damit ergibt sich für das christliche Alte Testament folgende Anordnung[6]:

Pentateuch: *Genesis, Exodus, Leviticus, Numeri, Deuteronomium,*

Geschichtsbücher: *Josua, Richter, Rut, 1. und 2. Samuelbuch, 1. und 2. Königebuch, 1. und 2. Chronikbuch, Esra, Nehemia,* [*Tobit, Judit*], *Ester,* [*1. und 2. Makkabäerbuch*]

Lehrbücher und Psalmen: *Hiob, Psalmen, Sprüche Salomos, Prediger Salomo, Hoheslied Salomos,* [*Weisheit Salomos, Jesus Sirach*]

Prophetenbücher: *Jesaja, Jeremia, Klagelieder Jeremias,* [*Baruch*], *Ezechiel, Daniel, Hosea, Joel, Amos, Obadja, Jona, Micha, Nahum, Habakuk, Zefanja, Haggai, Sacharja, Maleachi.*

In dieser Reihenfolge werden die Schriften auch hier behandelt.

---

[6] Die deuterokanonischen bzw. apokryphen Bücher machen eckige Klammern kenntlich.

1. Die Genesis (1. Mose): Anfänge

Gesamtaufbau Das erste Buch der Bibel befasst sich mit dem Thema „Entstehung" (grch. *genesis*), nämlich der der Welt und des Menschen (*Gen* 1–11) sowie des Gottesvolkes Israel, dessen Ursprung als die Geschichte der ersten drei Generationen der Stammväter – der so genannten Erzväter Abraham, Isaak und Jakob – geschildert wird (*Gen* 12–36). Als eigenständiger Komplex schließt sich die Josefsnovelle (*Gen* 37–50) an, die einerseits über die in ihr agierenden Hauptpersonen mit den Erzvätergeschichten zusammen hängt, andererseits aber die Brücke zum *Exodusbuch* (2. Mose) schlägt, indem sich der Schauplatz vom Gelobten Land nach Ägypten verlagert, wo das Geschehen des *Exodusbuches* beginnt.

1.1. Die biblische Urgeschichte (*Gen* 1–11)

Aufbau und Inhalt Die biblische Urgeschichte setzt sich literarisch aus Erzählungen und genealogischen Listen (Stammbäumen) zusammen. Kritische Bibelwissenschaft führt die Gesamtkomposition auf mehrere Schriftsteller und Bearbeiter zurück. Dass *Gen* 1–11 nicht aus der Feder eines einzelnen Verfassers stammen kann, leuchtet unmittelbar ein, wenn man die beiden Schöpfungserzählungen nacheinander liest. Denn sie stellen – trotz einiger grundsätzlicher Gemeinsamkeiten – die Erschaffung der Welt und des Menschen so unterschiedlich dar, dass gewisse Widersprüche nicht zu leugnen sind.

Inhaltlich geht es um den Ursprung der Welt und des Menschen sowie um anthropologische Grundfragen nach der Stellung des Menschen in der Welt und gegenüber Gott, um seine Verantwortung und Schuld; hinzu kommt der Aspekt der Schöpfungsordnung sowie deren Gefährdung; schließlich werden die Anfänge der Kultur und der Geschichte bedacht. Wegen der Grundsätzlichkeit der angeschnittenen Fragen hat die Urgeschichte bis in die Gegenwart hinein besonders stark in der Literatur gewirkt.

1.1.1. Die Schöpfung

Biblisch

- **Gen 1,1–2,4a – Die erste Schöpfungserzählung.** Zu Beginn konstatiert der Erzähler überschriftartig zusammenfassend: „Am Anfang schuf Gott den Himmel und die Erde."(1,1) und bezeichnet so die eine Gottheit, die unhinterfragt da ist, als Schöpfer der Welt. Der Urzustand (1,2) ist ungeordnetes Chaos (hebr. *tohû wābohû*, „wüst und leer") und lebensfeindlich („Finsternis"). Daraus macht der Schöpfergott[1] im Folgenden eine geordnete Welt und ermöglicht Leben. Er tut dies durch sein Wort: „Und Gott sprach"[2], „und es geschah so"[3]. Diese beiden festen Formulierungen durchziehen die Erzählung. Zwar wird an einigen Stellen auch von einem Handeln Gottes gesprochen – er scheidet Licht und Finsternis, macht die Himmelsfeste und die Gestirne –, doch scheint dies dem Schaffen als Sprechakt nachgeordnet.

Gott erschafft die Welt durch das Wort

Weitere feste Formeln prägen die Erzählung: Nachdem Gott es hat Licht werden lassen und Licht und Finsternis als Tag und Nacht voneinander getrennt sind, ist eine Zeitmessung möglich: „Da ward aus Abend und Morgen der erste Tag" (1,5b). Eine entsprechende Formulierung beschließt jeden weiteren der sechs Schöpfungstage, an denen acht Schöpfungswerke entstehen: Licht, Himmelsfeste (vertikale Ordnung des Raums), Festland und Meer (horizontale Ordnung des Raums) sowie Pflanzen in einer Vielfalt von Arten als Kleid der Erde am dritten Tag, Gestirne (und mit ihnen Jahreszyklus und kalendarische Zeitrechnung), Fische und Vögel als Bewohner von Meer und Himmel, schließlich Landtiere und Menschen am sechsten Tag. Der abschließenden Tageszählung geht jeweils als feste Wendung die so genannte „Billigungsformel" voraus: „und Gott sah, dass es gut war". Gott benennt die ersten Schöpfungswerke (Tag, Nacht, Himmel, Erde, Meer), was nach altorientalischem Verständnis einen Herrschaftsakt darstellt, da nur einem Ranghöheren die

Formelhafte Sprache

---

[1] Für die Bibelauslegung bildet die Erwähnung des „Geistes Gottes" – übersetzbar wäre auch „Wind Gottes" oder „Sturmwind" bzw. „Atem Gottes" – eine gewisse Schwierigkeit; christliche Ausleger haben hier schon frühzeitig einen Hinweis auf die göttliche Dreieinigkeit erblickt.
[2] 1,3.6.9.11.14.20.24.26.
[3] 1,7.9.11.15.24.30.

Namengebung gegenüber einem Untergebenen zusteht. Pflanzen, Fische, Vögel und Landtiere vom Insekt bis zum Säugetier werden in einer Vielfalt von Arten geschaffen („ein jedes nach seiner Art"), ohne im Einzelnen benannt zu werden.

Erschaffung des Menschen

Den Abschluss und Höhepunkt der Schöpfungswerke bildet die Erschaffung des Menschen. Gott fordert sich eigens selbst dazu auf: „Lasst uns Menschen machen" (1,26)[4]; er will den Menschen zu seinem Ebenbild erschaffen. Diese viel diskutierte Gottebenbildlichkeit des Menschen dürfte sich nach derzeitigem Forschungsstand eben darauf beziehen, dass Gott den Menschen zum Herrscher an seiner Statt einsetzt, so dass der Mensch in königlicher Stellung als Stellvertreter Gottes die übrigen Lebewesen beherrscht. Dies impliziert ein bevorzugtes Verhältnis des Menschen zu Gott und eine besondere Verantwortung. Wie den Fischen und Vögeln am fünften Tag (1,22) spricht Gott auch den Menschen, die er zeitgleich als männlich und weiblich geschaffen hat (1,27), Segen zu. Was das bedeutet, führt jeweils die direkte Rede Gottes an Tiere und Menschen aus: „Seid fruchtbar und mehret euch" (1,22.28). Gottes Segen fördert also Leben. Schließlich sieht Gott für Mensch und Tier eine vegetarische Ernährungsweise vor (1,29–30). Damit ist sein Schöpfungswerk vollendet: „Und Gott sah an alles, was er gemacht hatte, und siehe, es war sehr gut." (1,31).

Segen

Ruhen am siebten Tag

Einen zweiten Höhepunkt erhält die Erzählung durch den Schlussabschnitt über den siebten Tag als Ruhetag: Gott ruhte (hebr. *šābat*) „am siebenten Tage von allen seinen Werken, die er gemacht hatte. Und Gott segnete den siebenten Tag und heiligte ihn, weil er an ihm ruhte von allen seinen Werken" (2,2–3). Der siebte Tag der Woche ist gesegnet, und das heißt, die mit ihm verbundene Arbeitsruhe ist lebensförderlich für den Menschen, der wie Gott an diesem Tag innehält. Zugleich ist dieser Tag geheiligt, für Gott ausgesondert und ihm vorbehalten, woraus sich die Bestimmung des Tages für gottesdienstliche Begehungen herleitet. Wenngleich der Sabbat hier nicht explizit genannt wird, klingt er in dem Verbum „ruhen" (hebr. *šābat*) an, so dass der wöchentliche jüdische Ruhetag in der Weltschöpfung bereits angelegt erscheint.

---

[4] Dieser Plural hat kritische Bibelausleger immer wieder beschäftigt. Christliche Ausleger sahen hier wiederum einen Hinweis auf die göttliche Trinität.

Gen 1 trifft die grundsätzliche theologische Aussage, dass der eine und einzige Gott alles geschaffen hat. Die Bestandteile der Schöpfung sind keine Gottheiten, und auch innerhalb der Schöpfung gibt es keine Götter. Diese Schöpfung ist wohl geordnet und daher sehr gut. Ein wie auch immer geartetes Potential zum Negativen wird nicht erwähnt. Der inhaltlich dargestellten Ordnung entspricht die Gestaltung der Erzählung, die streng durch das Sieben-Tage-Schema gegliedert und die wiederholten sprachlichen Wendungen charakterisiert ist[5].

- **Gen 2,4b–3,24 – Die zweite Schöpfungserzählung.** Die einleitende Bemerkung, „Es war zu der Zeit, da Gott der HERR Erde und Himmel machte" (2,4b), verknüpft die priesterliche Erzählung von der Weltschöpfung mit dem Folgenden. In dieser Geschichte tritt zu dem allgemeinen Begriff „Gott"/ „Gottheit" der Name des Gottes Israels hinzu: JHWH (*Jahweh*, von Luther stets wiedergegeben mit „[der] HERR"[6]).

Der in dieser Erzählung zu Beginn vorausgesetzte Zustand wird negativ beschrieben: Es gab noch keine Pflanzen, Gott hatte es noch nicht regnen lassen, und es gab auch noch keinen Menschen, der das Land hätte bebauen können (2,5). Diese Einleitung lässt bereits erkennen, dass der Erzähler in landwirtschaftlichen Kategorien denkt. Aber es gibt Erdboden (hebr. *'adāmāh*), den Nebel befeuchtet (2,6). Aus diesem Material formt Gott den Menschen (hebr. *'adām*), genauer den menschlichen Körper, und bläst ihm Atem ein: „Und so ward der Mensch ein lebendiges Wesen." (2,7). Damit ist deutlich, dass der Ursprung des Lebens in Gott liegt; es bedarf seines Eingreifens, um bloße Materie zu beleben.

Erschaffung des Menschen/ Mannes

Für den Menschen pflanzt Gott als Lebensraum einen Garten in Eden an, in dem es auch fruchttragende Bäume gibt. Als

Die Bäume im Garten

---

[5] Diese Erzählung bildet nach einhelliger bibelwissenschaftlicher Auffassung den Auftakt der so genannten Priesterschrift, die sich weiter durch die *Genesis* und darüber hinaus verfolgen lässt.
[6] Dieser Unterschied erregte die Aufmerksamkeit der frühen bibelkritischen Wissenschaftler und bildete einen entscheidenden Anlass, um seit dem ausgehenden 18. Jahrhundert zwischen verschiedenen Schriftstellern innerhalb der *Genesis* zu differenzieren. – Der hebräische Gottesname besteht aus vier Buchstaben („Tetragramm") und wurde wohl als „Jahweh" ausgesprochen. Da man im Judentum den Eigennamen Gottes aus Scheu und Ehrfurcht nicht mehr aussprach, trat als Ersatzlesung das Wort *'adôn*, „Herr" ein, so dass Luthers Wiedergabe dieser Gepflogenheit entspricht.

Besonderheit werden schon hier der Baum des Lebens und der Baum der Erkenntnis des Guten und Böse erwähnt (2,9b), die im nächsten Kapitel bedeutsam werden. In dem Garten entspringt ein Strom, der für reichlich Bewässerung sorgt und sich in vier Arme teilt, die den gesamten damals bekannten Orient durchfließen (2,10–14). Gott setzt den Menschen in den Garten Eden und beauftragt ihn, diesen zu bebauen und zu bewahren (2,15). Gott überträgt ihm die Verantwortung für den Garten. Doch ist diese Betätigung als Gärtner keine körperlich schwere Arbeit. Gott redet den Menschen an (2,16–17) und erlaubt ihm, die Früchte aller Bäume im Garten zu essen mit Ausnahme des Baumes der Erkenntnis: „denn an dem Tage, da du von ihm isst, musst du des Todes sterben." (2,17b).

Erschaffung der Frau

Gott selbst stellt einen Mangel innerhalb seiner Schöpfung fest: „Es ist nicht gut, dass der Mensch allein sei" (2,18a). Deshalb will Gott ihm ein Gegenüber schaffen und macht aus Erde Vögel und (Säuge)Tiere. Der Mensch gibt diesen Geschöpfen Namen, ein Akt, der seine Herrschaft über die Tiere ausdrückt (vgl. 1,28b). Weil keines der Tiere als gleichwertiges Gegenüber zum Menschen passt (2,18–20), versetzt Gott den Menschen in einen narkotischen Schlaf, entnimmt ihm eine Rippe und formt daraus eine Frau. Der Mann stellt selbst fest, wie nahe ihm das neue Geschöpf steht: „Das ist doch Bein von meinem Bein und Fleisch von meinem Fleisch;" (2,23a). Die enge Beziehung zwischen beiden drückt sich zudem im Hebräischen in den Wörtern „Mann" (ʾîš) und dem davon hergeleiteten „Frau" (ʾîššāh) auch sprachlich aus (2,23b)[7]. Kommentierend stellt 2,24 fest, dass die Verbindung zwischen Mann und Frau stärker ist als die Bindung an die Eltern; denn Mann und Frau „werden sein ein Fleisch", eine Anspielung auf die sexuelle Vereinigung und gemeinsame Nachkommenschaft. Schließlich stellt der Schlussvers des Kapitels (2,25) fest, dass dieses erste Menschenpaar trotz seiner Nacktheit keine Scham empfindet. Dies Motiv bereitet das nächste Kapitel vor, in dem sich das menschliche Schamgefühl aufgrund des so genannten „Sündenfalls" einstellen wird.

Versuchung und Sündenfall

Gen 3 setzt neu ein, indem es die Schlange einführt. Diese ist allen anderen Tieren, die Gott schuf, an List überlegen, doch ist auch sie ein Geschöpf Gottes wie jene. Daran, dass die Schlange sprechen kann, zeigt sich einer der mythologischen Züge der Er-

---

[7] Luther versucht dies nachzuahmen: „man wird sie Männin nennen, weil sie vom Manne genommen ist."

zählung. Im Gespräch mit der Frau versteht es die Schlange meisterhaft, deren Interesse für die verbotenen Früchte zu wecken. Durch ihre erste Frage („Ja, sollte Gott gesagt haben: Ihr sollt nicht essen von allen Bäumen im Garten?", 3,1) bewegt sie die Frau zunächst dazu, Gottes Verbot im Blick auf die Früchte des Baumes[8] mitten im Garten und seine Strafandrohung zu wiederholen (3,3). Die Schlange erklärt die Strafandrohung zur leeren Drohung und unterstellt Gott Selbstsucht: „Gott weiß: an dem Tage, da ihr davon esst, werden eure Augen aufgetan, und ihr werdet sein wie Gott und wissen, was gut und böse ist." (3,5). Zu sein wie Gott, das ist eine Verlockung; was gut und böse bedeutet, vermag die Frau zu diesem Zeitpunkt noch nicht zu ermessen. Sie pflückt eine Frucht[9], isst und gibt auch ihrem Mann davon zu essen. Noch im selben Augenblick scheint sich die Wirkung einzustellen: „Da wurden ihnen beiden die Augen aufgetan und sie wurden gewahr, dass sie nackt waren, und flochten Feigenblätter zusammen und machten sich Schurze." (3,7). Als Folge des Verzehrs der verbotenen Frucht erkennen die beiden, dass sie nackt sind, d.h. sie sehen sich als bloße Geschöpfe so, wie Gott sie sieht. Sie verlieren ihre Unbedarftheit und beinahe kindliche Unbeschwertheit.

Die nächste Szene (3,8–13) zeigt, dass sie Gott gegenüber ein schlechtes Gewissen haben, also nun in der Tat wissen, was gut und böse ist, und daher auch erkannt haben, dass das Übertreten von Gottes Verbot etwas Schlechtes gewesen ist. Deshalb versuchen sie, sich vor Gott zu verstecken. Doch er stellt sie zur Rede. Mit einer rhetorischen Frage – „hast du nicht gegessen von dem Baum, von dem ich dir gebot, du solltest nicht davon essen?" (3,11) – gibt er dem Menschen das Stichwort, seine Missetat einzugestehen. Doch der Mann schiebt die Schuld weiter auf die „Frau, die du mir zugesellt hast" (3,12) – macht also sogar Gott noch mitverantwortlich –; die Frau ihrerseits verweist auf die Schlange (3,13), die stumm bleibt.

Verhör

---

[8] Dass hier nur von einem Baum in der Mitte des Gartens die Rede ist, hat nach bibelwissenschaftlichen Erkenntnissen entstehungsgeschichtliche Gründe: Der Baum des Lebens (2,9 und 3,22.24) wird als eine spätere Einfügung in die Erzählung angesehen.

[9] Wie diese Frucht aussieht, bleibt völlig offen. In der christlichen Rezeptionsgeschichte wurde an einen Apfel (lat. *mālus*) gedacht (wegen des Anklanges an lat. *mălum* „Schlechtes", „Böses"), während jüdische Auslegungen wegen der wenig später erwähnten Feigenblätter eine Feigenfrucht annahmen.

Strafe   Bei der Schlange beginnt Gott nach seinem Verhör mit der Ahndung des Vergehens (3,14–19). Er verflucht die Schlange, die fortan abgesondert von allen Tieren leben, auf dem Bauch kriechen und Erde fressen soll (3,14). Die Rede vom Auf-dem-Bauche-Kriechen erklärt die besondere Gestalt von Schlangen und ihre Fortbewegungsweise. Sie hat wirkungsgeschichtlich auch zu der Vorstellung geführt, dass die Schlange zuvor Beine und Füße gehabt habe, also wie eine Echse aussah oder wie ein Drache, weshalb sie in der bildenden Kunst öfters so dargestellt wurde. Zugleich begründet Gott die Feindschaft zwischen Schlange und Mensch (3,15): der Mensch wird Schlangen töten, und Schlangen werden dem Menschen durch ihren (giftigen) Biss schaden.

Frau und Mann verflucht Gott nicht, erlegt ihnen aber erschwerte Lebensbedingungen auf: Für die Frau werden Schwangerschaft und Geburt Mühen und Schmerzen verursachen, und sie fühlt sich zur Gemeinschaft mit dem Mann hingezogen, doch ist er es, der nach der damaligen Gesellschaftsordnung über das eheliche Zusammenleben bestimmt (3,16). Der Mann bekommt die Auswirkungen von Gottes Fluch[10] über den Ackerboden zu spüren, dem er nun seine Nahrung unter Mühen durch harte Arbeit abringen muss (3,17–18): „Im Schweiße deines Angesichts sollst du dein Brot essen, bis du wieder zu Erde werdest, davon du genommen bist." (3,19a). Bis zu seinem Tod muss der Mann diese Mühen erdulden. Seine Vergänglichkeit betont Gott ausdrücklich: „Denn du bist Erde und sollst zu Erde werden." (3,19b). „Da wies ihn Gott der HERR aus dem Garten Eden, dass er die Erde bebaute, von der er genommen war." (3,23).

Der Abschluss des Kapitels enthält darüber hinaus Sätze, die wie Nachträge wirken: 3,20 teilt mit, dass der Mann – Adam – seine Frau „Eva" nennt[11]. Gott erweist sich als fürsorglich, da er den Menschen Kleider aus Fell macht (3,21). Und zuletzt wird der zuvor nur in 2,9b erwähnte Baum des Lebens bedeutsam: Gott stellt fest, dass der Mensch ihm gleich geworden ist, da er nun zwischen gut und böse zu unterscheiden vermag. Damit er nicht auch unsterblich – und damit göttlich – werde, muss er vom

---

[10] Fluch und Segen sind nach alttestamentlicher Vorstellung ein Gegensatzpaar: Während Segen Leben hervorbringt und fördert, bedeutet Fluch eine Lebensminderung.

[11] Der Name ḥawwah klingt an hebr. ḥayyāh „Leben" an, daher die Bemerkung in 3,20b: „denn sie wurde die Mutter aller, die da leben."

Baum des Lebens fern gehalten werden (3,23). Dieser Gedanke Gottes bildet zusätzlich zu dem Aspekt der Strafe für die Verbotsmissachtung einen Grund für die Vertreibung des Menschen aus dem Garten. Schließlich (3,24) sichert Gott den Zugang zum Garten durch Cherubim[12], die mit blitzendem Flammenschwert ausgerüstet sind.

Rückblickend hatte die Schlange also Recht: die Menschen sterben nicht sofort durch oder an dem Genuss der verbotenen Frucht. Aber sie haben ihren unbeschwerten, sorglosen Zustand verloren, und ihre Beziehung zu Gott hat Schaden genommen. Als Konsequenz des Ungehorsams werden sie aus dem Paradiesgarten vertrieben. Die rezeptionsgeschichtlich beherrschende Auslegung des Sündenfalls geht davon aus, dass durch die Übertretung des göttlichen Verbotes der Tod in die Welt kommt. Das hieße, der Mensch wird aufgrund seiner Sünde sterblich. Dies ist offensichtlich in der Theologie des Paulus, der Adam und Christus miteinander kontrastiert – durch Adams Sünde kam der Tod in die Welt, während Christus den Tod überwand (vgl. etwa *Röm 5, 12–19*). Bei unvoreingenommener Lektüre ist das jedoch nicht ganz so selbstverständlich. Die Sterblichkeit des Menschen scheint vielmehr von Anfang an angelegt, da er aus vergänglichem Material, aus Erde geformt wird. Durch den Sündenfall erlangt er jedoch Erkenntnis von gut und böse. Das Gute, das Leben, ist mit Gott verbunden, das Böse einschließlich des Todes steht ihm fern. Zur Erkenntnis, die der Mensch durch das Essen erlangt, gehört auch das Wissen um den Tod, das er zuvor nicht besaß. Zu seiner Existenz außerhalb des Gottesgartens gehört Lebensminderndes und Lebensfeindliches, so dass Leben Mühe mit sich bringt. Die Existenz des – später in die Erzählung eingefügten – Baumes des Lebens erhärtet, dass der Mensch von Anfang an sterblich war und auch die Frucht dieses Baumes genießen müsste, um unsterblich zu werden. Bemerkenswert ist, dass der Erzähler sich mit expliziten Wertungen weitgehend zurückhält und die Geschichte vor allem in Dialogen gestaltet, was Raum für Auslegung lässt.

Wirkungsgeschichtlich ist neben der Frage von Sünde und Tod eine Fülle weiterer Aspekte mit dieser Erzählung verbunden: Die Schlange wurde als Verkörperung des Bösen, als Gegen-

Die Sterblichkeit des Menschen

Deutung der Schlange und weitere Fragen

---

[12] Unter Cheruben stellt man sich Engelwesen vor; es handelt sich um übernatürliche mischgestaltige Wesen, die im Alten Orient heilige Bezirke bewachen; vgl. dazu S. 214.

spieler Gottes verstanden und somit als Satan, Luzifer oder Teufel, der als Versucher auftritt. Versteht man die Schlange als Erscheinungsform Satans, drängt sich als nächstes die Frage nach dem Verhältnis des Versuchers zu Gott auf und damit nach Ursprung und Ursache des Bösen. Mit der Versuchung Evas durch die Schlange ist die Frage nach der Rolle der Frau verknüpft: Warum wendet sich die Schlange an die Frau? Ist sie zugänglicher oder anfälliger als der Mann? Tritt Eva dem Mann gegenüber ihrerseits als Versucherin auf? Setzt sie dabei erotische Reize als Verlockung ein? Welche Rolle spielt Sexualität im Paradiesgarten – wird sie praktiziert oder nicht, ändert sich durch den Sündenfall ihre Wertigkeit? Will die Art (Eva als „Adams Rippe") und Reihenfolge der Erschaffung der Geschlechter etwas über eine Rangordnung von Mann und Frau aussagen? Wie ist es generell um die Entscheidungsfreiheit des Menschen bestellt?

Erklärende Herleitungen

Deutlich ist, dass diese Erzählung bekannte Gegebenheiten als Veränderungen gegenüber einem früheren Zustand erklären will: Vor allem leitet sie harte Existenzbedingungen – Mühsal des Broterwerbs, der Geburt, des Getrennt-Seins von Gott – von menschlichem Ungehorsam her. Weitere Herleitungen betreffen Namen und Bezeichnungen, die Stellung des Menschen zum Tier, menschliches Schamgefühl und Bekleidung. Während die Schöpfung nach *Gen* 1 vollkommen gut ist, bezieht *Gen* 2–3 auch den Gegensatz von gut und böse ein. Wissenschaftlich betrachtet galt *Gen* 2–3 traditionell wegen der mythologischen Züge als älter als *Gen* 1, doch sieht man die zweite Erzählung heute durchaus auch als eine jüngere Korrektur zu *Gen* 1, die der tatsächlichen Erfahrungswelt Rechnung tragen möchte. *Gen* 2–3 rückt den Menschen stärker in den Mittelpunkt als *Gen* 1. Gott, der sich in *Gen* 1 jeder Vorstellbarkeit entzieht, ist hier buchstäblich handgreiflicher geschildert und offensichtlich in Menschengestalt gedacht[13]. Er tritt nicht nur als Schöpfer, sondern auch als Gesetzgeber und Richter auf.

---

[13] Gott formt den Menschen wie ein Töpfer ein Gefäß, er pflanzt einen Garten und geht in der Abendkühle darin spazieren.

Literarisch

Als markante Elemente bleiben aus *Gen* 1 der Anfangssatz mit dem „Im Anfang"[14], das Sieben-Tage-Schema und das Erschaffen durch das Wort Gottes im Gedächtnis und die hervorgehobene Position des Menschen als Ebenbild Gottes. *Gen* 2–3 ist hingegen durch einprägsame Szenen als Erzählung prominenter: Gott formt und belebt den Menschen, schafft die Frau aus seiner Rippe; die Schlange verführt die Frau zum Essen der verbotenen Frucht; das Paar wird aus dem Paradies vertrieben. Die beiden besonderen Bäume und die Wächtergestalten, die eine Rückkehr in den Garten verhindern, bilden markante Motive. In der Literatur – wie in der bildenden Kunst – entfaltete *Gen* 2–3 die stärkere Wirkung. Was die Bibel in zwei Erzählungen bietet, muss jedoch nicht säuberlich getrennt rezipiert werden.

Der Schöpfergott und seine wohl geordnete, sehr gute Weltschöpfung sind auch andernorts in der Bibel Gegenstand hymnischer Dichtung, nämlich in einer Reihe von Psalmen[15]. Man vergleiche etwa *Ps* 104,2–9 mit den ersten drei Tagen in *Gen* 1 oder *Ps* 8,4–9 mit der Erschaffung des Menschen nach *Gen* 1,26–28. Dieses Schöpferlob wird auch in Gedichten vernehmbar, und es kann sich darüber hinaus in Dichtungen spiegeln, die die Natur in ihrer Schönheit und Erhabenheit besingen.

Lob des Schöpfers

- **Christian Fürchtegott Gellert – *Die Ehre Gottes aus der Natur*.** Gellert (1715–1769), Sohn eines Predigers, der selbst Theologie und Philosophie in Leipzig studierte, dichtete 1757:

> Die Ehre Gottes aus der Natur
>
> Die Himmel rühmen des Ewigen Ehre,
> Ihr Schall pflanzt seinen Namen fort.
> Ihn rühmt der Erdkreis, ihn preisen die Meere;
> Vernimm, o Mensch, ihr göttlich Wort!
>
> Wer trägt der Himmel unzählbare Sterne?   5
> Wer führt die Sonn aus ihrem Zelt?
> Sie kömmt und leuchtet und lacht uns von ferne,
> Und läuft den Weg, gleich als ein Held.

---

[14] Vgl. die bewusste Bezugnahme darauf in *Joh* 1,1.
[15] Diese Psalmen sind nicht alle als durchgehend abhängig von den Schöpfungserzählungen der *Genesis* zu sehen, sondern basieren auf einschlägigen Traditionen.

Vernimm's, und siehe die Wunder der Werke,
Die die Natur dir aufgestellt! 10
Verkündigt Weisheit und Ordnung und Stärke
Dir nicht den Herrn, den Herrn der Welt?

Kannst du der Wesen unzählbare Heere,
Den kleinsten Staub fühllos beschaun?
Durch wen ist alles? O gib ihm die Ehre! 15
Mir, ruft der Herr, sollst du vertraun.

Mein ist die Kraft, mein ist Himmel und Erde;
An meinen Werken kennst du mich.
Ich bin's und werde sein, der ich sein werde,
Dein Gott und Vater ewiglich. 20

Ich bin dein Schöpfer, bin Weisheit und Güte,
Ein Gott der Ordnung und dein Heil;
Ich bin's! Mich liebe von ganzem Gemüte,
Und nimm an meiner Gnade teil.[16]

Gellert lehnt einige der Verse an *Ps* 19 an[17]. Die Abfolge von Himmel, Erde, Meer und Himmelskörpern orientiert sich deutlich an den Schöpfungswerken der ersten vier Tage in *Gen* 1,6–19, die „Wesen" in V. 13 verweisen mindestens auf die Tierwelt (*Gen* 1,20–25). Die Schöpfungswerke bezeugen den Schöpfer, seine Weisheit und seine Macht. Der Sprecher des Gedichts, den man mit dem Dichter wird identifizieren dürfen, spricht seinen Leser, den Menschen (V. 4), mit Aufforderungen und Fragen an, um ihn zum Erkennen Gottes in seiner Schöpfung und zum Gotteslob zu bewegen. Das Stichwort „Ehre" fasst den ersten Teil (V. 1–15) ein. Mit V. 16 beginnt eine Gottesrede, die den zweiten Teil ausmacht (V. 16–24). Darin stellt Gott sich einerseits vor (V. 17–23a) – unter Verwendung der Selbstvorstellung Jahwehs Mose gegenüber (*Ex* 3,14) in V. 19 –, andererseits fordert er den Menschen auf, ihm Vertrauen und Liebe zu schenken (V. 16; 23b) – auch dies mit einer Anspielung auf eine biblische Aussage, nämlich *Dtn* 6,5.

Motiv des Gartens

Aus *Gen* 2–3 findet das Motiv des Gartens literarische Verwendung. Der Garten in Eden trägt Züge, die für den in klassischer

---

[16] Zitiert nach: Lobet den Herrn! Gebete großer Dichter und Denker, gesammelt von Chr. Strich, detebe Klassiker 21498, Zürich 1987, S. 114–115. Christian Fürchtegott Gellert, Werke, hg. G. Honnefelds, Frankfurt a.M. 1979, Bd. 1, S. 222–223.

[17] V. 1 vgl. *Ps* 19,2a; V. 2 vgl. *Ps* 19,5a; V. 6–8 vgl. *Ps* 19,5b–6. Strophe 1 und 2 wurden 1803 von Beethoven vertont.

antiker Dichtung geläufigen Topos eines *locus amoenus*[18] charakteristisch sind: Wasserreichtum, üppige Vegetation, Bäume, die Früchte tragen und vermutlich auch Schatten spenden. Dieser Garten Eden ist ein irdisches Paradies und verkörpert als solches einen besseren Zustand am Anfang der Menschheitsgeschichte, der verloren ist, ein Ideal, nach dem man sich zurücksehnt. Das Motiv vom Paradiesgarten Eden kann erweitert werden, etwa um das Motiv des Tierfriedens, das sich biblisch in *Jes* 11,6–8 findet.

Paradies

- **Andrew Marvell – *Der Garten*.** Ein Beispiel für die literarische Nutzung des Gartenmotivs bietet Andrew Marvells Gedicht *Der Garten*[19]. Marvell (1621–1678) zählt zu den „metaphysical poets", deren Dichtung religiöse und weltliche Themen behandelt und sich durch geistreich zugespitzte Sprache voller Bilder, Anspielungen und Mehrdeutigkeiten auszeichnet. In den neun, aus jeweils acht paarweise gereimten Versen bestehenden Strophen seines Gedichts entwirft Marvell das Bild eines paradiesischen Gartens, den das lyrische Ich als Refugium genießt. Der Garten weist alle Züge eines *locus amoenus* auf, die nach und nach erkennbar werden: üppiges Grün, Schatten spendende Bäume, reichlich Früchte tragende Obstbäume, Blumen und Gras, ein Brunnen und schließlich – als besonderes zuletzt genanntes Element – eine als Blumenbeet gestaltete Sonnenuhr, in der Bienen fleißig summen. Der Garten bildet eine Gegenwelt zum gesellschaftlichen Leben außerhalb: Draußen strengt man sich an, um Auszeichnungen zu erlangen: Palm-, Eichen- oder Lorbeerzweige, mit denen Menschen für militärische oder politische Verdienste geehrt oder als Dichter bekränzt werden. Solch strebsamem Mühen steht die Erholung im Garten gegenüber (1–8). Dort findet das Ich Stille und Unschuld vor sowie köstliche Einsamkeit (9–16). Die Schönheit des Gartens, sein Grün, empfindet es als den weiblichen Reizen – in der Liebeslyrik mit den Farben Weiß und Rot assoziiert – einer oft grausamen Geliebten überlegen (17–24). Auf *Gen* 2–3 beziehen sich V. 33–40, wo dem Sprecher die üppig wachsenden Äpfel und Trauben geradezu in den Mund wachsen, Nektarfrüchte

Der Garten als Ort des Rückzugs aus der Welt

---

[18] Vgl. zum Topos des „Lustortes" E.R. Curtius, Europäische Literatur und lateinisches Mittelalter, Bern ²1954, S. 202–206.
[19] Englische und amerikanische Dichtung zweisprachig, 1. Band: Von Chaucer bis Milton, hg. F. Kemp und W. von Koppenfels, München 2000, S. 368–373.

und Pfirsiche sich seinen Händen anbieten und er über Melonen strauchelt, so dass er in Blumen verfangen ins Gras fällt[20].

Umdeutung des Sündenfalls Dieser durch Früchte verursachte, buchstäbliche Fall ist anders als der Sündenfall harmlos. Neben den Sinnen wird auch der Geist in diesem Garten beglückt, indem er schließlich eine geradezu mystische Einigung mit dem Garten eingeht (41–48)[21]. Die Seele lässt den Körper hinter sich und wird wie ein Vogel, der sich in den Zweigen wiegt (49–56). Hat das lyrische Ich in sieben Strophen sein Erleben im Garten beschrieben, fügt es in der achten Strophe einen zusammenfassenden Kommentar ein:

> So selig war der Garten-Stand,
> Eh Adam die Gehilfin fand –
> Nach solchem himmlisch reinen Ort,
> Tat da noch andere Hilfe not?
> Doch Sterblichen wars nicht gegeben,
> Dort einsam wandelnd hinzuleben –
> Zwei Paradiese müßtens sein,
> Wär man im Paradies allein. [22]   (57–64)

und der Zweisamkeit Das Geschilderte entspricht dem glücklichen Zustand des Menschen, als er noch allein im Paradiesgarten lebte. Einer anderen passenden Hilfe (vgl. *Gen* 2,18) als des Gartens selbst hätte es nicht bedurft; doch war es dem Menschen nicht vergönnt, ein Einzelgänger darin zu bleiben. Den Zustand des Menschen vor der Erschaffung der Frau bezeichnet Marvell als doppeltes Paradies in einem doppelten Sinne: ein zweifaches Paradies bedeu-

---

[20] „Wie wunderbar bin ich beglückt! / Äpfel falln um mich, ungepflückt; / Ein Traubenbündel, saftig rund, / Preßt seinen Wein mir in den Mund; / Der Pfirsich süß. Die Nektarfrucht / Von selbst nach meinen Händen sucht; / Über Melonen strauchelnd, fasst / Mich Blütenwust – ich sink ins Gras." (33–40). Vgl. das Original, wo der Aspekt des Falles am Schluss der Strophe eindeutiger erkennbar ist: „What wondrous life is this I lead! / Ripe apples drop about my head; / The luscious clusters of the vine / Upon my mouth do crush their wine; / The nectarine and curious peach / Into my hands themselves do reach; / Stumbling on melons as I pass, / Insnared with flowers, I fall on grass." Englische und amerikanische Dichtung zweisprachig, 1. Band: S. 370–371.

[21] „Annihilating all that's made / To a green thought in a green shade." (47–48).

[22] „Such was that happy garden-state, / While man there walked without a mate: / After a place so pure and sweet, / What other help could yet be meet! / But 'twas beyond a mortal's share / To wander solitary there: / Two paradises 'twere in one / To live in Paradise alone.", S. 372–373.

tet eine Steigerung gegenüber einem einfachen; da die Frau aus der Rippe des Mannes entstehen wird, ist sie implizit als Teil des Mannes doch auch schon inbegriffen, so dass so gesehen zwei auf einmal das Paradies erleben.

Marvell spielt auf subtile Weise mit dem Gartenmotiv. Es schillert zwischen einem realistischen Barockgarten, der am deutlichsten in der Sonnenuhr der Schlussstrophe greifbar wird, und einem Ideal, das dem Menschen Sorglosigkeit, Selbstbesinnung und Selbstverwirklichung ermöglicht. Marvell schildert den Rückzug aus der Gesellschaft, die in ehrgeizigem Wettstreit und Liebesaffären zweifelhafte Erfüllung sucht, und die Rückkehr in einen glücklichen Zustand vor dem Sündenfall. Dabei nimmt der Dichter auch die biblische Tradition auf und ironisiert sie teilweise.

■ **John Milton – *Das verlorene Paradies*.** Das Epos von John Milton (1608–1674) erschien 1674 im Todesjahr des Dichters in seiner endgültigen Fassung in zwölf Büchern[23]. In knapp 10.000 Blankversen schildert die Dichtung die Erschaffung des Menschen und den Sündenfall nach *Gen 2–3*, stellt diese jedoch durch Rück- und Vorgriffe in einen weiten Kontext. Der Erschaffung des Menschen geht nicht nur die Weltschöpfung voraus[24], sondern vor allem die Auseinandersetzung zwischen Gott, der als Vater – Schöpfer und Weltenlenker – und Sohn – Richter und Erlöser – auftritt, nebst seinen himmlischen Heerscharen einerseits und Satan und den mit ihm abgefallenen Engeln als Gottes Gegenspielern andererseits. Auf außerirdischer Ebene vollzieht sich ein Kampf zwischen Gott und Teufel, Gut und Böse. Darin ist die Erschaffung der Welt und des Menschen durch Gott ebenso

Inhalt

---

[23] Die Erstveröffentlichung erfolgte 1667 in zehn Büchern. Milton überarbeitete das Epos, indem er die Bücher 7 und 10 der Erstfassung jeweils in zwei Bücher teilte, jedem Buch eine Inhaltsangabe in Prosa voranstellte, ein Vorwort verfasste und einige kleinere Änderungen vornahm.
Zitiert wird hier nach der zweisprachigen Ausgabe John Milton, *Das verlorene Paradies. Werke. Englisch – Deutsch*, Frankfurt a.M. 2008, die die Übersetzung von B. Schuhmann (1855, erneut abgedruckt in: John Miltons poetische Werke. Übersetzt von B. Schuhmann, Alexander Schmidt, Immanuel Schmidt und Hermann Ullrich, Leipzig 1909) abdruckt. Verwiesen sei zudem auf die kommentierte englische Ausgabe: Milton, *Poetical Works*, hg. D. Bush, Oxford 1966.
[24] Vgl. *Paradise Lost / Das verlorene Paradies* 3,708–721, wo *Gen* 1,1–19 ein erstes Mal verarbeitet wird; vgl. ferner 7. Buch.

begründet wie der Einbruch des Bösen in die Welt, der zur Versuchung des Menschen, dem Ungehorsam und der Vertreibung aus dem Paradies führt. In Ankündigungen und Prophezeiungen bezieht Milton außerdem immer wieder begleitend den Ausblick auf Leiden und Sterben Christi[25] ein sowie auf das Jüngste Gericht und das Ende der Zeiten.

<small>Vorbilder Miltons</small>

Dichterische Form und Sprache sind den Homerischen Epen, die Milton auswendig kannte, und vor allem Vergils *Aeneis* verpflichtet. Zu den aufgegriffenen epischen Konventionen gehören etwa die Musenanrufe an Schaltstellen der Dichtung[26], das Nebeneinander von göttlichen und menschlichen Handlungsebenen, die miteinander in Kontakt treten, Schlachtenbeschreibungen, die Technik der erzählenden Rückblenden und epische Vergleiche. Christlich-biblische Inhalte werden somit in eine ursprünglich „heidnische" klassisch-antike Form gegossen. Da Milton auch englische und italienische Literatur studiert hatte, nutzte er auch Dantes Epos *La divina commedia* als Vorbild; außerdem begegnen Bezugnahmen und Anspielungen auf Spensers und Shakespeares Werk, am häufigsten jedoch auf die Bibel. Milton spannt einen Bogen von Adam und Eva und ihrem Sündenfall hin zur Überwindung von Sünde und Tod durch Jesus Christus[27] und präsentiert so die ganze Heilsgeschichte.

<small>Entwicklung der Satansgestalt</small>

Abgesehen von den Schriften des Alten und Neuen Testamentes bezieht Milton zu theologisch akzeptiertem, christlichem Gemeingut avancierte Traditionen ein. Dazu gehört vornehmlich die gegenüber den Ansätzen im Alten Testament[28] stark ausgemalte Vorstellung von Satan als Verkörperung des Bösen und durchaus selbständigem Widersacher Gottes, bestrebt den himmlischen Heilsplan zu durchkreuzen. Diese Entwicklung vollzieht sich im Judentum in außerkanonischer Literatur, vor al-

---

[25] Milton bezeichnet ihn nie als „Christus", nur einmal als Josua / Jesus (12,310); sonst meistens als „der Sohn" sowie als „Heiland", „Gott", u.a.

[26] 1,1–33. 374; 3,1–55; 7,1–39; 9,1–47. Der erste Musenanruf illustriert das Ineinander von klassischer griechischer Tradition und christlichem Gut, indem der Dichter einerseits die himmlische Muse Urania (1–16) anruft, andererseits den Heiligen Geist als Quelle der Inspiration (17–33).

[27] Dies entspricht der bereits bei Paulus entfalteten Adam-Christus-Typologie, vgl. *Römer 5*, 12–19.

[28] *Hi* 1,6–12; 2,1–6; *Sach* 3,1–2; *1Chr* 21,1. Hier ist der Satan eine Funktionsbezeichnung und noch kein Name.

lem den so genannten zwischentestamentlichen Schriften[29]. Die Vorstellungen ergeben zwar kein ganz einheitliches Bild, doch wird Satan schließlich zum Fürsten der dämonischen Mächte[30], dessen unmittelbaren Gegenspieler der Erzengel Michael mit einem Heer von Engeln bildet. Außerdem entsteht rein spekulativ die Auffassung, dass Gott ganz am Anfang, also bevor *Gen* 1 einsetzt, Engelwesen geschaffen hat. Der Schönste dieser Engel („Luzifer", eigentlich „der Lichtträger") begehrte gegen Gott auf und zettelte gemeinsam mit weiteren Engeln einen Aufstand an. Deshalb wurde er samt seinem Gefolge aus dem Himmel gestürzt in die Hölle, deren Fürst er seitdem ist. Auf diese Weise suchte man den Ursprung des Bösen zu erklären. Die Satansgestalt wurde auch mit den Geschehnissen in *Gen* 3 in Verbindung gebracht, also mit der Schlange identifiziert[31].

Aus den zahlreichen biblischen Bezügen und Anspielungen in Miltons Epos sei hier die Darstellung des Vollzugs des Sündenfalls im 9. Buch herausgegriffen. Die Bücher 1–8 erzählen die Vorgeschichte dazu. Zu Beginn des 1. Buches erwachen Satan und sein Gefolge aus ihrer Betäubung nach dem Sturz aus dem Himmel auf einem feurigen Pfuhl in ihrem düsteren Gefängnis[32]. Satan und Beelzebub, beide gefallene Cheruben, erinnern sich an ihren Fall aus dem Reich des Lichts, nachdem sie die Schlacht gegen Gott verloren hatten. Doch Satan gibt sich nicht geschlagen:

Satans Niederlage

Stets Böses tun uns einzige Lust wird sein.
Denn Böses ist der Widerpart von dem,
Was er will, unser Feind. Wenn Gutes er
Aus unserm Bösen zu erzeugen sucht,
Dann müssen wir vereiteln seinen Zweck
Und Gutes selbst dem Bösen dienstbar machen: (1,160–165)

Satan spricht zum Heer der bösen Engel von seinem geplanten Angriff auf eine neue Welt und ein neues Geschlecht, von dem er gerüchteweise gehört hat. Im Höllenpalast halten die gefallenen

Ratsversammlung in der Hölle

---

[29] Allen voran sind hier *1Henoch*, *Jubiläen* und *Test XII* zu nennen.
[30] Bedeutende böse Dämonen tragen Namen wie Beelzebub, Mastema, Belial, Sammael u.a., die auf Satan übertragen werden, so dass er unter einer Vielzahl von Namen auftritt.
[31] *Vita Adae et Evae*.
[32] Da die Erde zu diesem Zeitpunkt noch nicht existiert, liegt die Hölle nicht im Erdinnern, sondern bildet einen eigenen Bereich. Die neu geschaffene Welt, das Universums hängt als in sich abgeschlossene Kugel mit den ptolemäischen Sphären zwischen dem Himmel und dem Chaos. Die Hölle ist der unterste Bereich des Chaos, von diesem jedoch abgeriegelt.

Engel eine Ratsversammlung ab und beauftragen Satan, die neu geschaffene Welt zu erkunden, um dort den Kampf gegen Gott fortzusetzen[33]. Satan durchquert die Hölle, an deren Tor die Personifizierungen von Sünde und Tod wachen, Satans Tochter und sein mit dieser gezeugter Sohn. Sie lassen Satan passieren, der nun durch das Reich von Nacht und Chaos weiterreist (2. Buch). Vom Himmel aus betrachtet Gott das Menschenpaar im Paradies und beobachtet Satans Reise. Im Gespräch mit seinem Sohn prophezeit Gott, dass Satan den Menschen, der über Willensfreiheit verfüge, verführen werde (3,95–99). Gott-Vater stellt seine Gnade in Aussicht. Der Sohn Gottes bietet sich selbst als Sühnopfer an, und Gott setzt den Sohn zum Weltenrichter ein. Unterdessen erreicht Satan die Welt und passiert unerkannt den Engel Uriel, den Wächter des Sonnenkreises (3. Buch). Der Erzähler schildert nun Satans Gemütszustand[34], seine innere Zerrissenheit (4, 32–113). Weil Gott den Menschen an die Stelle der gestürzten Engel gesetzt hat (4,105–107), nimmt Satan sich schließlich vor: „Sei, Böses, du mein Gut!" (4,110). Weil Satan dabei wütend gestikuliert, erkennt Uriel nun den Eindringling. Satan betritt das Paradies[35] und setzt sich in Gestalt eines Raben auf den Baum des Lebens. Von dort erblickt er das Menschenpaar „das Abbild ihres Schöpfers" (4,292), dessen Schönheit und Würde er bewundert, ja, die er gern haben könnte (4,358–365). In einen Löwen verwandelt, schleicht er sich nahe an die Menschen heran, belauscht sie und erfährt dadurch von dem Verbot Gottes hinsichtlich des Baumes der Erkenntnis[36]. Angesichts der Liebe der beiden zueinander empfindet Satan

Der göttliche Heilsplan

Satan dringt ins Paradies ein

---

[33] „Dort glückt vielleicht ein kühner Überfall: / Sei's, daß wir diese ganze neue Schöpfung / Mit Höllenglut verwüsten oder sie / Für uns erobern und den jungen Stamm, / Wie wir vertrieben wurden, draus vertreiben; / Sei's, daß wir ihn zu uns herüberziehn, / Bis Gott ihm feind wird und mit reuiger Hand / sein eignes Werk zerstört.", 2, 363–370.

[34] „Zweifel ängstigen sein Gemüt, / Und aus dem eignen Innern steigt in ihm / Die Höll herauf, denn in sich trägt er sie / Und um sich stets, und keinen Schritt kann er, / Wohin er geht, sowenig wie sich selbst, / Der Höll entfliehen; sein Gewissen weckt / Die schlummernde Verzweiflung; er bedenkt, / Was einst er war, nun ist und künftig sein muß, / Da ärgern Taten ärgre Strafe folgt." 4,18–26.

[35] Es wird ebenso wie zuvor die Hölle, das Chaos und die Himmelsgeographie ausführlich beschrieben.

[36] Milton macht hier deutlich, dass die Menschen sich unter „Tod" nichts vorstellen können (4,425–427). Satan bedenkt mit Befremden, dass Erkenntnis Sünde sein solle: 4,515–527.

Neid. Während Satan weiter durch den Garten schweift, verrichten Adam und Eva ihr Nachtgebet, bevor sie in ihrer Laube die eheliche Liebe genießen. Von Uriel alarmiert sucht Gabriel mit seinen Engeln nach dem Eindringling und findet Satan in Gestalt einer Kröte, die der schlafenden Eva ins Ohr flüstert. Im Verhör durch Gabriel zeigt Satan sich trotzig und entflieht schließlich (4. Buch).

Am nächsten Morgen erzählt Eva Adam ihren Traum: eine Stimme, die sie für Adams hielt, lockte sie zum verbotenen Baum. Dort erblickte sie einen Engel, der von den Früchten aß und auch sie dazu veranlasste. Sie aß und erhob sich mit dem Engel in die Wolken. Adam versucht, Eva mit einer Traumtheorie zu beruhigen, bevor sie ihr Morgengebet verrichten. Gott sendet Raphael zu Adam, damit er ihn zum Gehorsam gegen Gott ermahne. Raphael erzählt Adam, wie es seinerzeit zum Engelssturz kam: Gott stellte in der himmlischen Versammlung der Engel seinen Sohn vor. Satan „[d]er Ersten einer, wenn der Erste nicht" (5,660), war neidisch auf den Sohn Gottes, brachte ein Drittel der Engel auf seine Seite und stachelte sie zur Rebellion gegen Gott an. Gott und der Sohn bemerkten die Absicht, waren aber sicher, dass sie die Abtrünnigen unterwerfen und dadurch umso mehr verherrlicht sein würden (5. Buch). Nach dreitägigem Kampf unterlag Satan den von Michael und Gabriel geführten himmlischen Heerscharen und wurde mit den Seinen in die Hölle hinab gestoßen, während der Gottessohn triumphierte (6. Buch). *Raphael erzählt Adam von Satans Sturz*

Auf Bitten Adams erzählt Raphael auch von der Erschaffung der Welt. Gott wollte damit den Verlust ausgleichen, der durch den Engelssturz entstanden war, und beauftragte den Sohn mit der Erschaffung der Welt („Sprich, und es geschieht;", 7,164)[37]. Dies Schöpfungsgeschehen beschreibt Milton in Anlehnung an *Gen* 1 (7,190–634) mit gelegentlichen kleinen Anleihen aus *Gen* 2[38]. Nachdem Raphael ihm noch die Bewegungen der Himmelskörper erklärt hat, warnt er Adam, nach Dingen zu trachten, die ihm zu hoch sind (8,167–178). Adam schildert dem Erzengel seine Erinnerungen an seine ersten Lebenstage (8,250 ff.). Darin *und von der Erschaffung der Welt*

Adams Erinnerungen

---

[37] Damit trägt Milton der christlichen Auffassung Rechnung, dass der Gottessohn Jesus Christus bei der Schöpfung bereits existierte und daran mitwirkte (vgl. *Joh* 1,1–3). In diesem Sinne versteht er auch den Plural in *Gen* 1,26 als Verweis auf Gottvater und -sohn (7,519–520).

[38] So z.B. 7,537–544 der Garten und das Verbot, von dem Baum der Erkenntnis zu essen.

erwähnt Adam selbst nochmals Gottes Verbot, dessen Formulierung zeigt, dass der Mensch durch dessen Übertretung erst sterblich wird[39]. Zudem erinnert Adam sich an die Erschaffung Evas und schildert seine Empfindungen für sie (8,328–359); es wird klar, dass seine Schwäche für die Frau ihn angreifbar machen könnte. Nicht umsonst schärft der Engel ihm den Unterschied zwischen Liebe und Leidenschaft ein (8, 561–594) und die Mahnung, dass Liebe zu Gott, gehorsam sein bedeutet – für Menschen und Engel gleichermaßen (8,633–634).

Der Sündenfall Damit sind alle Voraussetzungen für die Sündenfallgeschichte geschaffen, die Milton im 9. Buch umsetzt. Abends dringt Satan wieder in das Paradies ein auf der Suche nach einem Tier als Werkzeug für sein Vorhaben. Er wählt die Schlange, weil sie von Natur schlau ist und deshalb niemand Verdacht schöpfen wird, wenn er durch sie spricht (9,91–96). Satans Aktivität geht ein Selbstgespräch voraus (9,99–178), das die Motivation seines Handelns erhellt („einzig im Zerstören findet Ruh / Mein mitleidloser Sinn.", 9,129–130).

Mein sei, von allen Höllenmächten mein,
Der Ruhm, in einem Tag verderbt zu haben,
Woran er, der allmächtig heißt, sechs Tag
Und Nächte schuf [...].   (9,135–138)

Obwohl er es als Schmach empfindet, schlüpft er in die Schlange und erwartet den Morgen.

Eva schlägt Adam an diesem Morgen vor, dass sie sich bei der Gartenarbeit trennen sollten, um sich nicht gegenseitig vom Arbeiten abzulenken. Als Adam Bedenken hegt, versteht Eva dies als Misstrauen, Adam beschwichtigt, er mache sich lediglich Sorgen[40], und mahnt Eva zur Wachsamkeit. Das Gespräch des Paares (9,204–384) offenbart erste Risse in ihrer bisher harmonischen Zweisamkeit. Eva macht sich allein auf den Weg. Als Satan in Gestalt der Schlange die Frau bei der Gartenarbeit erblickt, vergisst er angesichts ihrer Anmut für einen Moment seine böse Absicht (9,455–466), ruft sich jedoch alsbald seinen Plan ins Ge-

---

[39] „The day thou eat'st thereof, [...] inevitably thou shalt die; / From that day mortal, and this happy state / Shalt lose" (8,329–331); „Wes Tags du davon ißt [], des mußt du sterben;/ Dem Tod verfallen, kommst du um dein Glück".

[40] Bemerkenswert ist, wie er Eva hier anredet: „Gottes und Menschen Tochter, Unsterbliche – / Unsterblich, weil von Schuld und Sünde rein –" (9,291–292).

dächtnis und will die günstige Gelegenheit nutzen; denn die Frau ist allein – ihren Gatten fürchtet Satan, weil jener über höhere Einsicht verfügt (9,473–493).

Da die Schlange damals noch eine imposante Erscheinung war, erregt sie Evas Aufmerksamkeit, als sie scheinbar zögernd herangleitet. Schließlich schmeichelt die Satan-Schlange Eva, indem sie deren Schönheit als göttlich preist:

Eva und die Schlange

> Dich, deines Schöpfers schönstes Ebenbild,
> Betrachten staunend alle Wesen; dir
> Gehören all, und alle beten sie
> Beseligt deine Himmelsschönheit an.   (9,538–541)

Eva wundert sich, dass die Schlange sprechen kann, und fragt das Tier, wie es dazu kam. Nun erzählt die Schlange der Frau (9,568–605), dass sie verlockende Äpfel verzehrt habe. Auch andere Tiere begehrten die Früchte dieses Baumes, vermochten sie jedoch nicht zu erreichen, während sie sich an dem Stamm empor geschlängelt habe. Nach dem Verzehr spürte sie eine Veränderung: Sie konnte nun sprechen und über himmlische und weltliche Dinge spekulieren. Die Rede endet mit neuerlicher Schmeichelei:

> [...] alles Schöne find ich, alles Gute
> In deiner Schönheit Himmelsstrahl, in dir,
> Du Bild der Göttlichkeit, vereint.   (9,606–608)

Die Schlange will Eva als Gebieterin der Welt anbeten. Eva lässt sich zu dem Baum führen, erkennt in ihm den verbotenen Baum und erwähnt Gottes Verbot. Damit ist die Konstellation erreicht, in der *Gen* 3,1 einsetzt. Die biblische Szene gestaltet Milton in den folgenden Versen nach[41]. Dabei erfährt insbesondere die zweite Rede der Schlange (*Gen* 3,4–5) eine breitere rhetorische Ausgestaltung. Zunächst verharmlost Satan die Todesdrohung[42]: Nach dem (angeblichen) Genuss der verbotenen Frucht ist die Schlange noch am Leben und vermag durch die gewonnene Erkenntnis Gottes Motivation für das Verbot zu durchschauen. Gott müsste ihren Mut loben, wenn sich die Menschen um Erkenntnis bemühen:

---

[41] 9,656–658 vgl. *Gen* 3,1b; 9,659–664 vgl. *Gen* 3,2–3; 9,684–732 vgl. *Gen* 3,4–5; 9,739–791 vgl. *Gen* 3,6.

[42] „whatever thing death be" – „was auch immer Tod sein mag" – flicht die Schlange ein (9,695).

Nach Gutem forschen – löbliches Bemühn!
Und Böses, wenn es wirklich Böses gibt,
Müßt ihr's nicht kennen, wenn ihr's meiden soll?   (9,697–699)

Tatsächlich aber wolle Gott sie unwissend halten, damit sie ihm diene. Die Wirkung des Apfels ist nämlich: „Ich Tier ward Mensch; ihr Menschen werdet Götter." (9,712). So fordert Satan Eva zum Essen der Frucht auf: „Huldreiche Göttin, pflücke denn und iß!" (9,732). Eva denkt über die Worte der Schlange nach (9,745–779), die ihre Wirkung nicht verfehlt haben: Im Gegensatz zu Gott erscheint das Tier nicht missgünstig, da es das gewonnene Gut mit den Menschen teilen will, und das entscheidende Argument lautet:

Was also fürcht ich? Was ich fürchten soll,
Weiß ich's denn, ich, die weder Gut noch Bös
Noch Gott und Tod, Gesetz und Strafe kennt?   (9,773–775)

Das Essen der Frucht Als Eva die Frucht gepflückt und gegessen hat, schleicht sich die Schlange davon. Weil ihr nichts geschieht, meint Eva, dass Gott von der Übertretung nichts gemerkt hat. Sie überlegt nun, wie sie sich Adam gegenüber verhalten soll: Soll sie ihn teilhaben lassen oder die neue Kenntnis nutzen, „[u]m so des Weibes Mängel auszugleichen" (9,821). Doch falls sie doch noch Tod als Strafe ereilen sollte, missgönnt sie einer anderen Eva die Gemeinschaft mit Adam. Deshalb soll Adam ihr Los teilen (9,795–833). Die Wirkung der Frucht zeigt sich also sofort in einer veränderten Haltung Evas. Unweit des Baumes trifft sie auf Adam und erzählt ihm begeistert, was sie getan hat. Sie begründet ihren Schritt damit, dass sie nur um Adams willen nach Göttlichkeit gestrebt habe[43], auch er solle essen, „damit uns gleiches Los / Verbinde […]" (9,881). Adam ist zunächst sprachlos, dann beklagt er Evas Tat; doch weil sie ein Stück von ihm ist und er nicht ohne sie sein kann, will er ihr Los teilen. Adam ist zudem überzeugt, dass Gott sein vornehmstes Geschöpf nicht töten werde. Eva weiß diesen Liebesbeweis Adams zu schätzen. Der Erzähler kommentiert:

Und er, obgleich des Unrechts sich bewußt,
Er aß, nicht hintergangen, nicht getäuscht,
Nein, Weibesreizen töricht unterliegend!   (9,997–999)

---

[43] „Denn Glück ist nur mit dir geteilt mir wert, / Allein genossen, lästig, ja verhaßt." 9,879–880.

Nach dem Genuss der Frucht ist das Paar wie berauscht. Als eine erste Auswirkung wandelt sich ihre bislang zärtliche Liebe in „brünstige Sinnenlust" („carnal desire", 9,1013). Im Schlaf verfolgen sie böse Träume; Unschuld, Vertrauen, Redlichkeit und Ehrgefühl sind verschwunden, und Schamgefühl stellt sich ein. Am Morgen macht Adam Eva Vorwürfe (9,1067–1098): „Wie soll ich künftig Gottes Antlitz schaun" (9,1080), hält er ihr vor. Nachdem sie sich Schurze aus Feigenblättern gemacht haben, geraten sie in Streit, weil Adam Eva vorwirft, dass sie am Morgen zuvor nicht auf seine Bedenken gehört und daher ohne seinen Schutz der Schlange begegnete. „Und ihres eiteln Zwistes war kein Ende." (9,1189).

Erste Auswirkungen auf die Beziehung von Adam und Eva

Die Kunde davon, dass Satans Verführungskünste erfolgreich waren, erreicht den Himmel. Milton stellt hier die Allmacht Gottes sicher und hält fest:

[…] Gott ließ,
Gerecht und weise stets, es zu, daß Satan
Des Menschen Sinn versuchte, der mit Kraft
Und freiem Willen ja gerüstet war,
Um Feindes oder falschen Freundes List
Klar zu durchschaun und siegreich zu bestehn. (10,6–11)

Gott sendet nun seinen Sohn als Richter zu den Menschen. Damit übernimmt Christus im Vorgriff auf seine Rolle als Weltenrichter am Jüngsten Tag auch hier die richtende Funktion, die durch Milde gekennzeichnet sein soll. Die anschließende Gerichtsszene im Paradies, das Verhör des Paares (10,103–123) und ihre Verurteilung (10,193–208) sind in enger Anlehnung an *Gen* 3,8–21 gestaltet mit einigen bemerkenswerten Erweiterungen: Adam spricht seine Anschuldigung gegen Eva nur widerwillig aus; er nähme die Schuld auf sich, wenn er nicht wüsste, dass Gott die Wahrheit kennt (10,125–143). Der göttliche Richter wirft Adam vor, dass er Eva vergöttert habe, dass er ihr diente statt Gott (10,145–156)[44]. Der Fluch über die Schlange trägt dem Umstand Rechnung, dass das Tier nur benutzt wurde und Satan der eigentlich Schuldige ist (10,163–181). Die Wirkung des Fluches schildert Milton im folgenden Abschnitt, als Satan auf seinem Fürstenthron in der Hölle seinen Untergebenen triumphierend Bericht erstattet hat (10,460–503): Statt des erwarte-

Christus verhört und verurteilt das Paar

---

[44] „War sie dein Gott, daß ihr statt ihm du folgtest?", 10,145.

ten Beifalls hört er nur Zischen[45] und spürt, wie sich sein Körper in einen Schlangenleib verwandelt und auch er nur noch zu zischen vermag[46]. Aus Satan und seinem Gefolge werden Schlangen in einer Vielfalt von Arten (10,504–547). Zugleich wächst in der Hölle ein Hain mit Bäumen, die dem Baum der Erkenntnis gleichen. Als die Schlangen sich gierig auf die Früchte stürzen, sehen sie sich betrogen, weil sich die Früchte in ihren Mäulern als Aschenstaub entpuppen (10,548–584). Dies wird ihnen noch öfter widerfahren, so dass der Eindruck einer Höllenstrafe entsteht.

Sünde und Tod kommen in die Welt

Nach der Gerichtsszene im Paradies dringen Sünde und Tod dort ein. Der Tod beginnt, Pflanzen und Tiere zu verzehren, während die Sünde den Menschen von innen heraus vergiften und für den Tod vorbereiten will (10,585–613). Gott beobachtet die beiden; die Torheit der Menschen hat ihnen Einlass gewährt, sie werden wüten, bis Christus sie dereinst besiegt (10,616–640). Gott weist einige Engel an, die Schöpfung neu zu ordnen: Jetzt erst kommt es zum Wechsel der Jahreszeiten und zur Aufhebung des Tierfriedens. Das Menschenpaar bedenkt seine veränderte Lage, zunächst klagend, dann akzeptierend und auf das Gebet hoffend. Ein Gebet mit einem Sündenbekenntnis beschließt das 10. Buch.

Blick in die zukünftige Heilsgeschichte

Gottes Sohn setzt sich vor Gott für die Menschen ein. Gott akzeptiert diese Fürbitte, doch müssen die Menschen den Paradiesgarten verlassen. Der Erzengel Michael soll Adam und Eva aus dem Paradies führen, ihnen als Trost jedoch die Zukunft offenbaren (11,84–125). Michael verkündet dem Menschenpaar, dass der Tod aufgeschoben werde, um ihnen Gelegenheit zu Reue und frommen Taten zu geben. Aus dem Paradies sind sie jedoch verbannt. Michael lässt Adam zum Trost in Traumvisionen die zukünftige Heilsgeschichte schauen (11,423–12,551), bevor er Adam und Eva bei der Hand nimmt und sie aus dem Paradies führt (12,636–640).

Miltons Deutungen

Milton klärt in seinem epischen Gedicht manche Frage, die die biblische Darstellung offen ließ. Der Ursprung des Bösen liegt bei einer außerirdischen Macht, Satan, der aus Hochmut, Ehrgeiz und Neid zum Gegenspieler Gottes geworden aus dem

---

[45] Im Englischen entspricht das Zischen dem Auspfeifen einer Darbietung.
[46] Für diese Verwandlung hat Ovid, *Metamorphosen* 4,576–589 Pate gestanden.

Himmel und der Gottesgegenwart verbannt wurde. Gott lässt die Versuchung des Menschen zu, den er mit einem freien Willen ausgestattet hat, so dass der Mensch Entscheidungsfreiheit besitzt. Damit erhält Satans Anschlag auf den Menschen den Anstrich einer Prüfung. Da Gott weiß, wie der Mensch sich entscheiden wird, hat er auch bereits einen Heilsplan entwickelt: Gottes Sohn wird das Böse am Ende besiegen – die alttestamentliche Geschichte ist damit in einen christlichen Horizont gestellt.

Aus mehreren Stellen geht explizit hervor, dass Gott den Menschen als unsterbliches Wesen geschaffen hat, erst durch das Vergehen kommt der Tod – bei Milton buchstäblich als Personifikation – in die Welt. Vor dem Sündenfall haben Adam und Eva etwas Göttliches an sich. Unmissverständlich deutlich ist auch die Abstufung zwischen Mann und Frau, die der traditionellen, auch im 17. Jahrhundert selbstverständlich geltenden Sicht entspricht: Adam ist Eva überlegen, er verfügt über mehr Einsicht und Klugheit, so dass Eva der Versuchung leichter erliegt. Milton lässt Adam aus Solidarität mit der Frau handeln, als er den Apfel isst. Die Schwachstelle des Mannes ist die Liebe zur Frau, die er in dieser Situation über seine Liebe zu Gott – und das heißt über seinen Gehorsam Gott gegenüber – stellt. Im Paradies gehört zu der ehelichen Gemeinschaft Adams und Evas der Genuss von Sexualität, die auch auf Fortpflanzung angelegt ist. Nach dem Sündenfall erhält diese die Qualität von Begierde und Lüsternheit. Dies ist ein Indiz für die durch den Ungehorsam zerstörte Harmonie, die sich im Miteinander Adams und Evas und ihrem Leben in Einklang mit der Natur zeigte.

Meisterhaft löst Milton offene Fragen, die mit der Gestalt der Schlange zusammenhängen. Das Tier kann sprechen, weil Satan sich seiner als Sprachrohr bemächtigt hat. Zugleich bedient Satan sich in Schlangengestalt einer Lüge, indem er behauptet, die Sprachfähigkeit dem Genuss der verbotenen Frucht zu verdanken. Damit gewinnt er überzeugende Argumente, um Eva verführen zu können. Schließlich trifft die Strafe nicht das unschuldige Tier, sondern die dämonische Macht, die ihr vorübergehend innewohnte und die nun in der Hölle schlangengestaltig wird. Das Böse dringt von außen in die perfekt geschaffene Welt ein, und es setzt sich durch, weil der Mensch der Versuchung erliegt: Eva den verführerischen Worten Satans, Adam der abgöttischen Liebe zur Frau.

Miltons Satan ist die am differenziertesten gezeichnete Gestalt des Epos, an der der Dichter geradezu eine Psychologie des Bö-

Miltons Satan

sen illustriert. Satan ist ein Zerrissener, der Schönheit und Vollkommenheit immer noch zu schätzen weiß, aber von Ehrgeiz, Neid, Macht- und Rachegelüsten angetrieben auf deren Zerstörung bedacht ist. Den Wunsch, Schaden anzurichten, stellt Satan über alle persönlichen Vorteile, die er erringen könnte. In seinen Reden und Selbstgesprächen zeigen sich die Facetten der Persönlichkeit Satans, die auf spätere Leser eine eigene Faszination ausübte und ihn – gegen die Absicht Miltons – zum heimlichen Helden des Epos werden ließen.

- **Mary Wollstonecraft Shelley –** *Frankenstein oder der moderne Prometheus.* Der Schauerroman aus der Feder von Mary Shelley (1797–1851) erschien erstmals 1818 anonym. 1831 wurde eine überarbeitete Neufassung gedruckt, von Mary Shelley mit einer Einleitung versehen, in der sie den Anlass zur Entstehung des Romans schildert: Mary und Percy Shelley verlebten gemeinsam mit Lord Byron und Dr. Polidori einen verregneten Sommer am Genfer See. Sie vertrieben sich die Zeit zunächst mit der Lektüre von Schauergeschichten, bis Lord Byron anregte, jeder von ihnen solle selbst eine verfassen. Mary Shelley gewann die Grundidee für ihren Roman, als sie ein Gespräch zwischen Percy Shelley und Lord Byron über Wesen und Ursprung des Lebens verfolgte.

Der Name Prometheus im Alternativtitel verweist auf eine antike mythologische Tradition, die Prometheus die Erschaffung des Menschenkörpers aus Erde zuschreibt, den er mit Feuer belebt[47]. Außerdem stehen als Motto Verse aus Miltons *Das verlorene Paradies* voran:

Bat ich dich etwa, Schöpfer, mich aus Ton
Zum Menschen zu gestalten, aus dem Dunkel
Mich zu erheben? (10,743–745)[48]

Vor dem Hintergrund abendländischen geistesgeschichtlichen Erbes problematisiert der Roman die Forschungsbegeisterung der Zeit, die durch den Beginn der modernen Naturwissenschaften gekennzeichnet ist. So meinte man etwa, die neu entdeckte Elektrizität mit dem Lebensfunken in Verbindung bringen zu können.

---

[47] Vgl. Ovid, *Metamorphosen* I 82–88.
[48] Vgl. die englische Ausgabe: Mary Shelley, *Frankenstein*, hg. M.K. Joseph, Oxford World's Classics Paperback, Oxford 1998.

1. Die Genesis (1. Mose): Anfänge   47

Im äußeren Rahmen von *Frankenstein* tritt der Nordpolforscher Robert Walton als Ich-Erzähler auf. In vier Briefen an seine Schwester in England schildert er Vorbereitungen und Anfang einer Schiffsexpedition ins Eismeer. Von wissenschaftlichem Enthusiasmus getrieben sucht er eine Passage für die Seefahrt zum Nord-Pazifik und will das Geheimnis der Magnetkraft des Pols ergründen. Im vierten Brief berichtet Walton, dass sein Schiff im Packeis eingefroren ist. Die Besatzung beobachtet einen Hundeschlitten, den ein großes menschengestaltiges Wesen lenkt. Bald darauf greifen sie den halb erfrorenen Victor Frankenstein auf, der an Bord des Schiffes gepflegt wird und Walton seine Geschichte erzählt, als er dessen Forscherehrgeiz erkennt. Sein Beispiel soll Walton von seinem Wissenschaftswahn kurieren. Walton zeichnet diese Erzählung Frankensteins auf.

<small>Vorderer Teil der Rahmenerzählung</small>

Frankenstein stammt aus einer vornehmen Genfer Familie und verbringt eine glückliche Kindheit von seinen Eltern geliebt und umsorgt[49]. Schon früh verspürte er einen ausgeprägten Wissensdrang und begeisterte sich für Naturwissenschaft. Beim Studium in Ingolstadt spezialisiert er sich auf Physiologie und das Sezieren von Leichen, um dem Geheimnis des Lebens auf die Spur zu kommen.

<small>Frankensteins Jugend</small>

Nach Tagen und Nächten gelang es mir, die Ursache von Fortpflanzung und Leben zu entdecken; ja mehr, es gelang mir, unbelebter Materie Leben einzuhauchen. (S. 68).
Als ich eine so erstaunliche Macht in meine Hand gelegt sah, zögerte ich lange, wie ich sie gebrauchen sollte. Obwohl ich die Fähigkeit besaß, Leben einzuhauchen, stellte mich doch die Anfertigung eines Körpers mit seinem komplexen System von Fasern, Muskeln und Adern vor unvorstellbare Schwierigkeiten und Anstrengungen. Ich war zuerst unschlüssig, ob ich mich an die Erschaffung eines mir ähnlichen oder eines einfacher strukturierten Wesens wagen sollte. Aber meine Phantasie war von meinem ersten Erfolg so beflügelt, daß ich keinen Augenblick an meiner Fähigkeit zweifelte, einem so komplexen und

---

[49] „Ich war ihr Spielzeug und ihr Abgott und mehr noch – ihr Kind, das unschuldige und hilflose Wesen, das der Himmel ihnen geschenkt hatte, damit sie einen ordentlichen Menschen aus ihm machten, dessen Glück oder Unglück in seinem späteren Leben davon abhing, ob sie ihre Pflicht ihm gegenüber erfüllten. So trat zu der unerschöpflichen Zärtlichkeit [...] noch die tiefe Verpflichtung dem Geschöpf gegenüber hinzu, dem sie das Leben geschenkt hatten [...].", zitiert nach: Mary Shelley, *Frankenstein*, übersetzt von U. und C. Grawe, reclams Universal-Bibliothek 8357, Stuttgart 1986, S. 44.

wunderbaren Wesen wie dem Menschen Leben einhauchen zu können. (S. 69).

Diese Überlegungen spielen deutlich auf beide biblische Darstellungen der Erschaffung des Menschen an.

Frankenstein als Schöpfer

Nach fast zweijähriger unermüdlicher Arbeit erweckt Frankenstein sein übergroßes Geschöpf zum Leben. „Eine wieder zum Leben erweckte Mumie hätte nicht abscheulicher aussehen können als das Monster." (S. 75). Wegen der Aufregung über seine Errungenschaft befällt Frankenstein ein Nervenfieber, das ihn mehrere Wochen ans Bett fesselt. Indessen flieht das Monster aus seinem Laboratorium. Als Frankenstein nach seiner Genesung aus Ingolstadt in die Schweiz zurückkehrt, ist sein kleiner Bruder auf mysteriöse Weise ermordet worden. Ein Hausmädchen wird der Tat bezichtigt und zum Tode verurteilt – unschuldig, wie Frankenstein weiß; denn sein Geschöpf hat das Kind getötet[50]. In seiner Verzweiflung unternimmt er einen Streifzug ins Gebirge und begegnet dort dem Monster, das er am liebsten „zu Staub zertreten" (S. 127) würde, aber vergeblich attackiert. Das Geschöpf bittet ihn um Gehör:

„Ich bin dein Geschöpf, und ich will mich meinem angestammten Herrn und König demütig und widerspruchslos fügen, wenn auch du tun willst, was du mir schuldig bist. [...] Vergiß nicht, daß ich dein Geschöpf bin; ich müßte dein Adam sein, aber statt dessen bin ich der gefallene Engel, den du grundlos aus dem Paradies verstößt. Überall sehe ich Glückseligkeit, von der ich allein unwiderruflich ausgeschlossen bin. Ich war friedfertig und gut; das Unglück hat mich zum Teufel gemacht. Mach mich glücklich, dann bin ich auch wieder tugendhaft." (S. 128–129).

Das Geschöpf bittet ihn um Mitleid und darum, wenigstens seine Geschichte anzuhören. Dieser Bitte gibt Frankenstein nach[51].

Das Geschöpf erzählt von seinen Erfahrungen

Im Zentrum des Romans steht dieser Lebensbericht des Geschöpfes (Kap. 11–16), der wie ein Abriss menschlicher Zivilisationsgeschichte und ein kurzer Entwicklungsroman zugleich anmutet. Es lernt, seine Grundbedürfnisse zu befriedigen (Nahrung, Wärme durch Feuer, Unterschlupf), und erfährt, dass die Menschen Angst vor ihm haben und es vertreiben. Es findet eine

---

[50] „Ich war zwar nicht der eigentliche Täter, aber doch der Urheber des Mordes.", S. 120.

[51] „Außerdem begriff ich zum ersten Mal die Pflichten eines Schöpfers gegenüber seinem Geschöpf und daß ich ihn glücklich zu machen hatte, ehe ich mich über seine Bosheit beklagte." (S. 131).

Behausung in einem Verschlag bei einer Hütte, deren Bewohner es unbemerkt beobachtet und belauscht. So lernt es menschliche Sprache und Lebensweise kennen. Das Geschöpf Frankensteins entdeckt dabei, dass es selbst weder Verwandte[52] noch Freunde besitzt.

Das Wesen findet einen Koffer mit Kleidern und drei Büchern, aus denen es etwas über menschliches Empfinden (Goethes *Die Leiden des jungen Werthers*) und über politische Tugenden (Plutarch, *Leben*) lernt. Am meisten beeindruckt es Miltons *Verlorenes Paradies*:

> Miltons Verlorenes Paradies

Wie Adam verband mich anscheinend nichts mit irgendeinem anderen Lebewesen; aber in jeder anderen Hinsicht unterschied sich seine Lage sehr von der meinen. Er war als vollkommenes Geschöpf, glücklich und gesegnet, beschützt von der ganz besonderen Fürsorge seines Schöpfers, aus der Hand Gottes hervorgegangen; er durfte mit Wesen einer höheren Ordnung sprechen und von ihnen Kenntnisse erwerben, aber ich war elend, hilflos und allein. […] „Verhaßter Tag, an dem ich zum Leben erweckt wurde", rief ich in meiner Verzweiflung aus. „Verfluchter Schöpfer! Warum hast du ein so abscheuliches Monster geschaffen, daß sogar du selbst dich mit Widerwillen davon abwandtest! Gott machte in seiner Barmherzigkeit den Menschen schön und anziehend nach seinem eigenen Bilde, aber meine Gestalt ist ein scheußliches Abbild von dir, und gerade durch die Ähnlichkeit noch widerwärtiger. Satan hatte seine Gefährten, seine Mitteufel, die ihn bewundern und ermutigen konnten, aber ich bin allein und verabscheut." (S. 166–167).

So nimmt das Geschöpf die biblischen Schöpfungserzählungen dichterisch vermittelt wahr. Als es versucht, mit den Hüttenbewohnern Kontakt aufzunehmen, reagieren auch diese mit heftiger Abwehr und Zurückweisung. Sie geben diesen Wohnsitz auf, den das Monster in Brand steckt, bevor es sich auf die Reise zu Frankenstein begibt. Beständige Zurückweisung und Vereinsamung haben das gutmütige Wesen bösartig gemacht. Als es in der Nähe von Genf zufällig auf Frankensteins Bruder stößt, tötet es ihn und legt Fährten, die eine Unschuldige in Verdacht geraten lassen. „Ich bin böse, weil ich unglücklich bin." (S. 185). Deshalb verlangt es von Frankenstein:

> Das Geschöpf erbittet eine Partnerin

---

[52] „Kein Vater hatte über meine frühe Kindheit gewacht, keine Mutter mich mit Lächeln und Zärtlichkeit überschüttet [….]. Ich hatte nie ein Wesen gesehen, das mir ähnelte oder sich mir verbunden fühlte. Was war ich?" (S. 155). Dies steht im Gegensatz zu den oben genannten Kindheitserfahrungen Frankensteins.

Du mußt eine Frau für mich schaffen, die mir mit der für meine Existenz nötigen Sympathie begegnet. Nur du bist dazu imstande, und ich verlange es von dir als ein Recht, das du mir nicht verweigern darfst. (S. 185).

Aus einer gewissen Rührung verspricht Frankenstein, die Bitte zu erfüllen unter der Bedingung, dass die beiden in der Einöde fern den Menschen leben werden. Frankenstein zieht sich nach England zurück und macht sich widerwillig an die Arbeit. Er erwägt die Konsequenzen seines zweiten Schöpfungsaktes und zerstört das weibliche Geschöpf kurz vor der Vollendung, vor allem weil er befürchtet, das Monsterpaar könnte Nachkommen zeugen. Das Geschöpf ermordet aus Rache einen engen Freund Frankensteins und seine frisch angetraute Ehefrau. Seither verfolgt Frankenstein sein Geschöpf rund um den Erdball, um es zu töten. So ist er in die Polargegend und auf Waltons Schiff gelangt.

Schlussteil der Rahmenerzählung

Waltons Tagebuchnotizen bilden den Schlussrahmen. Nachdem Frankenstein am Fieber gestorben ist, überrascht Walton das Geschöpf, als es in der Kabine seinen Schöpfer betrauert. Damit ist für Walton die Existenz des Wesens beglaubigt, das ihm die jüngsten Ereignisse noch einmal kurz aus seiner Perspektive schildert[53], bevor es sich auf einer Eisscholle fort treiben lässt, um den sicheren Tod zu finden.

Die Verantwortung des Wissenschaftlers

Mary Shelleys Schauerroman weist deutliche Bezüge auf die Schöpfungsdarstellungen in der *Genesis* auf. Frankenstein maßt sich in seinem Wissenschaftseifer an, zu werden wie Gott und ein Geschöpf ins Leben zu rufen. Aber anders als Gott macht er ein hässliches, abstoßendes Wesen. Er hat zudem unbedacht gehandelt. Dieses eigenmächtig erschaffene Wesen ist in der göttlichen Schöpfung nicht vorgesehen; deshalb findet es nirgends Gesellschaft und wird, weil es auf Gemeinschaft hin angelegt ist, unglücklich und verzweifelt. Die ständige Zurückweisung wandelt seine ursprüngliche Gutmütigkeit und Menschenfreund-

---

[53] „[...] während ich seine Hoffnungen zerstörte, habe ich meine eigenen Wünsche nicht befriedigt. Sie blieben weiterhin heiß und sehnsüchtig; weiterhin begehrte ich Liebe und Gemeinschaft, und weiterhin wurde ich verschmäht." (S. 283).
„Ich bin ein elender Wurm. [...] Sie hassen mich, aber ihr Abscheu kann den nicht übertreffen, mit dem ich mich selbst betrachte. Ich blicke auf die Hände, die die Tat begangen haben; ich denke an das Herz, in dem die Vorstellung davon entstanden ist, und sehne mich nach dem Augenblick, wenn ich die Augen endgültig schließe [...]." (S. 284).

lichkeit⁵⁴ in Bosheit. Erst als er die Rache seines Geschöpfes zu spüren bekommt und es seinen Anspruch auf eine Partnerin geltend macht, begreift Frankenstein die Tragweite seines wissenschaftlichen Experimentes. Mit seiner nur dem Forschertrieb folgenden Tat begründet Frankenstein sein eigenes Unglück, in das seine Familie und Freunde hineingezogen werden – bis hin zum Tod. Sein zu wollen wie Gott hat auch hier Tod zur Folge. Neben der angestrebten schauerlichen Wirkung ist Frankensteins Geschichte zunächst als eine Warnung für die Wissenschaftsbegeisterten der Zeit – wie sie der Polarforscher Walton repräsentiert – gedacht. Doch ist die Problematik zugleich aktuell: gefragt ist die Verantwortung des Menschen, die Frage, ob er alles tun darf, was er kann.

1.1.2. Brudermord

Biblisch

- *Gen* **4,1–16 – Kain und Abel.** *Gen* 3 stellte den Ungehorsam Gott gegenüber als das erste Vergehen des Menschen dar. Hier nun geht es um das schwerwiegendste Verbrechen am Mitmenschen, einen Mord. Dieser ist zugleich ein Vergehen Gott gegenüber, der das Leben will und es schützt. Die einleitenden Verse (4,1–2) stellen die zweite Generation des Menschengeschlechtes vor: Eva gebiert zuerst Kain, dann Abel⁵⁵. Abel wird Hirte, Kain Bauer. Die beiden erwachsenen Brüder pflegen die Gottesverehrung, indem sie Erstlingsopfer darbringen, Kain von den Feldfrüchten, Abel von seinen neugeborenen Tieren. „Und der HERR sah gnädig an Abel und sein Opfer, aber Kain und sein Opfer sah er nicht gnädig an." (4,4b-5a) – ein Grund dafür wird nicht genannt. Dies erregt Kains Grimm, und er „senkte finster seinen Blick" (4,5b). Gott selbst spricht Kain darauf an und zeigt ihm die Alternativen auf (4,7): „Wenn du gut handelst/ recht tust⁵⁶, kannst du den Blick erheben." Andernfalls „lauert die Sünde vor der Tür", über die Kain die Oberhand gewinnen soll. Gott

Kain tötet Abel

---

54 So rettet es gleich nach seiner Flucht aus dem Labor ein Kind vor dem Ertrinken.
55 Sein Name *hābæl* klingt an an *hæbæl* „Hauch", „Nichtigkeit", „Vergänglichkeit" und birgt einen Hinweis auf den frühen Tod Abels.
56 Luther: „wenn du fromm bist".

warnt, dass Kains Zorn sein Gottesverhältnis zu beschädigen droht. Doch Kain erschlägt seinen Bruder Abel (4,8).

Wie in der Sündenfallgeschichte gibt Gott auch hier dem Übeltäter durch eine Frage („Wo ist dein Bruder Abel?", 4,9a) die Gelegenheit, sein Vergehen einzugestehen. Doch Kain gibt sich trotzig unwissend: „Ich weiß nicht; soll ich meines Bruders Hüter sein?" (4,9b). Gott allerdings hält ihm vor: „Was hast du getan?" (4,10a). Gott kann Kains Tat nicht übersehen, weil das Blut des erschlagenen Abel zu ihm schreit – im Blut ist nach alttestamentlicher Vorstellung das Leben (vgl. *Lev* 17,11). Das himmelschreiende Unrecht verlangt nach Ahndung. Gott vergilt allerdings nicht Gleiches mit Gleichem, er tötet Kain nicht. Dennoch hat die Strafe einen Bezug zur Tat: Der Erdboden, in dem das Blut des Erschlagenen versickert ist, wird dem Ackerbauern Kain den Ertrag verweigern. Gott entzieht dem Mörder damit den Segen, der notwendig ist, damit Feldfrüchte gedeihen; weil der Gegensatz zum Segen der Fluch ist, sagt Gott zu Kain: „Verflucht seist du auf der Erde" (4,11). Kain wird nicht mehr sesshaft sein auf einem Stück Land, sondern rastlos umherziehen. Kain klagt vor Gott über diese Lebensbedingung, denn er fürchtet, rechtlos wie ein Vogelfreier dem Zugriff anderer ausgeliefert zu sein, die ihn töten könnten (4,13–14). Doch Gott versieht ihn mit einem Schutzzeichen, dem Kainsmal, angesichts dessen ihn niemand erschlagen werde (4,15): „So ging Kain hinweg von dem Angesicht des HERRN und wohnte im Lande Nod, jenseits von Eden, gegen Osten." (4,16). Trotz seiner Missetat wagt es Kain, Gott anzusprechen und ihm sein Leid zu klagen. Gott erhört gnädig das Klagen des Missetäters und schützt sein Leben – auch das Leben des Mörders –, wenngleich er ihn nicht ungestraft lässt.

Literarisch

Die Erzählung skizziert den ersten Mord der Menschheitsgeschichte als Brudermord. Kain und Abel sind tatsächlich blutsverwandt und so in einem biologischen Sinne Brüder; zugleich steht das Bruderpaar jedoch auch sinnbildlich dafür, dass Menschen grundsätzlich in einem weiteren Sinne als Brüder anzusehen sind und daher jeder Mord ein Brudermord ist.

- **William Shakespeare – Hamlet.** Die Geschichte von Kains Brudermord genoss einen hohen Bekanntheitsgrad im christlichen Abendland, so dass literarische Anspielungen darauf verstanden wurden, ohne dass die Brüder namentlich erwähnt werden mussten. Die in William Shakespeares (1564–1616) Tragödie *Hamlet* (um 1602) dargestellten Ereignisse sind durch den heimtückisch verübten Brudermord des Claudius an seinem Bruder Hamlet senior ausgelöst. Claudius hat dadurch die Krone Dänemarks ebenso in seinen Besitz gebracht wie die Königin Gertrude, seine Schwägerin, die er geheiratet hat. Der Geist des ermordeten Königs ist seinem Sohn Prinz Hamlet erschienen, hat ihn über den Mord aufgeklärt und ihn mit Rache beauftragt. Nachdem Hamlet eine Theateraufführung vor dem König inszeniert hat, die einen heimtückischen Brudermord auf die Bühne bringt, ist Claudius in seinem Gewissen getroffen. Er zieht sich zurück und beginnt einen Monolog mit den Worten:

> O meine Tat ist faul, sie stinkt zum Himmel,
> Sie trägt den ersten, ältesten der Flüche,
> Mord eines Bruders.   (3. Akt, 3. Szene/ III 3, 36–38) [57]

König Claudius bedenkt seinen Brudermord

Er setzt sich nun mit seiner Schuld vor Gott auseinander:

> Wie? Wär' diese Hand
> Auch um und um in Bruderblut getaucht:
> Gibt es nicht Regen g'nug im milden Himmel,
> Sie weiß wie Schnee zu waschen? Wozu dient
> Die Gnad', als vor der Sünde Stirn zu treten?
> Und hat Gebet nicht die zwiefache Kraft,
> Dem Falle vorzubeugen und Verzeihung
> Gefallnen auszuwirken? Gut, ich will
> Emporschaun: mein Verbrechen ist geschehn.   (3. Akt, 3. Szene/ III 3, 43–51)

Neben Anspielungen auf die Brudermordgeschichte treten solche auf den Sündenfall[58]. König Claudius ringt darum, mit welchen

---

[57] William Shakespeare, *Hamlet, Prinz von Dänemark*, übersetzt von August Wilhelm von Schlegel, hg. D. Klose, reclams Universalbibliothek 31, Stuttgart 1978, S. 72.

[58] Diese stecken schon in dem Bericht des Geistes des ermordeten Königs an Hamlet, wenn er von seiner Ermordung berichtet: „Es heißt, daß, weil ich schlief in meinem Garten, / Mich eine Schlange stach; [...] doch wisse, edler Jüngling, / Die Schlang, die deines Vaters Leben stach, / Trägt seine Krone jetzt." (1. Akt, 5. Szene, 35–40). Zusätzlich zur vordergründig konkreten Ebene tritt der Ver-

Worten er Gott um Gnade bitten soll, zumal sich der Ertrag seiner Untat – Krone und Königin – noch in seinem Besitz befinden und er insofern seine Mordtat nicht bereut. Schließlich kniet er zum Gebet nieder; doch, wie die Zuschauer am Ende der Szene erfahren, ist es Claudius nicht gelungen, um Vergebung zu beten.

Bruderkonflikte

Die Geschichte von Kain und Abel bietet allgemeiner betrachtet das Motiv des Bruderkonflikts, der in anderen Spielarten in der *Genesis* wieder begegnet: zwischen Esau und Jakob sowie zwischen Josef und seinen Brüdern[59]. Dies Motiv begegnet auch außerhalb der Bibel; man denke nur an die aus griechischen Sagen bekannten verfeindeten Brüder Atreus und Thyestes und die gegenseitige Vernichtung der Ödipus-Söhne Eteokles und Polyneikes, die in klassischen griechischen Tragödien dargestellt wurden, oder an Romulus' Ermordung seines Zwillingsbruders Remus in der römischen Mythologie.

Die Gegensätzlichkeit der Brüder ist in der biblischen Geschichte in den verschiedenen Berufen von Kain und Abel angelegt; doch wurde die Verschiedenheit der Brüder in der Auslegung auch auf ihre Charaktere und Gesinnungen bezogen: Abel zeichne sich im Gegensatz zu Kain durch Frömmigkeit aus.

- **Charles Baudelaire – *Abel und Kain*.** In Baudelaires (1821– 1867) Gedichtsammlung *Les Fleurs du mal*, „Blumen des Bösen" (1857), findet sich ein Gedicht mit dem Titel *Abel und Kain*[60] –

Aufwertung Kains

schon die Umkehrung der sonst üblichen Reihenfolge der Brüder ist symptomatisch für Baudelaires Aussage. Formal ist das Gedicht einfach, aber streng aufgebaut: Im Wechsel redet der Sprecher in jeweils zwei Versen die Nachkommenschaft Abels bzw. Kains an („Stamm Abels", „Stamm Kains"). Das Reimschema a b a b verbindet jeweils zwei an Abels Stamm gerichtete Verse mit zweien die Kains Nachfahren gelten. Inhaltlich stehen die Verspaare in einem scharfen Gegensatz zueinander. Die Verse 1–4 mögen dies illustrieren:

---

weis auf den Garten, in dem die Schlange als Verkörperung des Bösen den Tod bringt.

59 Zusätzlich mag man auch an die Konkurrenz zwischen den Halbbrüdern Ismael und Isaak, den Söhnen Abrahams, denken, die allerdings auf der Ebene ihrer Mütter Hagar und Sara ausgetragen wird.

60 *Abel et Caïn*, in: Charles Baudelaire, *Die Blumen der Verworfenheit*, Deutsch und Französisch. Nachdichtungen von C. Fischer, Söcking 1949, S. 412–415.

Stamm Abels, schlafe, iß und trinke,
Daß Gottes Gunst du dir erwirbst.

Stamm Kains, in Staub und Kot versinke,
Bis daß im Elend du verdirbst.   (S. 413)

Aus zwölf solchen Doppelversen besteht der erste Teil des Gedichts. Die Nachfahren der Brüder werden mit Imperativen angeredet, die positiv konnotierte Vorgänge und Bedingungen für Abels und negativ Konnotiertes für Kains Stamm umschreiben. Dies entspricht der traditionellen Betrachtungsweise der Brüder, die in Baudelaires Versen zu Exponenten und Repräsentanten ihrer Nachkommen werden. In scharfem Kontrast zueinander erscheinen zwei Menschentypen, dem einen geht es gut, dem anderen extrem schlecht. Da Kain und Abel als deren Stammväter fungieren, wird die Assoziation geweckt, dass das Ergehen der Nachfahren das Erbe des Charakters und Ergehens des jeweiligen Vorvaters sei. Der zweite Teil, der nur viermal zwei Verse umfasst, bietet formal – abgesehen von den beiden Schlussversen – statt der Imperative Aussagen, inhaltlich die überraschende Wendung:

O Abels Stamm, mit deinen Leichen
Düngst du das eigne Ackerfeld!

Stamm Kains, du wirst dein Ziel erreichen,
Denn du erkämpfst dir deine Welt;

Stamm Abels, niedriges Gewürme:
Dem Knüppel ward dein Schwert zum Spott!

Stamm Kains, die Himmel dir erstürme
Und auf die Erde schmettre Gott!   (S. 415)

Kain wird sich durchsetzen – sogar gegen Gott; dem Himmelsstürmer gehört die Zukunft. Damit schwimmt Baudelaire wie auch sonst in dieser Gedichtsammlung gegen den Strom, indem er bestehende Werte verkehrt und dem Bösen, Satanischen den Vorzug gibt.

Insbesondere Kain hat die Aufmerksamkeit auf sich gezogen: Was geht in ihm vor? Welche psychologische Entwicklung macht er durch? Wie sieht seine Motivation zu dem Mord aus? Diese Fragen sucht George Gordon Lord Byron in seinem Lesedrama *Kain* zu beantworten.

56 A: Das Alte Testament

Der Brudermord vor dem Hintergrund des Sündenfalls

■ **George Gordon Lord Byron – *Kain. Ein Mysterium*.** Der englische Romantiker Lord Byron (1788–1824) gibt seinem in Blankversen gedichteten, 1821 erschienenen Lesedrama die Bezeichnung „a mystery". In einer Vorbemerkung[61] erläutert er, dass er damit an die Tradition des mittelalterlichen geistlichen Dramas anschließt, das biblische Gegenstände auf die Bühne brachte[62]. Als Motto stellt er dem Stück die erste Hälfte von *Gen* 3,1 voran: „Aber die Schlange war listiger als alle Tiere auf dem Felde, die Gott der Herr gemacht hatte". Insbesondere der Protagonist des Dreiakters, Kain, kommt immer wieder auf die Sündenfallgeschichte zu sprechen. Byron bemerkt überdies im Vorwort, dass er in seiner Jugend häufig Miltons Epos gelesen habe. So darf man mit entsprechenden Einflüssen rechnen.

Kain schließt sich vom Gotteslob aus

Außerhalb des Paradieses vollziehen Adam und Eva mit ihren Söhnen Kain und Abel sowie ihren Töchtern Adah und Zillah, die zugleich Ehefrauen ihrer Brüder sind, bei Sonnenaufgang ein Opfer und loben den Schöpfer in einem an *Gen* 1 angelehnten Gebet. Einzig Kain schließt sich aus, weil er nichts von Gott zu erbitten hat und auch nichts, wofür er ihm danken will[63]. Kains Gedanken sind auf den Tod fixiert; er wirft den Eltern vor, dass sie es versäumten, vom Baum des Lebens zu essen. Eltern und Geschwister vermögen seinen Gram nicht zu zerstreuen. Allein für sich beklagt Kain sein Los:

Und dies ist Leben!
Arbeit! – und warum arbeit' ich? – Weil sich
Mein Vater nicht behaupten konnt' in Eden.
Was geht es mich an? Ich war ungeboren,
Ich suchte nicht zu leben, lieb auch nicht
Den Zustand, den mir die Geburt vermachte.
Weshalb wich er der Schlange und dem Weibe?
Und da er wich, weswegen muß er büßen?
Was lag daran? Der Baum war doch gepflanzt?
Und warum nicht für ihn? Wo nicht, weshalb
In seine Näh' ihn setzen, wo er wuchs?
Der schönst' im Mittelpunkt? – Sie haben immer
Nur *eine* Antwort, wenn man fragt: Er wollt' es,

---

[61] Byron, *Poetical Works*, hg. F. Page, new edition corrected by J. Jump, Oxford ³1975, S. 520.

[62] Auf einer zweiten Ebene mag dieser Untertitel einen Kommentar zum Titelhelden implizieren: Kain ist ein Geheimnis, ein Rätsel.

[63] Lord Byron, *Kain. Ein Mysterium*. Zweisprachige Ausgabe mit der deutschen Übersetzung von O. Gildemeister [1866], Freiburg im Breisgau 1947, S. 5 [= I 1, 1–21].

> Und *Er* ist gut. Wie wissen sie's? Weil Er
> Allmächtig ist, muß drum allgütig folgen?
> Ich seh' die Frucht nur an, und die ist bitter;
> Ich muß sie essen, um Verschuldung anderer. (S. 7 = I 1, 64–79)

Kain stellt alles in Frage – nicht umsonst besteht der Monolog fast ausschließlich aus Fragen. In dem Augenblick, als Kain die Güte Gottes bezweifelt, tritt Lucifer zu ihm, den Kain als ein Wesen ähnlich den Cheruben, die das Paradies bewachen[64], wahrnimmt, „[d]och ernsteren und trauervollern Ausdrucks" (S. 7 = I 1, 81). Lucifer stellt sich Kain als einer vor, dem es misslang, Gott zu sein, und als Kains Seelenverwandter; sie beide sind {Dialog Kain – Lucifer}

> Seelen, die dem allmächtigen Tyrannen
> Ins ew'ge Antlitz schaun und sagen, daß
> Sein Böses nimmer gut ist! (S. 11 = I 1, 138–140)[65]

Deshalb weist Lucifer alle Verantwortung für Evas Versuchung Gott zu und bestreitet, sich die Gestalt der Schlange geborgt zu haben. Er weckt Kains Neugier, den Tod zu sehen, von dem er immer nur gehört hat, ohne zu erfahren, was er ist. Lucifer will Kain alles lehren vorausgesetzt, dass er ihn anbetet. Dass Kain noch nie den Gott seines Vaters angebetet hat, betrachtet Lucifer als Erfüllung dieser Bedingung („wer nicht vor ihm kniet, hat vor mir gekniet.", S. 21 = I 1, 314).

Im 2. Akt führt Lucifer Kain zunächst in den Weltraum (1. Szene), wo er die Erde als blaue Kugel wahrnimmt, die bei zunehmender Entfernung nur noch als ein Stern unter unzähligen anderen erscheint. In der 2. Szene geleitet er Kain durch das Höllentor in den Hades. Als Kain sich wünscht, Gottes oder Lucifers Wohnsitz zu sehen, weist Lucifer ihn verächtlich darauf hin, dass ein vergängliches Wesen die Gegenwart von Göttern nicht zu ertragen vermag. Kain ist ein Nichts, dem er rät: {Himmelsreise und Höllenfahrt mit Lucifer}

> Ein *Gutes* gab der Schicksalsapfel euch, –
> Vernunft: – laßt nie sie durch tyrannisch Drohn
> Ersticken und zum Glauben zwingen wider
> All äußern Sinn und inneres Gefühl.
> Denkt und ertragt; schafft eine innre Welt

---

[64] Am Abend umschleicht Kain oftmals das Tor zum Paradies, das er als sein „rechtes Erbteil" betrachtet, vgl. S. 7 (= I 1, 85–87).
[65] Später relativiert Lucifer die Begriffe von Gut und Böse: „Als Sieger nennt er den Besiegten *böse*, / Was aber ist das *Gute*, das er gibt? / Hätt' ich gesiegt, so hießen *seine* Werke, / Die einz'gen bösen." (S. 75 = II 2, 443–446).

In eurer Brust, wenn äußre Welt verödet;
So werdet ihr der geistigen Natur
Euch nähern und die eigne überwinden. (S. 75 = II 2, 459–466)

Abel bewegt Kain zum Opfern

Nach zweistündiger Abwesenheit ist Kain zurück (3. Akt). Währenddessen hat der fromme Abel zwei Altäre gebaut, an denen er gemeinsam mit dem Bruder Opfer darbringen möchte. Kain bewertet das Opfern als „Bestechung des Schöpfers" (S. 83 = III 1, 102–103); er selbst weiß nicht, wofür er Gott dankbar sein sollte[66]. Abel bemerkt eine unnatürliche Veränderung an dem Bruder und bittet ihn inständig, mit ihm zu opfern, um so Ruhe zu finden. Widerwillig erklärt Kain sich dazu bereit. Während Abel kniend ein Dankgebet spricht, bleibt Kain vor seinem Altar, auf den er einige willkürlich aufgesammelte Früchte gelegt hat, aufrecht stehen. Seine Worte an Gott zeugen von seiner alles relativierenden Skepsis:

Geist, was du oder wer du immer seist,
Allmächtig, es mag sein, – und, wenn du gut bist,
Gut darin, daß dein Tun frei ist vom Bösen – […]
Wenn du versöhnt mußt werden durch Gebet,
Nimm meins! Wenn du beschwichtigt werden mußt
Durch Opfer und Altär', – empfang die unsren! […]. (S. 91 = III 1, 245–253)

Während die Flamme auf Abels Altar hell aufleuchtet, wirft ein Wirbelwind Kains Altar um und verstreut die Früchte ringsherum. Erschrocken drängt Abel Kain, erneut zu opfern. Doch Kain will nicht, im Gegenteil; er schickt sich an, auch Abels Altar umzureißen. Abel stellt sich ihm in den Weg und bietet Kain seinen Altar für ein neues Opfer an. Doch Kain weist dies zurück.

KAIN. Wenn du dich selbst liebst,
So steh beiseite, bis ich diesen Rasen
Verstreut auf seiner mütterlichen Erde;
Wo nicht…
ABEL (*ihm wehrend*). Ich liebe Gott mehr als mein Leben.
KAIN. So bring (*reißt ein Scheit vom Altar und schlägt Abel auf die Schläfe*)
dein Leben deinem Gott, der Leben
Ja liebt.

---

66 „Weil, Staub, im Staub ich krieche, bis ich wieder / Zum Staub zurück versinke? Wenn ich Nichts bin, / So will ich nicht für Nichts ein Heuchler sein / Und mit dem Schmerz zufrieden scheinen. Reuig? / Wofür? Für meines Vaters Schuld, die längst / Gesühnt ist durch das Schwere, das wir dulden […]?", S. 83 = III 1, 114–119.

ABEL *(fällt)*. Was tatest du, mein Bruder?
KAIN. Bruder!
ABEL. O Gott, nimm deinen Knecht auf! Und vergib
Ihm, der mich schlug. Er weiß nicht, was er tut. (S. 95 = III 1, 308–320)

Das Motiv Kains ist hier nicht die Eifersucht auf Gottes Zuwendung zu Abel, sondern der religiöse Eifer Abels, den Kain nicht teilen kann und dem er sich widersetzt. Letztlich lehnt Kain damit Gott selbst ab. Abel sorgt sich um Kains Beziehung zu Gott. Diese in Ordnung zu bringen, versucht er bis zum letzten Atemzug, indem er noch – wie Christus am Kreuz[67] – Gottes Vergebung erbittet für seinen Mörder. Kain weiß tatsächlich nicht, was er tut. Nach dem Zuschlagen bleibt er wie betäubt stehen, bis er das Blut an seiner Hand wahrnimmt und wie aus einer Bewusstlosigkeit wieder zu sich kommt:

Kain tötet Abel wegen dessen religiösen Eifers

Wo bin ich? Ganz allein.
Wo ist mein Bruder Abel? Wo ist Kain?
Ist's möglich, daß ich hier bin? O mein Bruder,
Wach' auf! Was liegst du so auf grüner Erde?
Dies ist nicht Zeit zum Schlaf! Warum so blaß?
Was hast du? Eben warst du noch voll Lebens.
Abel, ich bitte, neck' mich nicht! Ich schlug
Zu wild, doch nicht verderblich. […]
Du willst mich ängstigen, – es war ein Schlag,
Ein Schlag nur.   (S. 95 = III 1, 322–331)

Kain begreift nicht, was geschehen ist, und kann nicht fassen, dass Abel tot ist[68] – sicher auch deshalb nicht, weil er nicht wahrhaben will, diesen Tod verursacht zu haben. Als Zillah Abel tot findet und ausruft „der Tod ist in der Welt!" (S. 97 = III 1, 370), muss Kain sich eingestehen:

Wer bracht' ihn in die Welt? – Ich, – der den Namen
‚Tod' so verabscheut, daß schon der Gedanke
Mein Leben hat vergiftet, eh' ich noch
Sein Aussehn kannte.   (S. 97 = III 1, 371–374)

Als die Eltern Kains Tat entdecken, verstoßen sie ihn aus dem Familienverband. Nur Adah hält zu Kain und will mit ihm und den beiden Kindern fortziehen.

---

[67] Vgl. *Lk* 23,34: „Vater, vergib ihnen, denn sie wissen nicht, was sie tun!"
[68] „Sein Aug' ist offen! Dann ist er nicht tot! / Tod ist wie Schlaf, und Schlaf senkt unsre Wimpern. / Die Lippen stehn getrennt! So atmet er! / Und doch ich fühl' es nicht. Sein Herz! Sein Herz! / Laß sehen, ob es klopft. Mich dünkt. Nein, nein!", S. 95 = III 1, 337–341.

A: Das Alte Testament

Konsequenzen für Kain

Im Schlussteil der Szene erscheint ein Engel des Herrn stellvertretend für Gott selbst. Der knappe Dialog des Engels mit Kain – das kurze Verhör und die Verurteilung – ist zunächst fast wörtlich an *Gen* 4,9–12 angelehnt. Die Reaktion Kains aus *Gen* 4,13–14 legt Byron jedoch Adah in den Mund; sie ist es, die um Kains Leben fürchtet, während Kain fragt, wer denn in der noch unbevölkerten Welt ihn töten sollte – eine Frage, die sich auch kritische Bibelleser gestellt haben. Der Engel erwidert daraufhin: „Wer gibt dir Bürgschaft wider deinen Sohn?" (S. 105 = III 1, 485), und „Wohl zeugt der Brudermörder Elternmörder." (S. 105 = III 1, 492). Doch setzt der Engel das Schutzzeichen auf Kains Stirn. Kain würde zwar sein Leben gern hingeben, wenn Abel dafür wieder lebendig würde, aber das ist unmöglich. So nimmt Kain Abschied von dem Toten, und Adah mit ihm:

ADAH. Friede mit ihm!
KAIN. Und mit mir? (S. 109 = III 1,561)[69].

Kain als Rebell, Pessimist und Zweifler

Kain wird keine Ruhe finden, nicht äußerlich, geschweige denn in seinem Inneren.

Byron gestaltet die Erzählung vom Brudermord in starker Rückbindung an die Sündenfallgeschichte in *Gen* 3. Die Lebensbedingungen der Menschen, die durch die Verbotsübertretung entstanden sind, vermag Kain nicht zu akzeptieren. Er hat das Paradies noch vor Augen, jedoch als einen für ihn unzugänglichen Ort. Er sieht nicht ein, warum sich das Vergehen seiner Eltern auf ihn, der sich keiner Schuld bewusst ist, auswirkt. Kain scheint geradezu besessen vom Gedanken an den Tod, der bisher noch keinen der Menschen getroffen hat. Indem Kain nach Erkenntnis über das Geheimnis des Daseins und über den Tod strebt, setzt sich gerade in ihm, der den Eltern den Sündenfall vorwirft, das menschliche Streben nach göttlicher Einsicht fort. In diesem Erkenntnisstreben erinnert Byrons Kain an Faust. Kain erscheint als ein Zerrissener, der einerseits das Leben verachtet, andererseits Frau und Kinder liebt und insofern dem Leben doch verhaftet ist. Er ist Pessimist, religiöser Zweifler und Skeptiker, der sich gegen Gott auflehnt, weil er ihn nicht als gerecht und gütig zu erkennen vermag. Deshalb entzieht er sich auch jeglichem religiösen Ritus, schließt sich teilweise aus der menschlichen Gemeinschaft aus und wird zu einem „Non-

---

[69] „ADAH. Peace be with him! CAIN. But with *me*!" (d.h. eigentlich: „Außer mit mir!")

konformisten". Diese innere Verfassung Kains erklärt auch das Motiv für seinen Brudermord. Er handelt nicht aus Neid oder Eifersucht auf Abel, weil Gott dessen Opfer angenommen hat, sondern weil Abel ihn zur Gottesverehrung drängt, der er sich verweigern will. Abel hindert ihn sozusagen an seiner Gottesverachtung. Imgrunde gilt Kains Schlag nicht dem Bruder, sondern Gott.

Byron führt die Gestalt Lucifers in die Brudermorderzählung ein; er verkörpert den Widerstand gegen Gott, den auch Kain übt. Mit ihm entfaltet Byron die biblische Warnung Gottes an Kain (Gen 4,7), dass die Sünde vor der Tür lauere und nach ihm verlange. Kains Entrückung durch Lucifer und sein Gespräch mit ihm vermögen seinen Erkenntnisdrang nicht zu befriedigen, bestärken ihn aber in seiner auflehnenden Haltung Gott gegenüber. Kain ist einerseits vom Tod fasziniert, andererseits erfährt er spätestens durch seinen Mord auch dessen Schrecken. Es ist bittere Ironie, wenn nicht Tragik, dass Kain, der selbst eine Todessehnsucht empfindet, seinen Bruder unabsichtlich tötet und damit den Tod in die Welt bringt. Mit seinem Hang zum Hinterfragen und Aufbegehren, der Relativierung von Werten, seinem Streben nach intellektueller Befriedigung und Freiheit, seinem individuellen Selbstbewusstsein repräsentiert Kain einen Freigeist romantischer Prägung. Kain selbst als typischer „Byronic hero", aber auch Lucifer drücken Gedanken aus, die Byron und gewiss auch manche seiner Zeitgenossen umtrieben.

Die Gestalt Lucifers

1.1.3. Die Sintflut

Biblisch

- ***Gen* 6,5–9,17.** Den Übergang von der Geschichte vom Brudermord und der nächsten längeren Erzählung, der Sintflutgeschichte, schaffen notizenartige Bemerkungen in *Gen* 4,17–26 sowie ein Stammbaum in *Gen* 5. *Gen* 4,17–24 benennen in Form einer Abstammungsreihe Nachkommen Kains, in deren sechster Generation sich menschliche Kultur auszudifferenzieren beginnt. Kain selbst hatte eine Stadt erbaut; unter seinen Kindeskindern entstehen neue Berufe: Viehzüchter mit einer nomadischen Lebensweise, Musiker („Flöten- und Zitherspieler") und Handwerker („Schmiede"). Kains Nachfahre Lamech vertritt den Grundsatz der Blutrache (4,23–24), eine Form der Selbstjustiz, die zur Unverhältnismäßigkeit neigt. Adam und Eva bekom-

Anfänge der Kultur

men noch einen weiteren Sohn, Set, der wiederum einen Sohn zeugt (4,25–26a).

Generationenfolge Der Stammbaum in *Gen* 5 knüpft deutlich an die erste Schöpfungserzählung an[70], weshalb man diese Genealogie ebenfalls priesterlichen Autoren zuschreibt. In einem festen Sprachmuster wird die Abfolge von zehn Generationen von Adam bis Noah vorgestellt. Dabei sind die hohen Lebensalter auffällig, die diese Männer erreichen – wenngleich die Zahlen kontinuierlich abnehmen. Für dies Phänomen hat man bisher keine befriedigende Erklärung gefunden, allerdings vermutet, dass die abnehmenden Lebensalter auf eine Verringerung der Lebenskraft oder einen größer werdenden Abstand zu Gott hindeuten sollen. Gen 5 zeigt, dass ein längerer Zeitraum zwischen Menschenschöpfung und Sintflut vergeht. Man könnte die Genealogie als die einfachste Form von Geschichtsschreibung betrachten. Unter den genannten Männern des Stammbaumes beachtet die Bibelauslegung Henoch besonders, weil er nicht stirbt, sondern im Alter von 365 Jahren von Gott entrückt wird (5,24). Henochs Sohn Methuschelach erreicht das höchste Alter und wurde – im Deutschen in der korrumpierten Form „Methusalem" – sprichwörtlich für einen hoch betagten Menschen.

Halbgötter Wissenschaftlicher Bibelauslegung bereitet *Gen* 6,1–4 Kopfzerbrechen. 6,1–2.4 erzählen von Verbindungen zwischen Gottessöhnen und Menschenfrauen, aus denen Kinder hervorgehen, „die Riesen auf Erden. Das sind die Helden der Vorzeit, die hochberühmten." (6,4). Die Gottessöhne gehören in die Sphäre Gottes – nicht zwingend als leibliche Abkömmlinge Gottes; sie sind aber übermenschliche Wesen, die die schönen Menschentöchter begehren, so dass aus der Vereinigung mit diesen Halbgötter hervorgehen, wie man sie aus der griechischen Mythologie etwa in Gestalt eines Herakles kennt. Diese Vorstellung ist schwerlich mit dem im AT herrschenden Gottesbild vereinbar, weshalb man bei dieser Stelle an ein altes, aber wohl erst spät eingefügtes, polytheistisch-mythologisches Relikt gedacht hat. 6,3 lässt Gott darauf reagieren, indem er die Lebenszeit des Menschen auf 120 Jahre begrenzt; tatsächlich wird niemand mehr jenseits der Urgeschichte ein höheres Alter erreichen. Die Stellung des Abschnittes unmittelbar vor der Sintflutgeschichte hat den Eindruck entstehen lassen, als seien diese „Engelehen" ein Indiz besonderer Verwerflichkeit und damit eine Begründung für die Sintflut.

---

[70] 5,1b.2a nehmen Formulierungen aus 1,27.28 wörtlich auf.

1. Die Genesis (1. Mose): Anfänge 63

In der biblischen Erzählung von der großen[71] Flut ist ein umfangreicherer priesterlicher Erzählfaden mit nicht-priesterlichen Elementen verknüpft, was eine Reihe von Ungereimtheiten erklärt[72]. Die verschiedenen Hände machen sich in der Einleitung und am Ende am deutlichsten bemerkbar, das Geschehen verläuft jedoch einhellig: Wegen der Bosheit der Menschen will Gott sie vernichten – mit einer Ausnahme, dem frommen Noah und seiner Familie. Diesem Auserwählten kündigt Gott die Flut an und erteilt ihm Anweisungen für den Bau eines hölzernen Kastens („Arche"), in der er außer seiner Frau, den drei Söhnen und Schwiegertöchtern Tiere jeder Art in solcher Zahl mitnehmen soll, dass sie sich nach der Flut wieder vermehren können, so dass der Bestand der Tierarten gesichert ist. Noah gehorcht. Als heftige Regenfälle und überquellende Wasser aus Brunnen und Gewässern die Erde überschwemmen, bis auch die Berge davon bedeckt sind, schwimmen Noah und seine Familie sowie die Tiere sicher in der Arche. Als nach einiger Zeit die Flut aufhört und der Wasserspiegel sinkt, bleibt die Arche am Berg Ararat hängen. Noah überprüft, ob es wieder frei liegendes Land gibt, indem er erst einen Raben, dann dreimal eine Taube fliegen lässt. Die zweite Taube bringt einen Ölzweig im Schnabel zurück, die dritte kehrt nicht wieder zurück – ein sicheres Zeichen, dass es wieder trockenen Lebensraum gibt, so dass Noah und die Seinen die Arche verlassen können.

Die Erzählung von der Flut und der Arche Noah

Die Bosheit der Menschheit motiviert Gottes Vernichtungsbeschluss. Die nichtpriesterliche Erläuterung (6,5–8) besagt, „dass der Menschen Bosheit groß war auf Erden und alles Dichten und Trachten ihres Herzens nur böse war immerdar." (6,5); deshalb bereut Gott, Menschen geschaffen zu haben (6,6). Lediglich Noah soll nicht der Vernichtung anheim fallen. Der priesterliche Verfasser (6,9–12) stellt zuerst den untadeligen Noah vor (6,9–10), bevor er konstatiert: „Aber die Erde war verderbt vor Gottes Augen und voller Frevel." (6,11). Der nichtpriesterliche Schluss

Gottes Vernichtungsbeschluss und neuer Segen

---

[71] Alt- und Mittelhochdeutsch „sin[t]vluot" bezeichnet die „große, allgemeine Überschwemmung", Duden Bd. 7 Etymologie, Mannheim 1963, S. 645.
[72] Es gibt einige doppelt erwähnte Elemente (z.B. Ankündigung der Flut 6,17 und 7,4; Beginn der Flut 7,10 und 7,11; Sterben der Lebewesen 7,21 und 7,22) und Widersprüche bei den Zahlenangaben (je zwei Tiere sollen mitgenommen werden nach 6,19; je sieben reine und je zwei unreine nach 7,2; die Flut dauert 40 Tage laut 7,17, 150 Tage gemäß 7,24).

lässt Noah in 8,20–22 ein Opfer aus reinen Tieren darbringen[73]. Gott reagiert auf dieses Opfer mit dem Entschluss: „Ich will hinfort nicht mehr die Erde verfluchen um der Menschen willen; denn das Dichten und Trachten des menschlichen Herzens ist böse von Jugend auf." (8,21). Mit diesem Rückbezug auf die Begründung der Flut scheint Gott sich mit dem Wesen des Menschen abzufinden, und trotzdem gibt er eine Bestandsgarantie für den Jahres- und Vegetationszyklus: „Solange die Erde steht, soll nicht aufhören Saat und Ernte, Frost und Hitze, Sommer und Winter, Tag und Nacht." (8,22). In der priesterlichen Erzählung hingegen schließt Gott einen Bund mit Noah (9,1–17). Er erneuert den Schöpfungssegen („Seid fruchtbar und mehret euch"; 9,1.7) und legt fest, dass der Mensch nun auch Fleisch essen darf, vorausgesetzt, dass er das Blut nicht mit verzehrt (9,3–4). Außerdem stellt er das Vergießen von Menschenblut unter Todesstrafe aufgrund der Gottebenbildlichkeit eines jeden Menschen (9,5). Mit dem Bund gibt Gott auch hier eine Bestandsgarantie und setzt den Regenbogen als Zeichen dieses Bundes in die Wolken (9,12–17).

Sintflut als Weltuntergang

Die biblische Sintflutgeschichte berührt sich mit mythischen Erzählungen einer vernichtenden Flut, die in vielen Kulturen vorkommt, nicht zuletzt in der Umwelt Israels[74]. Sie drückt die allgemeinmenschliche Furcht vor einer Gefährdung der Lebenswelt durch kosmische Phänomene aus und mag zugleich die Erinnerung an derartige, regional begrenzte Katastrophen bewahren. Wasser wird nicht nur als Leben spendendes Element verstanden, sondern kann zugleich als Chaosmacht Leben bedrohen und zerstören. Die Erzählung beschwört insofern ein Weltuntergangsszenarium herauf. Markante Einzelzüge in *Gen* 6–9 sind die Gestalt Noahs als eines auserwählten Gerechten, der aufgrund seiner Rechtschaffenheit vom Vernichtungsgericht bewahrt bleibt, die Taube als Sinnbild des heilvollen Neuanfangs, des Friedens sowie der Regenbogen als Symbol des Brückenschlags zwischen Himmel und Erde und der Garantie für den Bestand der Schöpfung.

---

[73] Deshalb war in dieser Fassung eine größere Anzahl von diesen erforderlich.
[74] Hier sind insbesondere die mesopotamischen Mythen bemerkenswert, das *Gilgamesch-Epos*, Tafel XI, sowie das *Atramḫasis-Epos*.

Literarisch

- **Alfred de Vigny – *Die Sintflut*.** Der französische Romantiker Alfred de Vigny (1797–1863) bezieht in sein 332 Verse umfassendes Gedicht *Le Déluge*[75], („Die Sintflut", 1823) die Engelehen aus *Gen* 6,1–4 ein. Als Motto stellt er der als „mystère" („Geheimnis, Rätsel") untertitelten dreiteiligen Dichtung ein an *Gen* 18,23 angelehntes Wort voran: „Sollte es gesagt sein, dass du den Gerechten mit dem Gottlosen sterben lässt?"[76].

Der erste Teil (V. 1–164) setzt mit einer Schilderung der Schöpfung, der Natur in ihrer Schönheit und Harmonie ein (1–20a), mit der die Bosheit des Menschen kontrastiert (20b). Die Menschheit erscheint reif zum Untergang, sie hat bis zum Überdruss alles erprobt, „Der Tod herrschte schon in den gefrorenen Seelen" (30). Zum Unglück der Menschen tragen zudem höhere Wesen bei, denn manche Menschenfrau nährt das Kind eines Engels an ihrer Brust (vgl. *Gen* 6,1–2.4). Es gibt eine Ausnahme von der allgemeinen Verwerflichkeit: einen Hirten und eine Jungfrau, die die Ursprünglichkeit, Einfachheit und Schönheit bewahrt haben und einander in Liebe zugetan sind. Die beiden erklimmen gemeinsam den Berg Ararat, den höchsten Gipfel, fern von den Siedlungen der Menschen. Der junge Mann heißt Emmanuel wie sein Vater, der gleichnamige Engel, das Mädchen ist Sara. Aneinander geschmiegt betrachten die jungen Leute den Sonnenaufgang über der Welt; noch einmal bewundert der Hirte die Schönheit der Schöpfung, über der erste Vorboten des zerstörerischen Unwetters aufziehen, und nimmt Abschied von der vertrauten pastoralen Landschaftsidylle[77]. Weil der junge Hirte aus den Gestirnen die Zukunft lesen kann, weiß er, dass eine Sintflut die Erde vernichten wird. Sein Vater wird ihn retten, wenn er allein auf den Ararat steigt und dort unablässig betet; doch hat der Jüngling eine Frau mitgebracht. Auch Sara hätte eine Möglichkeit der Rettung: Noahs Sohn Japhet wollte sie heiraten und mit in die Arche nehmen, doch sie dachte nur an Emmanuel. Das gemeinsame Gebet des Paares beschließt den ersten Teil des Gedichts.

Aus Liebe zueinander verzichten ein Jüngling und ein Mädchen auf ihre Rettung

Der zweite Abschnitt (V. 165–290) schildert die Flut und ihre verheerende Wirkung auf Natur, Tiere und Menschen. Letz-

---

[75] Alfred de Vigny, *Œuvres poétiques*, hg. J.-P. Saint-Gérand, Paris 1978, S. 88–97.
[76] *Gen* 18,23 lautet: „Willst du denn den Gerechten mit dem Gottlosen umbringen?".
[77] 106–110 entsprechen dem Topos des *locus amoenus*.

tere umkämpfen Reste des Festlandes, werden durch Hunger zu Kannibalen. Das Beispiel von Pharaos buchstäblichem Untergang illustriert Sturz und Tod der Mächtigen. Zweimal wird kurz darauf hingewiesen, dass der Engel auf dem Ararat ausbleibt (223; 279).

Am Ende der Flut sterben beide

Im knappen dritten Teil (V. 291–332) ist alles vom Wasser bedeckt, das Unwetter zieht ab und die Sonne bricht durch. Nur das junge Paar auf dem Ararat lebt noch, wenngleich völlig durchnässt. Als Sara die Sonnenstrahlen bemerkt, meint sie, dass sie beide Gnade gefunden haben, zumal sie die Taube mit dem Zweig im Schnabel gesehen hat. Doch Emmanuel glaubt nicht daran – die Taube kommt nicht zu ihnen. Während die Wasser die beiden erfassen, ruft jeder der beiden selbstlos den Engel zu Hilfe, dass dieser den anderen retten möge. Der Jüngling hält Sara über Wasser, bis ihm die Kräfte versagen. Als die beiden ertrunken sind, sieht man nur noch Himmel und Meer. Und es leuchtet der Regenbogen, „da alles vollbracht war" („tout étant accompli", V. 332).

Frage nach Gottes Gerechtigkeit

Abgesehen vom Kontrastieren der geordneten Schöpfung und dem Chaos der Flut thematisiert de Vigny die Frage nach der Gerechtigkeit Gottes. Das Paar auf dem Ararat gehört nicht zu den Gottlosen, und doch sterben beide. Beide hatten die Chance auf Rettung, Emmanuel durch seinen Engel-Vater, Sara durch Japhet und die Arche. Wegen ihrer Liebe zueinander verlieren sie diese Möglichkeiten. Gott erscheint als gleichgültig und gefühllos. Von ihm, den die beiden jungen Leute betend anrufen, sagt der Engel Emmanuel zu seinem Sohn:

Der Tod der Unschuld ist für den Menschen ein Rätsel [...]
Das Mitleid des Sterblichen ist nicht das der Himmel.
Gott schließt keinen Bund mit dem Menschengeschlecht:
Wer ohne Liebe schuf, wird ohne Hass sterben lassen.   (146–150)[78].

Durch einige Details, die auf das Neue Testament anspielen, schafft der Dichter bittere Ironie: Der Engel und sein halb göttlicher Sohn heißen „Emmanuel", „Gott mit uns", eine Bezeichnung, die alttestamentlich mit der Erwartung des Heilsbringers verbunden und neutestamentlich auf Jesus bezogen wird[79]. Doch vermögen beide in diesem Gedicht keine Rettung zu bringen. Der letzte Halbvers („da alles vollbracht war") evoziert Jesu letztes Wort am Kreuz im Johannesevangelium (*Joh* 19,30). Aber diese

---

78   Übersetzung K.S.
79   Vgl. die Prophezeiung *Jes* 7,14 und Mt. 1,23.

Wendung vermittelt hier ebenso wenig den Eindruck, dass sich Heil anbahnt, wie der leuchtende Regenbogen. Denn es überwiegt der Aspekt, dass eben zwei Unschuldige der Flut zum Opfer gefallen sind[80]. Dadurch ist das Gottesbild negativ getönt trotz aller Verweise auf die Schönheit der Schöpfung.

Ein Schwerpunkt der Rezeption der eigentlichen Sintfluterzählung bildet sich im Zusammenhang mit den Erfahrungen des Ersten Weltkrieges. **Stefan Zweig** (1881–1942) veröffentlicht im Dezember 1916, also mitten im Krieg, *Die Legende der dritten Taube*[81], die als mythisches Geschöpf die Zeiten überdauert bis hin zum Weltkrieg, der sie aufschreckt. Er gleicht der universalen Vernichtung durch die Sintflut in der Urzeit. **Ernst Barlachs** (1870–1938) 1923 geschriebenes fünfteiliges Drama *Die Sündflut*[82] illustriert vor allem die Bosheit der Menschen und ihre Zweifel an Gott. Er verarbeitet dabei ebenso die Eindrücke des Ersten Weltkrieges wie Hemingway.

Sintflutmotiv und Erster Weltkrieg

■ **Ernest Hemingway – *In einem andern Land*.** Hemingway (1899–1961) lässt in seinem 1929 veröffentlichten Roman[83] den Protagonisten und Ich-Erzähler Frederic Henry seine persönlichen Erlebnisse im Ersten Weltkrieg in Norditalien schildern. Der amerikanische Architekturstudent dient freiwillig als Sanitätsoffizier in der italienischen Armee und ist für Krankentransporte zuständig. Als er schwer verwundet wird, pflegt ihn die britische Krankenschwester Catherine Barkley, und aus der zuvor lockeren Bekanntschaft entwickelt sich eine Liebesbeziehung. Zurück an der Front gerät Henry mit seiner Wagenkolonne in eine Rückzugsbewegung. Er verliert die Orientierung und büßt Fahrzeuge und Männer ein. Als er allein weiter flieht wird er nachts an einer Brücke von italienischer Feldpolizei aufgegriffen und soll als vermeintlicher Deserteur erschossen wer-

Inhaltsabriss

---

[80] Auf die Rettung der Arche und Noahs Familie wird nur beiläufig hingewiesen; vgl. V. 156–158; 259; sowie die Taube in V. 317–319.
[81] Stefan Zweig, *Rahel rechtet mit Gott. Legenden.* Hg. von K. Beck; Gesammelte Werke in Einzelbänden, Frankfurt a.M. ²2002, S. 7–11.
[82] Ernst Barlach, *Die Sündflut*. Mit 12 Zeichnungen und einem Holzschnitt von Ernst Barlach. Hg. und mit einem Vorwort von H.H. Fischer, Serie Piper 772, München/ Zürich 1987.
[83] Originaltitel *A Farewell to Arms*, Ernest Hemingway, *In einem andern Land*, übertragen von A. Horschitz-Horst, rowohlt TB 216, Reinbek bei Hamburg 1957.

den. Durch einen Sprung in den Fluss rettet er sein Leben und schlägt sich ins Lazarett zu Catherine durch. Mit ihr, die indessen ein Kind von ihm erwartet, lebt er eine Weile unerkannt in Stresa am Lago Maggiore. Rechtzeitig durch einen Barkeeper gewarnt, entgeht er seiner Verhaftung, indem er nachts in einem Ruderboot mit Catherine in die Schweiz flieht. Sie verbringen in den winterlichen Bergen einige glückliche Monate, bis Catherine nach der schwierigen Entbindung von einem toten Jungen stirbt.

Regen als Begleiterscheinung und Indiz von Schicksalsschlägen

Hemingway verarbeitete in diesem Werk eigene Kriegserfahrungen und vermittelt Eindrücke von der Front und dem Leben an den von Kriegshandlungen unberührten Orten. Die zahlreichen Gespräche, die Frederic Henry mit Kameraden, Krankenschwestern, Ortsansässigen und in Italien weilenden Fremden führt, vermitteln Einblicke in Stimmung und Atmosphäre dieser Zeit. Zugleich lassen sie den Protagonisten über den Krieg, das Leben, Gott und die Welt nachdenken. Einen wichtigen Bestandteil der Darstellung bildet das Erwähnen der jeweils herrschenden Wetterverhältnisse, das man zunächst für beiläufig halten mag, dessen inhaltliche Bedeutung jedoch zunehmend erkennbar wird. Denn es wird offensichtlich, dass Hemingway alle negativen Erfahrungen und Schicksalsschläge von heftigen Regenfällen und Unwetter begleitet sein lässt. Dies gilt insbesondere für den letzten Einsatz Henrys, bei dem er seine Fahrzeuge verliert und alle Kameraden außer ihm selbst sterben (Kap. 27–28), ebenso für seine nächtliche Festnahme als vermeintlicher Deserteur (Kap. 30). Der Hinweis des Barkeepers auf die drohende Verhaftung findet bei stürmischem Regenwetter statt (Kap. 36); auch während der Überfahrt in die Schweiz stürmt und regnet es heftig, so dass nicht nur die Orientierung erschwert, sondern auch das Boot gefährdet wird (Kap. 37). Als Catherine im Sterben liegt, regnet es, und als sie gestorben ist, schließt der Roman mit dem lapidaren Satz: „Nach einer Weile ging ich hinaus und verließ das Krankenhaus und ging im Regen ins Hotel zurück." (Kap. 41, S. 224). Im Zentrum des Romans erfolgt zudem eine Vorausdeutung auf Catherines Tod „im Regen", da sie in einer Regennacht ihrem Partner gesteht, dass sie Angst vor dem Regen habe: „Ich hab Angst davor, weil ich mich manchmal tot im Regen liegen sehe." (Kap. 19, S. 88). Der Regen nimmt überdies im Verlauf des Romans zu. Als Henry erfahren hat, dass das Kind tot zur Welt gekommen ist, denkt er:

Einmal, im Lager, legte ich einen Balken ins Feuer, der voller Ameisen war. Als er zu brennen begann, schwärmten die Ameisen aus und liefen zuerst nach der Mitte, wo das Feuer war; dann wandten sie sich zurück und rannten dem Ende zu. Als genug am Ende waren, fielen sie ab und ins Feuer. Manche kamen raus mit verbrannten abgeplatteten Körpern und liefen los und wußten nicht, wohin sie liefen. Aber die meisten liefen ins Feuer und dann zurück zu den Enden und schwärmten auf dem kühlen Ende und fielen schließlich hinunter ins Feuer. Ich erinnere mich, daß ich damals dachte, daß es das Ende der Welt sei und eine hervorragende Gelegenheit, den Messias zu spielen und den Balken aus dem Feuer zu heben und ihn dorthin zu werfen, wo die Ameisen den Boden erreichen konnten. Aber ich tat nichts dergleichen, sondern goß eine Blechkanne mit Wasser auf den Balken, um die Tasse leer zu haben, um Whisky hinein zu tun, bevor ich Wasser dazu goß. Ich glaube, daß die Tasse Wasser auf dem brennenden Balken nun die Ameisen dämpfte. (Kap. 41, S. 221).

In dieser gleichnishaften Erinnerung an eine für ihn unerhebliche Begebenheit fühlt sich der Erzähler in der Position Gottes gegenüber der Menschheit. Er beobachtet eine Katastrophe, die er selbst unabsichtlich und unachtsam herbeigeführt hat. Doch unternimmt er nichts zur Rettung der Geschöpfe, im Gegenteil, er verschärft ihr Leiden noch. Auf diese Weise drückt der Protagonist – und mit ihm vermutlich der Autor – sein pessimistisches Gottesbild aus. Es bestätigt sich, als er wenig später im Krankenhausgang betet, dass Catherine nicht sterben möge („Oh, Gott, bitte lass sie nicht sterben.", S. 223, wiederholt er immer wieder), was aber kurz darauf doch geschieht.

    Regen begleitet sowohl kollektive Katastrophen des Kriegsverlaufes als auch besonders individuelle Schicksalsschläge. Hemingway bedient sich des Unwetters, das in der Sintflutgeschichte das Instrument zur Vernichtung der Menschheit bildet, um unausgesprochen assoziativ eine religiöse Dimension einzubeziehen: Der Krieg und seine Auswirkungen erscheinen als ein Weltuntergang, den Gott duldet, ohne einzugreifen. Ebenso wenig kümmert ihn das individuelle Geschick, denn er lässt nicht nur das Kind sterben, sondern nimmt dem Protagonisten auch die geliebte Frau.

Pessimistisches Gottesbild

Schriftsteller des 20. Jahrhunderts greifen somit die Sintfluterzählung nicht wegen des vorbildlichen Gerechten Noah auf, sondern wegen der universalen Dimension der vernichtenden Katastrophe, die auf menschliche Verfehlungen zurückzuführen ist, ein Muster, das sie in den Ereignissen des Ersten Weltkrieges wiedererkennen. Die Verweise auf die biblische Sintflut helfen, eine Weltuntergangsstimmung zu schaffen. Die Verwerflichkeit des Menschen stellt zweifellos eine Ursache der Katastrophe dar, Gottes Rolle steht hingegen zur Diskussion.

1.1.4. Die Völker und der Turmbau zu Babel

Biblisch

Entstehung der Völker nach der Sintflut

■ *Gen* 9,18–11,9. In der Episode von Noah als erstem Winzer und Berauschtem (*Gen* 9,18–27) verflucht Noah seinen Sohn Ham wegen dessen respektlosen Verhaltens und prophezeit, dass Ham und seine Nachkommen – die Kanaanäer – den Nachkommen Sems und Japhets untertan sein sollen. Das Vorkommnis dient dazu, das spätere Verhältnis von Völkern zueinander zu begründen. Die so genannte „Völkertafel" in *Gen* 10 führt im Stile eines Stammbaumes die Völker auf Erden auf die drei Söhne Noahs zurück und benennt deren Siedlungsgebiete.

Der Ursprung der Sprachenvielfalt

Die knappe Erzählung in *Gen* 11,1–9 erklärt die Entstehung der verschiedenen Sprachen. Die Völker, die noch eine Sprache sprechen, nehmen ein im wahrsten Sinne des Wortes hochfahrendes Projekt in Angriff, eine Stadt mit einem Turm, dessen Spitze bis in den Himmel reichen soll. Aus Gottes Perspektive ist das entstehende Bauvorhaben zwar so klein, dass er eigens hernieder fahren muss, um es erkennen zu können, doch zeigt es ihm, zu welch hoffärtigen Unternehmen die Menschheit mit vereinten Kräften imstande ist. Deshalb verwirrt er die Sprache, so dass sie sich miteinander nicht mehr verständigen können, zuerst den Bau aufgeben und sich dann über die Erde zerstreuen. Die Stadt heißt Babel, „weil der Herr daselbst verwirrt hat aller Länder Sprache" (11,9). Volkstümlich erklärt die Geschichte den Namen Babels[84], das aus biblischer Sicht negativ besetzt ist. Tatsächlich verweist das Baumaterial, die gebrannten Ziegel, ebenso auf Babylon wie der Turm, der vermutlich einen bei den Babyloniern üblichen Stufentempel meint.

Die Genealogie von Noahs Sohn Sem bis zu Abrahams Vater Terach (11,10–26), die analog zu *Gen* 5 gestaltet ist, leitet zur anschließenden Vätergeschichte über.

---

[84] „Babel" wird in Zusammenhang gebracht mit hebr. *bll* „verwirren"; tatsächlich bedeutet „bab-ili" „Gottestor".

Literarisch

Rezeptionsgeschichtlich ist die babylonische Sprachverwirrung sprichwörtlich geworden; literarisch hat die Erzählung, die außerdem das mythische Motiv des Himmel-Stürmens enthält, kaum Spuren hinterlassen.

- **Gottfried Benn –** *Wir gerieten in ein Mohnfeld.* Benn (1886–1956) spielt in einem Gedicht ohne Titel, das in seiner expressionistischen Phase 1913 entstand, unter anderem auf die Turmbaugeschichte an:

Wir gerieten in ein Mohnfeld,
überall schrien Ziegelsteine herum:
Baut uns mit in den Turm des Feuers
für alles, was vor Göttern kniet.

Zehn nackte, rote Heiden tanzten um den Bau und blökten
dem Tod ein Affenlied:
Du zerspritzt nur den Dreck deiner Pfütze
und trittst einen Wurmhügel nieder, wenn du uns zertrittst.
Wir sind und wollen nichts sein als Dreck.
Man hat uns belogen und betrogen
mit Gotteskindschaft, Sinn und Zweck
und dich der Sünde Sold genannt.
Uns bist du der lockende Regenbogen
über die Gipfel der Glücke gespannt.[85]

Offensichtlich im Opiumrausch („Mohnfeld") wird wahrgenommen, was das Gedicht schildert. Ziegelsteine bitten darum, für den Turm verwendet zu werden, der als Heiligtum (V. 4) dient, als Ort, an dem Brandopfer („Feuer") dargebracht werden. Der längere zweite Teil des Gedichts beschreibt, wie die Gottesverehrung aussieht: Zehn Nackte umtanzen den Bau und singen offenkundig unharmonisch („blökten"); dass sie „Heiden" sind, assoziiert ebenso wie ihre Nacktheit und der Rundtanz ein Ritual, das Wilde vollziehen; dass sie „rot" sind, bezieht sie in die im ersten Teil herrschende Farbgebung ein („Mohn", „Ziegel", „Feuer"). Mit ihrem „Affenlied" (ein weiterer abwertender Hinweis auf die Gesangsqualität[86]) wenden sie sich an den Tod. In den ersten beiden Versen ihres nun wiedergegebenen Liedes kon-

Verkehrung biblischer Werte

---

[85] Gottfried Benn, *Gesammelte Werke*, hg. von Dieter Wellershoff, Bd. 1: Gedichte, Frankfurt/M. 2003, S. 22.
[86] Außerdem ist der Affe in christlicher Ikonographie negativ besetzt; er vertritt Eitelkeit, Sünde, Frivolität und Abgötterei.

statieren sie drastisch und abwertend ihre eigene Vergänglichkeit („Dreck deiner Pfütze", „Wurmhügel"). In den folgenden sechs reimenden (abacbc) Kurzversen des Liedes akzeptieren sie ihre Sterblichkeit, bevor sie die christliche Botschaft, die mit Schlagworten anklingt („Gotteskindschaft", Tod als „der Sünde Sold"[87]), als Lug und Trug abtun. Für sie ist der Tod nichts Negatives, sondern verlockend; er entspricht dem Regenbogen, der für sie nicht Himmel und Erde, sondern zwei Bereiche des Glücks verbindet, nämlich ihr jetzt schon durch den Tod geprägtes Dasein und den eigentlichen Todeszustand. In drastischer Weise und beißendem Sarkasmus verkehrt und negiert Benn in diesem Gedicht christliche Weltanschauung unter Nutzung biblischer Motive aus der Urgeschichte[88].

1.2. Erzvätergeschichten und Josefsnovelle (Gen 12–50)

Biblisch

- **Gen 12–36 – Die drei Erzväter Abraham, Isaak und Jakob.**

Verknüpfte Erzählzyklen

Die Erzählungen von den drei Erzvätern Abraham, Isaak und Jakob spielen eine wichtige Rolle für das Selbstverständnis Israels. Gott erwählt die drei Männer, die die drei ersten Generationen des späteren Volkes darstellen, er gibt ihnen seine Zusage, mit ihnen zu sein, schenkt seinen Segen und die Verheißung reicher Nachkommenschaft sowie der Inbesitznahme des Landes Kanaan. Der längere, komplexe Entstehungsprozess[89] der Vä-

---

[87] Dies nach der traditionellen Auslegung der Sündenfallgeschichte.

[88] Zur Verarbeitung der Sintflut und des Turmbaus vgl. unten Caldéron, *Balthasars Nachtmahl*.

[89] Wie in der Urgeschichte trifft man auch hier auf Texte unterschiedlicher literarischer Herkunft, die nicht immer glatt miteinander verknüpft sind und Wiederholungen bieten – etwa die mehrfache Verheißung eines Sohnes an Abraham. Zudem spiegelt sich der ehemals mündliche, sagenhafte Charakter einiger Bestandteile, z.B. in den drei Erzählungen von der so genannten „Gefährdung der Ahnfrau" (*Gen* 12,10–20; 20; 26,6–11), die ein Grundmuster abwandeln, aber etwa auch darin, dass die ursprünglich unabhängige Überlieferung von Lot und dem Untergang Sodoms und Gomorras eingebunden wurde. Bibelwissenschaftlich sieht man die Verflechtung der Vätergestalten (und auch die Einbindung Lots) durch verwandtschaftliche Beziehungen als sekundär an; zudem sind die

tergeschichten hat sich im episodischen Charakter der Zyklen um die jeweiligen Hauptpersonen Abraham (*Gen* 12,1–25,11) und Jakob (*Gen* 25,19–35) niedergeschlagen, bei denen Isaak als Sohn Abrahams und Vater Jakobs in der jetzigen Gestalt der Vätergeschichte das Verbindungsglied darstellt, da er in beide Abschnitte auch als Handlungsbeteiligter einbezogen ist. In der vorliegenden Gestalt ziehen sich Gottes Verheißungen als verbindender roter Faden durch die Gesamtdarstellung.

Abraham[90] wurde bereits im Stammbaum *Gen* 11,26 als Sohn des Terach eingeführt. Außerdem erfährt man, dass Abrahams Frau Sara unfruchtbar ist (11,30) und dass Terach mit seinen Söhnen aus Ur in Chaldäa auswandert und sich zunächst in Haran ansiedelt (11,31). 12,1 setzt mit einer programmatischen Rede Gottes an Abraham ein: Gott fordert ihn zum Aufbruch auf, zur Reise „in ein Land, das ich dir zeigen will", verheißt Abraham zahlreiche Nachkommenschaft und erklärt: „du sollst ein Segen sein […] und in dir sollen gesegnet werden alle Geschlechter auf Erden." (12,2–3). Abraham – laut 12,4 im Alter von bereits 75 Jahren – macht sich auf den Weg und gelangt nach Kanaan (12,5), das er bereist[91].

Einführung Abrahams

Erzväter wohl nachträglich zu Helden einiger älterer Legenden, insbesondere solcher, die von der Gründung eines Heiligtums handeln, gemacht worden. Außerdem wurden Geschichten von einer Vätergestalt auf eine andere übertragen – so wird das Beilegen eines Brunnenstreites mit Abimelech durch Isaak (26,15–33) auch als Abraham-Episode erzählt (21,22–34).

[90] Abraham erscheint zunächst unter der Namensform „Abram", bis er in *Gen* 17,5 von Gott persönlich im Rahmen des priesterschriftlichen Bundesschlusses umbenannt wird in „Abraham", was „Vater vieler Völker" bedeute. Mit ihm wird seine Frau Sarai umbenannt in „Sara" (17,15). Namengebung ist ja ein Herrschaftsakt, zeigt also hier die Indienstnahme des Menschen durch Gott an. Hier wird durchgehend die Form „Abraham" bzw. „Sara" verwendet.

[91] Unvermittelt ist eine Episode von einer Reise Abrahams nach Ägypten eingeschaltet (12,10–20): Veranlasst durch eine Hungersnot begibt sich Abraham mit Sara nach Ägypten. Dort gibt er sie als seine Schwester aus, weil er befürchtet, dass ihre Schönheit das Begehren der Ägypter wecken und jene ihn beseitigen könnten, um der Frau habhaft zu werden. Tatsächlich holt Pharao Sara in seinen Palast, doch durch göttliches Eingreifen erfährt er die Wahrheit und entlässt Abraham und Sara. Das Grundmuster dieser Geschichte wiederholt sich in Gen 20, wo Abraham und Sara bei Abimelech von Gerar weilen; eine dritte Variante (26,6–11) lässt Isaak und Rebekka bei Abimelech von Gerar zu Gast sein. In allen drei Fällen

Abrahams Neffe Lot und der Untergang Sodoms

Weil sich ihre Viehbestände stark vermehrt haben, trennen sich Abraham und sein Neffe Lot, der mit ihm nach Kanaan gekommen ist. Lot siedelt sich in Sodom an (13). Abraham befreit diesen mit militärischer Gewalt, als er bei kriegerischen Auseinandersetzungen verschleppt wird (14). Als Gott Abraham wissen lässt, dass er Sodom und Gomorra wegen ihrer Bosheit vernichten will, verhandelt Abraham mit ihm, ob er nicht um der Gerechten willen, die möglicherweise dort leben, die Stätte schonen werde. In mehreren Schritten vermindert Abraham die Zahl der potentiell vorhandenen Gerechten von fünfzig auf zehn, und Gott sichert ihm ein Verschonen auch noch um zehn Gerechter willen zu (18,16–33). In Sodom nimmt Lot zwei Gäste – in Wahrheit Engel – in seinem Haus auf. Die Sodomiter fordern, dass er die Männer herausgebe. Lot weigert sich, bietet ihnen sogar seine Töchter an, doch beharren die Sodomiter auf der Herausgabe der Gäste. Die Engel verhindern eine drohende tätliche Auseinandersetzung, kündigen Lot den Untergang Sodoms an, raten ihm, mit seiner Familie aus der Stadt zu fliehen, jedoch ohne sich umzusehen. Als Lot am Morgen von den Engeln zur Flucht gedrängt Sodom verlassen hat, regnet es Feuer und Schwefel vom Himmel auf Sodom und Gomorra. Als Lots Frau sich umsieht, erstarrt sie zur Salzsäule (19). Die Erzählung liefert zunächst eine Erklärung für die wüste Beschaffenheit der Salzmeergegend. Außerdem bildet sie eine Analogie zur Sintflutgeschichte, da wiederum Gott menschliche Bosheit mit Vernichtung ahndet, hier allerdings regional begrenzt und mit dem Instrument des Feuers.

Die Sohnesverheißung an Abraham

Hauptthema der Abrahamerzählungen ist die Nachkommenschaft. Gott verheißt Abraham immer wieder einen Sohn – seine Nachkommen sollen so zahlreich werden wie der Staub auf Erden (13,16) oder die Sterne am Himmel (15,4–5) und das Land besitzen. Gott verpflichtet sich durch ein Ritual, sein Versprechen zu erfüllen (15,9–18). Doch Sara wird ungeduldig, weil der verheißene Nachkomme ausbleibt. Deshalb führt sie Abraham ihre Magd Hagar als Nebenfrau zu. Als Hagar schwanger geworden ist, geraten die Frauen in Streit, so dass Hagar für eine Weile in die Wüste flieht. Sie gebiert den Sohn Ismael (16). Gott schließt einen Bund mit Abraham, als dessen Zeichen die Beschneidung alles Männlichen eingesetzt wird; außerdem ver-

---

harmoniert die Episode nicht mit dem Hauptinteresse des Gesamtzusammenhangs, der auf den gemeinsamen Nachwuchs des Erzelternpaares abzielt.

heißt er Abraham einen Sohn, den Sara ihm schenken wird, was Abraham angesichts ihrer beider fortgeschrittenen Alters durchaus skeptisch beurteilt (17). Abraham nimmt drei (göttliche) Fremde gastlich bei sich auf und bewirtet sie. Sie kündigen ihm die Geburt eines Sohnes binnen Jahresfrist an, den die hoch betagte Sara gebären soll – Sara lacht ungläubig darüber (18,1–15). Die Ankündigung trifft ein – Isaak kommt zur Welt (21,1–7). Der Konflikt zwischen Sara und Hagar entflammt erneut, so dass Abraham Hagar und Ismael schließlich auf Saras Betreiben in die Wüste schickt. Dort rettet ein Engel Mutter und Kind vor dem Verdursten und verheißt auch Ismael reiche Nachkommenschaft (21,8–21). Götterbesuch

Isaak

Dann stellt Gott Abraham auf die Probe (22,1): Er fordert, dass Abraham ihm seinen Sohn Isaak als Brandopfer im Land Morija darbringe. Abraham gehorcht, sucht den Berg auf (der später mit dem Tempelberg in Jerusalem identifiziert wurde), bereitet das Opfer vor, indem er Isaak gefesselt auf das auf einem Altar aufgeschichtete Holz legt. Erst im letzten Augenblick, als Abraham dem Jungen schon das Messer an die Kehle gesetzt hat, greift ein Engel ein und verhindert dies Opfer. Anstelle des Knaben bringt Abraham Gott einen Widder dar (22,1–13). Die religionsgeschichtliche Auslegung, die Erzählung wolle die Ablösung des Menschen- speziell des Kinderopfers, durch das Tieropfer schildern, ist umstritten. Das Interesse liegt deutlich auf dem absoluten Gehorsam Abrahams, der nach Gottes Geheiß handelt, sogar wenn er den Sohn, auf den er so lange vergebens wartete und von dem die Erfüllung der göttlichen Mehrungsverheißung abhängt, hergeben soll. Ohne Klage oder Widerrede ist Abraham dazu bereit.

Abrahams Glaubensprüfung

Als Sara stirbt, kauft Abraham eine Grabstätte, die als Familiengrab dienen wird (23). Um eine Braut für den nun erwachsenen Isaak zu werben, schickt Abraham einen Knecht zu den noch in Mesopotamien lebenden Verwandten. Der Knecht kehrt mit Rebekka, einer Nichte Abrahams, zurück, die Isaak alsbald lieb gewinnt (24). Als Abraham stirbt, ist Isaak sein Alleinerbe, obwohl Abraham abgesehen von Ismael aus einer zweiten Ehe noch weitere Söhne hat (25,1–11).

Tod Saras und Abrahams

Auch die Ehe Isaaks mit Rebekka bleibt zunächst kinderlos; sie empfängt aber auf Isaaks Gebet hin schließlich Zwillinge, deren Verhältnis zueinander von Anfang an durch Konkurrenz bestimmt ist: Schon im Mutterleib streiten sie miteinander – Rebekka erhält einen Gottesspruch, dass der Jüngere dem Älteren

Isaaks Zwillingssöhne in Konkurrenz um Erstgeburtsrecht und -segen überlegen sein werde (25,22–23) –; bei der Geburt hält Jakob die Ferse Esaus, so dass er kaum jünger ist als der Erstgeborene (25,25–26), und sie sind gegensätzlicher Natur: Esau, rötlich und behaart, wird ein umherstreifender Jäger, Jakob „ein gesitteter Mann [..] blieb bei den Zelten" (25,27). Während Esau Isaaks Liebling ist, zieht Rebekka Jakob vor (25,28). Esau verkauft Jakob sein Erstgeburtsrecht für ein Linsengericht (25,29–34) – „so verachtete Esau seine Erstgeburt". (25,34). Jakob erschleicht sich den Erstgeburtssegen des Vaters auf Veranlassung der Mutter: Rebekka hört mit an, wie der altersblinde Isaak Esau auffordert, ihm ein Wildgericht zuzubereiten. Im Anschluss will er Esau segnen. Rebekka drängt Jakob, sich anstelle des Bruders diesen Erstgeburtssegen zusprechen zu lassen. Sie kocht ein Gericht nach Isaaks Geschmack und umwickelt Jakobs Hände mit Fell, damit er sich anfühlt wie sein stark behaarter Bruder. Isaak lässt sich täuschen und erteilt Jakob den Segen. Als Esau beim Vater erscheint, stellt sich der Betrug heraus. Isaak kann den Segen von Jakob nicht zurücknehmen und auf Esau übertragen. (27,1–40). Esau zürnt Jakob und will ihn töten, sobald der Vater gestorben ist. Rebekka erfährt davon und schickt Jakob deshalb zur Sicherheit zu ihrem Bruder Laban nach Haran (27,41–45). Auf Rebekkas Anregung schickt Isaak Jakob zu Laban, damit er eine von dessen Töchtern zur Frau nehme, und der Vater segnet Jakob zum Abschied (27,46–28,5). Analog zu Isaak nimmt auch Jakob also eine Frau aus der Sippe. Esau dagegen heiratet mehrere Frauen fremder Herkunft (26,34–35), was das Missfallen seiner Eltern erregt und erzählerisch zu seiner negativen Charakterisierung beiträgt.

Soweit reicht zunächst die Geschichte der konkurrierenden Brüder, die nun verfeindet sind. Eingefasst durch Gottesbegegnungen, die Jakob unterwegs erlebt, wird jetzt ein zweiter Sagenkreis in die Geschichten von Jakob und Esau eingebettet, der sich mit Jakob und Laban und den Eheschließungen Jakobs befasst.

Himmelsleiter

Als Jakob auf der Reise unter freiem Himmel schläft, erblickt er im Traum eine Rampe („Leiter"), auf der die Engel hinauf- und hinabsteigen. Auf der obersten Stufe steht Gott selbst und verheißt Jakob Land und reiche Nachkommenschaft. Als Jakob erwacht, richtet er an dieser heiligen Stätte ein Steinmal auf und nennt den Ort Bethel, „Gottes Haus" (28,10–22).

Jakob gründet eine Familie

Bei der Ankunft in Haran verliebt sich Jakob am Brunnen in Rahel, die jüngere Tochter seines Onkels Laban. Laban nimmt ihn auf und vereinbart mit Jakob, dass er sieben Jahre für ihn arbeitet, danach wird er Rahel zur Frau bekommen. Als die sieben Jahre um sind, richtet Laban ein Hochzeitsfest aus und führt Jakob die verschleierte Braut zu. Am nächsten Morgen bemerkt Jakob, dass er mit Lea, der älteren Tochter, verheiratet ist. Um Rahel zu erhalten, muss er weitere sieben Jahre dienen, doch wird sie ihm schon eine Woche nach der ersten Hochzeit zugeführt (29,1–30). Zwischen den Schwestern entbrennt nun ein „Gebärwettstreit". Lea schenkt Jakob sechs Söhne und eine Tochter, hinzu kommen noch je zwei weitere Söhne, die die beiden Mägde seiner Frauen Jakob gebären. Rahel bleibt unfruchtbar, bis sie nach Jahren einen Sohn bekommt, Josef (29,31–30,24). Jakob bringt durch eine List viele Tiere aus den Herden Labans in seinen Besitz (30,25–43). Er flieht mit seiner Familie und seiner Herde, um in die Heimat zurückzukehren. Rahel stiehlt den Hausgott Labans und nimmt ihn mit. Laban nimmt die Verfolgung auf. Doch Rahel verbirgt den Hausgott so geschickt, dass er ihn nicht findet. Laban schließt mit Jakob einen Vertrag: Jakob darf keine weiteren Frauen nehmen und muss Lea und Rahel gut behandeln (31).

Nun wird der Faden der Brüdergeschichte wieder aufgenommen: Jakob sendet Geschenke vorweg und kündigt Esau seine Rückkehr in friedlicher Absicht an (32,1–22). Auf der Rückreise widerfährt Jakob wiederum eine Gottesbegegnung: Nachts allein am Fluss Jabbok überfällt ihn ein Unbekannter und ringt mit ihm. Jakob ringt ihm seinen Segen ab. Der Unbekannte benennt Jakob um in „Israel", „Gotteskämpfer", und verletzt ihn an der Hüfte. Jakob nennt diesen Ort Pnuel, „Gottes Angesicht" (32,23–33). Jakob söhnt sich mit Esau aus und siedelt sich bei Sichem an (33). In Bethel vergräbt Jakob fremde Götterbilder; Gott segnet ihn dort und verheißt ihm reiche Nachkommenschaft und das Land. Als Rahel ihren zweiten Sohn, Benjamin, zur Welt bringt, stirbt sie. Jakob hat nun zwölf Söhne (aufgelistet 35,23–26) – entsprechend der traditionellen Anzahl der Stämme des Volkes Israel. Nach Jakobs Heimkehr stirbt auch Isaak (35). Von Jakobs Ende wird erst am Schluss der Josefsnovelle berichtet werden.

Aus Jakob wird Israel

Eingeflochten in die Erzählungen sind Herleitungen der unmittelbaren Nachbarvölker Israels von den Nebenlinien der Erzväter: Ammon und Moab stammen aus der notgedrungen inzestuösen Beziehung zwischen Lot und seinen Töchtern (19,30–38), arabische Nomadenstämme von Ismael (25,12–18) und Edom von Esau ab (36,1).

Der Abriss der Erzvätergeschichten zeigt bereits ihre beiden verschiedenen Ebenen: Einerseits vereinen sie in den Einzelepisoden sagenhafte Züge mit einem gewissen Vergnügen an der Überlegenheit der Figuren, die durchaus auch auf List und Betrug beruhen kann; andererseits sind die Väter, allen voran Abraham, auf der Ebene der Gesamtkomposition idealisierte Gestalten, die sich durch ihre Gottesbeziehung auszeichnen: Sie sind erwählte Träger der Verheißungen, die in ihrer Person dem aus ihnen hervorgehenden Volk Israel gelten.

Josefs Konflikt mit den Brüdern

■ **Gen 37.39–50 – Die Josefsnovelle.** Im Gegensatz zum episodischen Charakter der Erzvätererzählungen weist die Geschichte des Jakobsohnes Josef eine planvollere, „novellistische" Anlage auf. *Gen 37* erzählt die Vorgeschichte: Zwischen Josef, dem Erstgebornen seiner geliebten Rahel, und den übrigen Söhnen Jakobs entwickelt sich eine Konkurrenz: Jakob schenkt nur Josef, seinem Lieblingssohn, einen bunten Rock. Josef erzählt seine Träume – Garben bzw. Sonne, Mond und Sterne verneigen sich vor ihm – und verärgert damit seine Familie. Als Josef zu den Brüdern auf die Weide geschickt wird, um ihnen auf die Finger zu sehen, wollen diese die Gelegenheit nutzen, ihn loszuwerden. Sie werfen ihn in eine leere Zisterne; statt ihn zu töten, verkaufen sie ihn jedoch an eine vorbeiziehende Karawane. Jakob erhält den blutbeschmierten bunten Rock zum Zeichen, dass ein wildes Tier Josef getötet habe. Josef wird in Ägypten an den Kämmerer Potifar verkauft.

Josefs Karriere in Ägypten

Gen 39–41 schildern Josefs Aufstieg in Ägypten: Potifar macht Josef alsbald zum Verwalter. Potifars Frau hat ein Auge auf den schönen Jüngling geworfen, der sich ihr jedoch verweigert. Deshalb bezichtigt sie ihn der Vergewaltigung, so dass Josef ins Gefängnis kommt. Dort wird er schnell zur rechten Hand des Gefängnisleiters. Josef deutet die Träume zweier Gefängnisinsassen. Einer von diesen empfiehlt Josef dem Pharao, als dieser von sieben fetten und mageren Kühen bzw. Ähren träumt und seine Wahrsager dies nicht zu deuten vermögen. Josef erklärt die Träume als Hinweis auf sieben gute und sieben magere Jahre und rät, Vorsorge zu treffen. Pharao setzt ihn daher zum Verwalter über Ägypten ein. Josef baut Vorratslager auf, so dass Ägypten für die Hungersnot gewappnet ist und auch Getreide exportieren kann. Seine Karriere ist deshalb möglich, weil Gott mit Josef ist, „so daß er ein Mann wurde, dem alles glückte" (39,2). Deswegen ist er auch mit der Gabe der Traumdeutung ausgestattet. Das Motiv des prophetischen Traumes ist in *Gen* 37.39–41 zentral.

Gen 42 nimmt das Thema Josef und seine Brüder wieder auf. Wegen der Hungersnot, die auch Palästina betrifft, schickt Jakob seine Söhne bis auf Benjamin nach Ägypten, um Getreide zu kaufen. Josef erkennt die Brüder, beschuldigt sie, Kundschafter zu sein, und fordert, dass sie ihren jüngsten Bruder, den sie unvorsichtigerweise erwähnt haben, zu ihm bringen sollen. Simeon hält Josef als Geisel fest. Bei der Rückreise finden die Brüder in ihren Getreidesäcken auch das dafür gezahlte Geld. Doch Jakob weigert sich, Benjamin ziehen zu lassen. Als das Getreide aufgezehrt ist (43,2), reisen die Brüder ein zweites Mal nach Ägypten – diesmal mit Benjamin. Josef lädt sie in sein Haus zum Essen ein. Wieder finden sie bei der Rückreise Geld in den Getreidesäcken. In Benjamins Sack liegt außerdem Josefs kostbarer Trinkbecher. Diener Josefs setzen den Brüdern nach und bezichtigen Benjamin, den Becher gestohlen zu haben. Nun stehen die Brüder vielerlei Ängste aus; zudem schlägt ihnen erneut das Gewissen, weil sie seinerzeit Josef verkauften[92]. In Josefs Haus werfen sie sich ihm zu Füßen und bieten sich an Benjamins Stelle als Sklaven an. Josef gibt sich den Brüdern zu erkennen. Er vergibt ihnen, dass sie ihn verkauft haben, denn hinter dem Geschehen steckte Gottes weiser Plan (43–45). So erteilt Josef den Brüdern eine Lehre.

Jakob und die Familien seiner Söhne (Stammbaum in 46,7–25) reisen nun nach Ägypten, wo Josef sie ansiedelt. Jakob sieht Josef wieder, wird aber auch durch eine Audienz beim Pharao geehrt (46–47). Die Schlusskapitel (48–50) inszenieren Jakobs Tod und beenden so die Vätergeschichten. Jakob segnet zunächst Josefs Söhne Ephraim und Manasse (48), wobei er dem jüngeren Ephraim den Vorrang vor dem Erstgeborenen Manasse einräumt. Dann segnet er mit jeweils mit einem eigenen Spruch seine zwölf Söhne (49,1–28), bevor er stirbt (49,29–33). Seinem Versprechen gemäß überführt Josef den Leichnam des Vaters nach Kanaan und bestattet ihn dort im Familiengrab (50,1–14). Nach Jakobs Tod fürchten die Brüder, Josef könne sich nun doch noch an ihnen rächen, und werfen sich ihm zu Füßen. Josef erklärt versöhnlich: „Ihr gedachtet es böse mit mir zu machen, aber Gott gedachte es gut zu machen." (50,20). Auch Josef nimmt vor seinem Tod den Israeliten das Versprechen ab, seinen

prophetischer Traum

Josefs Intrige gegen die Brüder und die Versöhnung

Übersiedeln Israels nach Ägypten

---

[92] *Gen* 42,21–22; 44,27–29.

Ein positives Bild der Diaspora

Leichnam nach Palästina zu überführen, allerdings erst wenn sie dorthin zurückkehren (50,24–25)[93]. Für sich gesehen befasst sich der Kern der Josefsnovelle mit der Karriere eines Israeliten in der Fremde. Auch außerhalb des Landes begleitet und segnet Gott ihn. Damit illustriert die Geschichte Josefs, dass ein Israelit auch in der Zerstreuung gut leben, es zu etwas bringen und für die Menschen um ihn segensreich wirken kann. Diese optimistische Sicht der Diaspora-Existenz kontrastiert mit älteren alttestamentlichen Texten, die das Babylonische Exil als Gericht und Strafe Gottes beklagen. Im jetzigen Zusammenhang erfüllt die Novelle die Funktion, eine Brücke zwischen Erzvätergeschichten und Exodusbuch zu schlagen, indem sie erklärt, wie Jakob-Israels Nachfahren nach Ägypten kommen.

Literarisch

Erzählmuster und -motive in den Vätergeschichten

Die Erzvätergeschichten enthalten mehrere literarisch verwendbare Konstellationen und Motive, die jedoch auch in antiker griechisch-römischer Mythologie oder volkstümlichen Überlieferungen vorkommen. Dazu zählt die Aufnahme göttlicher Gäste, die dem Gastgeber eine Gunst erweisen[94] (Abraham; Lot); die Konkurrenz zwischen Brüdern bis hin zur offenen Feindschaft (vgl. bereits Kain und Abel), der Streit zweier Frauen um die Gunst eines Mannes (Sara – Hagar; Lea – Rahel[95]); die

---

[93] *Ex* 13,39 erwähnt, dass die Israeliten beim Auszug aus Ägypten die Gebeine Josefs mitnehmen; nach Abschluss der Landnahme werden sie in Kanaan zur letzten Ruhe gebettet (*Jos* 24,32).

[94] Ein Beispiel findet sich bei Ovid: Jupiter und Merkur bitten in Menschengestalt um Obdach in vielen Häusern. Sie finden Aufnahme in der armseligen Hütte des alten Ehepaars Philemon und Baucis, die die Gäste einfach, aber mit Arbeitsaufwand bewirten. Als sich ihr Weinvorrat immer wieder wundersam auffüllt, merken die beiden Alten, dass sie göttlichen Besuch haben, und wollen ihre einzige Gans schlachten. Die Götter verhindern dies jedoch. Sie weisen Philemon und Baucis zudem an, ihr Haus zu verlassen und einen Berg zu erklimmen. Von dort sehen die beiden, dass alle Häuser im Schlamm versunken sind bis auf ihre Hütte, die sich in einen prächtigen Tempel verwandelt hat. Die Götter geben ihnen einen Wunsch frei: Philemon und Baucis möchten Hüter des Tempels sein und zur selben Stunde sterben. Beides wird ihnen gewährt: Als ihre Zeit um ist verwandeln sie sich in eine Eiche und eine Linde, die nahe beieinander stehen. (*Metamorphosen* VIII 607–713.

[95] Allerdings kennt das christliche Abendland die bei den Vätern

lange unfruchtbare Frau, die schließlich durch göttliches Eingreifen ein Kind zur Welt bringt, das etwas Besonderes ist. In den Jakobsgeschichten, aber auch wenn die Ahnfrau als Schwester des Ahnherren ausgegeben wird, kommen Betrugsmotive ins Spiel. Es handelt sich also größtenteils um weiter verbreitete Erzählmuster. Allerdings bot die so eindrucksvolle, bekannte Erzählung wie die Opferung oder Bindung Isaaks (*Gen* 22) literarisch aufgrund des bedingungslosen Gehorsams Abrahams weniger Anreiz als die Geschichte Jeftas (*Ri* 11,30–40), der seine Tochter tatsächlich opfert, oder die verwandten Darstellungen von Agamemnon und Iphigenie. Spezifisch biblisch sind Sodom und Gomorra als sprichwörtlicher Inbegriff des Sittenlosen und Verwerflichen. Im Gegensatz zu innerbiblischen Bezügen[96] und jüdischer sowie christlicher theologischer Auslegung, die Abrahams vorbildlichen Glauben würdigt, scheint die Wirkung der drei Erzväter in der Literatur begrenzt.

Die Josefsnovelle enthält wie die Vätererzählungen zuvor das Motiv des Betrugs und der Täuschung in verschiedenen Ausprägungen. Hinzu kommt das Motiv prophetischer Träume, die allerdings nicht alle selbst-auslegend sind, sondern der Deutung durch einen dazu von Gott Auserwählten bedürfen. Potifars Frau verkörpert den Typos der *femme fatale*, die als Verführerin einen Mann ins Verderben stürzt, auch wenn Josef die Gefängnisstrafe aufgrund ihrer falschen Anschuldigung nicht zum Verhängnis wird. Ihr steht der keusche Josef als Kontrast gegenüber. Hinzu tritt schließlich die Sterbebett-Szene (*Gen* 48 und 49[97]), wo der Familienvater sein Vermächtnis ausspricht, hier in Gestalt seines Segens.

- **Thomas Mann – *Joseph und seine Brüder*.** Die berühmteste und umfangreichste literarische Verarbeitung der Väter-, speziell der Jakobserzählungen und der Josefsnovelle schuf Thomas Mann (1875–1955) mit seiner Romantetralogie *Joseph und seine Brüder*[98], geschrieben zwischen 1926 und 1942/3[99]. Er erschließt

Charakter der Darstellung

---

mögliche „Bigamie" nicht, was einer getreuen Umsetzung des Stoffes gewiss im Wege stand.

[96] Vgl. z.B. die Auslegung der Abrahamgestalt durch Paulus, *Gal* 3.
[97] Auch *Gen* 27 gibt sich als solche; allerdings stirbt Isaak nach dem jetzigen Textarrangement erst viel später (*Gen* 35).
[98] Thomas Mann, *Joseph und seine Brüder*, 3 Bde., Fischer TB 1183–1185, Frankfurt a.M. 1988.
[99] Sie wurde zunächst in vier Teilen veröffentlicht: *Die Geschichten*

die mythische und psychologische Dimension des biblischen Stoffes, der vom Erzähler zudem in ironischer Distanz dargeboten wird[100]. Diese kommt dadurch zustande, dass der Erzähler explizit hervortritt[101], sich als kritischer Überpüfer der biblischen Überlieferung zu erkennen gibt[102], eigene Bewertungen vornimmt[103] und bisweilen auch über das Geschäft des Erzählens reflektiert[104]. Für sein Prüfen und Hinzufügen nutzt er u.a. die Erkenntnisse historisch-kritischer Bibelwissenschaft, Ägyptologie und Altorientalistik, andererseits lotet er die menschlichen Empfindungen der biblischen Gestalten psychologisch aus und ergänzt die alttestamentlichen Erzählungen etwa durch Rückgriff auf frühjüdisches Schrifttum[105], aber auch ausgiebig durch eigene Erfindung.

Biblische Grundlagen

Als biblische Grundlage dient das ganze Buch *Genesis*, nicht nur – wie der Titel nahe legen könnte, die Josefsgeschichte (*Gen* 37.39–50) allein. Dass er die Erzählungen über die Erz-

---

Jaakobs, 1933; *Der junge Joseph*, 1934; *Joseph in Ägypten*, 1936; *Joseph der Ernährer*, 1943, eine Gesamtausgabe folgte 1948.

100 Die Tetralogie erschließen helfen K. Hamburger, Der Joseph-Roman, in: dies., Thomas Manns biblisches Werk, Fischer TB 6492, Frankfurt a.M. 1984, S. 9–138, sowie H. Kurzke, Mondwanderungen. Wegweiser durch Thomas Mann Joseph-Roman, Fischer TB 16011, Frankfurt a.M. 1993.

101 Besonders eindrücklich vor der Schilderung des Sterbesegens Jaakobs weist der Erzähler nicht nur darauf hin, man habe sich Joseph und die Brüder als alte Männer vorzustellen – „Sind wir doch selbst, die wir diese Geschichte entwickeln, um kein Geringeres älter darüber geworden" (S. 1324).

102 Vgl. etwa: „Manche [der Geschichten Jaakobs] haben wir schon ausgebreitet und endgültig richtiggestellt", S. 235; „Über Eliezers Person und Herkunft waren verschiedene irrtümliche Nachrichten in Umlauf, denen weiter unten entgegengetreten werden soll.", S. 297.

103 „Es widersteht unserm Griffel, die Brüder [...] in Bausch und Bogen als recht gewöhnliche Burschen zu bezeichnen." (S. 306).

104 Der Erzähler beschreibt sein Vorhaben als ein Ausziehen, „von alldem zu erzählen". „Des Erzählers Gestirn – ist es nicht der Mond, der Herr des Weges, der Wanderer, der in seinen Stationen zieht, aus jeder sich wieder lösend? Wer erzählt, erwandert unter Abenteuern manche Station; aber nur zeltenderweise verharrt er dort, weiterer Wegesweisung gewärtig [...] in neue, genau zu durchlebende Abenteuer, mit unabsehbaren Einzelheiten, nach dem Willen des unruhigen Geistes." (S. 37).

105 So steht im Hintergrund der Ausführungen über das Verhältnis von Engeln und Menschen im 9. Abschnitt des Vorspiels (S. 33–34) die *Vita Adae et Evae*.

väter (*Gen* 12–36) hinzunimmt, ist sachlich notwendig, da die Hauptpersonen von Josephs Geschichte – Jakob, Joseph und seine Brüder – auch biblisch als bereits bekannte Gestalten vorausgesetzt werden; Abraham und Isaak als Ahnherren Jakobs treten entsprechend hinzu. Doch bezieht Mann auch die Urgeschichte (*Gen* 1–11) ein, nämlich im Rahmen des „Höllenfahrt" betitelten „Vorspiel[s]", das außerdem die Grundsätze seines Zugangs zur biblischen *Genesis* entfaltet und deshalb näher betrachtet wird.

Zum Auftakt kleidet der Erzähler sein Vordringen in die Vätergeschichte in das Bild des „Brunnen[s] der Vergangenheit". Er stellt die Frage nach den Anfängen, die zunächst anmutet wie ein Senkblei, das in den Brunnen, die „Unterwelt des Vergangenen" getaucht ins „Bodenlose" (S. 5) sinkt. Joseph, der Protagonist des Romans, dient ihm als Beispiel für die Diskussion der Frage: „Joseph für sein Teil erblickte in einer südbabylonischen Stadt namens Uru [...] den Anfang aller, das heißt: seiner persönlichen Dinge." (S. 6). Joseph betrachtet einen Mann, der aus Ur auswanderte und über Charran [Haran] nach Kenana [Kanaan] gelangt war, als seinen Ahnherrn. Der Erzähler meldet sogleich Kritik an der Überlieferung von Verheißungen an, die an diesen Wanderer ergangen sein sollen:

Das Dunkel der Anfänge

daß also Elohim ihm ebenso weitreichende wie fest umschriebene Verheißungen gemacht hatte, des Sinnes nicht nur, er, der Mann aus Ur, solle zu einem Volk werden [Gen 12,2], zahlreich wie Sand [Gen 13,16] und Sterne [Gen 15,5], und allen Völkern ein Segen sein [Gen 12,3], sondern auch dahingehend, das Land, in dem er nun als Fremder wohne und wohin Elohim ihn aus Chaldäa geführt hätte, solle ihm und seinem Samen zu ewiger Besitzung gegeben werden [Gen 13,15] (S. 8).

Joseph hielt diesen „Ur-Wanderer" bisweilen für seinen Urgroßvater, obwohl er „aus mancherlei Unterweisung [wußte], daß es sich weitläufiger verhielt" (S. 9). Diese gelegentliche Verwechslung entsteht, weil der „Ur-Mann" und Josephs Urgroßvater ähnlich geheißen hatten (S. 10)[106]. Tatsächlich lagen zwanzig Generationen oder sechshundert Jahre zwischen den beiden Männern. Doch „die Zeit hat ungleiches Maß" (S. 10) – daher ist Josephs Gedanke verständlich, denn die zu seiner, ohnehin weniger

Biblische Urgeschichte als Erinnerung Josephs

---

[106] Vgl. S. 95, die Namen seien „geschlechtserblich" gewesen. „Die Geschichte von Josephs Vorfahren, wie die Überlieferung sie bietet, [stellt] eine fromme Abkürzung des wirklichen Sachverhaltes dar [...], das heißt: der Geschlechterfolge, die die Jahrhunderte gefüllt haben muß" (S. 94).

wechselhaften, Zeit übliche mündliche Überlieferung ließ zeitliche Abstände kürzer erscheinen[107]. Joseph kannte noch frühere Geschichte, die von Adam (*Gen* 2) und die der Weltentstehung (*Gen* 1). Durch seine Vertrautheit mit Keilschrifttexten ist Joseph außerdem mit mesopotamischen Mythen in Berührung gekommen, deren Herkunft sich im Bodenlosen verliert[108]. Der Erzähler fragt weiter nach den „Anfangsgründe[n] der menschlichen Gesittung" (S. 17), der Zeitberechnung, der Schrift und der Sprache. Ein sicheres Ergebnis erreicht er nicht:

> Wahrscheinlich ist sie [die Ursprache] auf Atlantis gesprochen worden, dessen Silhouette die letzte im Fernendunst undeutlich noch sichtbare Vorgebirgskulisse der Vergangenheit bildet, das aber selbst wohl kaum die Ur-Heimat des sprechenden Menschen ist. (S. 19).

Das Forschen nach dem Ursprung des Menschengeschlechts führt auf „des Menschen Traumerinnerung", die

> formlos, aber immer aufs neue sagenhaft nachgeformt, hinaufreicht bis zu den Katastrophen ungeheuren Alters, deren Überlieferung, gespeist durch spätere und kleinere Vorkommnisse ähnlicher Art, von verschiedenen Völkern bei sich zu Hause angesiedelt wurde und so jene Kulissenbildung bewirkte, die den Zeitenwanderer lockt und reizt. (S. 20).

Damit kommt er auf die Sintflut zu sprechen (*Gen* 6,5–9,17), von der Keilschrifttafeln vom Euphrat ebenso handeln wie Überlieferungen aus China. Wieder erweist sich die Bodenlosigkeit der Rückfrage, da der Erzähler das Versinken von Atlantis nicht „als letztes und wahres Original" (S. 22) gelten lässt. Ähnlich wie mit der Flut verhält es sich mit der Geschichte des Großen Turmes (vgl. *Gen* 11,1–9). Vor der Katastrophe liegt die Erinnerung an ein Paradies – doch lässt sich auch dessen Geographie nicht feststellen. So meldet der Erzähler Zweifel an den Legenden der Menschheit über eine Urzeit an.

Neutestamentliche Aspekte

Dem negativen Befund setzt der Erzähler positiv eine „Denküberlieferung" entgegen, „entsprungen in frühen Tagen, als Erbgut eingegangen in die Religionen" (S. 27). Diese „betrifft die Ge-

---

[107] „[…] kurzum, es war dem jungen Joseph nicht zu verargen, wenn er sie [die Zeit] träumerisch zusammenzog und, manchmal wenigstens, bei minder genauer Geistesverfassung, des Nachts etwa, bei Mondlicht, den Ur-Mann für seines Vaters Großvater hielt" (S. 11).

[108] Auch hier zeigt sich der Erzähler historisch-kritisch informiert, wenn er darauf hinweist, dass Joseph eine Abschrift eines Originals besitzt, dass „selbst schon eine Abschrift eines Dokumentes aus Gott weiß welcher Vorzeit" war (S. 13). Damit spielt Mann auf die Überlieferung des *Gilgamesch-Epos* an.

stalt des ersten oder des vollkommenen Menschen, [...] zu fassen als ein Jünglingswesen aus reinem Licht, geschaffen vor Weltbeginn als Urbild und Inbegriff der Menschheit" (S. 27–28). Dieser „urmenschliche Gottessohn" agiert anfangs als „Streiter Gottes im Kampf gegen das in die junge Schöpfung eindringende Böse" (S. 28). Die Geschichten um diesen zeigen ein „erlösungs-religiöses Element" – die Schilderung enthält gnostisch eingefärbte Bezüge zum Prolog des *Johannesevangeliums* (*Joh* 1,1–18) und spielt insofern auf Jesus Christus an. Die eigene Gründungstheorie des Erzählers arbeitet mit den Prinzipien von Seele, Materie und Geist und deutet mit deren Hilfe den Mythus von Paradies und Sündenfall (Vorspiel 8 und 9)[109].

Die Betrachtungen haben außerdem eine für das Erzählen bedeutsame Dimension. Denn den überlieferten Menschheitssagen, dem Mythus, ist eine Zeitlosigkeit eigen, eine Aufhebung der Zeit

[...] das Wesen des Geheimnisses [ist und bleibt] zeitlose Gegenwart [...]. Das ist der Sinn des Begängnisses, des Festes. Jede Weihnacht wieder wird das welterrettende Wiegenkind zur Erde geboren, das bestimmt ist, zu leiden, zu sterben und aufzufahren. Und wenn Joseph zu Sichem oder Beth-Lahama um die Mittsommerzeit beim ›Fest des Lampenbrennens‹, dem Tammuzfest den Mordtod des ›vermißten Sohnes‹, des Jüngling-Gottes, Usir-Adonai's, und seine Auferstehung unter viel Flötengeschluchz und Freudengeschrei in ausführlicher Gegenwart erlebte, dann waltete ebenjene Aufhebung der Zeit im Geheimnis, die uns angeht, weil es alle logische Anstößigkeit entfernt von einem Denken, welches in jeder Heimsuchung durch Wassersnot einfach die Sintflut erkannte. (S. 22–23).

Der Mythus ist „das Kleid des Geheimnisses [...]; aber des Geheimnisses Feierkleid ist das Fest, das wiederkehrende, das die Zeitfälle überspannt und das Gewesene und Zukünftige seiend macht für die Sinne des Volks." (S. 39). Und so führen die Überlegungen dieses Vorspiels zu einem Musenanruf eigener Art, der die Ergebnisse des vorausgehenden Gedankenganges zusammenfasst:

Die Zeitlosigkeit mythischen Erzählens

Fest der Erzählung, du bist des Lebensgeheimnisses Feierkleid, denn du stellst Zeitlosigkeit her für des Volkes Sinne und beschwörst den Mythus, daß er sich abspiele in genauer Gegenwart! Todesfest, Höl-

---

[109] Dem Vorspiel *Höllenfahrt* entspricht ein „Vorspiel in den oberen Rängen" als Auftakt des 4. Bandes (S. 955–964), das aus der Sicht der Engel das Verhältnis Gottes zur Menschheit einschließlich Sündenfall und Erlösungsaussicht beleuchtet.

lenfahrt, bist du wahrlich ein Fest und eine Lustbarkeit der Fleischesseele, welche nicht umsonst dem Vergangenen anhängt, den Gräbern und dem frommen Es war. Aber auch der Geist sei mit dir und gehe ein in dich, damit du gesegnet seiest mit Segen von oben vom Himmel herab und mit Segen von der Tiefe, die unten liegt! (S. 39).

Also schloss die Frage nach dem Anfang auch ein erzählerisches Problem ein, nämlich das des Beginns eines epischen Werkes. So mündet das Vorspiel in die Bestimmung von Zeit und Raum, in denen Josephs Geschichte angesiedelt ist: Der Erzähler stürzt sich mit dem Leser in den Brunnen[110]: Es geht „[n]icht viel tiefer als dreitausend Jahre tief" in den Brunnen der Vergangenheit, in ein Mittelmeerland, eine „schattenscharfe Mondnacht über friedlicher Hügellandschaft" (S. 39).

Der erste Band der Tetralogie entfaltet *Die Geschichten Jaakobs* ausgehend von einem Gespräch zwischen Joseph und seinem Vater in besagter Mondnacht am Brunnen in der Nähe eines heiligen Baumes. Vater und Sohn werden hier charakterisiert, auch in ihrem Verhältnis zueinander, zu den übrigen Söhnen bzw. Brüdern und zur Religion. Jakobs Geschichten präsentiert der Roman nicht in der biblischen Abfolge und mischt ihr zudem immer wieder Erzählungen von Abraham und Isaak bei. Aus der Fülle des Gebotenen seien Beispiele herausgegriffen, um Manns Umgang mit der biblischen Vorlage, auch unter Berücksichtigung des Vorspiels, deutlich zu machen.

Abrahams Glaubensprüfung

Als Jaakob gedankenversunken die Hand auf Josephs Kopf legt und dabei an Abraham denkt, durchzuckt es ihn plötzlich, und er zieht die Hand zurück:

„Ich gedachte Gottes mit Schrecken", sagte er, und seine Lippen schienen schwer beweglich. „Da war mir, als sei meine Hand die Hand Abrahams und läge auf Jizchaks Haupt. Und als erginge seine Stimme an mich und sein Befehl ..." (S. 76).

Jaakob erzählt Joseph von der Prüfung Abrahams, nicht wie in *Gen* 22 in dritter Person, sondern aus der Ich-Perspektive, so dass sich die Gestalten Abrahams und Jaakobs überlagern, ebenso wie Isaak und der zuhörende Joseph, den der erzählende Jaakob durchweg in der zweiten Person anspricht und ihn so in die Erzählung einbezieht. Jaakob fügt in die zunächst kaum erweiterte biblische Geschichte kommentierend ein:

---

[110] Vgl. „Die Augen auf, wenn ihr sie in der Abfahrt verkniffet!" (S. 39).

Denn du warst Isaak, mein Spätling und Erstling, und ein Lachen [111] hatte der Herr uns zugerichtet, als er dich anzeigte, und warst mein ein und alles, und auf deinem Haupte lag alle Zukunft. Und nun forderte er dich mit Recht, wenn auch gegen die Zukunft. (S. 76).

Den aus *Gen* 22 bekannten Schluss – als Abraham das Messer hebt, um Isaak zu töten, hindert ein Engel ihn am Zustechen – erzählt Jaakob allerdings anders. Der erhobene Arm sinkt herab und das Messer entgleitet ihm. Er wirft sich zu Boden und ruft Gott an, dieser möge das Kind schlachten, „denn er ist mein ein und alles, und ich bin nicht Abraham, und meine Seele versagt vor dir!" (S. 77). Joseph erinnert den Vater an sein Wissen, dass doch der Engel ihn im nächsten Augenblick zurückgerufen hätte – so wird der biblische Schluss der Erzählung zusätzlich präsentiert. Jaakobs Antwort zeigt jedoch, dass er die eigentlich bekannte Geschichte selbst durchlebte: „Ich wußte es nicht [...] denn ich war wie Abraham, und die Geschichte war noch nicht geschehen." (S. 77). Joseph wendet ein: „Warst du aber nicht er, so warst du Jaakob, mein Väterchen, und die Geschichte war alt, und du kanntest den Ausgang." (S. 77). Jaakob erwidert:

„wenn ich denn Jaakob war und nicht Abraham, so war nicht gewiß, daß es gehen werde wie damals [...] Was wäre meine Stärke gewesen vor dem Herrn, wenn sie mir gekommen wäre aus der Rechnung auf den Engel und auf den Widder [...] Zum dritten aber – hat denn Gott mich geprüft? Nein, er hat Abraham geprüft, der bestand. Mich aber habe ich selbst geprüft mit der Prüfung Abrahams, und mir hat die Seele versagt, denn meine Liebe war stärker denn mein Glaube" (S. 77–78).

Joseph hat das letzte Wort: Ihm scheint, dass Jaakob, wenn er sich selbst prüfte, der Herr war, „der Jaakob prüfte mit der Prüfung Abrahams" (S. 78). Der Dialog zwischen Vater und Sohn treibt ein subtiles Spiel mit der Vergegenwärtigung des Mythus im Erzählen, wie es im Vorspiel beschworen wurde. Diese Episode illustriert zudem die im Roman herrschende Auffassung des Mythisch-Typischen: die Vätergestalten sind Typen – dies gilt etwa auch für den typischen ältesten Knecht, Eliezer[112] (S. 312–

---

111 Damit nimmt er Bezug auf die eigentlich zu Isaak gehörende Namensetymologie, vgl. *Gen* 21,6.
112 Mann macht den in *Gen* 15,2 genannten Elieser zum Sohn Abrahams und einer Sklavin (was sein Erbrecht in *Gen* 15,2 einsichtig macht) und identifiziert ihn mit dem ältesten Knecht, den Abraham in *Gen* 24 auf Brautwerbung für Isaak aussendet. – Zur „offenen Identität" vgl. auch *Mondgrammatik*, S. 89.

316) –, die Geschichten, die von ihnen handeln, sind letztlich feste Erzählmuster. Namensgleichheit oder -ähnlichkeit von Personen befördert die Übertragung von Älterem auf Spätere. Damit wird die Individualität[113] mythischer Figuren aufgehoben.

Erzählmuster in den Vätergeschichten

Das Typische der Gestalten und die Musterhaftigkeit der Geschichten führen zu festen Rollen der Personen und einer gewissen Zwangsläufigkeit des Geschehens. Dies macht der Erzähler in seinen Betrachtungen über die dreifach in der Vätergeschichte überlieferte Erzählung von der „Gefährdung der Ahnfrau" deutlich (S. 91–95). Abrahams Reise nach Ägypten (*Gen* 12,10–20) dient dazu, den Erwerb seines Reichtums zu erklären. Dass sie variiert ein zweites Mal berichtet wird (*Gen* 20), begründet der Erzähler folgendermaßen: „Die Wiederholung eines Berichts als Mittel zu dem Zweck, seine Wahrhaftigkeit zu betonen, ist ungewöhnlich, ohne sehr aufzufallen." (S. 92). Dafür, dass dasselbe Geschehen beim dritten Mal Isaak zugeschrieben werde (*Gen* 26,1–11), erwägt der Erzähler drei Möglichkeiten: Ein „mythisches Schema, das von den Vätern gegründet wurde" (S. 94), sei im Falle Isaaks vergegenwärtigt worden; Isaak habe die Geschichte nicht selbst erlebt, aber als zu seiner Lebensgeschichte gehörig betrachtet, oder aber es liege ein weiterer Fall offener Identität wie bei Eliezer vor. Als Fazit hält der Erzähler fest:

Wir geben uns keiner Täuschung hin über die Schwierigkeit, von Leuten zu erzählen, die nicht recht wissen, wer sie sind; aber wir zweifeln nicht an der Notwendigkeit, mit einer solchen schwankenden Bewußtseinslage zu rechnen, wenn der Isaak, der Abrahams ägyptisches Abenteuer wiedererlebte, sich für den Isaak hielt, den der Ur-Wanderer hatte opfern wollen, so ist das für uns kein bündiger Beweis, daß er sich nicht täuschte – es sei denn, die Opfer-Anfechtung habe zum Schema gehört und sich wiederholt zugetragen. (S. 94).

Durch seine Auffassung des Mythischen und dessen Aneignungsmechanismen gelingt es dem Erzähler, die in der *Genesis* gebotene Mehrfachüberlieferung auf seine Weise zu erklären, ohne

---

[113] „[…] des Alten Ich sich nicht als ganz fest umzirkt erwies, sondern gleichsam nach hinten offenstand, ins Frühere, außer seiner eigenen Individualität Gelegene überfloß und sich Erlebnisstoff einverleibte, dessen Erinnerungs- und Wiedererzeugungsform eigentlich […] die dritte Person statt der ersten hätte sein müssen. […] ist etwa des Menschen Ich überhaupt ein handfest in sich geschlossen und streng in seine zeitlich-fleischlichen Grenzen abgedichtetes Ding?" (über Eliezer, S. 90).

das bibelwissenschaftliche Modell verschiedener literarischer Quellen bemühen zu müssen.

Den freien, schöpferischen Umgang Thomas Manns mit der biblischen Vorlage illustriert die Geschichte von der Weitergabe des Vätersegens an Jakob (*Gen* 27). Auffällig ist hier zunächst die abweichende Anordnung des Geschehens. Im zweiten Hauptstück des Romans wendet sich Mann der auf den „Segensdiebstahl" folgenden Flucht Jaakobs zu. Er erfindet eine Episode, in welcher Esaus Sohn Eliphas (*Gen* 36,4) Jakob verfolgt, um ihn zu töten[114] (S. 98–103). Doch Jaakob gelingt es, durch Flehen und Selbsterniedrigung dem Eliphas gegenüber sein Leben zu retten. Eliphas beraubt ihn jedoch seiner üppigen Reiseausstattung, die Rebekka ihm mitgegeben hatte. Das anschließende Kapitel *Haupterhebung* (S. 103–107) schildert Jaakobs Traum von der Himmelsleiter in Luz/Beth-el (vgl. *Gen* 28,10–19). Darauf folgt die Darstellung der Versöhnung der Brüder (*Gen* 33) nach Jaakobs Aufenthalt bei Laban, also ein Zeitsprung. Nachdem das dritte Hauptstück sich mit der *Geschichte Dina's* (*Gen* 34) befasst hat, beschreibt der Anfang des vierten Hauptstücks den Tod Isaaks (*Gen* 35,29). Seine letzten Worte „in hohen und schauerlichen Tönen, seherisch und verwirrt" (S. 138) vereinen in sich Rückblick auf Isaaks Vergangenheit, sein – offenbar traumatisches – Erlebnis, beinahe geopfert worden zu sein, und verschlüsselten Ausblick auf die Zukunft, das Geopfert-Werden Jesu – zum dem in christlicher Tradition *Gen* 22 ein typisches Vorbild darstellt – und den Ritus des Abendmahls. Er sprach

Jaakobs Flucht vor Esau

> von ›sich‹ als von dem verwehrten Opfer und von dem Blute des Schafbocks, das als sein, des wahrhaften Sohnes, Blut habe angesehen werden sollen, vergossen zur Sühne für alle. [...] „Einen Gott soll man schlachten", lallte er mit uraltpoetischem Wort und lallte weiter [...], daß alle sollten eine Festmahlzeit halten von des geschlachteten Widders Fleisch und Blut, wie Abraham und er es einst getan, der Vater und der Sohn, für welchen eingetreten war das gottväterliche Tier. „Siehe, es ist geschlachtet worden", hörte man ihn röcheln [...] „der Vater und das Tier an des Menschen Statt und des Sohnes, und wir haben gegessen. Aber wahrlich, ich sage euch, es wird geschlachtet werden der Mensch und der Sohn [115] statt des Tieres und an Gottes Statt, und aber werdet ihr essen." Dann blökte er noch einmal naturgetreu und verschied. (S. 138–139).

---

[114] Die Tötungsabsicht schreibt die Bibel Esau selbst zu (*Gen* 27,41).
[115] Diese Worten klingen an die zweite Leidensankündigung Jesu an: „Der Menschensohn wird überantwortet werden in die Hände der Menschen und sie werden ihn töten." (*Mt* 17,22–23 par).

Damit liegt ein weiteres Beispiel der zeitübergreifenden Natur des Mythus und der Sicht der Väter als Typen vor. Zugleich lockert der Erzähler den Ernst der Sterberede Isaaks durch Komik auf, indem das Gesicht des Sterbenden eine erschreckende Ähnlichkeit mit einem Widder („Widdervisage", S. 139) annimmt „oder vielmehr war es so, daß man auf einmal dessen gewahr wurde, daß diese Ähnlichkeit immer bestanden hatte" (S. 138).

Der Vätersegen Als Jaakob gemeinsam mit Esau den Vater begräbt, erinnert er sich an die Vergangenheit, namentlich die Segnung durch Isaak, die den Bruderkonflikt aufbrechen ließ. Diesen Rückblick leitet ein Abschnitt über den Roten, Esau, ein. Der Erzähler problematisiert die Verbindung, die die biblische Überlieferung zwischen dem Jakobbruder Esau und Esau als Stammvater der Edomiter herstellt (*Gen* 36,1): „Das Edomitervolk war viel älter als Josephs Oheim" (S. 141). Wiederum ist die Erklärung eine

> zeitlose und überindividuelle Zusammenfassung des Typus. Geschichtlich und also individuell genommen war des Ziegenvolkes Stammbock [116] ein unvergleichlich älterer Esau gewesen, in dessen Fußstapfen der gegenwärtige wandelte – recht ausgetretenen und öfters nachgeschrittenen Fußstapfen [...]
>
> Hier mündet unsere Rede nun freilich ins Geheimnis ein, und unsere Hinweise verlieren sich in ihm: nämlich in der Unendlichkeit des Vergangenen, worin jeder Ursprung sich nur als Scheinhalt und unendgültiges Wegesziel erweist und deren Geheimnis-Natur auf der Tatsache beruht, daß ihr Wesen nicht das der Strecke, sondern das Wesen der Sphäre ist. [...] Die Sphäre rollt: [...] Oben ist bald Unten und Unten Oben [...] Nicht allein, daß Himmlisches und Irdisches sich ineinander wiedererkennen, sondern es wandelt sich auch, kraft der sphärischen Drehung, das Himmlische ins Irdische, das Irdische ins Himmlische, und daraus erhellt, daraus ergibt sich die Wahrheit, daß Götter Menschen, Menschen dagegen wieder Götter werden können. (S. 141–142).
>
> Was aber ebenfalls schwingt, das ist das Wechselverhältnis von Vater und Sohn, so daß nicht immer der Sohn es ist, der den Vater schlachtet, sondern jeden Augenblick die Rolle des Opfers auch dem Sohn zufallen kann, welcher dann umgekehrt durch den Vater geschlachtet wird. (S. 143).
>
> [...] und oft sind sie Vater und Sohn, die Ungleichen, der Rote und der Gesegnete, und es entmannt der Sohn den Vater, oder der Vater schlachtet den Sohn. Oft aber wieder [...] sind sie auch Brüder, wie Set und Usir, wie Kain und Habel, wie Sem und Cham [...]. (S. 145).

---

[116] Vgl. dazu das Schlusskapitel des zweiten Hauptstücks *Esau*, wo Esau als Flöte spielender griechischer Satyr gezeichnet wird.

In griechischen, ägyptischen, biblischen Mythen trifft man also dieselben Muster an. Thomas Mann kommt auf dies Sphärenprinzip wieder zurück und erläutert, dass Vätergeschichten Varianten von Göttersagen sein können[117].

Esau ist ein Vertreter „Typhon-Sets, des Mörders, des bösen Bruders Usiri's. Ja, er ist der Böse, er ist der Rote" (S. 144). Schon früher hatte der Erzähler dargelegt, dass Esaus Charakter, „das heißt seine Rolle auf Erden, von langer Hand her festgelegt, und er sich ebendieser Charakterrolle von jeher vollkommen bewußt gewesen war." (S. 99). Es ist die Kainsrolle, und deshalb fühlte Esau sich entlastet, als sein Sohn Eliphas sich erbot, den Segensraub an Jaakob zu rächen (S. 100). Außerdem klang dort bereits an, „daß es sich bei Segen und Fluch nur um Bestätigungen handelte" (S. 99), nämlich von ohnehin bereits vorliegenden Bedingungen.

<small>Kain</small>

Vor seiner Bearbeitung von *Gen* 27 beschäftigt sich Thomas Mann noch mit *Jizchaks Blindheit*, die er als auf Verdrängung beruhend beurteilt:

<small>Jizchaks Blindheit als Verdrängung</small>

Ist es möglich, daß jemand erblindet oder der Blindheit so nahe kommt, wie Jizchak ihr im Alter wirklich war, weil er nicht gern sieht, weil das Sehen ihm Qual bereitet, weil er sich wohler in einem Dunkel fühlt, worin gewisse Dinge geschehen können, *die zu geschehen haben?* (S. 148).

Weil die Segnung Jaakobs statt Esaus zwangsläufig geschah, wurde niemand betrogen, auch Esau nicht[118] (S. 149), zumal

---

[117] „Die Sphäre rollt, und nie wird ausgemacht werden, wo eine Geschichte ursprünglich zu Hause ist: am Himmel oder auf Erden. […] Die Geschichten kommen herab, so, wie ein Gott Mensch wird […]" (S. 314). Als Beispiel betrachtet er eine „Lieblingsprahlgeschichte der Jaakobsleute", nämlich Abrahams Kampf gegen die Könige (vgl. *Gen* 14,13–16). Neben der (biblischen) Version, Abraham habe mit 318 Knechten den Sieg errungen, gebe es eine Fassung, nach der der Erzvater ganz allein mit Eliezer siegreich gekämpft habe, „als hätten zwei Götter, der Herr und der Diener, eine Überzahl von Riesen oder minderen Elohim bestritten und niedergeworfen", d.h. die Variante sei eine „Zurückführung des Vorkommnisses auf seine himmlische Form" (S. 315); vgl. dazu auch S. 324–327.

[118] An früherer Stelle führt Mann aus, dass „eine tiefe Herzensneigung der Menschheit dem Jüngeren, dem Jüngsten gehörte. Ja, falls eine gewisse Geschichte von einem Linsengericht als wirklich geschehen hinzunehmen und nicht nachträglich, zur Rechtfertigung des Segensbetruges, den Tatsachen sollte hinzugefügt worden sein […], so wäre Esaus scheinbarer Leichtsinn sicherlich aus solchen Empfindungen zu erklären: Indem er dem Bruder die Erstgeburt

auch die Verteilung der Sympathie der Eltern keineswegs so einfach war, wie es *Gen* 25,28 glauben macht (S. 146–148). Esau wußte fromm und genau, daß alles Geschehen ein Sicherfüllen ist und daß das Geschehene geschehen war, weil es zu geschehen gehabt hatte nach geprägtem Urbild: Das heißt, es war nicht zum ersten Male, es war zeremoniellerweise und nach dem Muster geschehen, es hatte Gegenwart gewonnen gleichwie im Fest und war wiedergekehrt, wie Feste wiederkehren. (S. 150).

Deshalb kann das Kapitel, das *Gen* 27 um zahlreiche Einzelzüge erweitert wiedergibt, den Titel *Der große Jokus* (S. 149–159) tragen. Anschließend tritt Jaakob die Flucht an und muss nach dem schon geschilderten Überfall des Eliphas (S. 100–103) durch Geschichten-Erzählen seinen Lebensunterhalt verdienen: „denn um zu essen, mußte er sprechen, erzählen, die Leute mit der Schilderung des argen Abenteuers unterhalten, durch das er, so guten Hauses Sohn, in Armut verfallen war." (S. 163). So wird Jaakob auch zu einem ironischen Reflex des epischen Erzählers[119].

Charakterisierung Jospehs

Die Geschichten Jaakobs enden mit der Geburt Benjamins und dem Tod Rahels (*Gen* 35,16–20). Der zweite Band ***Der junge Joseph*** verarbeitet *Genesis* 37 und führt anfangs Aspekte von Josephs Persönlichkeit aus, die im weiteren Verlauf des Romans bedeutsam sind: seine Schönheit, seine praktische Tätigkeit[120], seine Ausbildung, seine Beziehung zu den Brüdern und dem Vater. Das dritte Hauptstück entfaltet zudem Josephs besonders innige Beziehung zu Benjamin, dem er Träume anvertraut, die er sonst für sich behält. Dazu gehört auch *Der Himmelstraum*, eine

---

so leichten Kaufes abtrat, hoffte er, wenigstens die Sympathien, welche herkömmlicherweise dem Jüngeren zufallen, auf seine Seite zu bringen." (S. 100).

[119] Eine weitere Spielart dessen, wie bereits die Vätergestalten im Roman Geschichten aus der *Genesis* erzählen, bildet der *Zwiegesang* zwischen Jaakob und Joseph, der das erste Hauptstück abschließt. Rezipiert sind darin *Gen* 4; 5; 11–15. Vgl. auch Josephs Erzählen der Geschichten vom Segensbetrug (*Gen* 27) und von Jakobs Betrug an Laban (*Gen* 30,25–43) vor Pharao (S. 1068–1070), die Pharao sehr erheitern („barocke Geschichte", „barbarische Schnurre", S. 1069).

[120] „Daß er ein Hirte des Viehs war mit seinen Brüdern […] will auch erläutert, nach einer Seite ergänzt, nach der anderen eingeschränkt werden." (S. 294), da Joseph den wirtschaftlichen Bedingungen entsprechend auch Ackerbau betrieb und als Bote des Vaters fungierend auch nicht ständig arbeitete.

Himmelsreise, die in einer Gottesschau gipfelt, in welche Mann Elemente u.a. aus *Jes* 6 und *Ez* 1 bzw. 10 einbezieht.

Von grundsätzlicher Bedeutung ist der Abschnitt *Wie Abraham Gott entdeckte* (S. 316–324). Abraham suchte nach dem Höchsten, hielt zuerst die Erde, dann die Sonne, dann den Mond dafür, bis er entdeckte, dass der Höchste der sei, der über alle diese gebiete. So versammelte er die Mächte zur Macht und nannte sie Herr[121]. Der eine Gott war ein unfehlbar anzuredendes Gegenüber des klagenden und lobenden Menschen, weil er für alles zuständig ist. Der Herr schloss einen Bund mit Abraham – durch den Bund entsteht etwas, „was die Völker nicht kannten: die verfluchte Möglichkeit des Bundesbruches, des Abfalles von Gott." (S. 321). Außerdem bedeutet dieser Monotheismus, dass dieser eine Gott sowohl gut als auch böse ist – „Er war nicht das Gute, sondern das Ganze." (S. 320). Und weil dieser Eine keine Herkunft und weder Frau und Kinder noch Verwandte besitzt, gibt es von ihm keine Geschichten (S. 321) wie von anderen Göttern (S. 323), jedenfalls noch nicht; denn für die Zukunft lässt Gottes „Zug von Erwartung und unerfüllter Verheißung" (S. 322) ein Erzählen von ihm vermuten; damit zeichnen sich neutestamentliche Erzählungen vom Gottessohn Jesus ab. Der eine Gott hat auch Gefühle; dieser Zug schlägt eine Brücke zur Erwählungsvorstellung, die Jaakob in seiner Stammesüberlieferung findet, eine Vorstellung

> von Gottes eigener Unenthaltsamkeit und majestätischer Launenhaftigkeit in Gefühlsdingen und Dingen der Vorliebe: El eljons Auserwählung und Bevorzugung einzelner ohne oder jedenfalls über ihr Verdienst war großherrlich, schwer begreiflich und nach menschlichem Begriffe ungerecht […]; und Jaakob, selbst ein bewußter […] Gegenstand solcher Prädilektion, ahmte Gott nach […] (S. 60–61),

indem er nämlich Joseph den anderen Söhnen vorzog. Bei Joseph findet sich dies Streben nach Höherem ebenfalls, allerdings auf ganz weltlicher Ebene (S. 509).

Im Weiteren folgt dieser Band relativ nah *Gen* 37, wie überhaupt der Aufriss der biblischen Josefserzählung die Struktur der drei Joseph-Bände bestimmt. Damit trägt Thomas Manns Bearbeitung der Eigenart der biblischen Vorlagen Rechnung bzw. ist von dieser geprägt: Die episodenhafte Anlage der Erzvätergeschichten erlaubt eine freiere Relecture als die novellenhaften

— Der Gott der Väter

---

[121] „So hatte Abraham Gott entdeckt aus Drang zum Höchsten, hatte ihn lehrend weiter ausgeformt und hervorgedacht" (S. 317).

Kapitel über Josef. Mit dem dritten Teilband *Joseph in Ägypten*, der *Gen* 39 – Josef im Hause Potifars – umsetzt[122], erfolgt der Übergang aus der Hirtenwelt der Väter in Kanaan in die verfeinerte Kultur Ägyptens, eines Landes, das Jaakob negativ bewertet[123]. Ägypten ist in einem umfassenden Sinne gleichbedeutend mit dem Totenreich, in das Joseph damit eintritt – auch sein dreitägiger Aufenthalt im Brunnen, in den die Brüder ihn warfen[124] (S. 422), sowie die drei Jahre im Gefängnis (S. 965–1017) entsprechen einem vorübergehenden Weilen in der Unterwelt[125]. Die Assoziation von Ägypten und Unterwelt kommt in den Überschriften *Die Reise hinab*[126] und *Der Eintritt in Scheol*[127] zum Ausdruck, wird aber auch von Joseph selbst so verstanden:

Ägypten als Totenreich

Er hatte erfahren, daß er unterwegs ins Totenreich war; denn die Gewohnheit, Ägypten als Unterweltsland und seine Bewohner als Scheolsleute zu betrachten, war mit ihm geboren, und nie hatte er's anders gehört, besonders von Jaakob. Ins traurig Untere sollte er also

---

[122] Die erhebliche Aufweitung des Umfangs kommt etwa dadurch zustande, dass Thomas Mann die Motivation für das Begehren der Frau Potiphars nach Joseph (*Gen* 39,7), das Grund seines Gefängnisaufenthalts wird, ausgiebig als verdrängte Sexualität erklärt: Mut-em-enet, so ihr Name, lebt in einer zeremoniellen Ehe, da ihr Gatte Peteprê ein Eunuch ist. „Offen gestanden, erschrecken wir vor der abkürzenden Kargheit einer Berichterstattung, welche der bitteren Minuziosität des Lebens so wenig gerecht wird wie das unserer Unterlage, und haben selten lebhafter das Unrecht empfunden, welches Abstutzung und Lakonismus der Wahrheit zufügen, als an dieser Stelle." (S. 748).
[123] Vgl. *Vom äffischen Ägyptenland*, S. 70–71; vgl. nochmals S. 307; 512 und 1288.
[124] Dass sie ihn nicht töten, bedeutet, dass sie „nicht nach dem Muster Habels" (S. 422) handeln.
[125] Das Wort „Bôr" „enthielt den Begriff des Brunnens sowohl wie den des Gefängnisses, und dieser wieder hing so nahe mit dem des Unteren, des Totenreiches zusammen, daß Gefängnis und Unterwelt ein und derselbe Gedanke und eines nur ein anderes Wort fürs andere war, zumal auch der Brunnen bereits in seiner Eigentlichkeit dem Eingang zur Unterwelt gleichkam und sogar noch durch den runden Stein, der ihn zu bedecken pflegte, auf den Tod deutete;" (S. 436). „Also ging es hinab mit Joseph in die Grube und ins Gefängnis zum anderen Mal. Wie er aber wieder emporstieg aus dem Loche zu höherem Leben, das bilde den Gegenstand künftiger Gesänge." (S. 952).
[126] Zur Formulierung des „hinab" vgl. S. 1310.
[127] Erstes und Zweites Hauptstück von *Joseph in Ägypten*; „Scheol" ist die hebräische Bezeichnung des unterweltlichen Totenreichs.

verkauft werden, [...] der Brunnen war stimmigerweise der Eingang dazu gewesen. (S. 512).

Deshalb gibt Joseph sich den Namen „Usarsiph" (S. 518) oder „Osarsiph" (S. 1082) – eine Verbindung aus Osiris und Joseph –, einen Totennamen, wie Pharao feststellt (S. 1082); er kommentiert: „Hält dich dein Vater für tot, so bist du's doch nicht." (S. 1084).

Der vierte und letzte Teilband *Joseph der Ernährer* bietet eine literarische Entsprechung zu *Gen* 40–50. Während die Identität Pharaos in der Bibel offen bleibt, gelangt Thomas Manns Joseph an den Hof des Amenhotep IV. (1368/63–1351/45), d.h. Echnatons. Damit gibt es in dem sonst allgemein-ägyptisch zeitlos gezeichneten Königreich eine historisch verortbare Gestalt, die gewählt wurde, weil dieser Pharao eine monotheistische Verehrung des Sonnengottes Aton durchzusetzen bestrebt war. Dies berührt sich mit Abrahams Gottesentdeckung, über die Joseph mit Pharao spricht und ihn zugleich warnt, dem Volk den Glauben an Usir zu nehmen (S. 1080–1089). Damit ist einmal mehr auf den in Ägypten verwurzelten Osiris-Mythos verwiesen.

<small>Identifikation Pharaos mit Echnaton</small>

Der Schluss des Romans bringt Joseph und Jaakob wieder zusammen, und zwar in Ägypten, wohin die Sippe übersiedelt. Für Jaakob bedeutet dies „zu seinem verstorbenen Sohn in die Unterwelt hinabzusteigen" (S. 1288); er überwindet die Vorbehalte gegen Ägypten mit Hilfe des Gedankens an Abraham, der ja ebenfalls wegen einer Hungersnot nach Ägypten reiste (S. 1288). Ihn tröstet also die Wiederholung des Mythus. Derartige Wiederholung setzt Jaakob an seinem Lebensende bei der Segensweitergabe selbst ins Werk, so dass dies Geschehen etwas Zwanghaft-Zwangsläufiges erhält: Jaakob sieht schlecht „und machte es sich des feierlichen Ausdrucks wegen zunutze, indem er sich Isaak, den blinden Segensspender, dabei zum Muster nahm" (S. 1323). Und der Erzvater segnet seine Nachkommen, zuerst Josephs, dann seine eigenen zwölf Söhne. Er inszeniert einen Segensbetrug, als er Ephraim und Menasse, Josephs Söhne, segnet und dem Jüngeren den stärkeren Segen durch Auflegen der rechten Hand erteilt[128]. Und er zelebriert die Segnung der Zwölf auf dem Sterbebett öffentlich (*Die Sterbeversammlung*), wobei Juda den Vorzugssegen erhält. Den Segensbetrug vollzieht Jaakob an Jo-

<small>Jaakob in Ägypten</small>

---

[128] „Jaakob wiederholte und ahmte nach. [...] Ohne Segensbetrug ging es in seinen Augen nicht ab. Vertauscht mußte sein, und darum vertauschte er wenigstens seine Hände, daß auf den Jüngsten die Rechte kam und dieser zum Rechten wurde." (S. 1335).

sephs Söhnen; denn Joseph, Jaakobs Liebling, dem er insgeheim die erste Stelle unter den Söhnen einzuräumen gedachte[129], ist von der Sippe losgelöst, wie Jaakob ihm erklärt:

> Das Reis hat Er vom Stamm genommen und es ist in die Welt verpflanzt [...] Gott hat dich gegeben und genommen [[130]] [...], und doch bist du nicht wie Isaak, ein verwehrtes Opfer. [...] Aber erhöht hat er dich über sie [die Brüder] auf weltliche Weise, nicht im Sinne des Heils und der Segenserbschaft – das Heil trägst du nicht, das Erbe ist dir verwehrt. (S. 1305)[131].

Josephs Sonderstellung

Joseph ist innerlich Ägypter geworden („der Gesonderte dachte ägyptisch", S. 1351), er schert aus den Prinzipien des Mythisch-Typischen und der rollenden Sphäre aus, die die Väterwelt bestimmen. Das Arrangement von Jaakobs Begräbnis illustriert Josephs Ägyptisierung: Zwar erfüllt er Jaakobs Wunsch, im kanaanäischen Familiengrab die letzte Ruhe zu finden, doch unterzieht er den väterlichen Leib der Prozedur der Mumifizierung, die Herzstück des von jenem verhassten ägyptischen Totenkultes ist. Darüber hinaus zeigt sich Josephs Sonderstellung unter den Brüdern im Bewusstsein seiner Individualität, seiner Selbst, das ganz am Schluss überdies auch das erzählende Medium selbst erfasst:

> Bin ich denn wie Gott? Drunten, heißt es, bin ich wie Pharao, und der ist zwar Gott genannt, ist aber bloß ein arm, lieb Ding. Geht ihr mich um Vergebung an, so scheint's, daß ihr die ganze Geschichte nicht recht verstanden habt, in der wir sind. Ich schelte euch nicht darum. Man kann sehr wohl in einer Geschichte sein, ohne sie zu verstehen. Vielleicht soll es so sein, und es war sträflich, daß ich immer viel zu gut wußte, was da gespielt wurde. Habt ihr nicht gehört aus des Vaters Mund, als er mir meinen Segen gab, daß es mit mir nur ein Spiel gewesen sei und ein Anklang? [...] er war auch im Spiel, dem Spiele Gottes. Unter seinem Schutz mußt' ich euch zum Bösen reizen in schreiender Unreife, und Gott hat's freilich zum Guten gefügt [...]. Aber wenn es um Verzeihung geht unter uns Menschen, so bin ich's, der euch darum bitten muß, denn ihr mußtet die Bösen spielen, damit alles so käme. (S. 1362).

So gestaltet Thomas Mann einen Midrasch eigener Art, der durch die prophetische Dimension die Brücke zum Neuen Testament schlägt und dessen hermeneutischen Schlüssel er eingangs liefert und den er (selbst)ironisch in Erinnerung hält.

---

[129] Vgl. S. 308–309.
[130] Vgl. *Hi* 1,21b.
[131] Vgl. erneut S. 1326 und 1333.

2. Exodus bis Deuteronomium (2.–5. Mose): Moseerzählungen

Die Bücher *Exodus*, *Leviticus*, *Numeri* und *Deuteronomium* bilden erzählerisch einen Zusammenhang. Sie schildern den Auszug der Israeliten aus Ägypten und ihre Wanderung durch die Wüste unter der Führung des Mose, bis sie schließlich im *Deuteronomium* das Ostufer des Jordan etwa auf der Höhe von Jericho erreicht haben und vor dem Eintritt in das Land Kanaan stehen. Da das Schlusskapitel des *Dtn* vom Tod des Mose erzählt, ergibt sich hier ein Einschnitt, weil die langjährige Führungspersönlichkeit und Leitfigur der Israeliten die Bühne des Geschehens verlässt. In die Erzählung sind immer wieder Gesetzestexte und Bestimmungen eingebettet, was in den Schriften jenseits des *Dtn* nicht mehr der Fall sein wird. Den in die Handlung eingeflochtenen Gesetzesmaterialien verdanken die Bücher *Gen – Dtn* die Bezeichnung *Torah* („Weisung")[1] bzw. „Gesetz".

Biblisch

- ***Ex* 1,1–15,21 – Der Auszug aus Ägypten.** *Ex* 1 verbindet durch die Aufzählung der Namen der Jakobssöhne in Ägypten (*Ex* 1,1–5) die Vätergeschichte der *Genesis* mit dem Folgenden und liefert ferner die Exposition für die folgende Auszugsgeschichte: Nach Josefs Tod vergeht ein längerer Zeitraum – *Ex* 12,40 beziffert die gesamte Aufenthaltsdauer in Ägypten mit 430 Jahren –, in dem sich die Nachkommen Jakobs so stark vermehren, dass der Pharao Überfremdung befürchtet und sich genötigt sieht, Maßnahmen zu ergreifen (1,6–10). Er lässt die Israeliten Schwerstarbeit im Städtebau verrichten, doch da die Zwangsarbeit deren Vermehrung nicht eindämmt, ordnet Pharao an, die neugeborenen hebräischen Knaben zu töten. Die Hebammen, derer er sich dabei bedienen will, umgehen jedoch seinen Befehl, so dass Pharao seine Anordnung an sein ganzes Volk richtet (1,11–22).

    Ex 1 als Bindeglied

    Wegen Pharaos Befehl setzt Moses Mutter den Säugling in einem Körbchen auf dem Nil aus, wo ihn die ägyptische Prinzes-

    Moses Geburt und Jugend

---

[1] Im Judentum zählt man insgesamt 613 Bestimmungen in der *Torah*.

Mose sin beim Baden findet. Sie adoptiert Mose, so dass er am ägyptischen Königshof heranwächst (2,1–10). Als Erwachsener beobachtet Mose, wie ein ägyptischer Aufseher einen hebräischen Arbeiter misshandelt, und erschlägt den Ägypter im Affekt. Da die Tat nicht verborgen bleibt, muss Mose fliehen, so dass er nach Midian gelangt. Dort begegnet er an einem Brunnen Zippora und ihren Schwestern. Mose heiratet Zippora, gründet eine Familie und bleibt als Hirte bei seinem Schwiegervater (2,11–22). In Ägypten stirbt indessen der Pharao. Als die Israeliten Gott um Hilfe anrufen, gedenkt er an den Bund, den er mit den Erzvätern schloss, und nimmt sich des Volkes an (2,23–25).

Moses Berufung Den ersten Schritt zur Befreiung bildet die Berufung des Mose (3,1–4,17). Als Mose am Gottesberg Horeb seine Schafe weidet, erblickt er einen von übernatürlichem Feuer brennenden Dornbusch, aus dem Gott ihn anspricht. Gott stellt sich Mose als Gott der Väter und zugleich namentlich als Jahwe (JHWH[2]) vor und bekundet seine Absicht, Israel aus Ägypten zu befreien und in ein Land zu führen, wo Milch und Honig fließen. Er beauftragt Mose, den Hebräern diese Botschaft auszurichten und dann mit dem Pharao über die Ausreise zu verhandeln. Pharao werde Widerstand leisten und es werde göttlicher Wunder bedürfen, damit er sie ziehen lasse. Mose sucht sich dem Auftrag zu entziehen, indem er allerlei Einwände vorbringt. Doch Gott lässt sie nicht gelten. Er gibt Mose drei wunderhafte Beglaubigungszeichen an die Hand, die seine Botschaft an die Israeliten als gottgegeben ausweisen sollen: Moses Stab verwandelt sich in eine Schlange und wieder zurück, Moses Hand wird in seinen Gewandbausch gesteckt aussätzig und dann wieder rein, von Mose ausgegossenes Wasser verwandelt sich in Blut. Als Mose sich schließlich als unbeholfenen Redner bezeichnet, erklärt Gott ihm, dass er selbst ihm seine Worte eingeben werde. Ein Verfasser, der an einer Beteiligung Aarons als dem ersten in der Reihe der Priester interessiert war, fügt an, dass Gott Mose Aaron an die Seite stellt, der für ihn sprechen solle. So reist Mose mit seiner Familie nach Ägypten, wo Aaron ihn in Empfang nimmt und beide dem Volk die Botschaft ausrichten (4,18–31).

Mose verhandelt mit Pharao – die Plagen Als Ergebnis der ersten Verhandlung Moses bei Hofe erschwert Pharao die Arbeitsbedingungen der Israeliten, erwartet

---

[2] Gott selbst erklärt die Bedeutung seines Namens: „Ich werde sein, der ich sein werde" (Luther), auch übersetzbar als „Ich bin, der ich bin" (*Ex* 3,14).

2. Exodus bis Deuteronomium (2.–5. Mose): Moseerzählungen

aber gleich bleibende Leistung. Mose gibt die Klage der Israeliten an Gott weiter, der seine Zusage der Herausführung aus Ägypten erhärtet (5,1–6,1)[3]. Mose und Aaron nehmen die Gespräche mit Pharao wieder auf und schicken eine Machtdemonstration voraus, indem Aarons Stab sich in eine Schlange verwandelt. Die ägyptischen Zauberer beherrschen dies Kunststück zwar auch, doch frisst die Schlange Aarons die der ägyptischen Konkurrenten (7,1–13). Mit einer Folge von zunächst neun Plagen, die die Lebensbedingungen in Ägypten beeinträchtigen (blutiges Wasser, Frösche, Mücken, Stechfliegen, Viehpest, Pocken, Hagelschlag, Heuschrecken, Finsternis; 7,14–10,29), die Israeliten jedoch nicht betreffen, wird Pharao unter Druck gesetzt, so dass er sich bereit erklärt, die Israeliten ziehen zu lassen. In dem Augenblick aber, wo die Plage aufhört, nimmt er seine Zusage wieder zurück. Durch die neun Plagen demonstriert der Gott Israels seine Macht über die Schöpfung, doch da Pharaos Herz verstockt war[4], also unfähig, Gottes Wirken zu erkennen und sich dem göttlichen Willen zu beugen, müssen die Israeliten in Ägypten bleiben.

Erst die zehnte Plage, der Tod aller Erstgeburt von Mensch und Tier in Ägypten, bringt die Wende. Damit diese Plage die Israeliten nicht trifft, befiehlt Gott ihnen, ein abwehrendes Ritual zu vollziehen, nämlich ein Lamm zu schlachten und dessen Blut außen an die Türpfosten zu streichen. An den so gekennzeichneten Häusern wird der Tod vorübergehen. Das Fleisch des Tieres sollen sie gekocht nachts in den Häusern verzehren, reisefertig gekleidet, und dazu ungesäuertes Brot essen. Diese Vorschriften soll Israel als Festbrauch beibehalten, so dass damit dem Passahfest sein Ursprung im Zusammenhang des Auszuges zugewiesen wird (12). Das Sterben der Erstgeburt im ganzen Land bewegt Pharao dazu, die Israeliten zur Ausreise aufzufordern. Versehen mit Vieh, Schmuck und Kleidungsstücken der Ägypter machen sich die Israeliten auf den Weg. Gott führt ihren Zug als Wol-

Pharao lässt die Israeliten ziehen

---

[3] 6,2–13 bietet eine priesterschriftliche Variante zur Berufungsgeschichte des Mose; ein Stammbaum Levis, aus dessen Geschlecht Mose und Aaron hergeleitet werden, schließt sich an (6,16–25). Auch im *Exodusbuch* lassen sich ein priesterlicher Erzählfaden und nicht-priesterliches Material unterscheiden.

[4] Vgl. 7,14.22.23 u.ö. Der Sachverhalt wird teils so ausgedrückt, dass Pharao selbst aktiv sein Herz verhärtet, (z.B. 8,11), teils ist er passiv betroffen (z.B. 7,22), gelegentlich heißt es auch, dass Gott das Herz Pharaos verstockt (z.B. 9,12).

ken- und Feuersäule an und lässt sie zum Schilfmeer gelangen (12,29–13,22).

Die Rettung am Schilfmeer

Inzwischen bereut Pharao, dass er die Israeliten ziehen ließ, und setzt ihnen mit einem Heer aus Streitwagen nach. Er droht das Volk einzuholen, als sie gerade das Hindernis des Schilfmeers erreicht haben. Angesichts der Gefahr machen die Israeliten Mose Vorwürfe, dass er sie aus Ägypten geleitet hat. Gott lässt ein rettendes Wunder geschehen: Die Wolkensäule stellt sich den Ägyptern in den Weg, so dass sie im Dunkeln tappen. Mose reckt seine Hand bzw. seinen Stab über dem Wasser aus, woraufhin es sich auch auf Grund eines starken Ostwindes teilt, so dass die Israeliten trockenen Fußes hindurch ziehen können. Das ihnen nachsetzende ägyptische Heer unter Pharaos Führung ertrinkt in den wieder zusammen schlagenden Fluten. So streitet Gott selbst für sein Volk und errettet es (14). Dafür dankt Mose Gott mit einem Lobgesang (15,1–18/19) nach Art eines Psalms. Mirjam, Schwester von Aaron und Mose, führt den Reigentanz der Frauen an und singt dazu ebenfalls ein kurzes Loblied (15,21).

Die Deutung der Rettung

Mit der Rettung am Schilfmeer schildert *Ex* 14 die entscheidende Gotteserfahrung und Glaubensaussage Israels, auf die in alttestamentlichen Texten oftmals verwiesen wird. Das exklusive Verhältnis zwischen Jahwe und Israel beruht auf diesem Ereignis, das als besonderer Liebesbeweis Gottes gegenüber seinem Volk und als Zeichen der Erwählung verstanden wird. In dieser Hinsicht steht es entstehungsgeschichtlich zunächst in Konkurrenz zur Erwählung der Vätergestalten und den an diese gerichteten Verheißungen. *Ex* 1–13 bereiten dies Ereignis mit der Schilderung der bedrängten Ausgangslage, der Berufung des Anführers, des ägyptischen Widerstandes gegen den Auszug, der Einsetzung eines als Fest zu wiederholenden Rituals vor. Das lobpreisende Kap. 15 hebt die Bedeutung der Errettung am Schilfmeer im Nachhinein hervor.

Gottes Fürsorge

- ***Ex* 15,22–17,16; *Num* 10,11–32,42 – Die Wanderung durch die Wüste.** Nach der Rettung wandern die Israeliten unter Moses Führung durch die Wüste – nach *Ex* 16,35 vierzig Jahre lang. Auch in dieser Zeit erfahren sie Nähe und Beistand Gottes, der sie auf wundersame Weise mit Wasser und Nahrung versorgt und sie bei kriegerischen Auseinandersetzungen mit Ortsansässigen schützt. Zu Beginn der Wanderungsgeschichten illustrieren einige Episoden diese göttliche Fürsorge: Angeleitet von Gott macht Mose ungenießbares Wasser trinkbar (*Ex* 15,22–26); an einer späteren Station schlägt Mose mit seinem Stab Wasser aus einem Felsen (17,1–7). Gott speist das Volk mit Manna und Wachteln (16)[5]. Die Israeliten besiegen die Amalekiter, während Mose auf einem Hügel stehend seine Hände über das Schlachtfeld erhebt (17,8–13). Wegen der Unbilden, die sich immer wieder einstellen, beklagen sich („murren") die Israeliten und trauern der Zeit in Ägypten nach. Sie zeigen sich also undankbar, ohne Gottvertrauen und scheinen Gottes Rettungstat an ihnen bereits vergessen zu haben. Laut *Num* 14 wird die Wüstenzeit zur Strafe auf vierzig Jahre ausgedehnt, nachdem die Israeliten, obwohl ihnen eine mitgebrachte, überdimensionale Weintraube die Fruchtbarkeit des Landes beweist, angesichts des Berichts der ausgesandten Kundschafter, dass es im verheißenen Land wehrhafte Bewohner und Riesen gibt, verzweifeln und gegen Gott und Mose murren.

In *Ex* 19 erreicht der Zug den Berg Sinai, wo ein längerer Aufenthalt eingelegt wird, weil hier die Offenbarung des Gesetzes stattfindet. In *Num* 10,11 brechen die Israeliten wieder auf. In diesem Teil gibt es wachsenden Widerstand gegen die Führungsposition und Autorität Moses: Mirjam und Aaron beanspruchen, dass Gott auch durch sie spreche, nicht allein durch Mose (*Num* 12); ein gewisser Korach empört sich mit weiteren Angesehenen und 250 Anhängern gegen Moses Führungsrolle (*Num* 16) und als Folge dessen die ganze Gemeinde (*Num* 17,6–15). Alle diese Aufrührer bestraft Gott. Als die Israeliten wieder ihren Überdruss an der Wüstennahrung äußern, schickt Gott Giftschlangen, an deren Biss viele sterben (*Num* 21,4–9). Mose setzt sich einmal mehr als Fürbitter ein, und Gott lässt sich erweichen, Abhilfe zu schaffen: Mose richtet einen Pfahl auf, an dessen Spitze er eine eherne Schlange befestigt. Wer gebissen wurde und diese ansieht, bleibt am Leben.

Mose als Führer und Fürbitter

Zunehmend werden die Israeliten mit anderen Völkern konfrontiert, die in den durchwanderten Gebieten leben. Die Edomiter verweigern ihnen den Durchzug und zwingen so zu einem Umweg (20,14–21). Auch der Moabiterkönig Balak will verhindern, dass die Israeliten sein Gebiet passieren. Deshalb nimmt er Bileam, einen Seher, der auch Beschwörungsrituale durch-

Israel und die Völker

---

[5] Vgl. *Num* 11, wo die Israeliten des Manna überdrüssig geworden sind und sehnsüchtig an den abwechslungsreicheren Speisezettel in Ägypten zurück denken.

führt, in Dienst, damit er Israel verfluche, also einen Schadenzauber ausführe. Durch Einwirken Jahwes spricht Bileam aber Segensworte über Israel anstatt der ihm von Balak aufgetragenen Flüche (22–24). In weiteren Feldzügen (21,1–35 sowie 31) erringt Israel Siege. Num 25 behandelt schließlich das religiöse Problem der Vermischung mit Menschen nicht-israelitischer Abstammung, was die Gefahr birgt, sich auch mit deren Göttern einzulassen. Der Priestersohn Pinhas tötet deshalb einen Israeliten, der offen eine Liaison mit einer Midianiterin eingeht.

Schließlich nähert das Volk sich seinem Ziel und erreicht das Ostjordanland (Num 32); das dortige Gebiet wird an die Stämme Ruben, Gad und halb Manasse verteilt. Nachdem Mirjam (Num 20,1) und Aaron (20,22–29) gestorben sind, zeichnet sich auch der Tod des Mose ab: Er setzt Josua zu seinem Nachfolger ein (Num 27,12–23; vgl. erneut Dtn 31,1–8)[6].

Mose verkündet das deuteronomische Gesetz als sein Vermächtnis

Vor dem Überschreiten des Jordan und dem Einzug in das Land Kanaan hält das Geschehen nochmals inne, um Gesetzesbestimmungen aufzunehmen, nämlich die deuteronomische Gesetzessammlung (Dtn 12–25) nebst ihren Erweiterungen (5–11; 26–30). Literarisch werden die Gesetze aufgenommen, indem die rahmenden Kapitel sie als Sterberede Moses darstellen, in der er dem Volk vor dem Eintritt ins Land nochmals Gottes Gesetz einschärft. Als Vermächtnis des Mose gewinnen die Bestimmungen eine besondere Autorität. Zugleich trägt die Gesetzespromulgation zur Inszenierung von Moses Tod bei. Nachdem Mose in seiner großen Abschiedsrede als sein Vermächtnis noch einmal auf die Wüstenwanderung zurückgeblickt (Dtn 1–3) und das Gesetz eingeschärft hat (Dtn 5–30), singt er ein Loblied (Dtn 32) und segnet die Stämme einzeln (Dtn 33), wie es Jakob in Gen 49 tat. Zuletzt lässt Gott Mose den Berg Nebo ersteigen; von dort aus kann er auf das verheißene Land blicken, das er selbst nicht mehr betreten wird (Dtn 34,1–4)[7]. Gott selbst begrub Mose, daher ist der genaue

---

[6] Abgesehen von statistischem Material (Num 26 Zählung der Stämme [vgl. bereits Num 1–2]; 33 Verzeichnis der Lagerplätze; 34 Landesgrenzen und Namen der Männer, die das Land verteilen) sind in diese Erzählungen immer wieder Gesetzesbestimmungen eingeschaltet, die die am Sinai offenbarten ergänzen (Num 15; 18–19; 27,1–11; 28–30; 35–36).

[7] Eine explizite Begründung dafür gibt Num 20,2–12, wo einmal mehr Wassermangel auf der Wanderung herrscht. Auf Gottes Geheiß schlägt Mose mit dem Stab Wasser aus dem Felsen. Allerdings wird Mose und Aaron der Hauch eines Zweifels in den Mund ge-

Ort des Grabes unbekannt (*Dtn* 34,5–6). *Dtn* 34 hebt abschließend die Sonderstellung Moses hervor: Mose erreicht das maximal mögliche Menschenalter von 120 Jahren und stirbt ohne jegliche Anzeichen von Altersschwäche (34,7). Wichtiger noch ist seine einmalige und unübertreffliche Beziehung zu Gott:

Und es stand hinfort kein Prophet in Israel auf wie Mose, den der HERR erkannt hätte von Angesicht zu Angesicht, mit all den Zeichen und Wundern, mit denen der HERR ihn gesandt hatte, daß er sie täte in Ägyptenland am Pharao und an allen seinen Großen und an seinem ganzen Lande, und mit all der mächtigen Kraft und den großen Schreckenstaten, die Mose vollbrachte vor den Augen von ganz Israel. (34,8–10).

Diese Schlussverse betonen die Vermittlerfunktion des Mose, der in direktem Kontakt zu Gott stand und Gottes Worte an das Volk weitergab. Außerdem stellte er auch eine Verbindung vom Volk zu Gott dar, indem er sich immer wieder fürbittend für Israel an Gott wandte. Im Verlauf der Entstehungsgeschichte werden auf Mose alle bedeutenden Funktionen übertragen, die man in Israel kannte: Führungsautorität, Richter[8], Priester[9] und Prophet, vor allem aber Gesetzgeber.

Moses Ämter

- ***Ex* 19,1 – *Num* 10,10; *Dtn* – Die Offenbarung des Gesetzes.**
Die Offenbarung grundlegender Gesetze vollzieht sich am Berg Sinai, wo die Israeliten auf ihrer Wanderung Halt machen (*Ex* 19,1). Den Gottesberg besteigt Mose mehrfach und tritt auf dem Gipfel in Kontakt mit Gott. Beim ersten Aufenthalt kündigt Gott an, dass er ein exklusives Verhältnis zu den Israeliten („Bund") garantiert, wenn sie ihm Gehorsam leisten (*Ex* 19,5). Mose teilt dem Volk dies am Fuße des Berges mit und überbringt Gott die Antwort, dass das Volk alles tun will, was Gott gebietet (19,8). Gott trägt Mose dann auf die bevorstehende Gottesbegegnung vorbereitende reinigende Riten auf. Am dritten Tag erscheint Gott auf dem Berg unter Blitz, Donner, einer Wolke auf dem Berg und Posaunenschall (19,16) sowie Feuer und Rauch sowie Erdbeben (19,18), also in Unwetter und vulkanischen Erscheinungen. Nur Mose allein[10] darf den Berg nun besteigen. Dort

Bundesschluss am Sinai

Gott erscheint

---

   legt, dass das Wunder sich vollzieht (*Num* 20,10). Deswegen will Gott ihnen den Einzug ins Land verwehren (20,12).
[8] Vgl. *Ex* 18.
[9] Z.B. *Lev* 8.
[10] Nach 19,24 in Begleitung Aarons.

empfängt er Gesetze, nämlich den Dekalog (20,2–17) und das so genannte Bundesbuch (20,22 bzw. 21,2–23,32).

Zehn Gebote — Der *Dekalog*[11] („zehn Worte"[12]), auch „Zehn Gebote" genannt, beginnt mit einer Selbstvorstellung Gottes: „Ich bin der HERR, dein Gott, der ich dich aus Ägyptenland, aus der Knechtschaft, geführt habe." (20,2). Die Erinnerung an die Rettungstat dient implizit als Begründung dafür, dass Gott das Halten der anschließenden Ge- und Verbote erwartet. Zuerst genannt ist das Verbot andere Götter anzubeten und Götterbilder herzustellen sowie den Namen Gottes zu missbrauchen (20,3–7). Gefordert ist zudem, den Sabbat zu heiligen (20,8–11). Während diese Gebote das Verhältnis zu Gott betreffen, regelt der zweite Teil (20,12–17) das menschliche Zusammenleben: geboten ist Fürsorge für die Eltern, verboten sind töten, ehebrechen, stehlen, Falschaussage vor Gericht, begehren von Besitz und Frau des Nächsten. Die auf den zwischenmenschlichen Bereich bezogenen Worte haben allgemeingültigen Charakter.

Bundesbuch — Das *Bundesbuch* enthält dagegen spezifisch israelitische Rechtssätze, die unterschiedliche Bereiche betreffen. Die einzelnen Sätze geben jeweils einen Tatbestand und seine Rechtsfolge an und regeln, wie Mord, Totschlag oder Körperverletzung zu ahnden sind, legen Schadenersatzleistungen fest, befassen sich mit Sklavenrecht, dem Schutz von Witwen, Waisen und Fremden, aber auch mit dem Sabbatjahr und den Jahresfesten. Der bekannteste Satz dieser Sammlung ist die Talions- oder Spiegelstrafe:

> Entsteht ein dauernder Schaden, so sollst du geben Leben um Leben, Auge um Auge, Zahn um Zahn, Hand um Hand, Fuß um Fuß, Brandmal um Brandmal, Beule um Beule, Wunde um Wunde. (*Ex* 21,23–15).

Diese Bestimmung will die Verhältnismäßigkeit zwischen angerichtetem Schaden und dessen Ahndung sicherstellen, damit nicht aus Rache etwa für einen ausgeschlagenen Zahn der Täter getötet wird. In *Ex* 24,1–8 verkündet Mose dem Volk das Recht, schreibt es auf, verpflichtet die Israeliten durch einen Blutritus auf dies „Bundesbuch" (24,7) und vollzieht damit den Bundesschluss.

---

[11] Zur komplexen Entstehungsgeschichte und der historischen Auslegung der einzelnen Gebote vgl. M. Köckert, *Die Zehn Gebote*, bsr 2430, München 2007.
[12] *Dtn* 4,13 und 10,4 verwenden diesen Begriff.

Mit Josua besteigt Mose den Berg nochmals, um dort Steintafeln zu empfangen, die Gott persönlich beschriftete (24,12–13). Vierzig Tage dauert dieser Aufenthalt Moses und Josuas auf dem Berg. In diesen Zusammenhang wurden weitere Bestimmungen eingefügt, in denen Gott detaillierte Anweisungen für den Bau eines beweglichen Heiligtums, dem „Zelt der Begegnung" oder der „Stiftshütte" (Luther) und weitere Kultgegenstände gibt (25–31[13]). Um diesen Komplex schließt sich mit 31,18 der erzählerische Rahmen, weil Gott hier Mose die Steintafeln übergibt.

Steintafeln und bewegliches Heiligtum

Ex 32–34 erzählen eine Begebenheit, die sich als symptomatisch in der Geschichte des Volkes erweisen wird. Weil Mose lange ausbleibt, lassen die Israeliten Aaron aus ihrem Goldschmuck ein goldenes Stierbild, das so genannte „Goldene Kalb" herstellen und verehren dies in einem ausgelassenen Fest als ihren Gott. Als Mose vom Gottesberg herab kommt und den Trubel und seinen Anlass bemerkt, zerschmettert er zornig die gerade empfangenen Gesetzestafeln (32). Schon wenige Tage, nachdem sie Gott Gehorsam versprochen haben, werden sie ihm untreu und verehren einen Götzen. Als Reaktion darauf erfolgt unausgeglichen nebeneinander einerseits eine Strafaktion – eine Anzahl von Israeliten erleidet die Todesstrafe –, andererseits setzt sich Mose fürbittend für die Missetäter ein und erwirkt die Begnadigung des Volkes. Gott würdigt Mose seiner Gegenwart, indem er sich als Wolke in der Stiftshütte niederlässt. Außerdem erneuert Gott die Gesetzestafeln und beschreibt sie eigenhändig[14] – setzt damit den Bund wieder in Kraft. Aufgrund der intensiven Gottesbegegnung geht vom Gesicht Moses ein übernatürlicher Glanz aus, der in Darstellungen der Mose-Gestalt als Hörner-artige Strahlen oder auch als regelrechte Hörner erscheint.

Das Goldene Kalb und der Bundesbruch

---

[13] Ex 35–40 stellen dar, wie Mose den Bau des Heiligtums in die Wege leitet, die fertigen Gegenstände prüft und das Begegnungszelt einweiht, das Gott in Gestalt einer Wolke in Besitz nimmt.

[14] Bezüge zur Berufung des Mose schlagen eine Brücke zum Anfang der Mosegeschichte: Jahwe erläutert noch einmal seinen Namen (33,19, vgl. 3,14) und erklärt, dass ein Mensch den Anblick seines Angesichts nicht aushalten kann, sondern stürbe. Deshalb stellt er Mose in eine Felskluft, aus der Mose Gott nachsehen darf, wenn er vorüber gegangen ist (33,20–23; vgl. dazu den brennenden Busch in 3,2).
Mose spricht als Bekenntnis zu Jahwe die „Gnadenformel" – Gott ist „barmherzig und gnädig und geduldig und von großer Gnade und Treue" (34,6b).
Selbst in diesen Kontext sind Gesetzestexte einbezogen (34,12–26).

Gesetzes-
sammlungen

Sündenbock

Im Buch *Leviticus* setzt sich das gesetzliche Material fort. Es befasst sich schwerpunktmäßig mit Regelungen, die den Dienst der Priester betreffen: Opfervorschriften, Reinheitsgebote, Bestimmungen über Sabbat und Feste. Die bekanntesten Details sind hier: das Sündenbockritual[15] im Rahmen des Versöhnungstages („Jom Kippur", *Lev* 16) und das Gebot der Nächstenliebe „du sollst deinen Nächsten lieben wie dich selbst" (*Lev* 19,18b). Einzig *Lev* 8–10 enthalten Erzählung: Mose weiht Aaron und dessen Söhne zu Priestern (*Lev* 8), die dann das erste Opfer vollziehen (*Lev* 9), ein abschreckendes Beispiel für ein falsch dargebrachtes Opfer und die Bestrafung der Missetäter (*Lev* 10) schließt sich an.

Ein letzter umfangreicher Gesetzeskomplex bildet den Kern des Buches *Deuteronomium*, das „deuteronomische Gesetz" (*Dtn* 12–25). Vorangestellt ist ihnen der bis auf die Begründung des Sabbatgebots (5,15) mit *Ex* 20 praktisch identische Dekalog (*Dtn* 5,6–21), gefolgt von einer grundlegenden Aussage israelitischen Glaubens: „Höre, Israel, der HERR ist unser Gott, der HERR allein. Und du sollst den HERRN, deinen Gott liebhaben von ganzem Herzen, von ganzer Seele und mit all deiner Kraft." (6,4–5). Gemeinsam akzentuieren diese beiden markanten Texte den Beginn dieser Gesetzessammlung. Als inhaltliche Besonderheit findet sich die Bestimmung, dass Jahwe nur an einer Kultstätte, die er selbst erwählt (unausgesprochen ist an Jerusalem gedacht), mit Opferfeiern verehrt werden darf (12). Folglich werden die drei großen Jahresfeste zu Wallfahrtsfesten (16,1–17); bemerkenswert sind ferner Ämtergesetze für Richter, König, Priester und Propheten (16,18–18,22).

Literarisch

Attraktiv an den erzählenden Anteilen von *Ex* bis *Dtn* ist die Gestalt des Mose, die bereits Philo von Alexandria (ca. 20 v. Chr. – ca. 45–50 n. Chr.) zu einer Lebensbeschreibung des Mose veranlasste[16]. **Thomas Mann**s (1875–1955) Erzählung **Das Gesetz**[17] (1942/43) stützt sich vor allem auf das *Exodusbuch*, bezieht aber auch Material aus *Lev*, *Num* und *Dtn* ein. Mann folgt dem Aufbau des *Exodusbuches* in groben Zügen, arrangiert aber manches neu, insbesondere am Anfang der Geschichte, die das Le-

---

[15] Der oberste Priester lädt einem Ziegenbock die Sünden des Volkes auf. Man treibt das Tier in die Wüste, wo es verendet – und mit ihm sind die Sünden ausgetilgt.

[16] *Ueber das Leben Mosis*, in: Philo von Alexandria, Die Werke in deutscher Übersetzung, hg. von L. Cohn u.a., Bd. I, Berlin ²1962, S. 221–365.

[17] In: Thomas Mann, *Die Erzählungen*. Bd. 2, Fischer TB 1592, Frankfurt a.M. 1975, S. 621–672.

2. Exodus bis Deuteronomium (2.–5. Mose) 107

ben des Mose von seiner Geburt bis zur Erneuerung der Gesetzestafeln und des Bundes nach dem Tanz um das Goldene Kalb umfasst. Bei aller Ernsthaftigkeit des Anliegens ist der Erzählstil augenzwinkernd und ironisch distanziert. Dies geschieht durch das Einbeziehen rezeptionsgeschichtlicher Elemente etwa aus der Kunst (Moses Äußeres gemahnt an Michelangelos Skulptur) und Wissenschaft (psychologische Erklärungen von Moses Handeln) und die Berücksichtigung der seinerzeit aktuellen Bibelauslegung[18]. Mann bringt allerdings seiner Leserschaft die biblische Erzählung nicht nur nahe, indem er moderne Sprache einflicht, sondern auch durch die realistisch-nüchterne Perspektive (alles Wunderhafte wird rational erklärt), die Entmythisierung des Gegenstandes dieser Erzählung, die in einem expliziten Plädoyer für die bleibende Relevanz der Zehn Gebote gipfelt.

Aus der Lebensgeschichte Moses griff man die Geburtslegende und insbesondere seinen Tod zu literarischer Gestaltung heraus.

- **Victor Hugo –** *Moses auf dem Nil.* Aus dem Jahr 1820, aus der Frühphase der Lyrik Hugos (1802–1885) stammt *Moses auf dem Nil*[19], die dritte Ode im 4. Buch der *Odes et Ballades*[20]. Als Motto steht dem Gedicht *Ex* 2,5a voran: „Und die Tochter Pharaos ging hernieder und wollte baden im Wasser, und ihre Jungfrauen gingen am Rande des Wassers." Hugo eröffnet die Ode mit einer Rede der Prinzessin (V. 1–48), die das frühmorgendliche Bad im Fluss und seiner natürlichen Umgebung[21] dem Luxus im Palast vorzieht. Sie entdeckt etwas, das im Wasser schwimmt, was sie schließlich als kleinen Kahn identifiziert, in dem ein Kind schläft (V. 1–30). Sie staunt, dass es ruhig schlummert, obwohl die Wellen das kleine Gefährt tanzen lassen (V. 31–34):

Die Prinzessin findet Mose

Doch schläft das Kind – der Strom, so finster und so still,
Wiegt es: sein Grab ist seine Wiege! (35–36).

---

[18] Vgl. dazu K. Hamburger, Die Mose-Erzählung „Das Gesetz" auf dem Hintergrund der Überlieferung und der religionswissenschaftlichen Forschung, in: dies., Thomas Manns biblisches Werk, Fischer TB 6492, Frankfurt a.M. 1984, S. 141–202, S. 141–178.
[19] *Moïse sur le Nil*, in: Victor Hugo, Odes et Ballades. Les Orientales, hg. J. Gaudon, Paris 1968, S. 151–153. Deutsche Übersetzung von Ferdinand Freiligrath, in: Freiligraths Werke, Vierter Teil. Übersetzungen I, hg. J. Schwering, Berlin/ Leipzig 1909, S. 14–16.
[20] Erstmals 1826 erschienen kam die Gedichtsammlung 1828 erweitert und in neuer Anordnung heraus.
[21] Das Wasser des Nils, „Waldgesträuch" (4), „Blumenstrand" (8), Vogelgesang (10), Duft (12) machen die Stelle zu einem Lustort.

Sie beobachtet nun, wie das Kind aufwacht und zu weinen beginnt, und spricht es an (V. 37–41a); und wieder stellt sie die Lebensgefahr fest: „[...] ach, ein Bettlein nur von Rohr, / Schwach, wie es selbst, beschützt sein Leben!" (V. 41b-42). Sie beschließt, das Kind zu retten, in dem sie „ein Judenkind" (V. 43) vermutet. Die nächsten drei Strophen (V. 49–66) schildern, wie Iphis, die Pharaonentochter, ihre Schleier ablegt und selbst ins Wasser watet, das Kind birgt und auf den Sand am Ufer legt, wo ihre Dienerinnen es liebkosen. Die idyllische Szenerie und das Liebevolle der Prinzessin stehen im Kontrast zu der Gefährdung des Kindes im treibenden Schilfkörbchen.

Das gerettete Kind als Retter

In der folgenden Strophe ruft der Dichter die im Versteck beobachtende Mutter des Säuglings auf, dazu zu stoßen und das Kind gleichfalls zu küssen (V. 67–72). Als die Prinzessin dann das Kind mit sich fort trägt (V. 73–75), beginnen die Engel am Thron Gottes zu singen. Ihr zweistrophiger Gesang beschließt die Ode. Die Engel singen den Israeliten Ermutigungen und prophetische Worte zu, indem sie das Ende der Knechtschaft in Ägypten ankündigen (V. 79–84) und die Bedeutung des Kindes und seiner Rettung betonen:

Denn wisse, dieses Kind, das Pharao entrann –
Es ist des Sinai, es ist der Plagen Mann!
Sein Arm dereinst führt dich zum Siege! –   (V. 85–87).

Die drei Schlussverse erweitern den Kreis der Angeredeten:

Nun, die ihr Gott nicht kennt, o höret, eh' ihr sprecht:
Durch eine Wiege wird errettet dies Geschlecht,
Die Welt errettet eine Wiege!   (V. 88–90)[22].

Mose und Jesus

Die Wiege meint hier vordergründig das Körbchen, in dem das Kind lag, das in der Ode noch namenlos ist, aber wie bibelkundige Leser wissen, alsbald Mose genannt wird. Mose wird Israel retten. Zugleich wird im letzten Vers Moses Wiege durchsichtig auf die Krippe Jesu, der als Erlöser der Welt Mose übertrifft. Letztlich ermöglicht das Überleben Moses das Heilswerk Jesu, weil durch den Auszug das Volk Israel befreit wird, aus dem Jesus hervorgehen wird. Damit spannt Hugo einen Bogen zwischen der entscheidenden Rettungstat im Alten Testament und dem neutestamentlichen Erlösungsgeschehen[23].

---

[22] „[..] un berceau va sauver Israël, / Un berceau doit sauver le monde!"
[23] Die Gefährdung der hebräischen männlichen Säuglinge durch Pharao hat eine Parallele im Kindermord in Bethlehem, den König Herodes anordnet (*Mt* 2, 16–18).

Zwei gegensätzliche lyrische Verarbeitungen illustrieren das Interesse am Lebensende Moses.

- **Alfred de Vigny – *Mose*.** In diesem Gedicht[24] (1822) schildert der französische Romantiker de Vigny (1797–1863), wie Mose den Berg Nebo besteigt und dabei seinen Blick über das Gelobte Land schweifen lässt, wohl wissend, dass er dort nicht begraben werden wird (V. 1–24). Unruhig sieht ihm das Volk am Fuße des Berges nach, bis er in der Gotteswolke am Gipfel verschwindet (V. 25–46). Im Zentrum des Gedichts steht Moses Gebet (V. 47–106). Er fragt Gott, wann er endlich sterben darf (V. 47–56), und blickt zurück auf sein Leben als Erwählter. Gott machte ihn übermenschlich und verlieh ihm göttliche Fähigkeiten. Selbst die Engel wurden eifersüchtig auf ihn und bewunderten ihn zugleich (V. 87). Trotzdem ist Mose nicht glücklich, weil Menschen ihn als Außenseiter behandeln und fürchten, so dass er Liebe und Freundschaft seither nicht mehr kennt. So ist er zwar mächtig, aber einsam. Diese Aussage erscheint dreimal zusammen mit dem Todeswunsch als Refrain (V. 69–70; 89–90; 105–106). Der Schlussteil (V. 107–116) wendet sich wieder dem Volk am Fuße des Berges zu. Es wagt nicht aufzusehen zu der gewitternden Wolke am Berggipfel. Als die Wolke abgezogen ist, ist auch Mose verschwunden. Josua zieht nun auf das Gelobte Land zu, „nachdenklich und erbleichend / Denn er war schon der Erwählte des All-Mächtigen." (V. 115b-116).

  Moses Lebensrückblick und Todeswunsch

  De Vigny betont damit die Bürde, die Mose zu tragen hatte. Weil er als Erwählter kein normaler Mensch mehr sein konnte, bedeutete das Erfüllen des göttlichen Auftrags ein Opfer. Nun da er seine Aufgabe zu Ende geführt hat, wünscht Mose sich endlich den Tod. An Mose illustriert de Vigny damit das Los des genialen Einzelnen, der sein Begnadet-Sein mit dem Status eines Außenseiters bezahlt.

  Erwählung als Bürde

- **George Eliot – *Der Tod des Mose*.** Die englische Dichterin George Eliot (eigentlich Mary Ann Evans; 1819–1880) zeichnet Mose in ihrem späten Gedicht[25] *Der Tod des Mose*[26] (1879)

---

[24] Alfred de Vigny, *Moïse*, in: Alfred de Vigny, *Œuvres poétiques*, hg. J.-P. Saint-Gérand, Paris 1978, S. 63–66.
[25] Es besteht aus Strophen ungleicher Länge und ungereimten Blankversen.
[26] George Eliot, *The Death of Moses*, in: Chapters into Verse: Poetry

an seinem Lebensende ganz anders. Sie führt Mose ein, wie er als sein letztes Wort den heiligen Gottesnamen aufschreibt. Gottes letzte Gabe an Mose ist der gnädige Tod („Death of Grace", V. 11), der in eben dieser Stunde eintreten soll (V. 1–16). Gott beauftragt nacheinander drei Engel, Moses Seele in den Himmel zu bringen. Gabriel (V. 17–27) und Michael (V. 28–35) lehnen dies ab, Zamaël, der für gewaltsamen Tod durch Krieg oder Seuchen zuständig ist, scheitert, weil er in Mose Seinesgleichen erkennt und Mose ihm Widerstand leistet (V. 36–59).

Moses Sonderstellung beim Sterben

Gott selbst flüstert Mose nun zu, dass seine Stunde geschlagen hat und versichert ihm, dass er höchst persönlich Tod und Bestattung Moses in die Hand nehme. Nun ist Mose bereit zum Sterben (V. 60–69). Unsichtbar erscheint Gott und löst die sich widerstrebend an den Körper klammernde Seele durch einen Kuss körperloser Liebe vom Leib und lässt drei Engel sie in den Himmel tragen (V. 70–95). In der kosmischen Reaktion auf den Tod Moses (96–108) ertönen die Worte: „Wer soll jetzt lehren, was recht ist?" sowie „Kein Prophet wie er lebt oder ersteht jemals in Israel oder auf der Welt." (V. 107–108; vgl. *Dtn* 34,10). Die Ältesten, die das Geschehen von ferne beobachtet haben, teilen den Israeliten mit, dass Mose von Engeln in den Himmel getragen wurde (V. 109–114). Das Volk antwortet darauf mit betroffenem Schweigen, bis in ihnen der Gedanke erwacht: „Er hat kein Grab. Er wohnt nicht bei den Toten, sondern lebt als Gesetz [Law]." (V. 115–122).

Moses Unvergleichlichkeit und Unsterblichkeit als Verkörperung des Gesetzes

Auch George Eliot hebt das Außergewöhnliche und Einmalige der Mose-Gestalt hervor. Sie illustriert dies durch die drei Engel, die nicht als Seelenbegleiter fungieren wollen oder können, wie sie es bei Normalsterblichen tun. Nur Gott selbst vermag Moses Seele vom Körper zu lösen und so seinen physischen Tod herbeizuführen. Mose selbst sträubt sich gegen das Sterben. Als Person geht er in die unmittelbare Gottesnähe im Himmel ein; zudem ist er als Verkörperung des Gesetzes unsterblich verkörpert. Diese abschließende Sicht des Mose entspricht dem Tradition gewordenen Sprachgebrauch, der den Namen Mose als Synonym der *Torah* verwendet[27]. Die von George Eliot herausgearbeitete Unvergleichlichkeit Moses hat Anhalt an der biblischen Überhöhung der Gestalt in *Dtn* 34,5–7.10. Dieser Mose hat – anders als der

---

in English Inspired by the Bible. Vol. I. Genesis to Malachi, hg. R. Atwan/ L. Wieder, Oxford 1993, S. 170–173.

[27] Vgl. etwa im NT z.B. *2Kor* 3,15; *Lk* 16,29.31; 24,27; *Apg* 26,22.

2. Exodus bis Deuteronomium (2.–5. Mose) 111

Vignys, der darunter leidet, eine Ausnahmeerscheinung zu sein – keine menschlichen Züge mehr.

Die bisher betrachteten Werke beziehen sich explizit auf die biblische Mose-Gestalt und die Erzählungen um ihn. Als ein erzählerisches Motiv wurde der Exodus aus Ägypten in das Gelobte Land, d.h. Aufbruch und Wanderung des Volkes in der Hoffnung, eine neue, bessere Existenz zu finden, literarisch verarbeitet.

- **John Steinbeck – *Früchte des Zorns*.** In seinem 1939 erschienenen Roman[28] verarbeitet Steinbeck (1902–1968) die Auswirkungen der wirtschaftlichen Krise in den dreißiger Jahren auf die US-amerikanischen Landarbeiter. Er präsentiert in regelmäßigem Wechsel einerseits allgemeine, kürzere Kapitel, die die Lage und deren Entwicklung unpersönlich, aber nicht emotionslos schildern und den Leser so auch mit Hintergrundinformationen versorgen, andererseits illustriert er am Beispiel der Familie Joad, was die seinerzeit herrschenden Verhältnisse im Einzelfall bedeuteten. Mit dem Auszug Israels aus Ägypten hat der Roman das Grundmotiv gemeinsam: Eine Vielzahl von Menschen in bedrückenden Lebensverhältnissen wandert aus in der Hoffnung, am Ziel wesentlich bessere Bedingungen zu finden. Die Pächterfamilien, die kleinere Parzellen der Baumwollplantagen in Oklahoma bewirtschaften, geraten zunehmend unter wirtschaftlichen Druck. Bodenerosion und Staubstürme verursachten Missernten und dadurch Verschuldung, zudem sind die Großgrundbesitzer bestrebt, ihre Ackerflächen in größere, rentablere Betriebe zu überführen und neu entwickelte Maschinen statt der Arbeiter einzusetzen. Als sie durch Handzettel erfahren, dass man in Kalifornien Erntearbeiter sucht, machen sich die „Okies" auf den Weg. Sie verlassen ihre Häuser, veräußern den größten Teil ihrer beweglichen Habe und fahren mit oftmals altersschwachen Lastwagen Richtung Kalifornien, in ein vermeintlich Gelobtes Land. Sie ahnen nicht, dass die Großgrundbesitzer dort in ausbeuterischer Absicht geworben haben. Sie wollen die Arbeitslöhne drücken, was bei einem Überangebot an Arbeitswilligen leicht möglich ist. Die kalifornischen Landarbeiter befinden sich wegen der gesunkenen Löhne im Streik,

Auswandern aus wirtschaftlichen Gründen

---

28 John Steinbeck, *Früchte des Zorns*, übersetzt von K. Lambrecht (1940), Ullstein TB 2796, Berlin 1974. Originaltitel *The Grapes of Wrath*.

die Neuankömmlinge werden insofern zu „Streikbrechern", da sie notgedrungen bereit sind, niedrigste Bezahlung zu akzeptieren, um nicht zu verhungern. Gleichzeitig vernichten die kalifornischen Großgrundbesitzer Teile ihrer Ernte aus preispolitischen Gründen und verhindern, dass Hungernde auf diese Güter zugreifen.

<small>Bedrohungen der Auswanderer</small>

Abertausende wandern aus nach Kalifornien. Bei dieser Wanderbewegung stellen nicht so sehr die Wüstengegenden Arizonas die Hauptgefahr dar. Vielmehr leiden die Auswanderer unter Geldmangel und daher unter Hunger. Ihre Situation wird immer wieder ausgenutzt: Ihre Habe verkaufen sie vor dem Aufbruch zu Schleuderpreisen, zahlen unterwegs Wucherpreise für Lebensmittel und Ersatzteile. Eine weitere Gefahr geht von den Ortsansässigen sowohl in den Gebieten, die sie durchqueren, als auch besonders in Kalifornien aus. Diese fühlen sich von den Auswandernden bedroht, verachten, bekämpfen und vertreiben sie. Insbesondere die Lagerplätze, die sich an der Route gebildet haben, sind ihnen ein Dorn im Auge. Die örtliche Polizei, die auf die staatlichen Lager, welche gut ausgestattet und wohl organisiert sind, in deren Umfeld es aber keine Arbeit gibt, keinen Zugriff hat, sucht sich diesen zu verschaffen, indem man Leute einschmuggelt, die Schlägereien anzetteln, so dass die Polizei damit einen Grund erhält, in die Lager einzudringen. Bisweilen werden Lager auch niedergebrannt. In Kalifornien angekommen finden die „Okies" keine oder nur sehr schlecht bezahlte Arbeit. Als die Erntezeit endet, stehen ihnen drei Monate bevor, in denen es keine Beschäftigung für sie geben wird. Es bleibt ihnen nur zu betteln oder zu verhungern. Anders als in den biblischen Wanderungsgeschichten verbessert sich die Lage der Landarbeiter also nicht.

<small>Das exemplarische Los einer zwölfköpfigen Familie</small>

Die zwölf – diese Zahl entspricht der der Stämme Israels – Mitglieder der Familie Joad erleben dies, so dass die Ereignisse ein persönliches Gesicht erhalten. An ihren Erlebnissen zeigen sich zudem Unterschiede zu den Moseerzählungen. Für die Auswanderer geht es nicht bergauf, im Gegenteil: Die Zahl der Joads vermindert sich unterwegs, weil die Großeltern sterben, der Sohn Tom, der auf Bewährung aus dem Gefängnis entlassen wurde, fliehen muss, nachdem er erneut im Affekt Totschlag beging, ein Sohn und der Schwiegersohn den Clan verlassen und ein weiterer Sohn dies ebenfalls zu tun gedenkt. Die schwangere älteste Tochter bringt unterwegs ein totes Kind zur Welt. Die Mutter „Ma" Joad, die im Mittelpunkt steht und es immer wieder schafft, alle

2. Exodus bis Deuteronomium (2.–5. Mose)

zu versorgen, Streitigkeiten auszugleichen und Probleme zu lösen, beklagt den zunehmenden Zerfall der Familie, doch bewahrt sie sich Hoffnung gegen allen Augenschein: Die Familie hat keineswegs das Gelobte Land erreicht. Ihr Geschick bleibt offen; doch lässt die bevorstehende Winterzeit nichts Gutes erwarten.

Die Gestalt mit den stärksten – wiederum kontrastierenden – biblischen Bezügen ist der ehemalige Prediger Jim Casy, der sich der Familie Joad bei der Auswanderung anschließt. Er sagt von sich selbst:

Der Prediger als Analogie und Gegenbild zu Mose

„Ich war Prediger […] Reverend Jim Casy […] Jetzt bin ich nur noch Jim Casy. Bin nicht mehr berufen. Habe 'nen Haufen sündige Gedanken – aber irgendwie sind sie ganz vernünftig." (S. 20).

„Ich predige nicht mehr viel. Der Geist ist nicht mehr in den Leuten, und was viel schlimmer ist – der Geist ist nicht mehr in mir. Natürlich – ab und zu regt sich der Geist und dann halte ich 'ne Versammlung, oder wenn die Leute sich zum Essen setzen, gebe ich ihnen meinen Segen, aber mein Herz ist nicht mehr dabei. Ich mache's nur, weil sie's von mir erwarten." (S. 21)

„Ich bin weggegangen, alleine, und habe mich hingesetzt und nachgedacht. Der Geist ist stark in mir, nur ist's nicht mehr dasselbe. Ich bin mir über viele Sachen nicht mehr so sicher." (S. 21).

„[…] ich habe das gute alte Evangelium, das wo direkt neben mir lag, nicht gewollt. Ich habe daran 'rumgepickt und daran 'rumgearbeitet, bis ich's ganz zerrissen hatte. Und jetzt habe ich den Geist manchmal in mir und nichts, über was ich predigen kann. Ich bin berufen, die Leute zu führen und weiß nicht, wohin ich sie führen soll." (S. 22).

Casy reist zwar mit, doch nicht in einer Führungsposition. Er nimmt die Schuld auf sich, als Tom Joad einen Sheriff niedergeschlagen hat, und verbringt kurze Zeit hinter Gittern. Später trifft Tom ihn in Kalifornien wieder, wo Casy inzwischen zu einem der Anführer des Streiks geworden ist. Hier erschlägt ihn einer der Handlanger der Großgrundbesitzer; seine letzten Worte, „Ihr wißt ja nicht, was ihr tut." (S. 366), wandeln Jesu Wort am Kreuz, „Vater, vergib ihnen; denn sie wissen nicht, was sie tun!" (*Lk* 23,34), ab und lassen den ehemaligen Prediger als einen Märtyrer in der Nachfolge Christi erscheinen. Trotz seiner eigenen, am Anfang des Romans geäußerten Zweifel bleibt Casy auf seine Weise ein Berufener; sein Tod zeitigt aber keinerlei Wirkung. Eine Entsprechung zur Mose-Gestalt gibt es insofern nicht.

Steinbeck bedient sich in diesem Roman in den Dialogen der Figuren der Sprache der einfachen Landbevölkerung. In den erzählenden Teilen dagegen verwendet er bisweilen eine Sprache,

Biblische Sprache

die biblische Anklänge aufweist. Als Beispiel mag der Satz dienen, dem der Titel des Buches entstammt. In dem Kapitel geht es um die Vernichtung von Lebensmitteln, die man den Hungernden zudem vorenthält:

[...] und in den Augen der Hungernden steht ein wachsender Zorn. In den Herzen der Menschen wachsen die Früchte des Zornes und werden schwer, schwer und reif zur Ernte. (S. 331).

Hier greift Steinbeck Wendungen aus der *Offenbarung des Johannes* 14,10–15 auf, einem Abschnitt, wo es um das Endgericht geht. Durch den Bezug auf die apokalyptische Vision des Johannes schwingt im Romantitel die Vorstellung einer Endzeit mit.

Auch die gesetzlichen Bestimmungen fanden Eingang in literarische Werke. Dabei stand der Dekalog im Mittelpunkt, nicht zuletzt weil der größte Teil der Bestimmungen innerhalb der *Torah* spezifisch israelitisch ist. Die Zehn Gebote hingegen wirkten über das Judentum hinaus. Im christlich-kirchlichen Gebrauch dienten sie als Maßstab und Orientierungshilfe für den rechten Lebenswandel und insofern auch als Beichtspiegel; der Dekalog entfaltete eine entsprechend breite Wirkung sowohl explizit als auch unausgesprochen.

Zwei Morde

- **Fjodor M. Dostojewski – *Schuld und Sühne*.** Raskolnikow, der dreiundzwanzigjährige Protagonist in Dostojewskis (1821–1881) 1866 erschienenem Roman in sechs Teilen und einem Epilog *Schuld und Sühne*[29], stammt aus einem Landstädtchen, aus gebildeter, aber verarmter Familie. Seine verwitwete Mutter und seine Schwester Dunja verließ er drei Jahre zuvor, um in St. Petersburg zu studieren. Nachdem er sein Jura-Studium und kleinere Tätigkeiten, die seinen Lebensunterhalt sichern halfen, aufgegeben hat, lebt er in ärmlichsten Verhältnissen, hängt er nur noch seinen Ideen nach und kapselt sich „wie eine Schildkröte in ihren Panzer" (I 3; S. 37) in der gemieteten winzigen Dachkammer ab, wenn er nicht gedankenverloren durch die Straßen schlendert, bisweilen in Selbstgespräche vertieft. Raskolnikow sucht die betagte Pfandleiherin Aljona Iwanowna auf, um bei ihr einen Ring zu versetzen. Hauptsächlich jedoch sondiert er das Terrain, da er plant, die alte Wucherin zu ermorden und zu berauben. Mit dem erbeuteten Geld will er sein weiteres Studium

---

[29] Fjodor Dostojewski, *Schuld und Sühne*. Aus dem Russischen von M. und R. Bauer, Berlin 2008.

finanzieren und den Grundstein für seine anschließende Berufstätigkeit legen. Als er erfährt, dass seine Schwester einen gut situierten Herrn ehelichen will, fühlt er sich in seinem Vorhaben bestärkt, weil er Dunjas Heiratspläne als ein Opfer versteht, mit dem sie die Existenz der Familie absichern wolle. Raskolnikow hat das Gefühl, dass sein Handeln das zwangsläufige Ergebnis von Einflüssen und Konstellationen ist, die nicht zufällig sind. Er trifft letzte Vorbereitungen für den Mord und führt die Tat aus. Da unvorhergesehen die Halbschwester der Pfandleiherin in der Wohnung auftaucht, erschlägt Raskolnikow auch diese. Eilig rafft er Beute zusammen, findet jedoch weit weniger Geld und Wertsachen, als in der Wohnung versteckt sind. Aufgrund für ihn günstiger Umstände entkommt Raskolnikow mit knapper Not ungesehen (Teil I).

Nun schildert der Roman die Folgen des Mordes für den Täter, der darum ringt, unentdeckt zu bleiben. Der außerhalb des Geschehens stehende Erzähler, der in dritter Person erzählt, ist zwar allwissend, wie seine Beschreibungen und manche Bemerkungen zeigen, doch lässt er den Leser nur den Wissensstand des Protagonisten teilen, der im Blick auf den Stand der Ermittlungen zunehmend verunsichert ist. Dadurch entsteht Spannung, die bis zum Schluss (VI 8) anhält. In der Nacht nach dem Mord befällt Raskolnikow eine Fieberkrankheit; Dämmerzustand, Bewusstlosigkeit und lichte Momente wechseln sich ab. In lichteren Augenblicken sucht er die Spuren des Verbrechens zu beseitigen, die Blutflecke an seiner Kleidung und die Beute, die er erst in seiner Kammer, später unter einem Stein auf einem brach liegenden Gelände versteckt. Wegen eines fällig gewordenen Wechsels bestellt man ihn auf die Polizeiwache. Als er dort über den Mordfall reden hört, überkommt ihn eine Ohnmacht. Von nun an beschäftigt ihn der Gedanke, ob er sich dadurch verdächtig gemacht hat. Als er Zeuge wird, wie sein Bekannter, der trunksüchtige Ex-Beamte Marmeladow, einen tödlichen Verkehrsunfall erleidet, schenkt er dessen schwindsüchtiger Witwe, die mit drei kleinen Kindern dasteht, spontan fast seine gesamte Barschaft – seine Mutter hatte ihm etwas Geld geschickt – für das Begräbnis. Diese seine gute Tat mutet wie ein unbewusster Wiedergutmachungsversuch an. Als Raskolnikow beim Untersuchungsrichter Porfiri Petrowitsch vorstellig wird, um seinen Anspruch auf die beiden Pfandgegenstände anzumelden, die er der Wucherin überließ, verspürt er tiefe Verunsicherung, weil er nicht erkennen kann, ob jener ihn verdächtigt oder ob er sich

Die Angst des Mörders, entlarvt zu werden

dies nur einbildet. Seine seelische Not wächst, als ein ihm unbekannter Kleinbürger ihm auf der Straße folgt und ihn „Mörder" nennt. Raskolnikow rechnet schließlich damit – und mit ihm der Leser –, dass dieser Mann ein Hirngespinst gewesen sein könnte. Die Gespräche, die Raskolnikow mit seinem treuen Studienfreund Rasumichin und mit verschiedenen Bekannten führt, kreisen um den Mord, indem man Vermutungen über den Täter und sein Motiv durchspielt. Dabei geht Raskolnikow so weit, auch für sich selbst als Täter ein entsprechendes Gedankenspiel anzustellen. Über die Personen, mit denen Raskolnikow in Kontakt tritt, entwirft Dostojewski überdies ein Bild des zeitgenössischen Petersburger Milieus[30]. Zu Sonja, der ältesten Tochter des verunglückten Marmeladow, die aus Not zur Prostituierten wurde, fasst Raskolnikow so viel Vertrauen, dass er ihr die Tat gesteht (V 4). Ihren Rat, sich der Polizei zu stellen, nimmt er jedoch zunächst nicht an. Vielmehr versetzt ihn Swidrigailow, Sonjas Zimmernachbar, in neue Unruhe, als dieser durchblicken lässt, dass er durch die dünnen Wände Raskolnikows Geständnis mit an gehört hat (V 5). Raskolnikow fürchtet nun, dass Swidrigailow zur Polizei gehen könnte, und tritt die Flucht nach vorn an, indem er ihn direkt darauf anspricht. Doch Swidrigailow betrachtet Raskolnikow nur als interessantes Beobachtungsobjekt; denn dieser zwielichtige Charakter hat offenkundig selbst eine ganze Reihe von Verbrechen auf sich geladen, die man ihm nicht nachweisen kann (VI 3–4).

Polizeiliche Ermittlung und Geständnis

Zusammen mit dem Protagonisten erfährt der Leser erst im Schlussteil in einem Dialog Raskolnikows mit dem Untersuchungsrichter Porfiri Petrowitsch, dass jener ihn seit der Ohnmacht im Polizeirevier verdächtigte, gegen ihn ermittelte – auch mit einer unbemerkten Hausdurchsuchung – und ihn psychologisch unter Druck setzte sowohl durch den Mann, der Raskolnikow „Mörder" zurief, als auch durch psychologische Gesprächsführung in den Unterhaltungen mit ihm. Aus Mangel an Beweisen kann der Untersuchungsrichter Raskolnikow nicht verhaften, nur durch weiteren psychologischen Druck könnte er ihn zu einem Geständnis bewegen. Doch Raskolnikow leugnet hartnäckig und ist noch nicht bereit, Porfiri Petrowitschs Aufforde-

---

[30] Einige der Figuren lässt er sich selbst vorstellen und charakterisieren, indem sie Raskolnikow von sich erzählen (so Marmeladow in der Schenke; I 2), zu anderen liefert der Erzähler selbst Hintergrundinformationen (z.B. Dunjas Bräutigam Lushin; IV 3).

rung folgend öffentlich alles zuzugeben (VI 2). Er erwägt, sich das Leben zu nehmen, bringt es aber nicht über sich – anders als Swidrigalow, der indessen sein Wissen an Raskolnikows Schwester Dunja, die inzwischen mit der Mutter in Petersburg weilt, weitergegeben hat, um sich diese gefügig zu machen (VI 5); als er damit scheitert, erschießt er sich (VI 6). Als auch Dunja dem Bruder rät, die Strafe für den Mord auf sich zu nehmen, äußert Raskolnikow erstmals Bereitschaft, sich zu stellen, obwohl er bestreitet, dass dieser Mord ein Verbrechen war (VI 7). Erst eine Unterredung mit Sonja bewegt ihn schließlich, das Polizeirevier aufzusuchen. Als er dort vom Selbstmord Swidrigailows, dessen Mitwisserschaft er fürchtete, hört, geht er wieder; doch Sonja ist ihm gefolgt, und, als er sie draußen stehen sieht, legt er ein Geständnis ab (VI 8).

Für das Verständnis von Raskolnikows Motivation und Verhalten spielt ein Zeitschriftenaufsatz eine wichtige Rolle, in dem er seine Theorie über Gesetz und Verbrechen darlegte. Raskolnikow analysierte darin hauptsächlich „die psychologische Verfassung des Verbrechers während des ganzen Verlaufs des Verbrechens" (III 5, S. 331) und behauptete, „daß die Ausführung des Verbrechens stets von einer Krankheit begleitet wird." (S. 332). Am Schluss deutete er an, dass die Menschen in „gewöhnliche" und „außergewöhnliche" einzuteilen seien – „Die ersteren erhalten die Welt und vermehren sie zahlenmäßig; die zweiten verändern die Welt und führen sie zum Ziel." (S. 335). Der Untersuchungsrichter fasst die These zusammen:

Raskolnikows Theorie über Gesetz und Verbrechen

Die gewöhnlichen müssen in Gehorsam leben und haben nicht das Recht, das Gesetz zu übertreten, eben weil sie gewöhnlich sind. Die außergewöhnlichen aber haben das Recht, jegliche Verbrechen zu begehen und das Gesetz auf jede Weise zu übertreten, aus dem Grunde, weil sie außergewöhnlich sind. (III 5, S. 332).

Raskolnikow präzisiert:

Ich habe lediglich angedeutet, daß ein ›außergewöhnlicher‹ Mensch das Recht hat ... das heißt, nicht das offizielle Recht, sondern von sich aus das Recht hat, seinem Gewissen zu erlauben ... über gewisse Hindernisse hinwegzuschreiten, und zwar einzig und allein in dem Fall, wenn die Durchführung seiner Idee (die mitunter vielleicht die ganze Menschheit erretten kann) dies erfordert. [...] alle ... nun, beispielsweise wenigstens die Gesetzgeber und Menschheitsführer, angefangen von den ältesten über alle die Lykurgs, Solons, Mohammeds, Napoleons und so weiter, durch die Bank Verbrecher waren, allein schon deshalb, weil sie ein neues Gesetz erlassen und damit das alte, von der

Gesellschaft als heilig erachtete und von den Vätern überkommene Gesetz gebrochen haben und weil sie natürlich auch vor Blut nicht halt machten, wenn nur Blut (mitunter völlig unschuldiges und heldenmütig für das alte Gesetz vergossenes Blut) ihnen zu helfen vermochte. (III 5, S. 333–334).

Raskolnikow hält sich für einen außergewöhnlichen Menschen, während er die alte Wucherin als eine Laus bezeichnet:

Daß ich eine widerwärtige, schädliche Laus getötet habe, eine alte Wucherin, die kein Mensch braucht, für deren Ermordung einem vierzig Sünden vergeben werden, die den Armen das Blut ausgesaugt hat – ist das ein Verbrechen? (VI 7, S. 666)[31].

Der Mord als Experiment Sonja gegenüber spricht er offen aus, dass er den Mord nicht so sehr aus materiellen Gründen beging, sondern dass es eigentlich ein Versuch war, der Versuch, herauszufinden, ob er tatsächlich zur Kategorie der außergewöhnlichen Menschen gehört:

Ich habe damals erraten, Sonja, […] daß die Macht nur dem gegeben wird, der es wagt, sich zu bücken und sie sich zu nehmen. Nur auf eins, auf eins allein kommt es an: Man muss es wagen! […] Ich … ich wollte es wagen und tötete … ich wollte es nur *wagen*, Sonja, das ist der ganze Grund! (V 4, S. 536).

Ich mußte damals wissen, und zwar möglichst schnell: Bin ich eine Laus, wie alle, oder ein Mensch? Kann ich darüber hinwegschreiten oder nicht? Wage ich es, mich zu bücken und mir die Macht zu nehmen, oder nicht? (S. 538).

Inzwischen weiß Raskolnikow, dass ihn der Teufel verführt hat (S. 536), ja: „Die Alte aber hat der Teufel getötet, nicht ich …" (S. 538). All die Qualen, die er nach der Tat ausstand, haben ihm gezeigt, „daß ich eben kein Napoleon bin" (S. 537). Er musste erkennen, dass er es „nicht durchgestanden" hat (VI 7, S. 667), wie er es seiner Schwester gegenüber ausdrückt.

Misst man Raskolnikows Tun am biblischen Dekalog, so hat er klar das Gebot „Du sollst nicht töten" sowie „du sollst nicht stehlen" übertreten. Anschließend verstrickt er sich in ein Netz von Lügen und verhindert nicht, dass ein Unschuldiger,

---

[31] Vgl. auch V 4, S. 534. Raskolnikow ist auch deswegen auf die Alte als Mordopfer verfallen, weil er ein Gespräch mit anhörte, in dem ein Student meinte, dass man der Menschheit einen Dienst erwiese, wenn man die Wucherin tötete: „Und was bedeutet schon, gemessen an der Allgemeinheit, das Leben dieses schwindsüchtigen, dummen und bösen alten Weibes? Nicht mehr als das Leben einer Laus oder einer Küchenschabe, ja nicht einmal das ist es wert, weil die Alte überdies noch Schaden anrichtet" (I 6; S. 86–87).

der junge Anstreicher Mikolka, die Tat auf sich nimmt. Dies wäre als Verletzung des 8. Gebotes auszulegen. Doch die Wurzel seiner Schuld liegt tiefer; denn er ist anmaßend, wenn er sich zum Richter über Leben und Tod aufschwingt und die Wucherin als Ungeziefer einstuft, das vernichtet werden darf; und weil er meint, er stünde außerhalb des Gesetzes, sieht er den Mord nicht als Verbrechen an. Vor allem aber ist er stolz: Sonja „kannte seine Eitelkeit, seinen Stolz, sein Ehrgefühl und seinen Unglauben." (VI 8, S. 671). Noch in Sibirien nehmen seine Mitgefangenen Raskolnikow als gottlos wahr (Epilog 2, S. 700). Raskolnikow muss allerdings erfahren, dass er nicht einfach zur Tagesordnung übergehen kann, dass die Tat ihn verfolgt. Er fürchtet, zur Verantwortung gezogen zu werden, und zwar aus Stolz, weil er die Schande einer Bestrafung nicht erträgt (VI 7, S. 665). Sein Zustand ist kein Leben mehr, und das ist Raskolnikow auch bewusst, wenn er Sonja gesteht: „Habe ich vielleicht die Alte getötet? Mich selbst habe ich getötet, nicht die Alte! Mit einem Schlag habe ich mich dort selbst umgebracht, für alle Zeiten!" (V 4, S. 538).

Stolz und Selbstanmaßung als Grundschuld

Die Lösung für Raskolnikows verzweifelte Lage klingt erstmals im Gespräch mit dem Untersuchungsrichter an, der ihn fast beiläufig fragt, ob er an Gott glaube und an die Auferweckung des Lazarus (III 5, S. 335–336). Als Raskolnikow sich schließlich einem Menschen anvertraut, wählt er Sonja, die tiefgläubige „Gottesnärrin" (S. 415). Von ihr lässt er sich die Geschichte von der Auferweckung des Lazarus (*Joh* 11) vorlesen (IV 4, S. 417–420). Raskolnikow spürt, dass dies Wunder der Auferweckung das Innerste ihres Glaubens offenbart, während Sonja beim Vorlesen hofft, dass Raskolnikow davon berührt und ebenfalls glauben werde. Dieser Wunsch erfüllt sich hier noch nicht, und doch haben der „Mörder" und die „Buhlerin" „seltsam zueinander gefunden" (S. 420). Raskolnikow drückt es so aus: „Ich habe jetzt nur noch dich […]. Laß uns zusammen gehen … Ich bin zu dir gekommen. Wir sind beide verdammt, also laß uns zusammen gehen." (S. 420). Ein zweites Mal konfrontiert ihn der Untersuchungsrichter mit der einzigen Möglichkeit, das Leben wiederzufinden: „wenn sie nur den Glauben oder Gott finden. Also finden Sie ihn, und sie werden leben." (VI 2, S. 589). Sowohl Sonja als auch Dunja raten Raskolnikow, sich zu stellen, Leiden auf sich zu nehmen und dadurch Sühne zu erlangen (V 4, S. 539; vgl. VI 7, S. 666). Als Raskolnikow sich zu diesem Schritt durchringt, beschreibt er diesen Leidens-

Der Glaube an das Wunder der Auferweckung

Sühne durch Leiden

weg mit Begriffen aus Jesu Passionsgeschichte als „Kreuzweg" (S. 671) und als „Trinken des Kelchs"[32] (S. 677).

Im Epilog schildert Dostojewski in gerafftem Erzählstil den Verlauf des Gerichtsverfahrens, in dem Raskolnikow zu acht Jahren Zwangsarbeit verurteilt wird. Sonja folgt ihm nach Sibirien, um in seiner Nähe zu sein. Nach wenigen Monaten erkrankt Raskolnikow –

> an seinem verletzten Stolz. Oh wie glücklich wäre er gewesen, hätte er sich selbst schuldig sprechen können! Dann hätte er alles ertragen, selbst Schande und Schmach. Aber wie streng er auch mit sich ins Gericht ging, so fand sein verstocktes Gewissen doch keine besonders schlimme Schuld in seiner Vergangenheit außer einem einfachen *Mißgeschick*, das jedem passieren konnte. Er schämte sich vor allem, weil er, Raskolnikow, so blind, taub, hoffnungslos und dumm, dem Urteilsspruch eines blinden Schicksals folgend, in seinen Untergang gerannt war und sich einem „unsinnigen" Gerichtsurteil beugen und ihm gehorchen mußte, wollte er auch nur einigermaßen zur Ruhe kommen. (Epilog 2, S. 696).

Nur insofern erkannte er sein Verbrechen an: Weil er es nicht durchgestanden und sich freiwillig gestellt hatte. (S. 698).

Läuterung durch Liebe

Doch durch diese Krankheit wird Raskolnikow schließlich geläutert. Als Sonja erkrankt und ihn einige Zeit nicht besuchen kann, erkennt er seine Liebe zu ihr und gesteht sie ihr. Der Erzähler bemerkt:

> Beide waren sie bleich und abgemagert; aber auf diesen kranken und bleichen Gesichtern strahlte bereits die Morgenröte einer neuen Zukunft, einer Auferstehung zu neuem Leben. Die Liebe hatte sie auferweckt […]. (Epilog 2, S. 704).

Raskolnikow, der durch den Mord sich selbst um das Leben gebracht hatte, erlebt das Wunder der Auferweckung zu neuem Leben an sich selbst, er löst sich von seiner Theorie, und „[a]n die Stelle der Dialektik war das Leben getreten" (S. 705). Der Rationalist, der meinte, ohne Gott auszukommen, und sich selbst zum Maß aller Dinge setzte, erfährt in seinem Gewissen letztlich Gott als richtende Instanz, die Sühne fordert; erst als er Sonjas Liebe erwidert, erfolgt der Durchbruch – theologisch gesprochen seine Erlösung zu neuem Leben, die er nun im Glauben annimmt.

---

[32] Vgl. Jesu Gebet in Gethsemane vor seiner Verhaftung, *Lk* 22,42.

3. Die Geschichte Israels: Von Josua bis Ester

3.1. Von der Landnahme zum Babylonischen Exil

Die Bücher *Josua*, *Richter*[1], *Samuel* und *Könige* umspannen mehrere hundert Jahre der Geschichte Israels, beginnend mit der Einnahme und Besiedlung des verheißenen Landes Kanaan bis zu der schweren Katastrophe der Eroberung und Zerstörung Jerusalems, die den endgültigen Verlust der staatlichen Selbstständigkeit – den „Landverlust" – bedeutete. Diese Geschichte präsentieren die Verfasser nicht als Dokumentation, sondern in theologischer Deutung. Streckenweise beherrscht eine vom deuteronomischen Gesetz bestimmte, daher „deuteronomistisch" genannte, Perspektive die Darstellung, vor allem wenn das Verhalten des Volkes oder seiner Herrscher beurteilt wird. Hauptkriterium ist dabei, ob man Jahwe allein verehrte oder fremde Götter – womöglich in Form von Bildern – anbetete, Heiligtümer außerhalb Jerusalems einrichtete und damit gegen grundsätzliche Gebote Jahwes verstieß. Der Untergang des Nordreiches Israel wird ebenso wie die Zerstörung des Südreiches Juda als Strafe Gottes für den Ungehorsam gegenüber Gottes Gebot gesehen. Wie im Pentateuch beziehen auch hier Schriftsteller vorfindliche Materialien in ihr Werk ein und bearbeiten Vorlagen und das weiter anwachsende Geschichtswerk. Auch diese Bücher sind somit Ergebnis eines langwierigen, komplexen Entstehungsprozesses.

Theologische Geschichtsschreibung

3.1.1. Landnahme und Landverteilung

Biblisch

- **Das Buch Josua.** Bereits im Pentateuch setzte Mose seinen jüngeren Wegbegleiter Josua zu seinem Nachfolger als Anführer des Volkes ein (*Num* 27,18–23; *Dtn* 31,1–8; 34,9). Gott selbst versichert ihn seines Beistandes (*Jos* 1,5), und das Volk erkennt ihn an (*Jos* 1,17). So leitet Josua die Israeliten in das Gelobte Land, das sie kriegerisch von den ansässigen Bewohnern erobern (2–12). Das

---

[1] Der christlichen Tradition folgend wird die Rut-Novelle im Anschluss an das *Richterbuch* behandelt.

eroberte Land wird an die Stämme verteilt (13–21/22). Reden Josuas an das Volk beschließen das Buch (23–24). Mit dem *Josuabuch* schließen sich zwei Erzählbögen: Einerseits wird Gottes Verheißung des Landbesitzes an die Erzväter Wirklichkeit, andererseits erreichen die Israeliten nach dem Auszug aus Ägypten und der Wüstenwanderung ihr Ziel und werden sesshaft.

Überqueren des Jordan
Eine markante Einzelepisode ist das Durchqueren des Jordan, das *Jos* 3 analog zum wunderhaften Durchzug durch das Schilfmeer (*Ex* 14) schildert: Die Priester tragen die Bundeslade, einen Kultgegenstand[2], voran. Das Wasser weicht zurück, so dass alle trockenen Fußes hindurch ziehen. Damit betonen die Erzähler, dass Gott die Hand im Spiel hat und Israel begünstigt.

Eroberung Jerichos
Den Eindruck eines flächendeckenden Eroberungskrieges wecken vor allem die Erzählungen von der Einnahme Jerichos (*Jos* 6) und Aïs (*Jos* 8). Eine Kundschaftergeschichte bereitet die Eroberung Jerichos vor (*Jos* 2): Zwei von Josua entsandte Kundschafter finden bei der Hure Rahab in Jericho Unterschlupf. Als der König von Jericho die Herausgabe der Männer verlangt, verhilft sie den beiden zur Flucht, nimmt ihnen aber das Versprechen ab, sie und ihre Familie bei der Einnahme der Stadt zu schonen. Sie weiß nämlich, dass Jahwe Israel das Land geben wird. Man vereinbart als Schutzzeichen ein rotes Seil in ihrem Fenster. Das Versprechen halten die Israeliten (*Jos* 6,22–23.25). Auf Gottes Anweisung lässt Josua seine Soldaten gefolgt von sieben Priestern mit Posaunen und der Bundeslade sechs Tage in Folge wie in einer Prozession stumm um die Verteidigungsmauern Jerichos ziehen. Am siebten Tag umrunden sie die Stadt siebenmal, dabei stoßen die Priester in die Posaunen und die Soldaten erheben ein Kriegsgeschrei. Dieser Lärm lässt die Mauern Jerichos einstürzen, so dass die Israeliten die Stadt leicht in ihre Gewalt bringen. Das Wunder beweist, dass Gott die Landeroberung begleitet. Ein weiteres Wundergeschehen, das nur kurz erwähnt wird, betrifft Josuas Bitte in Gibeon, dass die Sonne stehen bleibe (10,12). Dadurch verlängert sich der Tag, und die Israeliten erhalten die Gelegenheit, sich ausgiebig an den Feinden zu rächen. Dieser Vorgang, „daß der HERR so auf die Stimme eines Menschen hörte" (10,14), wird als einmalig festgehalten.

Josuas Vermächtnis
Als uralter Mann hält Josua eine Abschiedsrede (23) – ähnlich wie Mose es vor seinem Ableben in Form von *Dtn* 1–30

---

[2] Vgl. die Anweisung zu ihrem Bau in *Ex* 25,10–22 und die Umsetzung *Ex* 37,1–15.

tat –, in der er dazu mahnt, Jahwe die Treue zu halten und eheliche Verbindungen mit noch im Lande verbliebenen Nicht-Israeliten zu vermeiden, weil dadurch der Fremdgötterverehrung Vorschub geleistet würde. Im Schlusskapitel (24) redet Josua erneut auf einer Versammlung, die er nach Sichem einberufen hat, zum Volk. Nach einem Rückblick auf die von Gott begleitete Geschichte (24,2–13) fordert Josua eine Entscheidung des Volkes gegen andere Götter und für Jahwe und geht selbst mit gutem Beispiel voran. Auch die Israeliten bekennen sich einmütig zu Jahwe. Dies Ereignis verstehen die Erzähler als einen erneuerten Bundesschluss (24,25), spielen insofern auf *Ex* 24 an.

Literarisch

Da der Inhalt des Josua-Buches insbesondere das spezifisch israelitische Thema der Landgabe anschneidet, hat es kaum Spuren in der Literatur hinterlassen. Die bekannteste Erzählung ist gewiss Jos 6, darin speziell das Element der Posaunen vor Jericho, die die Mauern zu Fall bringen. Im Blick auf verallgemeinerbare Motive könnte man die Hure Rahab in *Jos* 2 als eine Ausformung des Typos der edlen Kurtisane betrachten.

■ **Rainer Maria Rilke – *Josuas Landtag*.** Die Sammlung *Neue Gedichte* (1907) von Rilke (1875–1926) enthält das Gedicht *Josuas Landtag*[3]. In den Mittelpunkt stellt der anonyme Sprecher die Stimmgewalt Josuas bei seiner letzten Rede. Er vergleicht Josuas Sprechen mit einem Strom, der Dämme durchbricht (1–4), mit dem Lärm von dreißig Schlachten (5–8), mit den Posaunen von Jericho (9–12); es ist eine Stimme, die selbst Gott erschrecken ließ:

> Und Gott ging hin, erschrocken wie ein Knecht,
> und hielt die Sonne, bis ihm seine Hände
> wehtaten, ob dem schlachtenden Geschlecht,
> nur weil da einer wollte, daß sie stände.   (17–20)

Die drei Vergleiche in V. 5–20 bilden zugleich Rückblicke auf imposante Ereignisse im Wirken Josuas. Die Hörer trifft Josuas gewaltige Stimme überraschend, weil sie sie dem 110jährigen Greis nicht mehr zutrauten (V. 21–24).

Die Gestalt des greisen Josua

---

[3] Rainer Maria Rilke, *Die Gedichte*. Nach der von E. Zinn besorgten Edition der Sämtlichen Werke, 1957, Frankfurt a.M. 1986, S. 436–437.

Er ging wie Hagel nieder über Halmen:
Was wollt ihr Gott versprechen? Ungezählt
Stehn um euch Götter, wartend daß ihr wählt.
Doch wenn ihr wählt, wird euch der Herr zermalmen.

Und dann, mit einem Hochmut ohnegleichen:
Ich und mein Haus, wir bleiben ihm vermählt.

Da schrien sie alle: Hilf uns, gieb ein Zeichen
Und stärke uns zu unserer schweren Wahl.

Aber sie sahn ihn, wie seit Jahren schweigend,
zu seiner festen Stadt am Berge steigend;
und dann nicht mehr. Es war das letzte Mal. (V. 25–35)

Aus der biblischen Rede Josuas entnimmt Rilke die Kernaussagen (*Jos* 24,15): die Israeliten müssen sich entscheiden und zu Jahwe bekennen, was Josua selbst bereits getan hat. Letzteres betont das Gedicht dadurch, dass einzig V. 30 keinen Reim bildet. Josua veranlasst kein Wunderzeichen, wie seine Hörer es wünschen, sondern entzieht sich dem Volk und kehrt an seinen Wohnsitz zurück, der laut *Jos* 24,30 auf dem Gebirge Ephraim liegt, wo er auch begraben wird.

3.1.2. Israels Stämme im Teufelskreis der Abgötterei und die heldenhaften Retter

Biblisch

■ **Das Buch der Richter.** Den Kern des Buches bildet eine Sammlung von ursprünglich unabhängig voneinander überlieferten Heldenerzählungen (*Ri* 3,12–16,31). Im Prolog (1,1–3,11) wird programmatisch das zyklische Schema (2,6–3,6) entfaltet, das die Einzelerzählungen miteinander verknüpft und den Eindruck von einer geschichtlichen Epoche der Richter weckt: Die Israeliten wenden sich von Jahwe ab und dienen fremden Göttern ihrer Nachbarn. Damit erzürnen sie Gott, so dass er den Israeliten in den Kämpfen mit den Nachbarn das Kriegsglück verweigert. Von den Nachbarn bedrängt schreien die Israeliten zu Jahwe um Hilfe. Daraufhin beruft Jahwe einen Retter – „Richter" –, der siegreich Krieg führt. Nun hat Israel Ruhe und hält sich an Jahwe, solange der Richter lebt. Nach dessen Tod wenden die Israeliten sich von Jahwe ab, und der Kreislauf beginnt von neuem. Exemplarisch spielt der Abschnitt 3,7–11 das Muster an einem gewissen Otniël durch. Die „Richter" der ausführlichen Erzäh-

Einführung des zyklischen Rahmenschemas

lungen sind Heerführer[4] und im Frieden Herrschergestalten; als solche mögen sie auch Recht gesprochen haben[5]. Die Epoche der Richter, die sich historisch nicht nachweisen lässt, dient dazu, eine Brücke zwischen dem Besiedeln des Landes und dem Beginn der Königszeit zu schlagen.

Etwa in der Mitte des Erzählzyklus zeichnet die Geschichte Abimelechs (9) ein negatives Bild des Königtums. Denn Abimelech tötet seine siebzig Halbbrüder, reißt die Herrschaft an sich und lässt sich zum König erheben, während sein Vater, der Richter Gideon, nach seinem militärischen Erfolg die ihm angetragene Königswürde ausschlug, weil allein Gott Herrscher über Israel sei (8,22–23). Jotam, der einzig überlebende Halbbruder Abimelechs, beginnt seine königskritische Rede mit einer bildhaften Erzählung, der so genannten Jotam-Fabel (9,8–15).

Königskritik

Die Bäume wünschen sich einen König und tragen zunächst den edlen Gewächsen Ölbaum, Feigenbaum und Weinstock die Herrschaft an. Doch lehnen alle drei ab, weil sie dann, anstatt Früchte zu tragen, nur „über den Bäumen schweben" würden, also nutzlos wären. Als die Bäume den Dornbusch fragen, ist dieser sofort bereit: „kommt und bergt euch in meinem Schatten" (9,15), ruft er sie auf. Schatten ist im Vorderen Orient lebensförderlich, und von einem König erwartete man, dass er für optimale Lebensbedingungen seiner Untertanen sorgte. Da der Dornbusch nur einen kümmerlichen Schatten wirft, kann er die Erwartung an einen König natürlich nicht erfüllen.

Nach dreijähriger Herrschaft entsteht ein Aufruhr gegen Abimelech, in dessen Verlauf der Usurpator den Tod findet.

Auf diese königskritische Episode folgen weitere Richtererzählungen. Jefta (11,1–12,7), Sohn Gileads und einer Hure, wird von Gileads ehelichen Söhnen vertrieben. Während der Kämpfe mit den Ammonitern holen die Ältesten Jefta zurück und setzen ihn als Oberhaupt ein. Nach dem Scheitern diplomatischer Verhandlungen mit dem Ammoniterkönig gelobt Jefta (11,30), Gott das erste Wesen zu opfern, das ihm bei seiner Heimkehr entgegen

Jefta

---

[4] Die Prophetin und Richterin Debora hat den Heerführer Barak an ihrer Seite, der den kanaanäischen Feldherrn Sisera in der Schlacht besiegt. Sisera flieht in das Zelt Jaels. Die Frau nimmt ihn zwar gastlich auf, tötet ihn aber im Schlaf (*Ri* 4). Debora feiert den Sieg mit einem Danklied (*Ri* 5).

[5] *Ri* 10,1–5 und 12,8–15 nennen in einem formelhaften Schema Namen von einigen Männern, die Israel „richteten"; man hat vermutet, dass es sich bei diesen um Richter im juristischen Sinne handeln könnte.

kommt, wenn er ihn die Ammoniter besiegen lässt. Als Jefta siegreich heimkehrt, kommt ihm zu seinem Schrecken seine Tochter, sein einziges Kind, entgegen. Sie bittet ihn um zwei Monate Aufschub, in denen sie mit ihren Freundinnen ihr Los in den Bergen beweinen will, bevor Jefta sie opfert. So geschieht es.

Simson Die Erzählungen um Simson[6] (13–16) lassen noch am deutlichsten erkennen, dass die Heldengeschichten einmal selbständige Überlieferungen waren. Die Abenteuer des Kraftprotzes sind verwoben mit seinen Liebesbeziehungen zu Frauen, die ihm zum Verhängnis werden. Ein Engel kündigt seiner Mutter, die bislang unfruchtbar war, die Geburt eines Sohnes an, der ein Geweihter Gottes sein werde (13). Erwachsen geworden verliebt Simson sich in eine Philisterin. Als er zu ihr unterwegs ist, tötet er mit bloßen Händen am Wegesrand einen Löwen – ein erster Beweis seiner maßlosen Körperkraft. Im Kadaver des Löwen siedelt sich ein Bienenvolk an und erzeugt Honig. Darum dreht sich das Rätsel, welches Simson bei der Hochzeitsfeier den Philistern aufgibt und das diese nicht lösen können. Deshalb setzen sie die junge Ehefrau auf Simson an, damit sie die Lösung herausbringt, was ihr auch gelingt. Simson tötet erbost einige Philister und gibt seine Frau an den Brautführer weiter (14). Simson vernichtet die Getreideernte der Philister, indem er Füchsen brennende Fackeln an den Schwanz bindet und sie in die Felder treibt. Die Philister verlangen von den Judäern die Herausgabe Simsons. Als er ihnen gefesselt übergeben wird, erfüllt ihn eine derartige Kraft, dass er die Stricke zerreißt und mit einem Eselskinnbacken 1000 Philister erschlägt (15). Als er in der Philisterstadt Gaza eine Prostituierte besucht, planen die Philister ihn am Morgen zu töten. Doch noch in der Nacht verlässt Simson die Stadt, indem er die Flügel des Stadttores aus den Angeln hebt und diese auf einen nahen Berg trägt (16,1–3). Simson verliebt sich in Delila. Die Philister fordern Delila auf, das Geheimnis von Simsons Stärke zu ergründen. Dreimal sagt Simson ihr die Unwahrheit; beim vierten Mal erklärt er ihr, dass seine Kraft in seinen Haaren liegt. Sie schert ihm im Schlaf das Haar ab. Die Philister ergreifen und blenden ihn und lassen ihn als Sklaven ein Mühlrad antreiben. Als die Philister ihn auf einem Opferfest zu ihrer Belustigung aus dem Kerker holen, ist sein Haar und damit auch seine Kraft wieder gewachsen. Er umfasst die Mittelsäulen des Tempels und bringt ihn zum Einsturz. Er selbst und eine Menge

---

[6] Als alternative Namensform ist „Samson" im Gebrauch.

von Philistern finden den Tod (16,4–31). Gott kommt nur sporadisch vor, indem Simsons Kraftakte auf das Wirken des Gottesgeistes zurückgeführt werden[7]. Die – vermutlich später vorangestellte – Geburtsankündigung sorgt dafür, dass Simson als ein besonders von Gott Berufener erscheint.

Die in *Ri* 17–21 geschilderten grauenhaften Schandtaten konnten begangen werden, weil kein König in Israel für Ordnung sorgte. Damit bezieht dieser Epilog eine Gegenposition zu *Ri* 9 und leitet zu den Samuelbüchern über, die die Anfänge des Königtums in Israel darstellen Das Königsamt erscheint notwendig, so dass zugleich eine Gegenposition zum negativen Urteil über die Königsherrschaft in *Ri* 9 vertreten wird.

Epilog

Literarisch

Unter den Richter-Gestalten entfalteten Jefta und Simson[8] eine breitere literarische Nachgeschichte. Der Jefta-Stoff enthält das Motiv des Kinderopfers, das dem griechischen Iphigenie-Stoff nahe steht, und tragisches Potential aufgrund des väterlichen Konfliktes zwischen Vaterliebe und Treue zur Gottheit bietet. Simson hingegen besteht als sagenhaft kraftvoller Held Abenteuer wie seine griechische Entsprechung Herakles, und wie bei jenem zählen dazu auch erotische Eskapaden. Simson und Herakles wird eine Frau zum Verhängnis.

- **Lion Feuchtwanger –** *Jefta und seine Tochter.* Im Nachwort, das Feuchtwanger (1884–1958) seinem 1954 erschienenen Buch 1957 anfügte[9], führt er aus, er habe die 47 Sätze in der Bibel über Jefta als historischen Roman gestalten wollen[10]. Den Mann Jefta sieht er vor sich, „wie er groß, allein und rebellisch unter einem

---

[7] Vgl. 14,6.19; 15,14; durch Simsons Gebet in 16,28 erscheint auch seine letzte Tat als von Gott gewirkt.
[8] Zur literarischen Rezeption der Simson-Gestalt vgl. K. Schöpflin, Samson in European Literature. Some Examples from English, French and German Poetry, in: E. Eynikel / T. Nicklas (hg.), Samson – Hero or Fool? (TBN), Leiden (im Druck).
[9] Lion Feuchtwanger, *Jefta und seine Tochter*, Fischer Tb 5730, Frankfurt a.M. 1983.
[10] „Der Leser kann die Menschen einer historischen Dichtung gleichzeitig aus der Distanz betrachten und an ihrem Sein und Leben teilnehmen. Er begreift nicht nur, er spürt, daß die Probleme dieser Menschen, so anders sie aussehen mögen, die gleichen sind, die ihn selber bewegen und einmal seine Enkel bewegen werden." (S. 268).

blassen leeren Himmel steht, allen Streit und Widerspruch der Zeit in sich selber auskämpfend." (S. 264). Darüber hinaus wollte er ihn, „ohne ihm seine besondern Einzelzüge zu nehmen, ins Typische erhöhen. Sein Schicksal, so einmalig und merkwürdig es scheint, sollte zum Gleichnis werden." (S. 265).

Jefta als Außenseiter

Der erste Abschnitt des fünfteiligen Romans schildert die Außenseiterposition Jeftas. Bei der Bestattungsfeier bricht Streit unter den Nachkommen Gileads aus. Gileads legitime Söhne beanspruchen auch das Erbe in Machanajim, das Gilead seinem Lieblingssohn Jefta gab. Der Anstoß besteht vor allem darin, dass Jefta Sohn einer Ammoniterin, einer Andersgläubigen also, ist und überdies selbst eine Ammoniterin geheiratet hat. Der Erzpriester Abijam verlangt von Jefta, dass er seine Zugehörigkeit zu Jahwe unzweifelhaft beweist, indem er seine Frau Ketura und die zwölfjährige Tochter Ja'ala verstößt. Doch Jefta zieht mit seiner Familie in die Wildnis, wo er als Nicht-Sesshafter lebt.

Jefta, seine Tochter und die Religion

Der zweite Teil präsentiert Jeftas Leben in der Wildnis, wo er zusehends an Einfluss gewinnt: Die Gruppe, die sich um ihn sammelt, wächst, durch Schutzgelderpressung und Partisanenstrategie bringt Jefta Land in seinen Besitz und einige Städte auf seine Seite. Er kauft Waffen und Streitwagen und festigt so seine Macht. Zugleich gewährt der Abschnitt Einblick in das Verhältnis Jeftas zu seiner Tochter Ja'ala. Sie liebt Musik und Geschichten – und Jefta erzählt ihr von seinen Abenteuern und den Göttern, unter denen Jahwe der stärkste sei (S. 71). Jahwe habe die Israeliten, speziell die Gileaditer und Jefta ins Herz geschlossen. Jefta vertritt somit einen Vielgötterglauben, hebt aber Jahwe als seinen persönlichen Schutzgott hervor. Die kindliche Ja'ala vergöttert den Vater, den sie mit Jahwe gleichsetzt: „Der Vater war der Gott der Wildnis. [...] Sie dichtete ein Lied auf den Vater, ähnlich den Liedern zum Ruhme der Götter, wie sie die Männer aus Babel sangen." (S. 106). Jefta träumt davon, Israel zu einen. Diese Möglichkeit hat ihm der Priester Abijam nahe gelegt, der Jefta für einen von Jahwe Berufenen hält. In Gilead ist noch kein neuer Richter gewählt worden, obwohl dies nötig wäre, da sich ein Krieg mit den Ammonitern anbahnt. Die legitimen Söhne Gileads wollen das Amt nicht.

Im Vorfeld des Krieges

Als die Ammoniter in Gileads Gebiet einmarschieren (III), rufen die Gileaditer Jefta zu Hilfe, der sich zusichern lässt, dass man ihn als rechtmäßigen Erben seines Vaters anerkennt und ihm nach Kriegsende das Richteramt überträgt. Wegen seiner familiären Bande zu den Ammonitern zögert Jefta, den Kampf aufzunehmen, und führt zunächst Verhandlungen, in denen er einen einjährigen Waffenstillstand erwirkt. Der ammonitische König schlägt eine Ehe seines Sohnes mit Ja'ala vor; doch hegt Jefta religiöse Bedenken[11] und schiebt eine Zusage hinaus.

Der Priester Abijam rät Jefta, militärische Verstärkung von den Efraimitern anzufordern (IV), doch will Jefta ohne Verbündete auskommen. Einer nächtlichen Eingebung verdankt er den Plan zu einer Kriegslist, die ihn auf seinen Sieg hoffen lässt. Als Sieger will er Ja'ala mit dem Prinzen von Ammon vermählen und dann seinen Gott Jahwe durchsetzen. Doch in der Schlacht (IV. 8), die ein heftiges Gewitter[12] begleitet, überlisten die Ammoniter Jefta und treiben ihn in die Enge, so dass er auf einen Hügel flieht. Er gesteht sich ein, dass es vermessen war, ohne die Unterstützung der Efraimiter siegen zu wollen. In seiner Bedrängnis betet er zu Jahwe:

Krieg und Gelübde

Er aber, lautlos, dringlich, innig, rief in den Sturm: Und wenn du auf mich hörst, Jahwe, dann bring ich dir ein Opfer, wie es der Rettung aus so ungeheurer Not gemäß ist, und wie du es noch nie zu schmecken bekommen hast. Wenn du mich hörst und mich siegen machst, dann schlacht ich dir auf deinem Stein den besten der Feinde, und wenn es König Nachasch selber wäre, dem ich sehr freund bin. Und wenn er nicht unter denen ist, die ich fange, dann bring ich dir zum Brandopfer, wer immer mir als erster aus meinem Gut entgegenläuft, und wenn es mir das Teuerste ist. Dir bring ich ihn zum Opfer, keinem Milkom, aber höre mich und laß mich nicht untergehen besiegt unter meinen Feinden. (S. 191).

Jefta siegt – doch macht ihm der efraimitische Hauptmann Eran den alleinigen Sieg streitig, weil das Anrücken der Efraimiter, die Abijam hinter Jeftas Rücken angefordert hatte, die Ammoniter in die Flucht geschlagen habe. Jefta will den Ruhm nicht teilen.

---

11 „[...] wenn er seine Ja'ala dem Prinzen von Ammon gibt, dann wird sie Jahwe abschwören und Milkom dienen müssen. Und hatte er sie dazu so streng im Glauben an Jahwe erzogen, daß er sie jetzt Milkom preisgab?" (S. 133); vgl. ferner S. 153.155.
12 Während Jeftas Vertrauter das Gewitter, das sie vorübergehend rettet, Jahwe zuschreibt, glaubt Jefta zu wissen: „Es war der Baal, der die Blitze und Donner schickte, sie kamen nicht von Jahwe. Jahwe gönnte ihm nur eine kurze Spanne, daß er nachdenke und in sich gehe. Dann wird er ihn untergehen lassen in Sturm und Niederlage.", S. 189. Als er bald darauf die Lade, die er angefordert hat, jenseits der Feinde nahen sieht, nimmt er sich vor, sich zu ihr durchzukämpfen und revidiert seine Sicht: „Aber nun er wußte, daß es also doch Jahwe war, der das Wetter gesandt hatte, [...] kehrte ihm die alte Spannkraft zurück.", S. 190.

Unter der Führung eines Vertrauten fangen seine ältesten Weggefährten Streit mit den Efraimitern an und metzeln sie schließlich nieder.

Die Tochter als bereitwilliges Opfer

Jefta zögert, in den Norden zu Frau und Tochter heimzukehren (V), und zieht stattdessen nach Mizpa. Doch dort kommt ihm Ja'ala an der Spitze des Jubelzuges entgegen – Frau und Tochter sind dorthin gereist, um ihn zu überraschen. Nach einer schlaflosen Nacht spricht Jefta mit Ja'ala und enthüllt ihr, die er mehr liebt als jeden anderen Menschen, sein Gelübde. Im ersten Moment erschrickt das Mädchen, doch dann akzeptiert sie ihre Opferung als Ausweg, weil sie den jungen Mann, der in sie verliebt ist, nicht heiraten möchte. Denn sie ist sicher, dass sie dann ihre Gabe, sich dichtend und singend auszudrücken, verlieren werde.

Und jetzt schickt ihr Jahwe in seiner Gnade Erlösung aus dieser Angst. Er gewährt ihr, daß sie sich mit ihm, dem Gott vereint, daß ihr Blut das Seine wird und ihm zur Stärkung dient. [...]
Sie sah den Stein, auf dem sie liegen wird, sie sah Jahwes Messer, und ihr schauerte. Gleichzeitig indes spürte sie Stolz und Freude; denn dieses Schauerliche war das höchste Glück, das wahrhafte und für sie das einzig rechte. Sie spürte voraus ihre Vereinigung mit Jahwe, ihr Vater und Jahwe wurden ihr ganz und gar *eines*, sie war voll Frieden. (S. 213).

Jefta und Abraham

Die Mutter Ketura reagiert indessen verzweifelt. Der Priester Abijam heckt Auswege aus, wie man das Einlösen des Gelübdes vermeiden könne. Er schlägt einen Aufschub vor, eine Zeit, die Ja'ala im Wald verbringen solle. Er rechnet damit, dass Jahwe in letzter Sekunde auf das Opfer verzichten werde wie bei Abraham (S. 233). Jefta selbst hofft insgeheim, dass sich Ja'ala vielleicht der Opferung durch Flucht entziehen werde. Den Weg zur Opferstätte, die Ja'ala selbst gewählt hat, beschreibt Feuchtwanger im Stil von *Gen* 22 (S. 238–239). Mit ihrem letzten Wunsch erschreckt das Mädchen Jefta:

„Ich habe Jahwe gesehen", sagte sie. „Sein Gesicht ist wie das deine. Ich liebe Jahwe, weil sein Gesicht wie das deine ist. [...] Eines aber hat er nicht, was du hast. Ich bitte dich, mein Vater: laß mich noch einmal dein Lachen hören." (S. 240).

Äußerer Erfolg und innere Leere

Jefta erfüllt ihren Wunsch und sein Gelübde. Für ein paar Tage streift er durch die Wildnis, bevor er die Amtsgeschäfte übernimmt und Gilead unter seiner Führung aufblüht. Doch innerlich ist Jefta wie tot. Er ahnt, dass sein Opfer sinnlos war, weil nicht Gott, sondern Efraims Truppen seinen Sieg bewirkten. Schließlich salbt der Erzpriester Ephraims Jefta. Wie er erträumt hatte, ist Israel nun geeint. Nach sieben Jahren im Richteramt stirbt Jefta vierzigjährig.

Feuchtwanger zeichnet in Jefta das Bild eines ehrgeizigen Mannes, der seine politische Karriere als Außenseiter beginnt, und eines Zerrissenen, der in der Spannung zwischen Neigung und Pflicht, Glaube und Zweifel steht. Er ist hin und her gerissen zwischen Milkom, dem Gott seiner Mutter und seiner Frau, und Jahwe, dem Gott seines Vaters und Israels. Zwar entscheidet er sich für Jahwe und erzieht seine Tochter zur Jahwe-Verehrerin, doch rechnet er durchaus auch noch mit der Macht Milkoms. In die Jefta-Figur verlegt der Autor die religionsgeschichtliche Phase des Übergangs von der Verehrung verschiedener Götter zur Verehrung eines Gottes. Das Verhältnis zwischen Vater und Tochter gestaltet Feuchtwanger unter Rückgriff auf psychologische Erkenntnisse Freuds. Ferner fließen weitere biblische Elemente ein: So ähnelt Jeftas Leben in der Wildnis demjenigen Davids auf der Flucht vor Saul (1Sam 22,4); anlässlich der Opferung des Mädchens wird explizit auf *Gen* 22 verwiesen.

Feuchtwangers Jefta

- **Hans Sachs –** *Tragedia, mit 17 Personen, der Richter Simson.* Der Nürnberger Schuster, Meistersinger und Dramatiker Hans Sachs (1494–1576)[13], dramatisierte eine Fülle biblischer Geschichten und Bücher in enger Anlehnung an die Übersetzung Luthers. Auch in der *Tragedia, mit 17 Personen, der Richter Simson* (1556) ändert Sachs nur so viel wie nötig, um aus Erzählung Drama zu machen. Die biblische Prosa verwandelt er in Knittelverse. Die direkten Reden der biblischen Erzählung bleiben fast unangetastet; ein paar Nebenfiguren erfindet er dazu. Sachs ergänzt einen Prolog, der die Zuschauer begrüßt und ihnen einen kurzen Inhaltsabriss liefert. Der Epilog[14] interpretiert die Simson-Gestalt als alttestamentlichen Vorläufer Christi, als Typos. Die allegorische Auslegung von Elementen aus Simsons Biographie als Vorwegnahme von Taten Christi war ein in mittelalterlicher christlicher Tradition übliches Verfahren. Unmittelbar einleuchtend ist die Ähnlichkeit der Geburtsgeschichten, da ein Engel sowohl Simsons (*Ri* 13) als auch Jesu Geburt (*Lk* 1,26–38) ankündigt. Außerdem nennt Sachs folgende traditionelle Analogien: Simson und Jesus retten ihr Volk. Dies wird an der Episode festgemacht, als Simson

Typologische Deutung Simsons auf Christus im Epilog

---

[13] Hans Sachs, hg. A. von Keller, 10. Band, Nachdruck der Ausgabe 1876, Hildesheim 1964, 186–215.
[14] Sachs, *Tragedia*, S. 213–215.

den „höllischen" Löwen tötet, der als gefährliches Raubtier Sünde und alles Böse verkörpert. Christus überwand zudem das harte, strenge Gesetz und predigte das Evangelium, das so tröstend und süß ist wie der Geschmack des Honigs für den Sünder – Honig wurde ja von Bienen im von Simson erlegten Löwen produziert. Dass Simson die Füchse mit brennenden Schwänzen in die Felder jagt, wird mit der Entsendung der Jünger verglichen, die böse Taten ausmerzen und Satan und seine Macht vernichten sollten. Delila vertritt das jüdische Volk, das als untreu, verschlagen und frevelhaft charakterisiert ist. Das Abschneiden von Simsons Haar ist eine Allegorie dafür, dass die Juden Christi Göttlichkeit bestritten. Delilas Intrige bewirkt den Tod des Helden wie die Juden den Tod Jesu herbeiführten. Wenn die Philister den geblendeten Simson verspotten, entspricht dies der Misshandlung, Verspottung und Kreuzigung Jesu durch die römischen Soldaten. Der Durst Jesu am Kreuz findet ein Äquivalent im Durst, den Simson nach dem Erschlagen von 1000 Philistern verspürt (*Ri* 15,18–19). Als Jesus gestorben war, meinten seine Gegner, dass seine Macht dahin sei. Doch er wurde erweckt und überwand mit göttlicher Macht Synagoge, Priester, Könige und jegliche Macht – wie Simson den heidnischen Tempel zum Einsturz brachte. Christus als himmlischer Simson hat alle Menschen von der höllischen Philisteischen Schreckensherrschaft befreit. Diese typologische Interpretation erklärt, warum die Simson-Gestalt für Christen besonders attraktiv war. Der Epilog des Hans-Sachs-Dramas ist als allegorische Auslegung der Simson-Erzählungen eine Kurzpredigt über die Stellung Jesu in der Heilsgeschichte.

3.1.3. Davids ausländische Urgroßmutter

Biblisch

- **Das Buch Rut.** Da die Novelle laut *Rut* 1,1 zur Zeit der Richter spielt, erhielt sie im griechischen Kanon ihre Stellung im Anschluss an das *Richterbuch*. Wegen einer Hungersnot übersiedelt der Bethlehemiter Elimelech mit seiner Frau Noomi und seinen beiden Söhnen ins Land der Moabiter, wo die Söhne sich mit Moabiterinnen verheiraten. Als Elimelech und seine Söhne sterben, kehrt Noomi nach Bethlehem zurück. Zunächst wollen beide Schwiegertöchter sie begleiten, doch Noomi rät ihnen davon ab. Rut jedoch lässt sich nicht abschrecken, sondern erklärt: „Wo du hin gehst, da will ich auch hin gehen; wo du bleibst, da bleibe ich auch. Dein Volk ist mein Volk, und dein Gott ist mein Gott." (*Rut* 1,16b), tritt also in die Volks- und Glaubensgemeinschaft ihrer Schwiegermutter ein. Die beiden Frauen gelangen zur Zeit der Gerstenernte nach Bethlehem (Kap. 1). Zwei Rechtsbräuche spielen nun eine Rolle: Die Schwagerehe (*Dtn* 25,5–10) sieht vor, dass der nächste männliche Verwandte eines kinderlos verstorbenen Mannes dessen Witwe heiratet; der erste Sohn aus dieser Verbindung gilt als Nachkomme des Verstorbenen und daher als sein Erbe. Außerdem gewährleistet diese Regelung die Versorgung der Witwe. Hinzu kommt eine Bestimmung des Armenrechts (*Lev* 19,9–10), die es Bedürftigen gestattet, auf Feldern und in Weinbergen Nachlese zu halten. Rut sammelt Ähren auf einem Feld, das Boas, einem angesehenen Verwandten ihres Schwiegervaters gehört. Boas wird auf sie aufmerksam, bringt in Erfahrung, wer sie ist, und, weil er gehört hat, dass sie zu Noomi hielt, stellt er sie unter seinen Schutz, lädt sie ein, mit den Erntearbeitern zu essen, und sorgt dafür, dass sie reichlich Getreide nach Hause bringt. Erfreut hört Noomi davon, zumal Boas ein möglicher Kandidat für eine Schwagerehe mit Rut ist (Kap. 2). Als Boas mit seinen Arbeitern das Getreide auf der Tenne worfelt, geht Rut auf Anraten Noomis schön zurecht gemacht am Abend dorthin. Boas liegt schlafend auf der Tenne. Rut tut, wie Noomi sie geheißen hat: „sie kam leise und deckte zu seinen Füßen auf und legte sich hin." (3,7). Als Boas sie bemerkt, fordert sie ihn auf, seinen Gewandzipfel über sie zu breiten, da er der Löser sei. Boas ist dazu bereit, doch muss am Morgen der Anspruch eines anderen, näher verwandten Lösers geklärt werden. Rut bleibt bis zum Morgengrauen auf der Tenne (Kap. 3). In der Ältestenversammlung am Stadttor erklärt der andere Löser sich zwar bereit, Noomi den Landbesitz ihres Mannes abzukaufen, doch Rut will er nicht heiraten. So ehelicht Boas Rut. Aus der Verbindung geht ein Sohn hervor, Obed, der Großvater Davids (Kap. 4).

Im Gegensatz zu anderen alttestamentlichen Schriften[15] missbilligt diese Novelle die Eheschließung zwischen einem Judäer und einer Nicht-Israelitin nicht. Denn wie auch in anderen Spätschriften des AT bekehrt sich ein Fremder zum Gott Israels und

Die Integration einer Fremden in Israel

---

[15] Vgl. *Dtn* 7, bes. 7,3; *1Kön* 11,3–8, wo die negativen religiösen Folgen aufgezeigt sind; *Neh* 13,23–27. Dieses Eheverbot mit Nicht-Israelitinnen ist dort Bestandteil einer generellen Abgrenzung von allem Fremden.

schafft damit die Voraussetzung zu seiner Integration in das Gottesvolk. Der kurze Stammbaum am Schluss (4,18–22) klärt die Herkunft Davids, der ab *1Sam* 16 auftritt.

Literarisch

- **Victor Hugo – *Boas schläft*.** Hugo (1802–1885) konzentriert sich in seinem Gedicht *Booz endormi* („Boas schläft", 1859)[16] auf die Nacht auf der Tenne. Die erste Strophe[17] führt in die Situation ein: Von der Arbeit erschöpft schläft Boas auf der Tenne neben den gefüllten Getreidesäcken. Der Dichter charakterisiert ihn: Boas ist reich, geht aber mit seinem Besitz gerecht und umsichtig – weder geizig noch verschwenderisch – um; Ährenleserinnen und Bedürftige behandelt er großzügig, so dass V. 16 seine Getreidesäcke mit öffentlichen Brunnen vergleicht. Boas ist zwar ein älterer Herr („vieillard", V. 5, 20, 21, 24), aber dennoch scheint er Frauen attraktiver als ein junger Mann, „denn der junge Mann ist schön, der alte aber bedeutend" („grand", 20), und während „man in den Augen der jungen Leute Feuer erblickt, / erblickt man im Auge des Alten Licht." (23–24). Wenn Boas' silberner Bart mit einem Bach im April verglichen wird (9), legt dies nahe, dass noch Lebenskraft in ihm steckt. Mit der siebten Strophe (V. 25) kehrt Hugo zur Situation auf der Tenne zurück, wo außer Boas, dem Herrn, auch die Landarbeiter schlafen. Boas schläft wie Jakob, wie Judit (33) unter dem Blätterdach – da öffnet sich das Himmelstor ein wenig über seinem Haupt und ein Traum steigt herab (34–36). Im Traum sieht Boas eine Eiche, die aus seinem Leib hervor wächst bis in den blauen Himmel hinein. Daran steigt ein Geschlecht auf wie eine lange Kette, ganz unten singt ein König, an der Spitze stirbt ein Gott (37–40). Boas schaut im Traum also den als „Wurzel Jesse" in christlicher Bildkunst verbreiteten Stammbaum von David, dem singenden König, bis zu Jesus, der am Kreuz stirbt. Anders als in bildlicher Darstellung üblich, bildet hier nicht „Jesse", Davids Vater Isaï, die Wurzel des Stammbaums, sondern Boas, der Großvater Isaïs. Im Schlaf kommentiert Boas dies Geschaute: Wie kann es sein, dass aus ihm, dem Achtzigjährigen, dem kinderlosen Witwer,

---

[16] Victor Hugo, *Booz endormi*, in: Victor Hugo, *La Légende des siècles*, hg. J. Gaudon, Paris 1974, S. 36–39. Prosa-Übersetzung KS.
[17] Das Gedicht umfasst 22 Strophen à vier Alexandriner, gereimt im Schema abba.

der sich dem Grab nähert, etwas Derartiges hervor geht? (42–56). Während die Situation des Schlafenden und das Motiv des Erde und Himmel verbindenden Baumes an Jakobs Traum von der Himmelsleiter (*Gen* 28) erinnern, gemahnt die ungläubige Frage, wie ein Greis noch Nachkommenschaft erwarten könne, an Abraham (*Gen* 17,17).

Der schlafende Boas wendet seine Aufmerksamkeit Gott zu (57–58). „Die Zeder spürt nicht die Rose unter sich am Boden, / Und Boas fühlte nicht die Frau zu seinen Füßen." (59–60). Mit diesen Worten leitet Hugo zu Rut, der Moabiterin, über, die sich mit entblößter Brust zu Boas' Füßen gelegt hat und den Sonnenaufgang erwartet (61–62).
Rut

Hugo fängt die Stimmung dieser Nacht ein, deren Schatten hochzeitlich, erhaben und feierlich ist; der Ort, wo Boas und Rut ruhen, trägt die Züge eines nächtlichen *locus amoenus*: Bäche rinnen geräuschlos über das Moos, Blütenduft erfüllt die Luft, oben auf den Hügeln wachsen Lilien, es herrscht Stille bis auf das leichte Zittern der Glöckchen der Schafherden. Es ist eine Idylle friedlicher Natur, in der man zugleich die Gegenwart himmlischer Mächte spürt:

> Die Engel flogen dort zweifellos im Verborgenen,
> Denn man sah in der Nacht dann und wann vorüber huschen
> Etwas Blaues, das ein Flügel zu sein schien.   (70–72).

Und „ungeheure Güte fiel herab vom Firmament" (79). Zum Himmel wandert der Blick – der des Dichters und der Ruts: Sterne übersäen ihn wie Blüten und die Sichel des zunehmenden Mondes glänzt im Westen, und Rut fragt sich:

> Welcher Gott, welcher Schnitter des ewigen Sommers
> Hatte im Weggehen nachlässig geworfen
> Diese goldene Sichel auf das Feld der Sterne.   (86–88).

Während der Abschnitt über Boas und seinen Traum Assoziationen an die Erzväter weckt und Boas explizit in den Stammbaum des Geschlechts Davids einordnet, aus dem Joseph hervor geht, der Mann der Maria[18], stellen einzelne Elemente in der Rut gewidmeten Passage Verbindungen zwischen Rut und Maria her: Rose (59), Lilie (76) und Mondsichel sind traditionelle Bilder für die Gottesmutter Maria. Hugos Gedicht zeigt, dass die Verbindung zwischen Boas und Rut, von der die beiden in dieser Nacht auf der Tenne noch nichts zu ahnen scheinen, von Gott gewollt
Bezüge zu Erzvätern, David und Maria

---

[18] Vgl. die Stammbäume bei *Mt* 1,16 und *Lk* 3,23.

ist; vor allem betont es die Frucht dieser Ehe, da in Boas und Rut als Urgroßeltern Davids der Anfang des Geschlechts liegt, das in Jesus gipfeln soll.

3.1.4. Die Könige Saul und David

Biblisch

Samuel – Priester, Prophet, Richter

■ **Das erste Samuelbuch.** In *1 Sam* 1–7 wird Samuel eingeführt, der durch die Vielfalt seiner Funktionen der Mose-Gestalt nahe steht. Das Motiv, dass seine Mutter Hanna zunächst unfruchtbar war, bevor Gott ihr Bitten um einen Sohn erhörte, kennzeichnet ihn als Erwählten. Da Hanna ihn Gott geweiht hat, wird Samuel im Heiligtum in Silo zum Priester erzogen. Dem herangewachsenen Samuel schenkt Gott die Gabe der Prophetie (*1Sam* 3). Samuel übt außerdem das Richteramt in Israel aus (*1Sam* 7,6.15–17). In den Philisterkriegen agiert Samuel nicht als Feldherr, sondern Israel siegt aufgrund seiner Fürbitte (*1Sam* 7). Samuel ist an der Einführung des Königtums in Israel beteiligt, wenngleich er sich königskritisch äußert (*1Sam* 8; 12), weil Gott Israels Herrscher ist und bleiben soll.

Saul wird König

Drei Geschichten erzählen, wie Saul zum ersten König in Israel wird: Der junge Saul will entlaufene Eselinnen seines Vaters einfangen. Er sucht Samuel auf, um ihn als Gottesmann über den Verbleib der Tiere zu befragen. Auf Gottes Geheiß salbt Samuel Saul heimlich zum König (*1Sam* 9,1–10,16). Auf einer Volksversammlung unter Samuels Leitung wird Saul durch ein Losverfahren zum König bestimmt (10,17–27). Aufgrund seines militärischen Erfolges im Kampf gegen die Ammoniter erheben die Israeliten Saul zum König (11)[19].

Sauls Niedergang und Davids Erwählung

König Saul führt Krieg gegen die Philister (13–15), zieht sich aber Samuels heftige Kritik zu, als er opfert, ohne auf Samuels Ankunft zu warten (13,8–14), und die besiegten Amalekiter nicht dem Kriegsgesetz in *Dtn* 20,13–18 gemäß vollständig auslöscht (15,9). Obwohl Saul Reue zeigt, erklärt Samuel, dass Gott ihm das Königtum nehmen und einem anderen geben werde (15,13–33). Dieser andere ist David, ein schöner junger Hirte, der jüngste von acht Söhnen des Isaï in Bethlehem. Ihn salbt Samuel wie

---

[19] Diese beiden letztgenannten Erzählungen schließen sich gegenseitig aus, verdanken sich also vermutlich verschiedenen Überlieferungen.

Saul vor ihm (16,1–13). Während Gottes Geist dabei über David kommt, befällt ein böser Geist Saul, so dass ihn Schwermut plagt. Diese psychische Krankheit Sauls bildet einen Anlass, David an den Hof zu holen, damit er mit seinem Harfenspiel die Anfälle Sauls behandelt (16,14–23).

Alternativ dazu stellt Kap. 17 Davids Aufnahme am Hof als Ergebnis seines erfolgreichen Zweikampfes gegen den Philister Goliat dar, einen Riesen, den der Hirtenknabe David mit seiner Steinschleuder zu Fall bringt und anschließend mit dessen Schwert enthauptet. Im Dienst Sauls zieht David nun in den Kampf gegen die Philister. Davids Beliebtheit und Erfolg lassen Sauls Eifersucht aufkeimen. Er schleudert seinen Spieß auf David, als dieser vor ihm musiziert; David kann jedoch ausweichen. Die Freundschaft seines Sohnes Jonathan mit David und die Liebe seiner Tochter Michal zu David steigern Sauls Eifersucht. David bewältigt sogar die vermeintlich unlösbare Aufgabe, Saul hundert Philistervorhäute als Brautpreis zu bringen (18). Michal schützt ihren Gatten David durch List vor einem Mordanschlag Sauls und hilft David zu entkommen (19). Zum Leidwesen Sauls hält auch Jonathan zu David (20), der sich nun ständig auf der Flucht vor Saul befindet, da dieser ihm nach dem Leben trachtet. David lebt als Nicht-Sesshafter und bestreitet seinen Lebensunterhalt mit Schutzgelderpressung (21–23) und nimmt zwei Frauen (25). Zweimal erhält David die Gelegenheit, Saul zu töten; zweimal verschont er ihn, was er Saul jeweils beweist, einmal mit einem von Sauls Mantel abgeschnittenen Zipfel (24), einmal mit zwei entwendeten Gegenständen (26). Zwar gibt Saul die Nachstellungen auf, doch hält David sich weiter von ihm fern und festigt seinen Einfluss in den südlichen Gebieten des Landes (27; 29–30).

Als Saul erneut gegen die Philister ins Feld zieht und vor einer Schlacht Gott befragen will, antwortet er ihm nicht. Deshalb sucht Saul eine Totenbeschwörerin (die „Hexe von En-Dor") auf, die den Geist Samuels aus dem Totenreich holt. Der Geist des unterdessen verstorbenen (25,1) Samuel kündigt Saul seine Niederlage und den Tod an (28). Tatsächlich werden die Israeliten besiegt; drei Söhne Sauls, darunter Jonathan, fallen im Kampf, Saul stürzt sich schwer verwundet in sein Schwert, um den Feinden nicht lebend in die Hände zu fallen (31).

David und Goliat

Eifersüchtig verfolgt Saul David

Sauls Ende

Das zweite Samuelbuch.

2 Sam widmet sich der vierzigjährigen Königsherrschaft Davids. In Hebron salben die Ältesten David zum König von Juda, und als der letzte überlebende Sohn Sauls nach zweijähriger Regentschaft ermordet wird (2–4), erhält David auch die Krone von Israel (5,1–5). Auf dem Gipfel seiner Macht erobert David die Stadt Jerusalem, macht sie zu seiner Residenz und Hauptstadt (5,6–9) und plant, einen Tempel für Jahwe in Jerusalem zu errichten. Doch der Prophet Nathan lässt ihn wissen (7), dass Jahwe diesen Plan nicht billigt; doch verheißt er David: „dein Haus und dein Königtum sollen beständig sein in Ewigkeit vor mir, und dein Thron soll ewiglich bestehen." (7,16). Diese Bestandsgarantie der davidischen Dynastie ergänzt Gott um die Aussage, dass ein Sohn Davids den Tempel bauen werde (*2Sam* 7,12–13). Diese so genannte Nathan-Verheißung meint zunächst Davids Sohn Salomo, der den Jerusalemer Tempel errichten wird, doch bezog man dieses Wort später auf einen David-Nachkommen, einen Gesalbten (nach dem hebr. Begriff einen „Messias"), der Israel wieder politische Selbständigkeit schenken würde; in neutestamentlicher Perspektive zielte die Verheißung auf Jesus Christus.

Im Rahmen weiterer erfolgreicher Feldzüge (8; 10) kommt es zur „Batseba-Affäre" (11–12): David beobachtet Batseba, die Frau des Hetiters Uria, der in Davids Heer dient, beim Baden und lässt sie zu sich holen. Da sie schwanger wird, lässt er Uria unter einem Vorwand nach Jerusalem kommen in der Hoffnung, den Ehebruch zu vertuschen. Doch bleibt Uria aus Solidarität mit den im Felde stehenden Kameraden seinem Haus und seiner Frau fern. Deshalb gibt David ihm einen Brief an den Feldhauptmann mit, in dem er befiehlt, Uria in die vorderste Front zu schicken, so dass er sicher im Kampf fällt und David Batseba heiraten kann. Sie gebiert einen Sohn (11). Der Prophet Nathan redet David im Auftrag Gottes ins Gewissen, indem er ihm scheinbar eine Begebenheit, tatsächlich aber eine Parabel erzählt: Ein reicher Mann nimmt einem Armen dessen einziges geliebtes Schaf weg, schlachtet es und setzt es einem Gast vor (12,1–4). David nimmt an, ihm werde als König und oberstem Richter ein Rechtsstreit zur Entscheidung vorgetragen und verurteilt zornig den Reichen zum Tode. Damit hat er sich selbst das Urteil gesprochen, wie Nathan ihm dann erläutert. Weil David seine Schuld eingesteht, bleibt er am Leben, doch das Kind stirbt. Batseba schenkt ihm alsbald einen zweiten Sohn, Salomo (12).

2Sam 13–20 schildern die Auseinandersetzungen um Davids Nachfolge, die noch zu seinen Lebzeiten entbrennen, zunächst zwischen seinen Söhnen Amnon und Absalom (13–14), dann macht Absalom dem Vater den Thron streitig. Dabei gerät David zeitweilig stark in Bedrängnis. Schließlich tötet der Feldhauptmann Joab den hilflosen Absalom, als dieser sich mit seinem dichten Haar in einer Eiche verfangen hat (15–19). Auch der Aufstand eines gewissen Scheba wird erfolgreich niedergeschlagen (20). Das anhangartige Schlusskapitel (24) erzählt, wie David den Platz findet, wo der Tempel gebaut werden wird, und dort einen Altar errichtet.

Ringen um Davids Thronnachfolge

1Kön 1–2 befassen sich mit Davids Tod und leiten zu Salomos Herrschaft über. *1Kön* 1,1–4 illustrieren die Hinfälligkeit des greisen Königs:

Der greise David und die junge Abisag

> Als aber der König David alt war und hochbetagt, konnte er nicht warm werden, wenn man ihn auch mit Kleidern bedeckte. Da sprachen seine Großen zu ihm: Man suche unserm Herrn, dem König, eine Jungfrau, die vor dem König stehe und ihn umsorge und in seinen Armen schlafe und unsern Herrn, den König, wärme. Und sie suchten ein schönes Mädchen im ganzen Gebiet Israels und fanden Abischag von Schunem und brachten sie dem König. Und sie war ein sehr schönes Mädchen und umsorgte den König und diente ihm. Aber der König erkannte sie nicht.

Auf Betreiben von Batseba und Nathan lässt David Salomo offiziell zu seinem Nachfolger salben (1,11–40), bevor er stirbt – nicht ohne letzte mahnende Worte an Salomo zu richten (2,1–11).

Davids Tod

Das *1. Samuelbuch* präsentiert Saul und David als Kontrastfiguren und Konkurrenten: Die Erzähler nutzen Saul als negative Folie zu David; während Saul schon sehr bald göttliche Gebote verletzt, handelt David stets in Rückbindung an Gott, da er vor entscheidenden Handlungen Gottesbefragungen durchführt und so den göttlichen Willen erforscht. Saul und David sind beide Gesalbte Gottes, doch nur David bleibt der gute Geist Gottes treu, weil er recht handelt. Ein weiteres Thema bilden die Beziehungen zwischen Vätern und Kindern. Sauls Sohn und Tochter wenden sich vom Vater ab und David zu; während der Königszeit Davids spielt die Frage, welcher seiner Söhne ihm auf den Thron nachfolgt, eine wichtige Rolle. Mit Samuel und Nathan treten Propheten auf, die sich entscheidend an der Einsetzung von Königen beteiligen, aber auch als kritische Instanz ein Gegenüber zum König bilden.

Saul und David im Kontrast

Idealisierung Davids in den Chronikbüchern

David erscheint ansatzweise idealisiert, weil möglicherweise Bedenkliches abgemildert wird. So wird seine Aktivität als Schutzgelderpresser nur angedeutet; niemals begeht er eigenhändig Bluttaten, wenngleich ihm mancher Mord nicht ungelegen kommt. Selbst wenn er sein Handeln an Batsebas Ehemann im Nachhinein bereut, wirft diese Affäre ein negatives – wenn auch menschliches – Licht auf David. Die zunehmende Idealisierung Davids erfolgt noch im Alten Testament selbst. Rund 200– 300 Jahre später als die Autoren der *Samuelbücher* stilisieren die Verfasser der *Chronikbücher*, die die Geschichte Judas neu bearbeitet herausbringen, David zur vollkommenen Idealgestalt. Aus den *Samuelbüchern* wählen sie die Kapitel aus, die David auf der Höhe seiner Macht beschreiben (*1Chr* 11–21)[20] und verzichten auf den Aufstieg Davids in Konkurrenz zu Saul (*1Sam*), die Auseinandersetzungen um die Thronnachfolge und die Batseba-Affäre (*2Sam* 11–12)[21], also auf alles, was einen Schatten auf die David-Gestalt werfen könnte. Die Verfasser schildern über *2Sam* hinausgehend die Vorbereitungen, die David für den Bau des Tempels trifft (*1Chr* 22–29). David beauftragt Salomo mit dem Errichten des Gotteshauses (22), weil es ihm aufgrund des Blutvergießens während seiner Feldzüge selbst verwehrt ist (*1Chr* 22,8). Doch ist er der „geistige Vater" des Tempelbaus, der Bauplatz und Materialien beschafft, einen Bauplan erstellt und die Aufgaben des Tempelpersonals regelt[22].

David als Verfasser von Psalmen

Außerdem gilt David traditionell als Verfasser von Psalmen. Diese Gebetstexte waren – wie die Überschriften zeigen – als Lieder mit Musikbegleitung konzipiert. Bildliche Darstellungen zeigen David mit einer Krone auf dem Haupt und auf einer Harfe musizierend – *1Sam* 17 erzählte ja von der Musiktherapie, die der junge David dem schwermütigen Saul angedeihen ließ.[23] Während manche Überschriften im *Buch der Psalmen* David als Verfasser angeben[24], verweisen andere zusätzlich auf eine Situa-

---

[20] D.h. im Wesentlichen *2Sam* 5–8; 10; 24. Die Materialien werden allerdings neu angeordnet.

[21] Dies ist umso auffälliger, als sie die rahmenden kriegerischen Ereignisse aus *2Sam* 10,1–11,1 + 12,26–31 beibehalten.

[22] *2Chr* 1–9 stellen Salomos Herrschaft analog zu *1Kön* 3–10 dar und idealisieren auch ihn, indem alles Bedenkliche ausgeklammert bleibt.

[23] *2Sam* 22, aber auch *1Chr* 16 legen David jeweils Psalmverse in den Mund, die auch im *Buch der Psalmen* zu finden sind (*Ps* 18 bzw. *Ps* 105,1–15 + *Ps* 96 + *Ps* 106,1.47.48).

[24] Z.B. *Ps* 4–6; 8–9; 11–17; 19–32; 101; 108–110; 122; 131; 143–145.

tion im Leben Davids, wo er den betreffenden Psalm gesungen habe[25]. Dadurch entsteht der Eindruck, als sei Davids Lebensweg vom Dichten und Singen solcher Gebetstexte begleitet[26]. König David wird so zu einem Vorbild der Frömmigkeit.

Literarisch

- **Vittorio Alfieri – *Saul*.** Vittorio Alfieri (1749–1803), der als bedeutendster italienischer Dramatiker des 18. Jahrhunderts gilt, brachte das Geschick des ersten israelitischen Königs in seiner fünfaktigen Tragödie *Saul*[27] (1782) auf die Bühne und dramatisierte damit das *1. Samuelbuch*. Die klassische dichterische Form in ungereimten Elfsilbern geht einher mit der Wahrung der Einheit von Zeit und Ort. Das Stück spielt im Lager Sauls am Gebirge Gilboa und beginnt wenige Stunden vor der Entscheidungsschlacht gegen die Philister. David sucht angesichts der Gefährdung Israels das Lager Sauls auf, um an der erwarteten Schlacht teilzunehmen. Er bedenkt sein zwiespältiges Verhältnis zu Saul, seinem Schwiegervater und Verfolger, der nicht bei sich sei, weil Gott ihn einem bösen Geist überlasse. David trifft zunächst auf Jonathan, später auch auf seine Frau Micol. Jonathan sieht in David den Erwählten Gottes und warnt ihn vor Saul, der David für einen Verräter halte, weil er bei den Philistern untergeschlüpfte. Tatsächlich sei Sauls Vertrauter und Feldherr Abner ein Verräter. Voll Gottvertrauen fürchtet David den Tod nicht, erinnert sich aber an Samuels Prophezeiung: wenn Saul nicht wieder zu sich finde, drohe ihm Unheil (1. Akt).

Vor der Entscheidungsschlacht weilt David in Sauls Heerlager

Im 2. Akt beratschlagt Saul die Lage mit Abner. Saul vergleicht den Krieger, der er war, mit dem alten Mann, der er ist. Er wünscht sich, dass David als Gottes unbesiegbare Rechte mitkämpfte, doch stellt Abner David als Ursache von Sauls Unglück

Sauls zwiespältiges Verhältnis zu David

---

[25] Z.B. *Ps* 3,1 „als er vor seinem Sohn Absalom floh"; *Ps* 34,1 „als er sich wahnsinnig stellte vor Abimelech und dieser ihn von sich trieb und er wegging"; *Ps* 51,2 „als der Prophet Nathan zu ihm kam, nachdem er zu Batseba eingegangen war"; *Ps* 142,1 „als er in der Höhle war".
[26] Gleichzeitig erfährt das *Buch der Psalmen* (Psalter) eine Biographisierung. Da es in seiner Endfassung aus fünf Teilen besteht, kann man die fünf Bücher des Psalters in Analogie zu den fünf Büchern der *Torah* betrachten und damit eine Entsprechung zwischen Mose und David sehen.
[27] Vittorio Alfieri, *Saul*, Introduzione e note di B. Maier, i grandi libri Garzanti 396, Mailand 1992.

hin. David verdanke seine Stellung dem Bund mit den Priestern und Propheten, allen voran Samuel, der Saul das Königtum neidete. Einen Moment lang sind Saul seine Stimmungsschwankungen ebenso bewusst wie die Zwielichtigkeit Abners. Saul beschreibt einen Traum. Darin salbte Samuel David mit der einen Hand, während er ihm mit der anderen die Krone vom Haupt nahm, um sie dem widerstrebenden David aufzusetzen. Saul überlegt, ob David ihm nicht doch treu sei. Nur für seine Kinder will Saul an diesem Tag die Philister besiegen. Als Jonathan ihm den Sieg ausmalt, artikuliert Saul seine Hoffnungslosigkeit: er vergleicht sich selbst mit einer mächtigen umstürzenden Eiche und ist gewiss, dass es sein Todestag werden wird. Als Davids Name fällt, flammt in Saul kurz die Erinnerung an glorreiche Zeiten auf. David selbst erinnert ihn daran, dass Gott im Kampf stets mit ihm war – angefangen beim Kampf gegen Goliat. Saul erkennt zwar Davids Tapferkeit an, wirft ihm aber Hochmut vor. Während David Abner bezichtigt, Saul aus Neid gegen ihn aufgebracht zu haben, hält Abner David den Aufenthalt bei den Philistern als Verrat entgegen. Als Saul sich diesen Vorwurf zu eigen macht, präsentiert David den Saul unbemerkt abgeschnittenen Gewandzipfel als Treuebeweis. Daraufhin macht Saul David zum Heerführer für die bevorstehende Schlacht.

Davids Musik besänftigt den tobenden Saul

Zu Beginn des 3. Aktes billigt David den Schlachtplan Abners, den er als klugen Taktiker beurteilt, dem aber das Herz eines Soldaten fehle. Mit einem solchen Herzen, für das einzig der Sieg, nicht der persönliche Ruhm zählt, hat Gott David ausgestattet. David und Micol beklagen, dass Sauls Zustand sie zum getrennten Leben nötigt. Saul tritt im Zustand geistiger Umnachtung auf, erkennt nicht einmal seine Kinder. Plötzlich will er von David umarmt werden, ebenso plötzlich unterstellt er David Egoismus. Saul spricht mit David über sein gestörtes Gottesverhältnis, meint dann wieder verwirrt, dass Samuel in seiner Priesterkleidung gerade mit ihm spreche, um schließlich an dem Schwert, das er in Davids Gürtel sieht, einen Krieger zu erkennen. Als David erklärt, es sei Goliats Schwert, erinnert Saul sich, es im Heiligtum zu Nob verwahrt zu haben. David erzählt von seiner Flucht nach Nob, wo er die Waffe vom Priester Abimelech erhielt. Saul betrachtet den Priester als Verräter und wütet. Er fühlt sich beraubt: des Friedens, der Sonne, des Reichs, der Kinder, seiner Seele bzw. seines Mutes. Seine Kinder hätten es nur auf die Krone abgesehen. Er wünscht nur noch zu sterben.

3. Die Geschichte Israels: Von Josua bis Ester   143

Auf Bitten Jonathans singt David mehrere psalmartige Lieder, um Saul zu besänftigen. Das letzte Lied entwirft ein Schlachtgemälde und erwähnt abschließend zwei Schwerter als Sinnbild für Saul und David. Weil Saul keinen zweiten neben sich duldet, gerät er in Wut und schleudert den Speer nach David. Während David flieht, suchen Jonathan und Micol Saul zu besänftigen.

Im 4. Akt hat Saul sich noch nicht wieder beruhigt. Jonathan mahnt den Vater, David als den Erwählten Gottes zu respektieren, wie er selbst es tut. Doch Saul sieht David als Instrument der Priester, neben dem er zu einem Nichts geworden sei. Vielleicht habe Samuel David gar gesalbt wie einst ihn selbst. Für Saul ist entscheidend, den Thron an seine Nachkommen zu vererben. Der Priester Abimelech erscheint und wirft Saul vor, das Heiligtum zu Nob vernachlässigt zu haben. Saul betrachtet Abimelech als Verräter, weil er den vertriebenen David aufnahm und ihm das Schwert aushändigte. Abimelech ist gekommen, um Gottes Hilfe im Kampf zu erbitten. Er gibt zu, David unterstützt zu haben, der ja immerhin Sauls Schwiegersohn und der tapferste und gerechteste Krieger in Israel sei. Saul antwortet mit einer Hasstirade auf die Priester, die nur grausam und blutdürstig seien – wie Samuel, der den Amalekiterkönig Agag tötete, den Saul durchaus schätzte. Abimelech betrachtet Saul als „gekrönten Staub" (IV. 4), am Himmel sehe er schon den Todesengel nahen. Höhnend befiehlt Saul Abner, den Priester langsam und grausam zu töten. Saul fühlt sich von allen verraten und beansprucht nun selbst die Führung in der Schlacht, weil der Tod im Kampf eines Königs würdig sei.

Saul lässt den Priester Abimelech töten

Als David von der Hinrichtung Abimelechs und vom Befehl Abners, David zu töten, falls er an der Schlacht teilnehme, erfährt, verlässt er das wegen des Priestermordes unreine Lager. Micol wird Zeugin eines Anfalls Sauls, der den Schatten Samuels schaut. Saul bittet den Geist, der ihm die Verfolgung Davids vorwirft und die Krone nehmen will, seine Kinder zu schonen. Saul will sich töten, damit David an seiner Stelle König werden kann. Im Wahn sieht Saul einen blutigen Fluss, der ihm den Weg versperrt, dann einen Berg von Leichen und die Geister der Söhne Abimelechs und Abimelech selbst, der ihm „stirb!" zuruft. Saul fühlt sich von Samuel beim Schopf gepackt und hört Schlachtenlärm. Dieser ist allerdings real – Abner berichtet, dass die Feinde überraschend losschlugen und Israel besiegten. Saul – wieder bei Sinnen – will seine Soldaten nicht überleben. Abner enthüllt, dass auch Sauls Söhne gefallen sind. Saul übergibt Micol dem

Sauls Ende

Schutz Abners, damit er sie zu David bringe. In einem Schlussmonolog erhält Saul das letzte Wort:

> O meine Kinder! ... – Ich war Vater. –
> Jetzt bist du allein, König; nicht einer bleibt dir
> Von so vielen Freunden, oder deine Diener. – Bist du der Lohn,
> Des unerbittlichen Gottes schrecklicher Zorn?
> Doch du bleibst mir, o Schwert: zum letzten Dienst,
> Treues Werkzeug, komm nun. – Da hört man schon die Schreie
> Des anmaßenden Siegers: auf die Braue
> Sehe ich schon ihre brennenden Fackeln mir leuchten,
> Und die Degen zu Tausenden ... – Ruchloser Philister,
> Du wirst mich finden, aber wenigstens als König
> hier ... tot. – (V 5,216–225) [28].

Allein, besiegt, stürzt er sich ins Schwert, während der Vorhang fällt.

Sauls Gestalt in ihrer psychischen Zerrissenheit

Alfieri stellt Saul in den Mittelpunkt des Dramas, nicht David wie die biblischen Schriftsteller. Sein Interesse gilt vor allem dem Gefühls- und Seelenleben seines Titelhelden. Er ist eine gespaltene Persönlichkeit, hin und her gerissen von verschiedenen Leidenschaften. Er liebt seine Kinder, die David ihm jedoch entfremdet. Deshalb hasst er David, den er jedoch auch bewundert. Er hängt an seinem Thron, den er an seine Nachkommen weitergeben will, den Jonathan jedoch gern David überließe. Er will den Sieg über die Philister erringen und weiß doch, dass nur David dies vermag. Saul fühlt seine – auch altersbedingte – Schwäche und richtet seine Aggression gegen Priester und Propheten und gegen David, den er mit ihnen im Bunde wähnt. Letztlich streitet er damit gegen Gott, von dem er sich verworfen weiß. Im Gegensatz zu seinen Kindern, zu David und dem Priester betet Saul nicht zu Gott. Sauls Zerrissenheit, seine Ängste und Ahnungen zeigen sich in seinen Träumen und den Visionen, die mit seinen Anfällen von Wahnsinn einhergehen. Erst am Ende, als er Schlacht, Thron und Söhne verloren hat, findet Saul in seinem heroischen Selbstmord wieder zu sich selbst, so dass er als tragischer Held stirbt.

Inhaltliche Bündelung in klassischer Dramenform

Da Alfieri die Einheiten von Zeit und Ort beachtet, verlegt er einige Ereignisse, etwa das Vorweisen des abgeschnittenen Gewandzipfels durch David oder den Tod Abimelechs, des Priesters von Nob, in das Kriegslager und motiviert damit, dass David nicht an der Schlacht teilnimmt. Auch Davids Musiktherapie, die

---

[28] Übersetzung KS.

zugleich David als Dichter präsentiert, in Verbindung mit Sauls Anschlag auf ihn findet Eingang. In Erinnerungen, Träumen, Gesprächen der Figuren kommen weitere Details der biblischen Erzählungen zur Sprache. Dies gilt insbesondere für Sauls Wahnvisionen, die etwa die Beschwörung von Samuels Geist bühnengerecht einbringen[29].

- **William Shakespeare –** *Richard III.* Als Einzelmotiv übte das Beschwören von Samuels Totengeist, der Sauls Niederlage und Lebensende prophezeit (*1Sam* 28), besondere Faszination aus. So dürften einige der Geistererscheinungen in Shakespeares (1564–1616) Dramen von *1Sam* 28 beeinflusst sein. Beispielsweise erscheinen in *König Richard III.* (um 1593) dem Titelhelden in der Nacht vor der Schlacht, in der er umkommen wird, im Traum die Geister all derer, die er ermordete, um sich des Thrones zu bemächtigen (V. 3, 119–177). Die Geister stellen sich vor und erinnern daran, wie sie zu Tode kamen. Alle rufen Richard zu „verzweifle drum und stirb"[30]. Shakespeare psychologisiert die Geistererscheinungen, denn im Schlaf führt Richards Unterbewusstsein ihm (und auch dem Theaterpublikum) seine Schuld vor Augen, die nur mit Verzweiflung und Tod geahndet werden kann. Da Richard in der Schlacht fällt, erhält der jeweils abschließende Aufruf der Geister prophetischen Anstrich, ähnlich wie Samuels Geist Saul den Tod voraussagt.

psychologisierte Geistererscheinungen

– *Hamlet.* Das Motiv, dass ein Herrscher einem Mann, den er aus dem Wege räumen will, einen Brief mit einschlägigen Anweisungen mitgibt und ihn so zum Überbringer des eigenen Todesurteils macht (*2Sam* 11,14–15), greift Shakespeare in *Hamlet* auf. König Claudius schickt Hamlet nach England, wo er getötet werden soll. Doch auf der Schiffsreise bemächtigt Hamlet sich des Briefes, liest ihn und ersetzt ihn durch eine Fälschung, die den Tod der ihn begleitenden Hofschranzen Rosenkranz und Güldenstern verlangt. Hamlet selbst entkommt auf einem Piratenschiff. Dies erzählt Hamlet nach seiner Rückkehr seinem Vertrauten Horatio (V. 2, 1 ff.).

Das Überbringen des eigenen Todesurteils

---

[29] Die Geistervisionen Sauls verdanken allerdings auch den Geistern in Shakespeares Dramen (s. u.) einiges.

[30] „despair, and die!" V. 3, 121.136.141.144.149.155.164; nur der letzte Geist wandelt dies ab: „Träum weiter, träum von Tod und von Verderben: / Du sollst verzweifeln und verzweifelnd sterben." 172–173.

- **Émile Zola – *Doktor Pascal*.** Zola (1840–1902) bildet als Erzähler und Theoretiker das Haupt des Naturalismus in Frankreich und Europa. Er integrierte zeitgenössische Milieutheorie und Vererbungslehre, die auf Determiniertheit des Menschen durch genetische Vorgaben und Milieu zulaufen, in sein Hauptwerk, den zwanzigbändigen Romanzyklus *Les Rougon-Macquart. Histoire naturelle et sociale d'une famille sous le second empire.* Darin verfolgt er über fünf Generationen die Geschichte einer verzweigten Familie im Zweiten Kaiserreich. *Doktor Pascal*[31], 1893 erschienen, ist der letzte Band dieses Romanzyklus.

Der Wissenschaftler Dr. Pascal

Der Titelheld, knapp 60 Jahre alt, lebt als Arzt in einem kleinen Ort in der Provence. Als Junggeselle ist er angewiesen auf seine treue Haushälterin Martine, die ihm seit ihrer Jugend dient und ihn insgeheim liebt. Seit ihrem achten Lebensjahr lebt seine Nichte Clotilde bei ihm, die inzwischen 24 Jahre alt ist. Sie hilft Pascal bei seiner wissenschaftlichen Arbeit, indem sie für ihn Notizen kopiert. Pascal erprobt neue Therapien an seinen Patienten und führt darüber sorgfältig Protokoll. Andererseits beschäftigen sich seine Forschungen mit der Vererbungslehre im Sinne Darwins. Er hat sich mit der Geschichte seiner Familie, den Rougon-Macquarts befasst, einen Stammbaum aufgezeichnet und die Lebensläufe der einzelnen Familienmitglieder dokumentiert. Besonderes Augenmerk richtet er dabei auf Schwachsinn, Alkoholismus und Verbrechen. Seine wissenschaftlichen Notizen bewahrt er in einem mächtigen Eichenschrank auf, den er sorgsam unter Verschluss hält. Seiner 84jährigen Mutter Madame Félicité Rougon sind die Aufzeichnungen über die Familie ein Dorn im Auge, weil sie die Familienehre gefährden, so dass sie die Papiere vernichtet wissen will. Zola stellt Pascal als Inbegriff des engagierten Wissenschaftlers hin, der um den Fortschritt besorgt ist und sein Lebenswerk der Menschheit zugute kommen lassen will: Sein junger Kollege Ramond soll das Archiv erhalten, damit er es veröffentlichen und daran weiterarbeiten kann. Der rationalistisch-naturwissenschaftlichen Weltsicht Pascals steht das religiös bestimmte Weltbild seiner Haushälterin Martine gegenüber, welches Madame Rougon aus taktischen Gründen unterstützt.

Seine fromme Haushälterin

---

[31] Émile Zola, *Doktor Pascal*. Übersetzt von H. Balzer und E. Eichholtz (1974), Berlin 1982.

Clotilde steht zunächst zwischen beiden Auffassungen, geprägt von Pascals Erziehung und Martines Frömmigkeit. Nach einem Streit mit Pascal lässt Clotilde sich von Martine, die ihrerseits von Madame Rougon dazu angestiftet wurde, bewegen, einen nächtlichen Anschlag auf die gebündelten Manuskripte im Eichenschrank zu unternehmen. Pascal überrascht die beiden, bevor sie Schaden anrichten können. Er zieht Clotilde endgültig auf seine Seite, indem er sie in seine Theorie einweiht. Als der junge Arzt Ramond um Clotilde wirbt, entdeckt diese, dass sie in Wahrheit ihren Onkel Pascal liebt, der seinerseits angesichts der drohenden Veränderung gemerkt hat, dass er Clotilde nicht nur liebt wie eine Nichte. In diesem Zusammenhang hängt er Gedanken an seine versäumte Jugend nach.

Die Nichte Clotilde zwischen Wissenschaft und Religion

In einer Bibel aus dem fünfzehnten Jahrhundert, die er besaß und die mit naiven Holzschnitten geschmückt war, interessierte ihn vor allem ein Bild: der alte König David, der in sein Schlafgemach zurückkehrt, die Hand auf der nackten Schulter Abisags, der jungen Sunamitin.
[Hier wird 1Kön 1,1–4a abgedruckt, der Text neben dem Bild, bemerkenswerter Weise ohne den Schlusssatz V. 4b „Aber der König erkannte sie nicht."]
Fror er nicht ebenso wie jener alte König und erstarrte vor Kälte, sowie er sich in seinem düsteren Zimmer zur Ruhe legte? [...]
Und sein Traum nahm angesichts dieser naiven Holzschnitte schließlich Gestalt an. Abisag trat in sein düsteres Zimmer, das sie erhellte und mit balsamischem Duft erfüllte, öffnete ihre nackten Arme, ihre nackten Flanken, ihre ganze göttliche Nacktheit, um ihm ihre königliche Jugend zum Geschenk zu machen. (S. 126–127).

Clotilde überrascht Pascal schließlich mit ihrer Entscheidung, dass sie Ramonds Antrag abweist. Sie lebt nun mit Pascal in wilder Ehe. Martine ist eifersüchtig, Madame Rougon versucht, Clotilde zu ihrem kranken hilfsbedürftigen Bruder nach Paris zu bringen. Pascal und Clotilde genießen ihr junges Glück eine ganze Weile, zuerst zurückgezogen von der Welt, dann macht Pascal wieder Krankenbesuche in ihrer Begleitung. Pascal kauft ihr teuren Schmuck und andere Kostbarkeiten und verbraucht dafür viel Geld. Wegen seines betrügerischen Vermögensverwalters verarmt Pascal über Nacht, zumal er sich als Arzt nicht bezahlen ließ. Clotilde und er können nur noch durch Martines Ersparnisse überleben. Pascal fühlt sich verpflichtet, sich von Clotilde zu trennen, weil er sie nicht mehr ernähren kann. Widerstrebend reist Clotilde nach Paris. Ohne sie wird Pascal alsbald krank – seine Herzkrankheit und einen Schlaganfall verheimlicht er ihr in der regelmäßigen Korrespondenz. Als er erfährt,

Liebesbeziehung zwischen Clotilde und Pascal

dass Clotilde von ihm schwanger ist, wünscht sich Pascal nur noch, sie wiederzusehen und die Geburt des Kindes zu erleben. Doch Pascal stirbt eine Stunde, bevor die herbeigerufene Clotilde eintrifft. Während Clotilde übermüdet von der Reise am Totenbett einschläft, nutzt Madame Rougon die Gelegenheit, den Eichenschrank zu öffnen und mit Martine alle Dokumente zu verbrennen. Lediglich der Stammbaum entgeht ihr, weil er auf dem Schreibtisch liegen geblieben ist. Als Clotilde diesen Übergriff bemerkt, weist sie Großmutter und Dienerin aus dem Haus. Da Pascals Vermögen indessen zurückgewonnen ist, kann Clotilde mit dem Sohn, den sie alsbald gebiert, auf dem Anwesen sorgenfrei leben.

Die Beziehung im Licht von David und Abisag

Das Motiv von David und Abisag wird mehrfach wieder aufgenommen. Clotilde malt ein Bild von David und Abisag:

> Bis zuletzt hatte Clotilde die Gesichter der beiden Personen ohne deutliche Züge gelassen [...] Pascal, der bewegt hinter ihr stand, neckte Clotilde, da er wohl ahnte, was sie zu tun beabsichtigte. Und es war auch so, mit einigen Bleistiftstrichen vollendete sie die Gesichter: der alte König David war er, und sie war Abisag, das junge Mädchen aus Sunam. (S. 153).

Als die beiden verarmt sind und durch den Ort wandern, um doch noch Geld von den betuchteren Patienten einzutreiben, greift Zola erneut auf den biblischen Vergleich zurück:

> Ebenso wie einst in den Stunden der Glückseligkeit schritt nun der alte König David, wie sich Pascal zuweilen nannte, am Arme Abisags dahin. (S. 193)[32].

Im Schlusskapitel, als Pascal verstorben ist und Clotilde mit dem Säugling allein lebt, betrachtet sie ihr Bild von David und Abisag und blickt zurück:

> Wie hatten sie sich geliebt, wie hatten sie von Ewigkeit geträumt, an dem Tage, da sie sich an diesem stolzen und zärtlichen Symbol ergötzten! Der alte König, prunkvoll gekleidet [...] und sie war noch prächtiger anzuschauen, nur mit der lilienweißen Seide ihrer Haut [...]. Jetzt

---

[32] Vgl. ferner: „Und er fand sich mit dem Gedanken ab, um Almosen zu bitten; am Arme Abisags setzte David seine Wanderung fort, ging der bettelnde alte König von Tür zu Tür, an die Schulter seiner liebenden Untertanin gelehnt, deren Jugend seine einzige Stütze blieb." (S. 196), und „Und sie mußten schließlich beide mit leeren Händen [...] zurückkehren, der bettelnde alte König und seine demütige Untertanin Abisag in der Blüte ihrer Jugend, die den alternden David heimgeleitete, der seiner Güter beraubt und vom vergeblichen Herumlaufen auf den Straßen müde war." (S. 197).

war er dahingegangen, er schlief unter der Erde, während sie, ganz in Schwarz gekleidet, nichts von ihrer triumphierenden Nacktheit sehen ließ und nur noch das Kind hatte [...]. (S. 273).

In diesem letzten Kapitel, das zugleich den gesamten Zyklus der *Rougon-Macquart* abschließt, verleiht Zola Clotilde Madonnenhafte Züge:

Clotilde als Madonna

[Sie trug] ein schlichtes, langes schwarzes Kleid, in dem sie göttlich schön war, so zart, so schlank mit ihrem jungen, traurigen, von dem wundervollen blonden Haar umstrahlten Gesicht. Sie konnte nicht lächeln, doch sie empfand süße Freude beim Anblick des dicken und rosigen schönen Kindes [...]. (S. 269).

Sie betrachtet den Stammbaum der Familie, der ihr von Pascals Aufzeichnungen geblieben ist:

Und sie selber verfiel wieder in Sinnen angesichts des Stammbaums, dessen äußerste Zweige in die Zukunft hineinragten. Wer konnte wissen, wo der gesunde Zweig treiben würde? Vielleicht brachte er den erwarteten Weisen, Mächtigen hervor. (S. 280–281).

Ihr Sohn gehört zu diesen äußersten Zweigen; auf ihn setzt sie ihre Hoffnung:

Der Sohn als messianischer Hoffnungsträger

Das Kind war gekommen, vielleicht der Erlöser. Die Glocken hatten geläutet, die Heiligen Drei Könige hatten sich aufgemacht, gefolgt von allen Völkerschaften, von der ganzen festlich gestimmten Natur, und lächelten dem Kleinen in seinen Wickeltüchern zu. [...]. Was würde aus ihm werden, wenn sie ihn dereinst groß und stark gemacht hätte, indem sie sich ganz hingab? [...] Sie sah ihn bereits sehr schön, sehr gütig und sehr mächtig. Und das war der Traum aller Mütter, die Gewißheit, den erwarteten Messias zur Welt gebracht zu haben; und in dieser Hoffnung, in diesem beharrlichen Glauben jeder Mutter an den sicheren Triumph ihres Kindes lag ebenjene Hoffnung beschlossen, die das Leben schafft, der Glaube, der der Menschheit die unaufhörlich von neuem erstehende Kraft verleiht, immer weiterzuleben. (S. 282).

Der vorerst letzte Sproß der Familie erhält messianische Züge. Clotilde wird gesehen als Madonna mit dem Kind, das der Messias sein könnte. Der Stammbaum gemahnt somit an die Genealogie Jesu[33]. Dies schließt an den Vergleich Pascals mit König David an. Das namenlose Kind aus seiner Verbindung mit Clotilde-Abisag stammt gewissermaßen aus der Linie Davids und könnte insofern der Messias sein. Weil Pascal als alter Mann mit sehr junger Frau gezeichnet ist, spielt seine Person zugleich auf

---

[33] Vgl. *Mt* 1,1–17 und *Lk* 3,23–38; zum Bild des sprießenden Zweiges vgl. *Jes* 11,1.

Joseph, den Mann Marias an. Die biblisch-neutestamentlichen Anspielungen am Ende des Romans eröffnen eine Hoffnungsperspektive, die an den expliziten alttestamentlichen Verweis auf David rückgebunden ist.

3.1.5. Von Salomo bis zum Babylonischen Exil

Biblisch

Salomos Weisheit zeigt sich in seinem Urteil

- **Die Königebücher.** Nach Davids Tod festigt Salomo seine Herrschaft (*1Kön* 2). *1Kön* 3–10 stellen ihn als glanzvollen Idealkönig und Inbegriff eines Weisen dar. Im Traum erscheint Gott Salomo und gibt ihm einen Wunsch frei. Salomo erbittet Weisheit, „ein gehorsames Herz [..], damit er dein Volk richten könne und verstehen, was gut und böse ist." (3,9). Weil Salomo sich mit diesem Wunsch bereits als weise erweist, schenkt Gott ihm zusätzlich Reichtum, Ehre und ein langes Leben. In der Geschichte vom sprichwörtlich gewordenen Salomonischen Urteil beweist der König seine Weisheit (3, 16–28): Zwei Frauen, die zusammen wohnen und zur gleichen Zeit Söhne geboren haben, tragen Salomo ihren Streit vor. Eine der Frauen hat ihr Kind im Schlaf erdrückt und den toten Säugling gegen den Sohn der anderen ausgetauscht. Jede der Frauen beansprucht nun das lebende Kind für sich. Salomo verfügt, dass man das Kind mit einem Schwert in zwei Teile teile. Die leibliche Mutter verzichtet daraufhin und gibt sich dadurch zu erkennen.

Salomos Tempel

Seine Weisheit und sein Reichtum machen Salomo berühmt (5,1–14; 10,14–29). Die legendäre Königin von Saba besucht ihn und tritt in einen Weisheitswettbewerb mit ihm ein (10,1–13). Zudem herrscht Frieden unter Salomo. So kann er sich der innenpolitischen Organisation seines Reiches (4; 9,10–28) und reger Bautätigkeit (5,15–7,51) widmen, vor allem dem Tempel in Jerusalem, den er festlich mit einem ausführlichen Gebet einweiht (8). *1Kön* 11 wirft – offensichtlich aus der Perspektive späterer Bearbeiter – ein negatives Licht auf Salomo, weil der alternde König sich von den Ausländerinnen in seinem großen Harem zur Fremdgötterverehrung verführen lässt (11,1–13). Zudem kommt es zu kriegerischen Verwicklungen (11,14–25). Die Episode um den Propheten Ahija, der zeichenhaft seinen Mantel in Stücke reißt und dem zukünftigen König des Nordreiches, Jerobeam zehn Fetzen übergibt, die die zehn Stämme Israels repräsentieren, über die Jerobeam König werden werde, während den

Nachkommen Salomos nur ein Stamm bleiben soll (11,29–39), bereitet die Reichsteilung vor.

Nach dem Tod Salomos (11,43) zerfällt das Großreich Davids in das größere aus zehn Stämmen bestehende Nordreich Israel und das kleine Südreich Juda mit der Hauptstadt Jerusalem (12,1–24)[34]. Die *Königebücher* informieren von nun an bis zum Untergang des Nordreiches parallel über die Ereignisse in den beiden Staaten (*1Kön 12 – 2Kön 17*). Ähnlich wie das *Richterbuch* bieten auch die *Königebücher* nun ein festes Rahmenschema, das die Regentschaft eines Königs ein- und ausleitet. Einleitend wird die Thronbesteigung des betreffenden Königs datiert durch den Verweis auf das Regierungsjahr des Amtsbruders im jeweils anderen Reich[35], die Regierungsdauer genannt sowie eine Bewertung getroffen, die sich an der Einhaltung des Gebotes eines Kultzentrums bzw. des Verbots der Fremdgötterverehrung orientiert[36]. Ausleitend wird auf weitere, uns nicht überlieferte Quellen verwiesen, hinzu treten Sterbenotiz und Angabe des Nachfolgers[37]. In dieses Rahmenschema sind mehr oder minder ausführliche Schilderungen von Ereignissen aus der Regierungszeit des jeweiligen Königs eingebettet.

Die Teilung des Reiches

Annalistisches Rahmenschema

---

[34] Die Bearbeiter der Geschichtsdarstellung zeichnen Jerobeam als Herrscher, der gegen das Gebot des einen Kultzentrums (*Dtn 12*) und das Verbot der Fremdgötterverehrung verstößt, weil er zwei Heiligtümer in seinem Reich in Bethel ganz im Süden und in Dan ganz im Norden errichtet und an beiden Orten jeweils ein goldenes Stierbild (vgl. *Ex 32*!) im Heiligtum aufstellt. Dies ist die „Sünde Jerobeams", die auch alle seine Nachfolger auf dem Thron des Nordreiches begehen. Diese durchweg negative Beurteilung erfolgt aus der Perspektive des Südreiches Juda, wo das Geschichtswerk seine entscheidende Bearbeitung erfuhr, als das Nordreich längst nicht mehr existierte.

[35] Z.B. „Im achtunddreißigsten Jahr Asas, des Königs von Juda, wurde Ahab, der Sohn Omris, König über Israel" (*1Kön 16,29*).

[36] Er „tat, was dem HERRN missfiel" (z.B. *1Kön 16,30a*) bzw. „tat, was dem HERRN wohlgefiel" (z.B. *1Kön 22,43b*). – Bei den judäischen Königen steht zusätzlich das Alter bei Regierungsantritt sowie der Name der Mutter: z.B.: „Und Joschafat, der Sohn Asas wurde König über Juda im vierten Jahr Ahabs, des Königs von Israel, und war fünfunddreißig Jahre alt, als er König wurde; und er regierte fünfundzwanzig Jahre zu Jerusalem. Seine Mutter hieß Asuba, eine Tochter Schilhis." (*1Kön 22,41–42*).

[37] „Was mehr von Ahab zu sagen ist und alles, was er getan hat, /.../ siehe, das steht geschrieben in der Chronik der Könige von Israel. Also legte sich Ahab zu seinen Vätern und sein Sohn Ahasja wurde König an seiner statt." (*1Kön 22,39–40*).

Erzählungen über den Propheten Elia

Wegen ihrer wirkungsgeschichtlichen Ausstrahlung sind einige dieser Erzählungen bemerkenswert. Der Prophet Elia (*1Kön* 17–19.21 – *2Kön* 2) tritt als Gegenspieler zu dem negativ bewerteten israelitischen König Ahab auf. Elia – sein Name bedeutet „mein Gott ist Jahwe" – vertritt einen exklusiven Jahweglauben und verurteilt es aufs schärfste, dass König Ahab, der mit der phönizischen Prinzessin Isebel verheiratet ist, auch die Baalsverehrung zulässt. Auf Gottes Geheiß begibt sich Elia in die Wildnis. Dort versorgen ihn am Bach Krit Raben mit Brot und Fleisch. Elia tut Wunder: Mehl und Öl seiner Wirtin, einer armen Witwe, gehen nicht zur Neige; als der kranke Sohn der Witwe stirbt, reanimiert Elia ihn (*1Kön* 17). Er siegt in einem Wettstreit mit 450 Baalspropheten auf dem Berg Karmel, da Jahwe auf Elias Gebet hin das Opferfeuer entzündet, während es den Baalspropheten nicht gelingt, ihren Gott zum Handeln zu bewegen (*1Kön* 18). Da Isebel Elia mit ihrer Rache verfolgt, flüchtet er in die Wüste, wo er unter einem Wacholderstrauch sterben will. Doch ein Engel stärkt ihn mit Speise, so dass Elia die Wanderung zum Gottesberg Horeb unternimmt, wo Gott ihm begegnet – nicht im Sturm, nicht im Erdbeben, nicht im Feuer, sondern in einem stillen, sanften Sausen (*1Kön* 19). Elia klagt König Ahab des Justizmordes an Nabot an, dessen Weinberg Ahab in seinen Besitz brachte, indem Isebel falsche Zeugen aufbot, die Nabot der Gotteslästerung und Majestätsbeleidigung bezichtigten, so dass er gesteinigt wurde (*1Kön* 21). Als Ahabs Nachfolger Ahasja nach einem Unfall Hilfe beim Baal von Ekron sucht, kündigt Elia ihm dreimal den Tod an – der auch alsbald eintritt (*2Kön* 1). Elia bestimmt Elisa zu seinem Nachfolger (*1Kön* 19,19–21). Mit Elisa macht er sich auf den Weg nach Jericho; unterwegs teilt er das Wasser des Jordan wundersam[38], indem er seinen Mantel in den Fluss schlägt. Alsbald wird Elia vor den Augen Elisas auf einem feurigen Wagen in den Himmel entrückt (*2Kön* 2).

Königin Athalja

Als Beispiel für eine gewaltsame Übernahme der Königsherrschaft ist die einzige Frau auf dem Thron, Athalja, berühmt berüchtigt geworden (*2Kön* 11). Sie ist eine Tochter Ahabs von Israel, verheiratet mit Joram von Juda. Der gemeinsame Sohn Ahasja unterstützte den Kampf Jorams von Israel gegen den Usurpator Jehu und kam dabei ums Leben. Ahasjas Mutter Athalja bemächtigte sich selbst des judäischen Thrones, indem sie

---

[38] Vgl. zum Teilen von Fluten *Ex* 14 und *Jos* 3.

alle männlichen Mitglieder der davidischen Dynastie – und das heißt alle Thronanwärter – ermorden lässt. Dabei entgeht ihr der Säugling Joas, ihr Enkel, den Joscheba, die Schwägerin Athaljas, zunächst in den Wirtschaftsräumen des Palastes versteckt und dann in den Tempel bringt. Als Joas acht Jahre alt ist, ergreift der Jahwepriester Jojada die Initiative zu einer Revolte gegen die Königin. Er salbt Joas im Tempel zum König, sorgt dafür, dass Athalja überrascht und getötet wird. Er schwört das Volk auf den jungen König ein und zerstört die Baalsheiligtümer Athaljas. Sie erscheint somit nicht nur als grausame Usurpatorin, die vor keinem Mord zurückschreckt, sondern auch als Fremdgötterverehrerin. Die Dynastie Davids überlebt dieses Interim jedoch.

Nach der Eroberung des Nordreiches durch die Assyrer 722/1 v. Chr. (*2Kön* 17) widmen sich die letzten Kapitel des 2. *Königebuches* (*2Kön* 18–25) widmen sich dem Südreich Juda bis zu dessen Untergang: der babylonische König Nebukadnezar II. nahm Jerusalem 587/86 v. Chr. nach achtzehn Monaten Belagerung ein, zerstörte Stadt und Tempel und deportierte Teile der Bevölkerung nach Babylonien in das so genannte „Babylonische Exil". Trotz der Katastrophe gibt es am Schluss einen Lichtblick: Jojachin, der letzte König aus Davids Geschlecht, überlebt als Gefangener mit erleichterten Haftbedingungen am babylonischen Hof, so dass die Dynastie nicht ausstirbt und damit – insbesondere vor dem Hintergrund der Nathanweissagung – ein Hoffnungsschimmer auf einen zukünftigen Gesalbten aus dem Hause Davids bleibt.

Zerstörung Jerusalems und Babylonisches Exil

Literarisch

Weil vieles in den Schriften, die die Geschichte Israels von der Einnahme des Gelobten Landes bis zum Babylonischen Exil aus theologischer Perspektive darstellen, spezifisch israelitisch ist, hinterließen nur vereinzelte Elemente Spuren in der Literatur. Einige Beispiele mögen dies illustrieren.

- **Bertolt Brecht – *Der Augsburger Kreidekreis*.** Brecht (1898–1956) bearbeitete den Stoff von der Urteilsfindung durch die Kreidekreisprobe mehrfach. Zwar fand er ihn in einem chinesischen Singspiel des Li Hsing-tau aus dem 13. Jahrhundert vorgeprägt, doch steht er dem Salomonischen Urteil der Bibel so nahe, dass man ihn auch für eine Verarbeitung dessen halten könnte.

Salomonisches Urteil

Der Unterschied besteht vor allem in der Vorgeschichte, die zu der Gerichtsverhandlung führt.

Der Rechtsstreit und sein Hintergrund

In der Erzählung *Der Augsburger Kreidekreis*[39] (1940) verlegt Brecht das Geschehen nach Augsburg in die Zeit des Dreißigjährigen Krieges. Die Kaiserlichen Truppen erobern die Stadt und plündern dabei auch das Haus des Schweizer Protestanten und Gerbers Zingli. Während Zinglis Frau flüchtet, erschlagen die betrunkenen Soldaten Zingli. Sie übersehen allerdings das Kleinkind und die Magd Anna, die sich des Kindes annimmt und mit ihm zu ihrem Bruder aufs Land zieht, wo der Bruder auf einen reichen Hof eingeheiratet hat. Anna gibt das Kind als ihr eigenes aus und sieht sich gegenüber der sittenstrengen Schwägerin genötigt zu behaupten, dass sie verheiratet sei. Damit sie mit dem Kind bei ihm bleiben kann, vermittelt der Bruder Annas Eheschließung mit einem Häusler, der sterbenskrank zu Bett liegt, so dass Anna in den Besitz einer Heiratsurkunde gelangt. Wider Erwarten erhält Anna bald jedoch nicht den Totenschein, sondern die Nachricht, dass der Häusler von seiner schweren Krankheit genesen ist. So bleibt ihr nichts übrig, als einige Jahre mit ihm zusammenzuleben. Zunächst unternimmt sie noch Fluchtversuche, dann arrangiert sie sich mit ihrer Situation. Eines Tages holt eine feine Frau das Kind ab, während Anna nicht zu Hause ist. Es handelt sich um die Gerbersgattin, die sich plötzlich für ihr Kind interessiert, um Erbansprüche auf Zinglis Besitz geltend zu machen. Anna begibt sich nach Augsburg und erhebt dort Klage auf Herausgabe des Kindes. Ihren Fall verhandelt Richter Ignaz Dollinger, ein gelehrter, aber auch grober Mensch, dessen Prozessverhandlungen stets für Aufsehen sorgen. Er befragt Anna in einem Vorgespräch unter vier Augen über den Sachverhalt und ihr Anliegen. Die Verhandlung im Goldenen Saal des Augsburger Rathauses zieht viele Zuschauer an. Dollinger verhört die beiden Frauen und hört auch Verwandte des verstorbenen Gerbers an – das Kind muss aus dem Saal entfernt werden, weil es immer wieder zu Anna will und schreit. Er beschließt die Zeugenaussagen mit der Feststellung, sie habe nichts ergeben.

Das Salomonische Urteil des Richters

Dollinger ordnet nun an, einen Kreidekreis auf den Boden zu zeichnen und das Kind hineinzustellen, dessen Hände die beiden Frauen fassen. Auf sein Kommando sollen die Frauen das Kind aus dem Kreis ziehen: „Die von euch die stärkere Liebe hat, wird

---

[39] Bertolt Brecht, *Der Augsburger Kreidekreis*, in: B. Brecht, *Kalendergeschichten*, Reinbek bei Hamburg 1953, S. 5–22.

auch mit der größeren Kraft ziehen" (S. 21), erklärt er. Als er das Kommando gibt, reißt Frau Zingli das Kind mit einem heftigen Ruck aus dem Kreis, während Anna aus Sorge, es könne verletzt werden, sofort losließ. Der Richter verkündet seine Entscheidung: „Und somit wissen wir", sagte er laut, „wer die rechte Mutter ist. Nehmt der Schlampe das Kind weg. Sie würde es kalten Herzens in Stücke reißen." Und er nickte Anna zu und ging schnell aus dem Saal, zu seinem Frühstück.

Und in den nächsten Wochen erzählten sich die Bauern der Umgebung, die nicht auf den Kopf gefallen waren, daß der Richter, als er der Frau aus Mering das Kind zusprach, mit den Augen gezwinkert habe. (S. 21–22).

Während König Salomo mit seiner Erprobung mütterlicher Liebe die leibliche Mutter des Kindes findet, ermittelt Richter Dollinger die Frau, die dem Kind die „rechte", d.h. die bessere Mutter ist, was nicht zwangsläufig auf die biologische Mutter zutrifft[40].

Die eindrucksvolle Gestalt Elias entfaltete schon früh eine Nachwirkung, die nicht zuletzt auf seiner Entrückung in den Himmel beruht – er ist damit nicht gestorben, sondern aus dem irdischen Leben direkt in eine himmlische Existenz überführt. Deshalb rechnete man mit seiner Wiederkunft – so bereits am Ende des alttestamentlichen Prophetenbuches *Maleachi*, wo Elia als Vorbote des Endgerichts angekündigt wird[41]. Neutestamentliche Texte sprechen davon, dass manche Jesus für den wiedergekommenen Elia halten (*Mk* 6,15; 8,28). Bei der Verklärung Jesu erblicken die Jünger neben Jesus Mose als Repräsentanten der *Torah* und Elia als Vertreter der Propheten. Die messianisch-eschatologische Funktion Elias spiegelt sich zudem in jüdischem Brauchtum: Bei der Beschneidungszeremonie repräsentiert ein frei bleibender Stuhl die Gegenwart Elias; am Sederabend des Passahfestes stellt man einen Becher Wein für Elia bereit und öffnet während der Zeremonie für einen Moment die Tür in der Erwartung, dass Elia eintreten könnte.

Rezeption der Elia-Gestalt

---

[40] Brecht dramatisierte wenig später den Stoff in dem Drama *Der kaukasische Kreidekreis* (1944/45 in USA entstanden, deutsche Uraufführung 1954) und stellte das Geschehen in eine Rahmenhandlung, die in der Sowjetunion angesiedelt ist und die Aufführung der Kreidekreisgeschichte kommentiert.

[41] „Siehe, ich will euch senden den Propheten Elia, ehe der große und schreckliche Tag des HERRN kommt." (*Mal* 3,23).

- **Andreas Gryphius – *Elias*.** Auf dem engen Raum eines Sonetts widmet sich Andreas Gryphius (1616–1664) dieser markanten biblischen Figur:

ELIAS[42]

Der Flammen aus der Brust der Mutter hat gesogen;
Der von der heilgen Flamm des Eyvers heiß entbrant
Des Fürsten Grimm verlacht / und dem verführten Land
Durch Flammen hat entdeckt / wie Kron und Hauß betrogen:
Der Mann / auff dessen Wort die Flammen abgeflogen
Durch die erhitzte Lufft / und die der König sandt
Mit schneller Glutt verzehrt; ist als ihn Gott entbandt
Auch in dem Feur'gen Sturm aus diser Welt gezogen
Er fehrt / doch unversehrt / kein feurig Roß und Wagen
Letzt den / der Feur im Mund und Hertzen pflag zu tragen /
Mit dem er Hertzen / mehr denn Marmorhart / zusprengt.
Der gantz von Feuer war / muß mit dem Feur hinscheiden:
Fragt ihr warumb sein Kleid nichts kann von Flammen leiden?
Mich wundert / daß es nicht weil er es trug / verseng't.

Feuer als Element Elias

Das Sonett stellt das Element des Feuers in den Mittelpunkt, das Elias Person und seine Geschichte bestimmt. Den Eifer für Jahwe, der ihn beseelt, fasst Gryphius als heilige Flamme auf. Feuer spielt außerdem in drei Episoden der Elia-Geschichten eine wichtige Rolle: Im Wettstreit mit den Baalspropheten auf dem Karmel (*1Kön* 18) offenbart sich Jahwe im Feuer, das das Opfer auf dem Altar auf Elias Gebet hin entzündet (V. 3–4); die Boten König Ahasjas, die Elia an den Hof holen sollen, damit er seine Unheilsprophezeiung dem König persönlich sage, werden von Feuer verzehrt, das Elia auf sie herab ruft (*2Kön* 1; vgl. V. 5–7a); ein Feuerwagen mit feurigen Rossen entrückt Elia schließlich in den Himmel (*2Kön* 2; vgl. V. 7b-12). Mit den beiden Schlussversen schafft Gryphius eine Pointe durch das Spiel mit verschiedenen Ebenen: Dem profanen Gedanken, dass Elias Kleider bei einer dieser Gelegenheiten hätten Feuer fangen müssen – was aber nicht geschah –, setzt der Sprecher sein Erstaunen darüber entgegen, dass Elia, „der gantz von Feuer war", mit seinem Feuereifer nicht sein Gewand versengte. Seiner Leserschaft führt Gryphius auf diese Weise vor Augen, dass in und um Elia göttliches Feuer wirksam war. Wie man aus der Geschichte von Mose am bren-

---

[42] Andreas Gryphius, Gedichte. Eine Auswahl, hg. A. Elschenbroich, reclams UB 8799, Bibliographisch ergänzte Ausgabe, Stuttgart 1996, S. 21.

nenden Dornbusch weiß, verzehren himmlische Flammen von ihnen Ergriffenes nicht. Neben den göttlich inspirierten Feuereifer Elias stellt der Dichter drei Aspekte göttlichen Feuers: Gottes Feuer als Zeichen seiner Gegenwart, Gottes Feuer als Gerichtsinstrument und die Entrückung im Feuer, die nicht das Leben kostet, sondern in den Himmel führt. Die Außergewöhnlichkeit Elias zeigt Gryphius durch dessen besondere Beziehung zum göttlichen Feuer auf.

- **Jean Racine – *Athalja*.** Racine (1639–1699) schrieb auf Betreiben von Madame de Maintenon für das von ihr geleitete Mädchenpensionat St. Cyr zwei biblische Tragödien *Esther* (1689) und *Athalja*[43] (*Athalie*) (1691), letztere gilt als sein Meisterwerk. Bei der Erstaufführung verkörperten junge Mädchen die Charaktere der Theaterdichtung, die Racine – abgesehen von den Chorpassagen – in paarweise gereimten Alexandrinern verfasste. Die fünf Akte spielen an einheitlichem Ort, im Tempel zu Jerusalem in der Vorhalle vor der Wohnung des Hohenpriesters am Tage des jüdischen Wochenfestes. Trotz dieses Feiertages herrscht im Tempel nur wenig Andrang, weil viele Jerusalemer zu Baal übergelaufen sind, dem Gott, den Königin Athalja verehrt, während sie den Jahwe-Dienst als Aufruhr versteht. Seitdem sie das Blutvergießen unter der königlichen Familie acht Jahre zuvor angerichtet hat, herrscht sie. Der Hohepriester Joad trotzt ihr seither, während Mathan, ehemals Priester im Tempel, nun oberster Priester des Baal, Joad durch Intrigen zu schaden sucht. Der Feldherr Abner dagegen hält sich zu Jahwe und, wäre noch ein Davidsspross bei dem Blutbad am Leben geblieben, würde er diesem freudig dienen. Er erzählt Joad, seit zwei Tagen sei die Königin düster und blicke häufig zum Tempel hinauf. Joad fürchtet nur Gott, nicht Athalja und verspricht Abner eine Überraschung. Joad hält nämlich die Zeit für gekommen, um das Geheimnis des Knaben, der Eliakin genannt wird, zu lüften. Tatsächlich handelt es sich um Joas, den Joads Frau Josabet am Tage des Massakers lebend unter den Leichen fand, rettete und Joab übergab. Josabet fürchtet für des Kindes Sicherheit. Joads Gottvertrauen ist jedoch unerschütterlich.

Der im Tempel verborgene Davidsspross Joas

---

[43] Jean Racine, *Dramatische Dichtungen. Geistliche Gesänge.* Französisch-Deutsche Gesamtausgabe Bd. II. Deutsche Nachdichtung von W. Willige, Darmstadt 1956, S. 317–437.

Gott, der für uns kämpft, für die Unschuld der Waisen,
Er wird seine Macht in der Schwachheit erweisen.
Gott hasst die Tyrannen; das gab er uns kund:
Schon Ahab und Jesebel gingen zugrund.
Auch Joram hat Gott, ihren Eidam, vernichtet,
Seinen Zorn auch auf dessen Sohn noch gerichtet.
Und, schweigt er zuzeiten, sein Arm ist gerecht,
Und bereit, zu bestrafen dies frevle Geschlecht. (I 2, S. 337).

Athaljas prophetischer Traum

Im 2. Akt ist die Königin in den Tempel eingedrungen. Denn seit ein paar Tagen plagt sie ein Traum, in dem ihre Mutter Jesebel ihr erscheint und sie vor dem Gott der Juden warnt. Außerdem erblickte sie ein weiß gekleidetes Kind – wie das, das sie gerade im Tempel sah. Dies Kind stieß ihr den Stahl in die Brust. Dreimal hat sie dies nun schon geträumt. Sie ist in den jüdischen Tempel gekommen, um dem Gott der Juden zu opfern und ihn zu befrieden. Doch Joad vertrieb sie; neben ihm am Altar erblickte sie aber deutlich das Kind aus ihrem Traum. Sie wünscht, den Knaben in Ruhe zu sprechen. Als sie Joas-Eliakin vor sich sieht, stellt Athalja erneut die Ähnlichkeit mit ihrem Traumgesicht fest. Sie befragt ihn, und er erklärt, er sei Eliakin, ein Waisenkind, das als Säugling unter Wölfen gefunden wurde. Athalja erschrickt über sich selbst, weil sie Mitleid verspürt. Joas erzählt von seinem Leben im Tempel, wo er betet, das Gesetz lernt und beim Kult dient. Athalja will ihn in den Palast nehmen, wo er seinen Gott weiter verehren darf – wie sie den ihren.

Vorbereitungen zum Kampf gegen Athalja

Den 3. Akt eröffnet Mathan im Gespräch mit seinem Vertrauten Nabal, einem Ismaeliten, dem er erläutert, dass Athalja nur wegen des Kindes noch zögere, den Tempel zu zerstören. Mathan selbst setzt darauf, dass man ihr das Kind verweigern werde, dann werde Athaljas Zorn den Tempel auslöschen. Mathan versucht Josabet über das Kind auszuhorchen; doch Josabet verrät ihm nichts; Joad vertreibt Mathan. Josabet erzählt Joad von Athaljas Forderung nach dem Knaben. Sie möchte mit Joas durch einen Geheimgang fliehen, doch will Joad Eliakin nicht länger verstecken. Er bereitet den Kampf gegen Athalja vor, indem er außer den Priestern und dem Chor der Mädchen alle aus dem Tempel entfernt. Er lässt Josabet Davids Krone holen und die Priester mit Davids Waffen aus der Tempelschatzkammer bewaffnen. Während die Mädchen zu musizieren beginnen, wird Joad vom Geist erfüllt und hat eine Vision, die ihn die Zukunft schauen lässt, nämlich die Zerstörung des Tempels, das Babylonische Exil und die Kirche als neues Jerusalem, zu dem alle Herrscher und Völker wallfahrten.

3. Die Geschichte Israels: Von Josua bis Ester   159

Joad hat Buch, Schwert und Krone Davids bringen lassen (4. Akt). Unter vier Augen befragt er den Knaben Eliakin über die Pflichten eines Königs. Der Knabe erweist sich als tadellos. Joad kniet vor seinem König – Joas, wie er den Knaben nun nennt. Den bewaffneten Priestern enthüllt Joad, wer das Kind ist, zu dessen Verteidigung er sie ebenso aufruft wie zur Rache an Athalja. Die Priester schwören Treue. Joas schwört Gottes Gesetz Treue, und alle huldigen ihm. Als ein Levit meldet, dass Athaljas Söldner den Tempelberg umstellt haben, fordert Joad die Priester zum mutigen Kampf auf.

Enthüllung von Joas Identität

Zu Beginn des 5. Aktes verlangt Abner als Gesandter Athaljas die Herausgabe des Davidschatzes und des Knaben. Er fleht darum, Athaljas Forderungen zu erfüllen, um sinnloses Blutvergießen zu vermeiden. Joad will Athalja mit ihren Begleitern im Tempel empfangen und ihr Davids Schatz zeigen. Abner eilt zu ihr. Joad gibt nun Anweisungen an die Seinen: Man setzt Joas auf den Thron und verdeckt ihn durch einen Vorhang; bewaffnete Priester verstecken sich, denn Athalja soll den Tempel nicht lebend verlassen. Als die Königin erscheint, präsentiert Joad ihr Davids Schatz: er zieht den Vorhang beiseite, so dass sie den thronenden Joas erblickt. Athalja will den Knaben töten, da treten die bewaffneten Leviten vor. Als Athalja mit ihrem Heer droht, meldet Ismael, dass die Kunde von Joas' Krönung das Heer Athaljas in die Flucht getrieben habe. Das Volk feiere begeistert. Athalja gibt sich geschlagen, verflucht aber Joas, während man sie abführt: ihr Blut soll sich in ihm durchsetzen und ihn seinen Gott schmähen lassen. Joas betet zu Gott, dass er den Fluch von ihm abwenden möge. Nachdem Athaljas Tod gemeldet wurde, hat Joad das letzte Wort:

Die Maßnahmen gegen Athalja führen zum Sieg

An dem schrecklichen Tod, ihrer Frevel Gericht,
Lernt, König der Juden, vergesset es nicht:
Im Himmel lebt Herrschern ein Richter und Rater,
Der Unschuld ein Rächer, Verwaisten ein Vater.   (V 6, S. 437)

Racine präsentiert *2Kön* 11 im Gewand einer klassischen Tragödie – die Titelfigur stürzt ja aus ihrer Machtposition in den Tod; zudem sind Personen, Schauplatz und Handlung auf höchster Ebene angesiedelt. Racine bedient sich des prophetischen Traumes, der Athaljas Geschick im Voraus andeutet. Im Zentrum des Dramas (III 7) steht ferner eine prophetische Vision des Hohenpriesters Joad, die einen heilsgeschichtlichen Ausblick auf die christliche Ära in die Dramatisierung des alttestament-

Die heilsgeschichtliche Dimension des Dramas

lichen Stoffes einbezieht. Die Rettung des Davidssprosses Joas, die den Fortbestand der davidischen Dynastie sichert, ist heilsgeschichtlich bedeutsam, weil damit auch die Herleitung Jesu aus dem Stamm Davids erst möglich wird. Zudem illustriert das Stück, dass sich der Jahweglaube durchsetzt, Gottesfurcht und Gottestreue sich bewähren. Der Chor zwischen den Akten vertritt die Frommen im jüdischen Volk. Zugleich gaben die ausführlichen Chorpassagen, die auch solistische Abschnitte enthalten, den Mädchen des Pensionats von St. Cyr bei der Uraufführung ausgiebig Gelegenheit zu Gesangsvorträgen.

3.2. Israel unter persischer und hellenistischer Herrschaft

Geschichte Israels in den Büchern Esra, Nehemia und Makkabäer

Die biblischen Bücher *Esra* und *Nehemia* stellen Geschichte Israels beginnend mit dem Ende des Babylonischen Exils dar. Das Edikt des Perserkönigs Kyros, das er 538 v. Chr. erließ, nachdem er im Vorjahr der babylonischen Vorherrschaft ein Ende bereitet hatte, bildet den Auftakt des *Esrabuches* (1,2–3)[44]. Er gestattet den exilierten Judäern darin die Heimkehr und regt den Neubau des Jerusalemer Tempels an. Beide Bücher schildern nun, wie die Restauration im Land Israels, die in der Weihe des Zweiten Tempels einen ersten Höhepunkt erreicht, sich vollzog. Diese spezifisch israelitischen Vorgänge sind literarisch nicht rezipiert worden. Ähnliches gilt für die beiden *Makkabäerbücher*, dem spätesten Zeugnis alttestamentlicher Geschichtsdarstellung, die den Aufstand gesetzestreuer Juden im 2. Jahrhundert v. Chr. gegen das hellenistisch geprägte seleukidische Herrscherhaus schildern. Der Protest gegen die Einschränkungen der jüdischen Religionsausübung führt manche Aufständische in den Märtyrertod[45]. Die im folgenden behandelten Schriften entstanden in hellenistischer Zeit – vom ausgehenden vierten Jahrhundert an –, die fiktiven Erzählungen spielen jedoch in älteren Phasen israelitischer Geschichte und verarbeiten in historischem Gewand aktuelle theologische Fragen, die das

---

[44] Dasselbe Edikt steht auch fast wortgleich am Schluss des 2. *Chronikbuches* (2Chr 36,23).

[45] Vgl. vor allem das Marytrium des Eleasar (2Makk 6,18 ff.) sowie einer Mutter und ihrer sieben Söhne (2Makk 7).

Gottesvolk in der Diaspora oder im von fremden Großmächten beherrschten Palästina bewegen.

3.2.1. Das Buch Tobit[46]

Biblisch

Die Handlung dieses spätbiblischen Buches ist in der Zeit nach dem Untergang des Nordreiches Israel (722 v. Chr.) angesiedelt. Eingangs (1,3–3,6) erzählt Tobit selbst von seinem Leben als Exilierter in Ninive. Er ist ein frommer Mann, der treu zu Gott steht, die Gebote achtet und den übrigen Israeliten in der Fremde beisteht, wo er kann – sogar unter Einsatz seines Lebens. Er selbst befindet sich in misslicher Lage – er hat unverschuldet seinen Besitz eingebüßt sowie durch ein Missgeschick sein Augenlicht verloren –, so dass er Gott bittet, ihn sterben zu lassen. Gleichzeitig erbittet in der medischen Stadt Ekbatana die junge Sara von Gott gleichfalls den Tod (3,7–15); sie wird nämlich verhöhnt, weil sie mit bislang sieben Männern vermählt wurde, die jedoch alle in der Hochzeitsnacht vor Vollzug der Ehe vom bösen Dämon Aschmodai getötet wurden. Der Engel Rafael (sein Name bedeutet „Gott heilt") wird gesandt, um Tobit und Sara zu helfen.

Das Leiden des frommen Tobit

Saras Not

Kap. 4–12 erzählen, wie Tobit seinen Sohn Tobias mit frommen Ermahnungen versehen auf die Reise nach Medien schickt, um dort einen Schuldschein einzulösen. Als Reisegefährten gewinnt Tobias einen Mann, der sich ihm als Asarja ben Hananja vorstellt (der Erzähler nennt ihn im Folgenden stets „der Engel"). Tobit verabschiedet Tobias mit dem Wunsch: „Gott, der im Himmel wohnt, wird euch auf eurer Reise behüten; sein Engel möge euch begleiten." (5,17), nicht ahnend, wie buchstäblich dies zutrifft[47]. Zu Beginn der Reise fängt Tobias auf Geheiß des Engels im Tigris einen Fisch, entnimmt diesem Herz, Leber und Galle und bewahrt sie auf; denn der Engel erläutert ihm, dass das Verbrennen von Herz und Leber böse Dämonen ver-

Tobias Reise mit dem Engel

---

[46] Bei diesem spätbiblischen Buch existieren unterschiedliche Textfassungen. Der Luther-Übersetzung *Buch Tobias* liegt die lateinische Fassung der Vulgata zugrunde. Von den drei verschiedenen griechischen Fassungen überträgt die Einheitsübersetzung die Kurzfassung G^{I}. Hier wird auf die Einheitsübersetzung verwiesen.

[47] Vgl. auch 5,21 f., wo er seiner besorgten Frau sagt: „ein guter Engel begleitet ihn, und seine Reise wird ein gutes Ende nehmen."

treibt und Fischgalle Blindheit heilt (6,1–9). Als die Reisenden nach Ekbatana gelangen, betätigt sich der Engel als Heiratsvermittler, so dass Tobias und Sara ein einander in Liebe zugetanes Paar werden. Da Tobias Fischherz und -leber in der Hochzeitsnacht verbrennt, vertreibt er den bösen Dämon und überlebt zur Überraschung und Freude seiner Schwiegereltern. Der Engel erledigt für Tobias auch das Geldgeschäft. Indessen erwarten Tobit und seine Frau Hanna in Ninive voller Unruhe Tobias' Heimkehr. Tobias macht sich schließlich mit Sara und dem Engel auf die Heimreise, ausgestattet mit der Hälfte des Vermögens seines reichen Schwiegervaters. Als sie Ninive fast erreicht haben, gehen Tobias und der Engel voraus; Tobias bestreicht auf Anweisung des Engels die Augen seines Vaters mit Fischgalle, und Tobit wird von seiner Blindheit geheilt. Freudig preist er Gott und nimmt seine Schwiegertochter Sara in Empfang. Sieben Tage feiern sie ein fröhliches Fest. Als Tobit und Tobias den Reisegefährten großzügig entlohnen wollen, nimmt dieser sie beiseite. Er fordert sie auf, Gott zu rühmen und zu preisen, und gibt sich ihnen als Engel Rafael zu erkennen (12,14–15). Als Tobit und Tobias vor ihm niederfallen, stellt Rafael klar: „Nicht weil ich euch eine Gunst erweisen wollte, sondern weil unser Gott es wollte, bin ich zu euch gekommen. Darum preist ihn in Ewigkeit!" (12,18). Damit entschwindet der Engel.

Das Buch schließt mit einem lobpreisenden Gebet Tobits (13) und einer prophetischen Vorschau des sterbenden Tobit auf den Untergang Ninives und die Heimkehr der Israeliten sowie abschließende Notizen zu seiner Familiengeschichte (14). Es führt vorbildlich fromme Israeliten in der Diaspora vor Augen, insbesondere Tobit, der trotz seines Leidens in seinem Glauben unbeirrt bleibt – wie Hiob. Gott ist den Frommen nahe, und zwar in Gestalt seines Engels Rafael. Rafael, der Tobias begleitet und ihm sowie Sara hilft, bildet den Prototyp eines Schutzengels. Das *Tobitbuch* leistet einen bedeutenden Beitrag in der Entwicklung der Vorstellung von Engelwesen und ihren Funktionen.

Literarisch

Die Rettung Saras aus dem Zugriff des bösen Dämons, der nachts wirkt, erscheint zugleich märchenhaft und als Gespenstergeschichte. Das einflussreichste Element des Tobitbuches ist jedoch der Engel Rafael als helfender und schützender Engel. Man könnte ihn als einen Ahnherrn eines Heeres von Schutzengeln bezeichnen, die Kunst und Literatur hervorbrachten. Zwei lyrische Beispiele mögen hier genügen:

- **Novalis – *Wenn in bangen trüben Stunden.*** In einem zweiteiligen Gedicht ohne Titel beschreibt Novalis (1772–1801) zunächst vom verallgemeinernden Standpunkt der ersten Person Plural menschliche Nöte, um diesen dann im zweiten Teil das Erscheinen von Gottes Engel als Antwort auf das Gebet, als Trost und Hilfe gegenüberzustellen:

Wenn in bangen trüben Stunden
Unser Herz beinah verzagt,
Wenn von Krankheit überwunden
Angst in unserm Innern nagt;
Wir der Treugeliebten denken,
Wenn sie Gram und Kummer drückt,
Wolken unsern Blick beschränken,
Die kein Hoffnungsstrahl durchblickt:

O! dann neigt sich Gott herüber,
Seine Liebe kommt uns nah,
Sehnen wir uns dann hinüber
Steht sein Engel vor uns da,
Bringt den Kelch des frischen Lebens,
Lispelt Mut und Trost uns zu;
Und wir beten nicht vergebens
Auch für die Geliebten Ruh.[48]

- **Joseph von Eichendorff – *Gottes Segen.*** Eichendorffs (1788–1857) kurzes Gedicht illustriert die Tendenz, insbesondere Kindern Schutzengel zuzuweisen:

Gottes Segen

Das Kind ruht aus vom Spielen,
Am Fenster rauscht die Nacht,
Die Engel Gotts im Kühlen
Getreulich halten Wacht.

Am Bettlein still sie stehen,
Der Morgen graut noch kaum,
Sie küssens, eh sie gehen,
Das Kindlein lacht im Traum.[49]

---

[48] Abgedruckt in: *Engel. Gedichte aus allen Sphären*, hg. A. Wüstner, reclams UB 18138, Stuttgart 2001, S. 68.
[49] Ebenda, S. 30.

3.2.2. Das Buch Judit[50]

Biblisch

Eroberungen Nebukadnezars

Die allgemeine Einleitung (Jdt 1–3) führt in eine fiktiv-historische Situation ein, die verschiedene Geschichtsepochen anachronistisch verbindet: Nebukadnezar herrscht von seiner Residenz in Ninive (eigentlich die Hauptstadt Assyriens) aus und führt Eroberungsfeldzüge, zunächst gegen Arphaxad von Medien, dessen Reich und Hauptstadt Ekbatana er einnimmt (1). Weil sich die Bewohner im Westen geweigert haben, Nebukadnezar dabei militärisch zu unterstützen, erteilt er anschließend den Befehl zu einem Rachefeldzug, den sein Oberbefehlshaber Holofernes anführt. Holofernes' Truppen erobern, einem Heuschreckenschwarm gleich, die westlichen Gebiete bis nach Damaskus. Die Küstenstädte ergeben sich ihm. Sie werden besetzt, ihre Kulthöhen zerstört. Denn Nebukadnezar „war die Macht gegeben, alle Götter der Erde zu vernichten. Alle Völker sollten nur Nebukadnezar verehren und alle Stämme und Nationen ihn als Gott anrufen." (3,8).

Bedrohliche Lage der Judäer

Kap. 4–7 wenden sich den Israeliten in Judäa zu, die um den erst kürzlich nach ihrer Rückkehr aus dem Babylonischen Exil (4,3) neu geweihten Jerusalemer Tempel bangen. Der Hohepriester Jojakim leitet die Israeliten zu Vorbereitungen zu ihrer Verteidigung an. Dazu gehört neben Vorratshaltung, Befestigungen und Besetzen der Pässe auch Gebet, Fasten und Buße. Als Holofernes von diesen Aktivitäten erfährt (5,1), schäumt er vor Zorn. Er zieht Erkundigungen über das Gottesvolk ein. Achior, ein Ammoniter (5,5–21), liefert ihm Informationen: Weil sie von ihrem Wege abwichen, wurden die Israeliten in Kriegen aufgerieben und verschleppt, ihr Tempel zerstört. Seit sie sich ihrem Gott wieder zugewandt haben, wohnen sie wieder in ihrem Lande. Achior rät daher, herauszufinden, wie die gegenwärtige Gottesbeziehung des Volkes beschaffen sei. Holofernes fragt Achior: „Wer bist du denn, dass du dich als Prophet aufspielst? [...] Gibt es denn überhaupt einen Gott außer Nebukadnezar? Er wird seine Macht aufbieten und sie vom Erdboden vertilgen, ohne dass ihr Gott sie rettet." (6,2). Holofernes ist zudem sieges-

---

[50] Wie schon beim *Tobitbuch* gibt es auch hier unterschiedliche Textfassungen; die Lutherbibel fußt auch hier auf der Vulgata. Hier wird die Einheitsübersetzung zugrunde gelegt, die die griechische Fassung der Septuaginta wiedergibt.

gewiss: Israel werde restlos untergehen. Dafür beruft er sich auf Nebukadnezar: „Das sagt der König Nebukadnezar, der Herr der ganzen Erde, er hat es so bestimmt, und seine Worte können nicht zurückgenommen werden." (6,4). Achior wird gefesselt vor die Tore Betulias gebracht, um deren Geschick zu teilen. Als die Israeliten ihn in die Stadt holen, erfahren sie von Holofernes' Absichten. Holofernes zieht mit einem gewaltigen Heer nach Betulia (7), besetzt die Umgebung und schneidet der Stadt die Wasserzufuhr ab. Die Betulier müssen das Wasser rationieren, es gibt erste Tote. Deshalb wirft das Volk den Ältesten vor, dass sie nicht freiwillig kapituliert haben. Der leitende Älteste Usija setzt eine Frist von fünf Tagen – so lange wollen sie noch warten. Wenn Gott bis dahin nicht hilft, wollen sie Betulia übergeben.

Kap. 8–16 schildern Judits Rettungstat. Sie ist eine Witwe, schön, reich und gottesfürchtig. Sie hält den Ältesten vor, mit der Fristsetzung Gott zu versuchen[51]. Sie beurteilt die gegenwärtige Not als Prüfung, die zur Einsicht führen solle. Sie hat einen Plan, den sie nicht verraten will. Sie bittet nur darum, nachts mit ihrer Dienerin aus der Stadt gelassen zu werden (8). Judits Gebet (9) mündet in ihre Bitte um Gotteserkenntnis in aller Welt. Dann putzt sie sich heraus, packt reine Lebensmittel ein und verlässt mit ihrer Dienerin Betulia. Den assyrischen Vorposten gegenüber gibt Judit sich als Überläuferin aus, die Holofernes einen Weg in die Stadt weisen wolle. Unter dem Eindruck ihrer Schönheit führen die Wachen sie zum Zelt des Holofernes, der sie alsbald empfängt (10). Im Gespräch mit dem Feldherrn (11) gibt Judit sich unterwürfig; zwar bestätigt sie Achiors Worte, erklärt aber, dass die Belagerten im Begriffe sind, sich gegen Gott zu versündigen, und verspricht durch Gebet zu ermitteln, wann die Israeliten die Schuld begangen hätten und besiegbar seien. Holofernes bestaunt ihre Schönheit und Weisheit: „wenn du tust, was du versprochen hast, soll dein Gott auch mein Gott sein." (11,23). Bei Tisch verzehrt Judit nur die mitgebrachten reinen Speisen. Um Mitternacht verlässt sie das Lager zum Gebet. So vergehen drei Tage. Am vierten Tag gibt Holofernes ein Gastmahl für seinen engeren Dienerkreis und lädt Judit durch seinen Eunuchen und Schatzmeister Bagoas in eindeutig zweideutiger Weise dazu ein. Judit erscheint in ihrem schönsten Kleid. Holo-

Judits
Rettungstat

---

[51] „Nicht einmal die Tiefe des Menschenherzens könnt ihr ergründen und die Gedanken seines Geistes erfassen. Wie wollt ihr dann Gott erforschen, der das alles geschaffen hat?" (8,14).

fernes ist entzückt und begierig. In seiner Fröhlichkeit trinkt er viel mehr als jemals zuvor in seinem Leben (12). Schließlich bleiben Judit und Holofernes allein (13). Holofernes ist betrunken eingeschlafen. Judith betet (13,4b-5), dann trennt sie dem Feldherrn mit dessen Schwert mit zwei Hieben den Kopf ab, den ihre Dienerin draußen in einen Sack steckt. Wie gewöhnlich verlassen sie gemeinsam das Lager, als gingen sie zum Gebet. Tatsächlich gehen sie nach Betulia, wo Judit den zusammenströmenden Einwohner das abgeschlagene Haupt zeigt. Weil Gott sie beschützte, sei sie selbst unbefleckt geblieben. Den Kopf Holofernes' hängt man außen an die Stadtmauer. Das Volk preist Gott, Usija lobt Judit. Auf Judits Anweisungen hin (14) täuschen die Israeliten einen Ausfall vor. Erwartungsgemäß laufen die Assyrer in Holofernes' Zelt, entdecken den Mord und fliehen in Panik; die Israeliten machen sich über die Fliehenden her und plündern deren Lager dreißig Tage lang. Achior bekehrt sich zum Gott Israels, der solche Taten vollbringt. Unter allgemeinem Gotteslob feiert man, Judit führt den Festreigen an (15). Ein Loblied Judits, ein weiteres Freudenfest in Jerusalem und die Schlussnotiz, dass Judit weiter als Witwe im Haus ihres Gatten lebt, bis sie im Alter von 105 Jahren stirbt (16), bilden den Abschluss.

Die beispielhaft fromme Heldin

Die Hauptfigur dieser lehrhaften Erzählung, die frühestens im 3. Jahrhundert v. Chr. entstanden sein dürfte, Judit („Jüdin") verkörpert den Typus eines idealen Gliedes des Gottesvolkes. Der typische Charakter dieser Schrift ist ferner ablesbar an der Mischung verschiedener Elemente aus der Geschichte Israels. Im Gehorsam gegenüber Gottes Geboten (Speisegebote), im Vertrauen auf Gott und mit Gottes Hilfe gelingt es Judit, den Feind ihres Volkes zu beseitigen und Israel zu retten. Ihr Beten, ihre Gottesfurcht und Weisheit machen sie vorbildlich. Die Erzählung drückt zudem den Wunsch und die Hoffnung der jüdischen Glaubensgemeinschaft auf ein Überwinden der Einengung durch Fremdherrschaft und auf Durchsetzung des Jahweglaubens aus. Zahlreiche Anspielungen in diesem deuterokanonischen Buch auf kanonisches Schrifttum[52] verleihen ihm eine zusätzliche Tiefendimension.

---

[52] Judit ist schön – wie David –, weise – wie Salomo –, gottesfürchtig – wie z.B. Hiob; als einzelne tritt sie einem überheblichen Gegner gegenüber – wie David dem Philister Goliat – und schlägt ihm mit dem Schwert den Kopf ab. Analog zu Jaël (*Ri* 4,17–22) tötet sie als Frau nachts im Zelt einen schlafenden Feind. Ein weiteres Beispiel sind Anklänge an die Exoduserzählung etwa in 4,12–13.

Literarisch

- **Friedrich Hebbel – *Judith*.** *Judith*[53] ist Hebbels (1813–1863) erstes Bühnenstück, uraufgeführt 1840 in Berlin. Den Dramatiker interessieren vor allem die Charaktere Judith und Holofernes und ihre Beziehung zueinander. Der 1. Akt, der in Holofernes' Lager spielt, charakterisiert den Feldherrn: Dessen Benehmen und die Art, wie er mit seinen Untergebenen und einigen Gesandten umgeht, illustrieren seine Grausamkeit, Willkür und Unberechenbarkeit. In seinem ersten Monolog sagt Holofernes selbst, dass es sein Handlungsprinzip sei, unvorhersehbar in seinen Entschlüssen und Aktionen zu sein. Im Herzen allerdings sehnt er sich nach jemandem, der es wagt, ihm die Stirn zu bieten. Nachdem ein Bote Nebukadnezars verkündet hat, dass von nun an der König der einzige Gott ist, erklärt Holofernes in einem weiteren Monolog, dass der einzige Grund für die Existenz der Menschheit darin bestehe, dass sie einen Gott hervorbringen werde. Dieser werde daran erkennbar sein, dass er den Menschen entgegentritt in beständigem, gnadenlosem Kampf. Holofernes hält offensichtlich sich selbst für diesen Gottmenschen. Schließlich geben ihm auswärtige Gesandte und Achior Informationen über die Israeliten.

  Charakterisierung des Feldherrn Holofernes

  Der 2. Akt führt Judith in einer häuslichen Szene ein: Mit ihrer Dienerin Mirza sitzt sie am Webstuhl – eine typisch weibliche Aktivität, die zudem Keuschheit suggeriert. Mirza setzt sich für den jungen Ephraim ein, der Judith umwirbt. Judith weist ihn aber immer wieder ab, weil sie Männer grundsätzlich abstoßend findet. Sie erzählt Mirza das Geheimnis ihrer Ehe: Sie empfand Scham und Schrecken am Hochzeitstag. In der Hochzeitsnacht hielt jedoch eine geheimnisvolle Macht ihren Mann Manasses davon ab, die Ehe zu vollziehen[54]. Auch danach berührte er sie kein einziges Mal. So ließ er sie, als er vor drei Jahren starb, nach sechs Monaten Ehe als jungfräuliche Witwe zurück. Auf seinem Sterbebett kam er nicht mehr dazu, ihr das Geheimnis zu enthüllen. Judith genießt den Ruf einer extrem frommen Frau, weil sie oft ganz plötzlich ins Beten verfällt. Sie erläutert, dass sie dann

  Charakterisierung Judiths

---

[53] Friedrich Hebbel, *Judith*. reclams UB 3161, Stuttgart 1984.
[54] Dass es aufgrund geheimnisvoll unheimlicher Vorgänge nicht zum Vollzug der Ehe kommt, erinnert an das Geschick der jungen Sara im *Tobitbuch*, die insgesamt sieben Mal erleben muss, wie ein ihr frisch angetrauter Mann in der Hochzeitsnacht von einem Dämon getötet wird, bevor er sie berührt.

in das Göttliche eintauche und versinke, als ob sie ins Wasser spränge, um Selbstmord zu begehen. Judith sieht das Verhältnis der Geschlechter zueinander geprägt von weiblicher Abhängigkeit: eine Frau sei für sich genommen nichts, sie sei vom Mann abhängig, weil sie nur durch ihn Mutter werden und damit ihre eigentliche Bestimmung erfüllen könne. Ephraim erscheint, um Judith weiter zu umwerben. Er erzählt von der Bedrohung durch Holofernes in der Hoffnung, dass Judith ihn als ihren Beschützer akzeptiert und dass er für sie sterben dürfe. Um sie ängstlich zu machen, beschreibt er ihr Holofernes' Grausamkeit und sexuelle Brutalität. Damit bringt er Judith auf den Gedanken, Holofernes zu treffen und die Stadt zu retten; dann hätte ihr Leben Sinn. Als Ephraim wieder seine Liebe zu ihr beteuert, verlangt sie von ihm, dass er Holofernes töten solle. Sie begreift nicht, dass Ephraim von diesem Gedanken keineswegs begeistert ist, und hält sie ihn für einen Feigling – wie alle Männer. Dies gebe ihr das Recht, die Tat zu wagen.

Judiths Aufbruch aus der belagerten Stadt

Der 3. Akt zeigt Judiths Vorbereitungen und die verzweifelte Lage in Bethulia. Judith hat drei Tage in der Asche gesessen, gefastet und kein Wort gesprochen. In einem langen Gebet bedenkt sie ihren Plan. Dabei denkt sie weniger an ihre Beziehung zu Gott, redet sich aber während des Betens ein, Gott habe ihr ihren Plan eingegeben, obwohl sie eine Sünde begehen werde. Sie erkennt, dass ihre Schönheit und Jungfräulichkeit ihrem Zweck dienlich sind, so dass ihr Leben nicht mehr so sinnlos erscheint. Judith lässt sich von Mirza wie eine Braut herausputzen, geht in die Stadt und wird Zeugin eines Teils der Diskussionen und Streitigkeiten um die Übergabe der Stadt. Von Achior erfährt Judith, dass Holofernes einmal eine Frau lächerlich machte, die sich tötete, weil er sie zurückgewiesen hatte. Nun erscheint Judith ihr Plan zugleich als ein weiblicher Rachefeldzug.

Begegnung zwischen Judith und Holofernes

Ein Gespräch zwischen Holofernes und zwei Offizieren im Heerlager deutet auf Holofernes' Tod voraus (4. Akt). Für Holofernes ist der Tod „Ein Ding um dessentwillen wir das Leben lieben!" (S. 46). Seiner Philosophie, durch Leben selbst zu sterben, indem man das Leben zum Exzess treibt, entsprechend versucht er ständig, Ekstase zu erreichen. Die Begegnung zwischen Judith und Holofernes zeigt, dass beide zum Extrem neigen und insofern glänzend zusammen passen. Holofernes bewundert ihre Schönheit, während sie ihm vorgaukelt, ihm bei der Einnahme der Stadt helfen zu wollen. Holofernes verspricht, sich zu Judiths Gott zu bekehren, wenn die Leute von Bethulia kampflos kapitulieren, und Judith hohe Ehren zu verleihen. Judith hat sich in der Unterredung so überzeugend verstellt, dass selbst ihre Dienerin getäuscht wurde.

Holofernes erfährt von der verzweifelten Lage in Bethulia (V. 1). Ein Monolog zeigt seine Einstellung zum anderen Geschlecht: Ein Mann fühle sich in der sexuellen Begegnung mit Frauen als Mann, weil er der überlegene sei. Für Judith hat er ein Festmahl vorbereitet, weil es eine Schande wäre, wenn sie das Lager unberührt verließe. Als Judith das Zelt betritt, bemerkt sie die Leiche eines Offiziers, den Holofernes gerade aus nichtigem Grund aufbrausend getötet hat. Dieser Anblick macht es ihr leichter, ihren Plan umzusetzen. Der folgende Dialog macht jedoch deutlich, wie sehr Holofernes Judith fasziniert und wie beide die gegenseitige sexuelle Anziehungskraft fesselt. Judiths Attraktivität steigert sich für Holofernes, weil er meint, sie hasse ihn; für Judith wächst die Faszination, weil Holofernes sich wohltuend von Ephraim unterscheidet. Ephraim platzt herein, um Holofernes zu töten. Doch lacht dieser ihn nur aus und lässt ihn in den Käfig seines just verstorbenen Lieblingsaffen sperren. Deshalb bewundert Judith ihn noch mehr. Sie wird ihn töten, weil er sonst ihr Idol, ihr Abgott würde. Er enthüllt ihr, dass er sich nach jemandem sehnt, der ihn besiegen könnte, denn es ist grenzenlos langweilig, nur sich selbst respektieren zu können. Er fordert Judith auf, vor ihm, dem Göttergleichen niederzufallen. Sie aber droht, ihn zu töten. Dies will er verhindern, indem er sie schwängert, und trägt sie in sein Schlafzimmer. Hinter der Bühne vergewaltigt er Judith. Sie fühlt sich von ihm zur Hure erniedrigt und tötet ihn aus dem Gefühl der Scham und Erniedrigung. Sie erkennt, dass sie aus egoistischen Motiven zu ihm gekommen ist, aus dem sexuellen Verlangen nach einem wahren Mann. Ihr idealistischer Plan des Selbstopfers für ihr Volk war ein Selbstbetrug. Schließlich zieht sie mit Mirza und dem abgeschlagenen Haupt zurück nach Bethulia. – Dort feiert das Volk sie begeistert (V. 2). Sie selbst aber ist niedergeschlagen: „ich habe den ersten und letzten Mann der Erde getötet" (S. 78). Während die Juden ins Lager der Feinde eilen, um dort zu plündern, fragen die Priester sie, welchen Lohn sie verlangt. Sie wünscht sich nur, getötet zu werden, wenn sie es verlangt. Dies ist ihre Vorsichtsmaßnahme für den Fall, dass sie schwanger sein sollte.

Judith tötet Holofernes und kehrt als Heldin heim

Hebbel legt Judith und Holofernes als Repräsentanten der Geschlechter an. Im Sinne einer vor-Freudianischen Psychologie übersteigert er die Charakterisierung ins Extrem. Judith, die

Psychologische Deutung der Titelfiguren

jungfräuliche Witwe sehnt sich nach einem echten Mann, einer dominierenden Persönlichkeit. Ihr Verehrer Ephraim verkörpert den romantischen Typ, der ihr zu Füßen liegt, der alles für sie täte. Eben deshalb verachtet Judith ihn. Ephraim fungiert als Folie der Holofernes-Gestalt, Judiths perfektem Partner, von dem sie sich zugleich angezogen und abgestoßen fühlt. Unterbewusste Triebe spielen eine große Rolle, denn Judith handelt nicht aus ideellen und religiösen Gründen, sondern aus Egoismus. Weil sie dies nach der Vergewaltigung – sie bleibt also nicht unberührt wie in der Bibel – erkennt, tötet sie Holofernes, zerstört, was sie liebt, und straft damit zugleich sich selbst. Sollte sie schwanger sein, will sie sterben – eine weitere Selbstbestrafung, wenn man ihre Philosophie bedenkt, dass eine Frau ihre Lebensbestimmung erst als Mutter erreicht. Sie wird zur tragischen Figur, weil der Sieg für ihr Volk sie ihr persönliches Glück kostet. Gott fungiert in Hebbels Drama als Vorwand für Judith. Sie betet nicht aus Frömmigkeit, Holofernes ist eigentlich ihr Gott. Ironischerweise ist er derjenige in dem Stück, der am meisten über Gott nachdenkt. Allerdings ist es für ihn völlig gleichgültig, wer Gott ist. Gott könnte auch ein Mensch sein – am besten er selbst.

- **Johann Nepomuk Nestroy –** *Judith und Holofernes.* Hebbels *Judith* wurde am 1. Februar 1849 mit großem Erfolg erstmals in Wien aufgeführt. Nur wenige Wochen später, am 3. März erlebte Nestroys (1801–1862) Stück seine Premiere. Die Übersteigerung der beiden Hauptpersonen Hebbels und die Zuspitzung auf die sexuelle Komponente forderten Nestroy zu einer Parodie heraus. Sein Einakter[55] aus 24 überwiegend extrem kurzen Szenen führt die sexuelle Faszination, die Hebbels Judith und Holofernes füreinander empfinden, *ad absurdum.* Denn Judith erscheint überhaupt nicht auf der Bühne. Ihr Bruder Joab, der ihr äußerlich sehr ähnelt, schlüpft in Judiths Kleider und sucht Holofernes in seinem Lager auf (Szene 24). Der als Frau verkleidete Mann – Nestroy spielte diese Rolle selbst – sorgt bei seinen Mitwissern, dem Publikum, für komische Effekte. Der Zuschauer kann Rolle und Identität Joabs an seiner Sprache unterscheiden: Als Judith spricht er reimende Knittelverse, seine als Joab beiseite gesprochenen Bemerkungen sind Prosa. Judith-Joab stellt

Parodie: der als Judith verkleidete Mann

---

[55] Johann Nestroy, *Sämtliche Werke*. Historisch-kritische Ausgabe von J. Hein u.a., Stücke 26/II: Lady und Schneider; Judith und Holofernes, hg. J.R.P. McKenzie, Wien 1998, S. 85–114.

sich Holofernes als jungfräuliche Witwe vor und erzählt ihm die Geschichte von der Hochzeitsnacht, die Hebbels Judith ihrer Dienerin bot. Holofernes lädt Judith spontan zum Essen ein. Judith bittet ihn beim Essen, ihr Volk zu schonen. Dies macht den Feldherrn misstrauisch. Er weist seinen Diener Achior an, die spezielle Vorkehrung zu treffen, die er nach einem prophetischen Traum einmal angeordnet hatte. Holofernes zieht sich in sein Schlafgemach zurück, sein Schwert zurücklassend. „Judith" nimmt das Schwert und eilt ihm nach, kehrt kurz darauf zurück, einen Kopf des Holofernes aus Pappmaché in den Händen (währenddessen sieht das Publikum Holofernes durch einen Vorhangspalt lugen). Als die Soldaten des Holofernes diesen sehen, flüchten sie erschrocken: „Ha, auch der falsche Kopf hat die rechte Wirkung gethan!" (S. 148, 35 f.), ruft Judith-Joab triumphierend aus. Die Juden kommen ins Lager und nehmen Holofernes gefangen. Erst jetzt erfährt er, dass er von einem jungen Mann hereingelegt wurde.

Nestroys Parodie bedient sich darüber hinaus der üblichen Mittel der verkürzenden Konzentration[56], der Übertreibung und Trivialisierung. Hinzu tritt die so genannte „Verwienerung", die sich sprachlich am Einsatz des Wiener Dialekts zeigt, der angesichts des biblischen Stoffes anachronistisch wirkt. Außerdem karikiert er in den Szenen 10–13 und 16–20, die die Diskussionen um die angespannte Lage in Bethulia zeigen, die in Wien lebenden Juden seiner Zeit: Sie interessieren sich nur für Geld, wollen auch aus der Krise nur Profit ziehen, besonders aus dem Mangel an Lebensmitteln. Für Joab schrieb Nestroy außerdem zwei Lieder (14. und 15. Szene) im Stile seiner Couplets, die zeitkritische Bemerkungen – insbesondere im Blick auf die Ereignisse der Revolution von 1848 – im biblischen Gewande präsentieren[57]. Nestroy verfolgt – ebenso wenig wie Hebbel – kein theologisches Anliegen, sondern

Weitere karikierende Elemente

---

[56] Eine Übersicht über die Entsprechungen von Nestroys Szenen zu Hebbels Drama bietet die genannte kritische Ausgabe, S. 323–342.

[57] Das zweistrophige erste Lied karikiert die mangelnde militärische Kompetenz der Juden („Uns're Leut / Sind gar g'scheidt / Hab'n zm Kriegführ'n ka Freud", S. 95, lautet der Refrain). Anschließend sinniert Mose über „militärische Führungspersonen" des AT (Mose, Eva, Noah, Josua). Das längere zweite Lied (S. 98–100) befasst sich mit Wundern im AT (babylonische Sprachverwirrung, Goldenes Kalb, Jona im Fisch, Josefs Befreiung aus dem Gefängnis, Salomos Weisheit), kommentiert diese mit aktuellen Anspielungen und resümiert im Refrain: „So was nennt man kein Wunder jetzt mehr heutzutag, / Man findt's ganz natürli und kein Hahn kraht darnach."

übt satirische Zeitkritik – auch der Erfolg eines Dramas wie Hebbels *Judith* gehört dazu.

3.2.3. Das Buch Ester

Biblisch

Das fiktive Geschehen dieser novellistischen Erzählung ist im Perserreich unter König Ahasver (griechische Namensform: Xerxes) und damit im 5. Jahrhundert v. Chr. angesiedelt. Im Rahmen ausgedehnter Feierlichkeiten will Ahasver die Schönheit seiner Königin Wasti vor den Gästen zur Schau stellen und bestellt sie deshalb zu sich. Als sie sich weigert zu erscheinen, verstößt Ahasver sie zornig auf Anregung seiner Ratgeber, weil der ungestrafte Ungehorsam der Königin ein schlechtes Vorbild für die Frauen im Reich wäre (*Est* 1). Um eine neue Königin zu finden, lässt man alle schönen Jungfrauen des Landes an den Hof bringen. Unter ihnen ist auch die Jüdin Hadassa alias Ester, eine Waise, die ihr Verwandter Mordechai zu sich genommen hatte, welcher im Schloss zu Susa lebt. Ahasver macht Ester, die ihre jüdische Identität verheimlicht, wegen ihrer Schönheit zu seiner neuen Königin. Mordechai macht sich verdient, als er den König durch Ester von einer von ihm entdeckten Verschwörung wissen lässt (2). Als der König den Haman in höchste Position erhebt und befiehlt, dass man vor ihm auf die Knie falle, verweigert Mordechai ihm wiederholt diese Ehrerbietung. Haman sinnt deshalb auf Rache an Mordechai und allen Juden. Er macht den König auf die Sonderstellung der Juden aufmerksam, die zu mangelnder Beachtung der königlichen Erlasse führe, und erwirkt damit und durch eine großzügige Zuweisung an die königliche Schatzkammer die Erlaubnis, an einem durch das Los bestimmten Tag alle Juden im Reich umbringen zu dürfen (3). Als Mordechai davon erfährt, informiert er Ester und bittet sie, sich bei Ahasver für ihr Volk einzusetzen. Ester zögert zunächst, weil es bei Todesstrafe verboten ist, unaufgefordert vor den König zu treten. Doch dann verspricht sie Mordechai, aktiv zu werden (4). Ester geht zu Ahasver, der sie nicht der Todesstrafe verfallen lässt, und lädt ihn und Haman zu einem Mahl ein, bei dem sie eine zweite Einladung für den nächsten Tag ausspricht. Haman hält sich daheim auf diese Ehre ebenso etwas zugute wie auf seinen Reichtum; nur Mordechai ist ihm ein Dorn im Auge – für ihn lässt er einen Galgen errichten, bevor er Esters Einladung folgt. In schlafloser Nacht liest Ahasver die täglichen

Die heimliche Jüdin Ester wird persische Königin

Judenverfolgung

Ester rettet ihr Volk

Protokolle und stößt dabei auf das Aufdecken des Anschlages durch Mordechai, der dafür noch keinen Lohn erhielt. Am Morgen fragt er Haman, welche Belohnung er für einen um den König verdienten Mann vorschlage. Da Haman meint, er selbst sei dieser Mann, schlägt er etwas nach seinem Geschmack vor: Ein Reichsfürst solle ihn prächtig geschmückt auf einem Ross durch die Stadt führen. Diese Ehre wird nun Mordechai zuteil (6). Beim zweiten Mahl mit Ahasver und Haman äußert Ester den Wunsch, den der König ihr freigab, nämlich die Rettung ihres Volkes vom Tod. Damit gibt sie ihre jüdische Identität preis. Zudem entlarvt sie Haman als den Urheber des Vernichtungsplans. Ahasver lässt Haman an dem für Mordechai erbauten Galgen aufhängen (7). Ester erwirkt dann auch ein königliches Edikt, das es den Juden gestattet, an dem von Haman ausgelosten Tag ihr Leben zu verteidigen, ihre Feinde zu töten und deren Besitz zu übernehmen (8) – eine einmal erlassene königliche Verordnung kann nämlich nicht zurückgenommen oder verändert werden (als sprichwörtliches „Gesetz der Meder und Perser"). So geschieht es – doch bemächtigen sich die Juden nicht des Eigentums der getöteten Widersacher (9,1–16). Diese Ereignisse begründen laut *Est* 9,17–32 das jüdische Purimfest, so dass die Erzählung zur Gründungslegende dieses Festtages wird. Mordechai übernimmt Hamans Position (10,3).

Das *Esterbuch* führt in fiktiver historischer Einkleidung eine Verfolgungssituation von Juden in der Diaspora vor Augen. Doch dank der Titelheldin, die die höchste für eine Frau denkbare Position im Reich erlangt und die ebenso wie Mordechai umsichtig, mutig und klug handelt, wird das Volk gerettet. Wie *Tobit* und *Judit* zeichnet damit auch *Ester* anhand typisierter Gestalten ein Beispiel, wie Juden sich in der Diaspora unter fremder Herrschaft behaupten.

Literarisch

- **Franz Grillparzer – *Esther*.** Zwar blieb Grillparzers (1791–1872) Dramatisierung des *Esterbuches* Fragment[58], doch erlebte es dennoch Bühnenaufführungen, erstmals 1868 am Wiener Burgtheater. Die vollständig vorhandenen beiden ersten Akte

---

[58] Als Entstehungszeitraum werden die Jahre zwischen 1829 und 1840 angenommen. Die erste Veröffentlichung stammt aus dem Jahr 1863.

und eine unvollendete erste Szene des 3. Aktes[59] lassen erkennen, wie Grillparzer die biblische Erzählung deutete. Die verstoßene Königin Vashti, die selbst nicht auf der Bühne erscheint, und ihre Parteigänger bei Hofe zeichnen für die intriganten Vorgänge verantwortlich. Vashtis Mundschenken Theres und Bightan[60], ihr dunkelhäutiger Kämmerer Hiram und vor allem Zares, die Gattin Hamans, die ihren Ehemann verachtet, streben Vashtis Wiedereinsetzung als Königin an. König Ahasver, der auf seine Ratgeber – allen voran Haman – hörte, als er Vashti verstieß, vermisst sie nun:

> Doch hat es bitter sich an ihm gerächt.
> Denn, lebend in Erinnrung ihrer Schönheit,
> Irrt er durchs Schloß, er selbst sich selbst entfremdet.
> Des Reichs Geschäfte liegen unberührt [...]   (S. 1199).

Im Interesse des Reiches wollen die Räte Ahasvers Abhilfe schaffen. Gegen den Vorschlag, Vashti zurückzuholen oder eine politisch motivierte Eheschließung mit einer indischen oder ägyptischen Prinzessin zu veranlassen, setzt sich Haman mit dem eigenmächtig ergriffenen Schritt durch, die Schönen des Landes an den Hof zu holen, damit Ahasver seine Wahl treffe.

Die zweite Szene des 1. Aktes präsentiert Mardochai und Esther. Mardochai ist durch intensive Schriftlektüre und Bedenken der Volksgeschichte zu dem Ergebnis gekommen, dass ein Held aus dem Haus Davids zu erwarten sei, dem auch Esther mütterlicherseits entstammt. Er wünscht sich, dass Esther zur Rettung der Juden ein Geist beseelen möge wie Deborah, Jael (*Ri* 4–5) und Judith. Esther erzählt Mardochai von der Brautschau für den König, vor der sie sich wegen ihrer jüdischen Herkunft in Sicherheit wiegt, weil die Juden verachtet sind. Dies bringt Mordechai auf den Gedanken, dass Gott Esther für den Thron ausersehen haben könnte. Ein königlicher Offizier nimmt die widerstrebende Esther mit an den Hof.

Haman sieht seinen Plan gescheitert, weil Ahasver angesichts der Heiratskandidatinnen in Zorn geriet. Als er Esthers Schönheit erblickt, schöpft er noch einmal Hoffnung. Tatsächlich verwickelt Ahasver Esther in ein längeres Gespräch. Ihre Unbefangenheit und Offenheit, mit der sie ihm auch empfiehlt, die Königin zurückzuholen, gewinnen ihn für sie. Den goldenen Kranz,

---

[59] Franz Grillparzer, *Esther*, in: Grillparzer, *Werke*. Erster Band: Dramen, hg. P. Stapf, München o.J., S. 1195–1233.
[60] Zu den Namen vgl. *Est* 3,21.

der die Erwählte krönen soll, setzt Esther sich schließlich selbst auf das Haupt, als der König zögert (II 1). Mardochai wartet unterdessen am Tor des Palastes auf Esther. Er träumt von den positiven Auswirkungen, die eine Königin Esther ihrem Volk brächte. Mardochai wird Zeuge von Kontakten zwischen den Gefolgsleuten Vashtis, die einen Anschlag vorbereiten. Nachdem Mardochai gehört hat, dass Ahasver sich für Esther entschied, wird ihm klar, dass der Anschlag Esther gilt (II 2). In der fragmentarischen Eingangsszene des 3. Aktes sprechen Esther und Ahasver über die von Mardochai, den Esther nicht zu kennen vorgibt, angezeigte Verschwörung.

Grillparzer legt das Gewicht auf die Ränkespiele am Königshof, die den König einsam machen, weil er weiß, dass er keinem seiner Räte und Diener vertrauen kann. In seinem Auftrittsmonolog vergleicht Ahasver die Höflinge mit „Raupen und Gezücht" (S. 1203), das sich überall ausbreitet und alles korrumpiert. In Wahrheit herrschen die Hofschranzen über ihn, nicht er über sie. Daher leuchtet es ein, dass Esthers unbefangene und ehrliche Rede ihm gefällt und ihn bewegt, sie zur Frau zu nehmen. Dem Perserkönig und Esther verleiht Grillparzer menschliche Züge; seine Esther ist anders als ihr biblisches Vorbild keine engagierte Vertreterin ihres Volkes, die sich widerstandslos von Mardochai bestimmen lässt. Ihr Judentum hat etwas Beiläufiges, und man wird annehmen dürfen, dass Grillparzer auch im weiteren Verlauf des Dramas kein Interesse an dem Element der Judenverfolgung und deren Vereitelung vertreten hätte. Er gestaltet die Verwicklung vielmehr ganz als Verschwörung und Machtkampf zwischen Parteien am Hof. Eben darin wird man einen aktuellen Bezug in diesem Dramenfragment erblicken dürfen, so dass hier einmal mehr Zeitkritisches im biblischen Gewand erscheint.

Höfische Ränke

4. Psalmen und Lehrbücher

4.1. Psalmen

Biblisch

Das *Buch der Psalmen* – auch *Psalter* genannt – bietet eine Sammlung von 150[1] Gedichten, die fast alle[2] im weitesten Sinne Gebete sind und damit eine dialogische Sprechhaltung aufweisen: ein menschlicher Sprecher tritt in ein Gespräch mit Gott, den er anredet und anruft.

Dialoge
mit Gott

HERR, höre meine Worte, / merke auf mein Reden!
Vernimm mein Schreien, mein König und mein Gott; / denn ich will zu dir beten. (Ps 5,2–3).

Im Unterschied zu einem zwischenmenschlichen Dialog vernimmt man jedoch nur die Stimme des menschlichen Sprechers, nicht die des göttlichen Gesprächspartners. Äußerlich betrachtet bleibt das Gespräch somit zwar einseitig, doch spricht der Betende im Vertrauen darauf, dass die Gottheit das Gebet hört, und – sofern es sich um ein Bittgebet handelt – in der Zuversicht, dass Gott darauf antwortet, in welcher Weise auch immer. Inhaltlich tritt zur Bitte an Gott häufig als Anlass des Betens eine Schilderung der Notlage, in welcher die betende Person sich befindet und die sie beklagt:

Gott, hilf mir! / Denn das Wasser geht mir bis an die Kehle.
Ich versinke in tiefem Schlamm, / wo kein Grund ist;
Ich bin in tiefe Wasser geraten, / und die Flut will mich ersäufen.
Ich habe mich müde geschrien, / mein Hals ist heiser. (Ps 69,2–4a).

---

[1] In der Septuaginta kommt ein 151. Psalm dazu. Zudem weicht die Zählung im griechischen AT von der hebräischen ab, da in der Septuaginta *Ps* 9 und 10 sowie 114 und 115 zu jeweils einem Gedicht zusammengefasst, *Ps* 116 und 147 in zwei Texte zerlegt sind.

[2] Eine Ausnahme macht etwa *Ps* 1, der eine belehrende Absicht verfolgt und auf die rechte Haltung bei der Lektüre des Psalmenbuches einstimmen will. Vgl. ferner *Ps* 14, oder die Lebensweisheit vermittelnden *Ps* 37 und 112; „Wohl dem, der den HERRN fürchtet, / der große Freude hat an seinen Geboten!" (*Ps* 112,1).

4. Psalmen und Lehrbücher   177

Außerdem können Aussagen über Gott – in zweiter Person an ihn gerichtet[3] oder in dritter Person über ihn ausgesagt[4] – hinzukommen, die das Vertrauen des Beters auf göttliche Hilfe begründen und implizit die Gottheit bei ihrem Wesen behaften und sie so zu entsprechendem Handeln auffordern. Der Betende beruft sich dabei auf eigene oder allgemeine Erfahrung[5]. Einige Beter greifen auch zu expliziten Überredungsstrategien[6]. Manche Bittgebete enthalten am Ende bereits einen Hinweis auf Gottes Hören oder helfendes Eingreifen (*Ps* 13,6; 22,23–25). Reine Dankgebete blicken auf die Notlage zurück (*Ps* 30) oder verweisen auf Gottes Wohltaten (*Ps* 107). Meistens sprechen Einzelpersonen, einige Psalmen setzen jedoch eine Mehrzahl von Sprechern voraus. In Lobliedern oder Hymnen ruft ein Einzelner sich selbst („Lobe den HERRN, meine Seele", *Ps* 103,1) oder eine Gruppe anderer um ihn auf, Gott zu loben oder zu danken („Halleluja![7] Lobet den HERRN!", *Ps* 147,1; „Danket dem HERRN", *Ps* 107,1). Diese Psalmen stellen entweder dar, was Gott für den Einzelnen oder sein Volk getan hat – greifen also auf Israels Geschichte zurück, oder beschreiben Gottes Wesen und Eigenart (Schöpfer; Güte). Meist reden die Betenden dann von Gott in dritter Person, bisweilen auch in anredender Weise[8].

Aussagen über Gott

Gotteslob

Er schalt das Schilfmeer, da wurde es trocken, / und führte sie durch die Tiefen wie durch trockenes Land
Und half ihnen aus der Hand dessen, der sie haßte, / und erlöste sie von der Hand des Feindes.   (*Ps* 106,9–10; vgl. *Ex* 14).

Denn des HERRN Wort ist wahrhaftig, / und was er zusagt, das hält er gewiß.

---

[3] „HERR, deine Güte reicht, so weit der Himmel ist, / und deine Wahrheit, so weit die Wolken gehen.", *Ps* 36,6.
[4] „Barmherzig und gnädig ist der HERR, / geduldig und von großer Güte. […] Wie sich ein Vater über Kinder erbarmt, / so erbarmt sich der HERR über die, die ihn fürchten.", *Ps* 103,8.13.
[5] „Du hast mich aus meiner Mutter Leibe gezogen; / du ließest mich geborgen sein an der Brust meiner Mutter.", *Ps* 22,10; „Denn bei dem HERRN ist Gnade / und viel Erlösung bei ihm.", *Ps* 130,7.
[6] „Wende dich, HERR, und errette mich, / hilf mir um deiner Güte willen! / Denn im Tode gedenkt man deiner nicht; / wer wird dir bei den Toten danken?", *Ps* 6,5–6.
[7] „Halleluja" bedeutet „Lobt Jahwe".
[8] Auch dabei ist öfters innerhalb desselben Psalms ein Wechsel zu beobachten: „Der HERR hält alle, die da fallen, / und richtet alle auf, die niedergeschlagen sind. / Aller Augen warten auf dich, / und du gibst ihnen ihre Speise zur rechten Zeit.", *Ps* 145,14–15.

Er liebt Gerechtigkeit und Recht; / und die Erde ist voll der Güte des HERRN.
Der Himmel ist durch das Wort des HERRN gemacht / und all sein Heer durch den Hauch seines Mundes. (*Ps* 33,4–6)[9].

Diese Passagen formulieren somit Bekenntnisaussagen, die sich formal an die Gruppe einschließlich des Sprechenden richten, gleichzeitig aber auch Gott in den Blick nehmen.

Die unterschiedliche Kombination der beschriebenen sprachlichen und inhaltlichen Elemente lässt für heutiges Empfinden manchmal logische Brüche entstehen, die oft, wenngleich nicht immer, auf einer schrittweisen Entstehungsgeschichte des jeweiligen Psalms beruhen.

Vertrauen und Bekenntnis

¹Der HERR ist mein Hirte, / mir wird nichts mangeln.
²Er weidet mich auf einer grünen Aue / und führet mich zum frischen Wasser.
³Er erquicket meine Seele. / Er führet mich auf rechter Straße um seines Namens willen.
⁴Und ob ich schon wanderte im finstern Tal, / fürchte ich kein Unglück; denn du bist bei mir, / dein Stecken und Stab trösten mich.
⁵Du bereitest vor mir einen Tisch / im Angesicht meiner Feinde.
Du salbest mein Haupt mit Öl / und schenkest mir voll ein.
⁶Gutes und Barmherzigkeit werden mir folgen mein Leben lang, / und ich werde bleiben im Hause des HERRN immerdar. (*Ps* 23).

In diesem bekanntesten biblischen Psalm wechselt die Sprecherhaltung von der beschreibenden Rede über Gott in dritter Person (V. 1–3) in die direkte Anrede (V. 4–5), um im Schlussvers in der Beschreibung einer hoffnungsvollen Zukunft wieder zur dritten Person zurückzukehren[10]. *Ps* 23 enthält keine Bitte, sondern spricht Gottvertrauen aus und trägt zugleich bekenntnishafte Züge.

---

[9] Zu V. 6 vgl. *Gen* 1.
[10] Angesichts der Vielfalt und Variationsbreite der einzelnen Gedichte ist bislang noch keine befriedigende wissenschaftliche Kategorisierung und Systematisierung der Psalmen gelungen. Bislang überschneiden sich Kriterien der Sprecheranzahl in Kombination mit der inhaltlichen Grundausrichtung (Klagelied eines Einzelnen – Klagelied des Volkes; Loblied eines Einzelnen – des Volkes; Danklied) und rein inhaltliche Bestimmungen (z.B. Schöpfungspsalm, Geschichtspsalm, Weisheitspsalm).

4. Psalmen und Lehrbücher 179

In einigen Psalmgedichten trifft man als poetische Merkmale[11] Kehrverse (*Ps* 107) an, andere bedienen sich des (nur im hebräischen Original erkennbaren) Akrostichons, einer kunstvollen Form, bei der die Buchstaben des Alphabets in der Reihenfolge des ABC die Anfangsbuchstaben des jeweils ersten Wortes eines Verses bilden[12]. Vor allem aber verfügt der Psalter über eine charakteristische Bildersprache. Gottes Wesen und Handeln ist in verschiedene Metaphern gekleidet: Gott ist Hirte (*Ps* 23), Sonne und Schild (*Ps* 84,12) oder Schirm (*Ps* 32,7; 91,1.4), Fels und Burg (*Ps* 18,3[13]), Bilder also, die bewahrendes, schützendes und Feindliches abwehrendes Handeln Gottes umschreiben. Zudem herrscht Gott als König (*Ps* 93[14]) und thront über seiner Schöpfung, so dass er Macht über alle und alles hat – auch über die Mächte und Übel, die den Betenden zusetzen. Diese werden vielfach bildhaft in den Begriff der „Feinde" oder „Widersacher" gefasst, doch verweisen sie durchaus auch auf konkrete Personen, die dem Betenden schaden. Das Leiden des Betenden besteht in Erfahrungen, die er als Krankheit (*Ps* 38), Ertrinken (*Ps* 69,2–3; Wasser, vor allem das Meer verkörpert nach altorientalischem Verständnis das widergöttliche Chaos), Bedrohung durch wilde Tiere (*Ps* 22,13–14), Verfolgung durch Fallensteller und Jäger (*Ps* 35,7; 119,110), als Tod (*Ps* 88,5–6) beschreibt. Diese Beter erleben Lebensminderungen, die sie auf das Abgewandt-Sein Gottes, auf Gottesferne zurückführen. Es ist vielfach nicht eindeutig bestimmbar, ob die geschilderten Beeinträchtigungen konkret oder metaphorisch gemeint sind, ob ein Betender also etwa tatsächlich krank ist oder ob er mit „Krankheit" seine Notlage bildhaft beschreibt.

> Bildersprache

Psalmen dienten und dienen als Gebetsformulare, als Angebot, sich die Texte zu eigen zu machen, wenn man keine eigenen Worte findet. Psalmen zeichnen sich durch eine gewisse Zeitlosigkeit aus, so dass ihre Entstehungszeit schwer zu ermitteln ist.

> Überschriften

---

11 Hebräische Dichtung kennt keinen Reim, wohl aber sprachliche Rhythmen und die Aufteilung eines Verses in zwei oder drei gleich geartete Glieder (Bikola oder Trikola), die oftmals inhaltliche Bezüge zueinander aufweisen (*parallelismus membrorum*).
12 Z.B. *Ps* 25; 111; 112. Der lange *Ps* 119 besteht aus 22 Strophen entsprechend der Anzahl der Buchstaben des hebräischen Alphabets. Jede Strophe umfasst 8 Verse, die alle jeweils mit dem 1., 2., 3. usw. Buchstaben des Alphabets beginnen – daher erhielt der Psalm in der Luther-Übersetzung die Überschrift „Das güldene ABC".
13 Vgl. ferner *Ps* 31,3–4; 71,3; „Burg" allein *Ps* 91,2; 144,2.
14 Vgl. ferner *Ps* 47; 97–99.

Die den meisten Gebeten vorangestellten Überschriften nennen am häufigsten David als Verfasser, Mose (90) und Salomo (7; 127), sonst Autorenkollektive von Tempelsängern. Hinzu treten Angaben für den musikalischen Vortrag der Psalmen, die beweisen, dass die Texte offenkundig (auch) gesungen wurden.

Psalmen außerhalb des Psalmenbuches

Außerhalb des Psalters begegnen im AT Texte, die man ebenfalls als Psalmen einstufen kann[15]: das Lob Gottes nach der Rettung am Schilfmeer (*Ex* 15), das Loblied der Hanna (*1Sam* 2,1–10) oder den Psalm, den der Prophet Jona im Innern des Fisches spricht (*Jona* 2). Diese „Psalmen außerhalb des Psalters" zeigen durch den Kontext auch den Anlass des Betens. Den kollektiven Gebetsklagen des Psalters (z.B. *Ps* 74) steht die Komposition aus fünf Gedichten nahe, die in einer eigenen Schrift, den *Klageliedern Jeremias*, vereint sind. Weil darin die Zerstörung Jerusalems und die Not der überlebenden Bevölkerung beklagt werden, hat man diese Dichtungen traditionell dem Propheten Jeremia zugeschrieben, der laut dem *Buch Jeremia* als Zeitzeuge die Katastrophe miterlebte und überlebte.

Literarisch

Psalmenrezeption

Psalmen erfuhren eine breite Verwendung in christlicher gottesdienstlicher Liturgie; die Stunden- oder Tagzeitengebete klösterlicher Gemeinschaften beruhen fast vollständig auf dem Beten von Psalmen. Daneben dient der Psalter als privates Gebetbuch; einzelne Psalmenverse gewinnen für die Lebensgeschichte Einzelner etwa als Tauf- oder Trauspruch Bedeutung. Sowohl für den kirchlichen Gebrauch als auch unabhängig davon hat man Psalmen vertont. Mancher Choral im Gesangbuch stellt eine Um- oder Neudichtung eines alttestamentlichen Psalms dar. Daher genossen und genießen ganze Texte – wie etwa *Ps* 23 – oder Einzelverse einen hohen Bekanntheitsgrad und inspirierten auch Dichter. Legt ein Schriftsteller etwa einer Romanfigur oder einer Dramengestalt ein Gebet in den Mund, lohnt es zu fragen, inwieweit sich Psalmworte oder biblische Psalmensprache darin widerspiegeln. Aus der breiten Palette literarischer Gebete hier nur einige wenige Beispiele in Gedichtform, der Gattung, die den biblischen Vorlagen am nächsten steht.

---

[15] Vgl. ferner die zitierten Psalmen in *2Sam* 22; *1Chr* 16.

- **Martin Luther – *Ein feste Burg*.** Luther (1483–1546) verfasste   Choräle
mehrere Choräle für den Gemeindegesang des Gottesdienstes, die
Umsetzungen von Psalmen sind. Sein bekanntester Liedtext, zu
dem er auch eine Melodie komponierte, ist *Ein feste Burg ist unser
Gott*. Die erste Strophe lehnt sich an Ps 46,2–4 an, nutzt außerdem
das im Psalter verbreitete Bild der Burg, um Gott zu charakterisieren, reduziert „die Feinde", Gottes Gegenspieler im Psalter, jedoch
auf „den Feind", so dass man hier den Teufel assoziiert:

Ein feste Burg ist unser Gott, / ein gute Wehr und Waffen.
Er hilft uns frei aus aller Not, / die uns jetzt hat betroffen.
Der alt böse Feind / mit Ernst er's jetzt meint;
groß Macht und viel List / sein grausam Rüstung ist,
auf Erd ist nicht seinsgleichen.[16]

Gellerts Gedicht *Die Ehre Gottes aus der Natur* bildet ein Beispiel für einen Lobpreis nach dem Vorbild der Psalmen.

- **Friedrich Schiller – *Hymne aus dem Unendlichen*.** Eine freie   Lobbekenntnis
Dichtung, die gleichfalls Lobpsalmen vergleichbar ist, schuf
Schiller (1759–1805) mit seiner

       Hymne an den Unendlichen

Zwischen Himmel und Erd, hoch in der Lüfte Meer,
In der Wiege des Sturms trägt mich ein Zackenfels,
Wolken türmen
Unter mir sich zu Stürmen,
Schwindelnd gaukelt der Blick umher
Und ich denke dich, Ewiger.

Deinen schauernden Pomp borge dem Endlichen
Ungeheure Natur! Du der Unendlichkeit
Riesentochter!
Sei mir Spiegel Jehovahs!
Seinen Gott dem vernünftgen Wurm
Orgle prächtig, Gewittersturm!

Horch! er orgelt – Den Fels wie er herunterdröhnt!
Brüllend spricht der Orkan Zebaoths Namen aus.
Hingeschrieben
Mit dem Griffel des Blitzes:
Kreaturen, erkennt ihr mich?
Schone, Herr! wir erkennen dich.[17]

---

[16] EG 362; *Evangelisches Gesangbuch* der NEK, Hamburg/ Kiel 1994.
[17] Friedrich Schiller, *Sämtliche Gedichte und Balladen*, hg. G. Kurscheidt, Frankfurt a.M. 2004, S. 409.

Der Sprecher befindet sich auf einem hohen schroffen Berg, von dem aus er das Aufziehen von Unwetterwolken und ein Gewitter mit Donner und Blitz beobachtet. In diesem gewaltigen, eindrucksvollen Naturereignis spürt er, wie klein er als Mensch – trotz der Vernunft („vernünftger Wurm") – im Gegenüber zu den Naturgewalten ist, die ihrerseits als Schöpfung ihren Schöpfer, den unendlichen Gott spiegeln[18]. Angesichts dessen vermag er nur, Gott als Herrn anzuerkennen und um Schonung zu bitten. Da sich biblisch im Unwetter speziell Gottes Erscheinen zum Gericht ausdrückt, wird die abschließende Bitte um Schonung in der Hymne einsichtig. Formal enthält Schillers Gedicht Anreden an Gott („dich, Ewiger" sowie im Schlussvers), in der mittleren Strophe aber – anders als im Psalter – auch an die Natur und den Gewittersturm, die dadurch personifiziert werden. Einen expliziten Lobpreis, wie ihn Psalmen aussprechen, bietet Schiller nicht. Vielmehr sind es die Naturgewalten, die das Gotteslob artikulieren – dröhnend und brüllend zwar, doch setzt der Sprecher dies mit „Orgeln" gleich, mit dem Instrument, das über den größten Umfang an Tönen und höchste Lautstärke verfügt und das im Gottesdienst erklingt. Das „Orgeln" des Gewitters ist keine harmonische, liebliche Musik, sondern gewaltsames, erschreckendes Geräusch[19]. Erst indem der Dichter seine Eindrücke schildert, wird auch sein Gedicht insgesamt zu einem Hymnus.

Bittgebet

■ **Eduard Mörike – *Gebet*.** Mörike (1804–1875) formulierte ein schlichtes Bittgebet, das sowohl Gottergebenheit und -vertrauen als auch eine Lebensphilosophie der „goldenen Mitte" ausdrückt:

---

[18] Der auf mythischen Vorstellungen fußende, lobpreisende *Ps* 29 nimmt die Macht Gottes im Gewitter, insbesondere im Donner als der Stimme Gottes, wahr und beschreibt die Wirkungen auf die Schöpfung. Abgesehen davon erscheint Gott dem klagenden Hiob im Wettersturm, vgl. *Hi* 38–41, und offenbart ihm seine Schöpfermacht.

[19] Der metrische Aufbau der drei Strophen mit ihrem Wechsel von Kurz- und Langversen sowie die Tatsache, dass nur jeweils die beiden Schlussverse (Ausnahme V. 3–4) einen Reim bilden, spiegelt das beunruhigende, gewaltsame Moment wider.

4. Psalmen und Lehrbücher

Gebet

Herr! schicke, was du willst,
Ein Liebes oder Leides;
Ich bin vergnügt, daß beides
Aus deinen Händen quillt.

Wollest mit Freuden
Und wollest mit Leiden
Mich nicht überschütten!
Doch in der Mitten
Liegt holdes Bescheiden.[20]

- **Theodor Fontane – *Bekenntnis*.** Dem alttestamentlichen Klagepsalm hingegen ist Fontanes (1819–1898) Gedicht *Bekenntnis* nachempfunden:

Klage

Bekenntnis

Ich bin ein unglückselig Rohr:
Gefühle und Gedanken
Seh' rechts und links, zurück und vor,
In jedem Wind ich schwanken.

Da liegt nichts zwischen Sein und Tod,
Was ich nicht schon erflehte:
Heut bitt' ich um des Glaubens Brot,
Daß morgen ich's zertrete.

Bald ist's im Herzen kirchenstill,
Bald schäumt's wie Saft der Reben,
Ich weiß nicht, was ich soll und will –
Es ist ein kläglich Leben!

Dich ruf' ich, der das Kleinste du
In deinen Schutz genommen,
Gönn meinem Herzen Halt und Ruh,
Gott, laß mich nicht verkommen;

Leih mir die Kraft, die mir gebricht,
Nimm weg, was mich verwirret,
Sonst lösch es aus, dies Flackerlicht,
Das über Sümpfe irret![21]

---

[20] In: *Lobet den Herrn!* Gebete großer Dichter und Denker; gesammelt von Chr. Strich, detebe Klassiker 21498, Zürich 1987, S. 168.
[21] In: *Gebete der Dichter*, ausgewählt von A. Weimer, Düsseldorf 2006, S. 184.

In den ersten drei Strophen beschreibt der Sprecher seine Notlage, die nicht äußerer Natur ist, sondern in seiner inneren Zerrissenheit, dem Schwanken zwischen Glaube und Zweifel besteht. Die Eingangsstrophe und die beiden Schlussverse illustrieren dies an Bildern aus der Natur, die das Gedicht einfassen: Der Beter identifiziert sich mit einem ständig bewegten Schilfrohr, das man ebenso wie das Irrlicht im Sumpf antrifft – das Versinken im Schlamm oder Wasser ist auch im Psalter ein Bild für die geistliche Bedrängnis. In den beiden anschließenden Strophen folgt mit direkter Anrede an Gott die Bitte um Orientierung und inneren Frieden. Ist ihm dies nicht vergönnt, so wünscht er sich den Tod. Anders als die Überschrift vor dem Hintergrund der Psalmen erwarten ließe, bietet das Gebet nicht ein Bekenntnis in dem Sinne, dass der Sprecher Aussagen über Gott trifft[22]. Vielmehr bekennt der Beter Gott, wie es in ihm aussieht, wie es um seinen Glauben steht[23].

- **Heinrich Heine –** *Mich locken nicht die Himmelsauen.* Neben die ernsthafte Nachdichtung oder das Nachempfinden biblischer Psalmenpoesie treten parodierende Aufnahmen. Für sein ironisches Gedicht *Mich locken nicht die Himmelsauen* (zwischen 1851 und 1855) mag Heine (1797–1856) Gebetsverse wie die 5. und 6. Strophe aus dem *Abendlied* von Matthias Claudius (1740–1815) vor Augen gehabt haben. Claudius' bekannte Verse, beginnend mit „Der Mond ist aufgegangen", wurden in Kirchengesangbücher aufgenommen. Die frommen Bitten darin lauten:

Gott, laß uns dein Heil schauen,
auf nichts Vergänglichs trauen,
nicht Eitelkeit uns freun;
laß uns einfältig werden
und vor dir hier auf Erden
wie Kinder fromm und fröhlich sein.

Wollst endlich sonder Grämen
aus dieser Welt uns nehmen
durch einen sanften Tod;

---

[22] Dies findet sich lediglich in der Aussage der 4. Strophe, dass Gott das Kleinste schütze.
[23] Sicher nicht zufällig wählt Fontane in Strophe 2 und 3 „Brot" und „Wein", die Elemente des Altarsakramentes als Bilder.

und wenn du uns genommen,
laß uns in' Himmel kommen,
du unser Herr und unser Gott.²⁴

Solchen Wünschen, die vereinfacht christliche Lehre wiedergeben und eine Orientierung hin zum Jenseits, zur himmlischen Existenz nach dem Tod stark machen, setzt Heine in seinem Gedicht eine sehr weltliche Haltung entgegen. Eingangs- und Schlussstrophe illustrieren dies lebhaft: — Parodie

Mich locken nicht die Himmelsauen
Im Paradies, im selgen Land;
Dort find ich keine schönre Frauen
Als ich bereits auf Erden fand.

[...]

Gesundheit nur und Geldzulage
Verlang ich, Herr! O laß mich froh
Hinleben noch viele schöne Tage
Bei meiner Frau im statu quo!²⁵

Dieser Beter begnügt sich mit dem Erdenleben und wünscht sich ganz offen Profanes, was den Lebensgenuß fördert (Frau, Geld), dem man in einem frommen, an Psalmen orientierten Gebet jedoch keinen Platz einräumen würde. Heine dichtete diese so leicht(sinnig) klingenden Verse, als er bereits dauerhaft an das Krankenbett gefesselt war und es auch materiell nicht zum Besten um ihn stand. Biographisch betrachtet haben diese Bitten also einen sehr ernsten Hintergrund.

4.2. Lehrbücher

4.2.1. Das Buch Hiob

Biblisch

Dieses Buch besteht aus einer relativ knappen Rahmenerzählung in Prosa und einem umfangreichen poetischen Dialogteil, der seinerseits in mehrere Abschnitte mit ansatzweise dramatischem — Rahmenerzählung

---

24 *Evangelisches Gesangbuch* 482.
25 In: Heinrich Heine, *Sämtliche Gedichte*, hg. K. Briegleb, Frankfurt a.M. 2005, S. 575–576.

Charakter zerfällt. Die Rahmenerzählung, deren erster Teil (Hi 1–2) jetzt als Prolog des Buches fungiert, stellt Hiob als tadellos Frommen und Gottesfürchtigen vor. Er lebt mit sieben Söhnen und drei Töchtern, mit großem Reichtum gesegnet im Lande Uz, ist also kein Israelit[26] (1,1–5). In der anschließenden ersten Szene im Himmel tritt der Satan vor Gott und fordert ihn heraus: Wenn Hiob seinen Wohlstand verliere, werde er aufhören, fromm zu sein. Gott, der Hiob als seinen unvergleichlich frommen Diener kennt, erlaubt Satan, Hiob seinen Besitz zu nehmen – nur sein Leben darf er nicht antasten (1,6–12). So verliert Hiob an einem Tage alles, was er hat: Kurz nacheinander kommen vier Boten zu ihm und melden den Verlust von Besitz und Nachkommen („Hiobsbotschaften"; 1,13–19). Hiob trauert, bleibt aber fromm: „Der HERR hat's gegeben, der HERR hat's genommen; der Name des HERRN sei gelobt." (1,21). Ein zweites Mal tritt der Satan vor Gott; nun erwirkt er die Erlaubnis, Hiobs Gesundheit – nicht aber sein Leben – anzugreifen (2,1–6). Hiob wird krank und siecht elendiglich dahin, seine Frau rät ihm, sich von Gott abzuwenden, doch Hiob spricht: „Haben wir Gutes empfangen von Gott und sollten das Böse nicht auch annehmen?" (2,10). Hiob duldet also wiederum gottergeben sein Unglück (2,7–10). Drei Freunde namens Elifas, Bildad und Zofar besuchen Hiob, „um ihn zu beklagen und zu trösten" (2,11). Dies leitet zum Dialogteil über, der die im Prolog geschilderte Leidenssituation voraussetzt. Nach einer Überleitung (42,7–9) schildert der zweite Teil der Rahmenerzählung, jetzt Epilog des Buches (42,10–17), dass Gott Hiobs Geschick wendet: Er erhält doppelt so viel Besitz wie zuvor, bekommt wieder sieben Söhne und drei Töchter, lebt noch hundertvierzig Jahre und stirbt „alt und lebenssatt" (42,17).

Der poetische Teil des Buches (3,1–42,6) setzt mit einer Klage Hiobs ein (3), in der er den Tag seiner Geburt verwünscht – angesichts seines Elends wäre es besser, er wäre nie geboren. Die drei Freunde treten nun in ein Gespräch mit Hiob ein (4–27). Dabei setzen beide Seiten voraus, dass das Ergehen eines Menschen in Beziehung steht zu seinem Handeln und Lebenswandel. Dieser so genannte „Tun-Ergehen-Zusammenhang" besagt, dass ein gottgefälliges Verhalten Wohlergehen zur Folge hat, während

---

[26] Dementsprechend kommt der Name des Gottes Israel, Jahwe, im *Hiobbuch* nicht vor; es erhält dadurch einen allgemeingültigen Anstrich, zumal Gott am Schluss des Buches als Schöpfer und damit als universale Gottheit hervortritt.

Missetaten und ein Leben, das nicht im Einklang mit Gottes guter Ordnung steht, negative Konsequenzen zeitigt. Sowohl Hiob als auch die drei Freunde ziehen vor diesem Hintergrund Rückschlüsse: Hiob begreift nicht, warum er leiden muss, da er stets gottesfürchtig lebte; die Freunde dagegen können sich Hiobs Leiden nur dadurch erklären, dass er irgendeine Schuld auf sich geladen hat, und sei es unwissentlich. Die in drei Redegängen kunstvoll gestaltete Unterredung führt zu keiner Lösung des Problems, denn Hiobs Frage, warum er leidet, bleibt unbeantwortet[27]. So beschließt Hiob das Gespräch mit den Freunden, wie er es begann (3), indem er erneut sein Los beklagt: Seinem früheren Glück, das er in Kap. 29 beschreibt, stellt er sein gegenwärtiges Unglück gegenüber (30). Schließlich hält Hiob Gott vor, was er sich alles nicht hat zu Schulden kommen lassen, und fordert Gott auf, ihm zu antworten (31). Indem Hiob Gott sein Wohlverhalten darlegt und ihn fragt, warum er ihn dennoch leiden lässt, rechtet er mit der Gottheit.

Gott antwortet nun auf Hiobs Anklagen (38,1–42,6). Er erscheint im „Wettersturm", im Gewitter und stellt Hiob eine programmatische Frage: „Wo warst du, als ich die Erde gründete?" (38,4). Anschließend führt Gott Hiob in einer Reihe von Fragen Elemente der Schöpfung (Erde, Meer, meteorologische Phänomene, Gestirne) und die Lebensordnung verschiedenster Tiere vor Augen, um ihm auf diese Weise die Macht und Majestät des Schöpfers zu demonstrieren, der allein die Ordnung der Welt durchschaut, weil er selbst sie weise eingerichtet hat. Gottes erste Rede gipfelt in der Frage: „Wer mit dem Allmächtigen rechtet, kann der ihm etwas vorschreiben? Wer Gott zurechtweist, der antworte!" (40,2). Kleinlaut erwidert Hiob: „Siehe, ich bin zu gering, was soll ich antworten?" (40,4). In einer zweiten Rede (40,6–41,26) schildert Gott seine Macht über die beiden mythischen Ungeheuer Behemot und Leviatan, die die Schöpfungsordnung bedrohende Chaosmächte repräsentieren, die Gott jedoch im Zaume hält und so den Bestand der Schöpfung garantiert. Wiederum entgegnet Hiob nur kurz: „Ich erkenne, daß du alles vermagst, und nichts, das du dir vorgenommen, ist dir zu schwer." (42,2). Hiob beugt sich der All-

Gottes Reden an Hiob

---

[27] Hiob wendet sich in den Reaktionen auf die Reden der Freunde bisweilen direkt an Gott, so z.B. „Laß mich wissen, warum du mich vor Gericht ziehst." (10,2), d.h. er will wissen, welchen Vergehens Gott ihn beschuldigt und wofür er ihn mit seinem Leiden bestraft.

macht des Schöpfers, sein Klagen und Fragen verstummt angesichts dessen:

> Ich hatte von dir nur vom Hörensagen vernommen; aber nun hat mein Auge dich gesehen. Darum spreche ich mich schuldig und tue Buße in Staub und Asche. (42,5–6).

Hiob erkennt die Vermessenheit seines Klagens, Fragens und Rechtens. Gott setzt der Anklage des Menschen, der in seinen Reden nicht vorkommt, den Aufweis des Gering-Seins des Menschen als Geschöpf entgegen. Eine Antwort auf die Frage nach dem Warum seines Leidens erhält Hiob allerdings nicht. Hiobs Problem mit der Gerechtigkeit Gottes – der „Theodizee", dem von Leibniz geprägten Begriff – im Sinne des Tun-Ergehen-Zusammenhangs steht im Raum: Aus Hiobs Sicht erscheint Gottes Gerechtigkeit zweifelhaft, da es ihm, der sich als gerecht beurteilt, nicht wohl ergeht, wie es zu erwarten wäre, sondern er sich Leiden ausgesetzt sieht.

Ansätze zur Betrachtung der Theodizee
frommer Dulder
Prüfung

In seiner Endgestalt[28] bietet das Hiobbuch verschiedene Ansätze zur Betrachtung des Problems: Die Rahmenerzählung präsentiert Hiob als frommen Dulder, der sein Leid klaglos akzeptiert. Die beiden Szenen im Himmel lassen die Leserschaft wissen, dass der Verlust von Hiobs Besitz und Gesundheit eine Prüfung ist, in der er seine Gottesfurcht – erfolgreich – beweist. In ihrer Diskussion ringen Hiob und seine Freunde (4–27) um den Bestand des Tun-Ergehen-Zusammenhangs, von dessen Gültigkeit beide Seiten ausgehen. Während die Freunde meinen, dass die Beziehung zwischen Tun und Ergehen fraglos in Kraft ist, es lediglich dem leidenden Menschen an der Erkenntnis seines Vergehens mangelt, zieht Hiob angesichts des Tun-Ergehen-Zusammenhangs Gottes Gerechtigkeit in Zweifel, weil er ihn trotz seines Wohlverhaltens leiden lässt. Deshalb begehrt Hiob gegen Gott auf, er verlangt eine Erklärung von Gott. Die Gottesreden konfrontieren ihn mit der Allmacht des Schöpfers, die der Mensch nicht zu hinterfragen vermag. Gott bleibt uner-

---

[28] Entstehungsgeschichtlich ist das Buch sicher mehrschichtig. Bibelwissenschaftlich wird das Verhältnis zwischen Rahmenerzählung und Dialogteil diskutiert. Deutlich ist, dass 2,11–13 und 42,7–9 als Gelenkstücke für die Verknüpfung zwischen beiden sorgen. Innerhalb des poetischen Teils bilden die Elihu-Reden (32–37) sicher eine spätere Ergänzung, ebenso wie Kap. 28. Man rechnet überdies mit späteren Erweiterungen in den Gottesreden (38–41). Innerhalb der Rahmenerzählung halten manche die beiden Himmelsszenen für spätere Zusätze.

gründlich. Eben diese Unergründlichkeit Gottes illustriert das Gedicht in *Hi* 28 am Beispiel des Bergbaus: der Mensch fördert Edelmetalle und Edelsteine aus verborgenen Bereichen zu Tage (28,1–11). Doch: „Wo will man aber die Weisheit finden? Und wo ist die Stätte der Einsicht?" (28,12). Weder auf der Erde noch in Unterwelt und Meer findet man sie, und mit den zu Tage geförderten Kostbarkeiten kann man sie nicht kaufen (28,13–19), so dass nur die Frage bleibt: „Woher kommt denn die Weisheit? Und wo ist die Stätte der Einsicht?" (28,20). Die Antwort im dritten Teil lautet: Innerhalb der geschaffenen Welt findet man sie nicht; „Gott weiß den Weg zu ihr, er allein kennt ihre Stätte." (28,23). Denn Gott hat die Schöpfung weise geordnet, in ihr spiegelt sich seine Weisheit. Dem Menschen bleibt deshalb nur der Grundsatz: „Siehe, die Furcht des Herrn, das ist Weisheit, und meiden das Böse, das ist Einsicht." (28,28).

Unergründlichkeit Gottes

Bevor Gott zu Hiob spricht, wird ein vierter Freund namens Elihu eingeführt, der bislang geschwiegen hat. Er fragt nicht nach dem Grund, sondern dem Zweck des Leidens. In vier Redeabschnitten (Kap. 32–37) führt er unter mehrfachen Bezügen zu den Gottesreden aus, dass Gott durch Leid den Menschen mahne und prüfe; Leiderfahrungen dienen somit zur Erziehung des Menschen durch Gott. Diese als weitere theologische Position deutlich später in das Buch eingefügten Ausführungen Elihus bleiben unkommentiert im Raum stehen.

Hiob ist in der Rahmenerzählung als frommer Dulder charakterisiert, im Dialog als aufbegehrender Verzweifelter.

Für die theologische Diskussion bildet der Satan in den Himmelsszenen eine besondere Herausforderung. Satan ist im hebräischen Text noch kein Eigenname, sondern eine Funktionsbezeichnung, „Ankläger, Widersacher"[29]. Er setzt Gottes positiver Einschätzung Hiobs die Erwartung entgegen, dass irdische Güter ausschlaggebend die Gottesbeziehung des Menschen bestimmen. Der Satan opponiert einerseits gegen Gott, andererseits ist er ihm untertan, da er der göttlichen Erlaubnis bedarf, um Hiob zu schädigen. Gott lässt diese schädliche Macht gewähren. Setzt man ein monotheistisches Gottesbild voraus, wie es zur vermutlichen Entstehungszeit des *Hiobbuches* im 4./3. vor-

Gott und Satan

---

[29] Im Alten Testament erscheint dieser Satan selten; abgesehen von *Hiob* 1–2 nur noch in *1Chr* 21,1, wo er David zu etwas Unerlaubtem anstachelt, und *Sach* 3,1, wo Satan einem Engel Gottes gegenüber steht.

christlichen Jahrhundert in Israel herrschte, muss alles auf diesen einen Gott zurückgeführt werden, den man als gütig und Leben fördernd begriff. Satan als Gegenspieler Gottes wäre dann nicht als eine göttliche Macht in Konkurrenz zu dem – mächtigeren – guten Gott zu verstehen, sondern als verborgene dunkle Seite des einen Gottes selbst.

Literarisch

Im Zentrum der Rezeption des *Hiobbuches* steht die Frage nach dem Grund menschlichen Leidens, insbesondere wenn es eine untadelige Person trifft. Warum leidet ein guter, gerechter Mensch? Warum lässt Gott Leiden zu? Ist Gott gerecht, wenn er das Leiden offenbar Unschuldiger zulässt? Welchen Sinn kann Leiden überhaupt haben? Während der biblische Hiob auch im Klagen an Gott festhält, da er sich in seiner Not ja an Gott wendet und von ihm eine Antwort und Erlösung[30] von seinem Leid erwartet, führten neuzeitliche Aufnahmen des Hiob-Problems auch zu Zweifeln an Gottes Güte und Gerechtigkeit bis hin zur Negation der Existenz Gottes. Insbesondere im 20. Jahrhundert erfolgte eine breite Rezeption dieses Aspektes des *Hiobbuches*[31].

Gott und Satan im Wettstreit um eine Seele

Das zweite wirkmächtige Element des Buches bilden die Himmelsszenen, das Gegenüber von Gott und dem Satan, die in einen Wettstreit um einen Menschen eintreten: Wird der betreffende Mensch Gott die Treue halten, auch wenn er ins Unglück gerät, oder bestimmen ihn irdische Güter so sehr, dass er sich von Gott abwendet, sobald er Geld, Gut und Gesundheit einbüßt? Der *Prolog im Himmel* aus Goethes *Faust I* verarbeitet die Himmelsszenen des *Hiobbuches*. Die Tragödie zeigt dann, wie es der Satansfigur Mephistopheles gelingt, Faust auf ihre Seite zu ziehen, den Gelehrten damit von Gott abzubringen und der Verdammnis anheim fallen zu lassen. Damit kontrastiert Faust mit dem Hiob der biblischen Rahmenerzählung, der Gott treu bleibt. Grundsätzlich ist in der Konfrontation zwischen Gott und dem Satan in den Himmelsszenen die Konstellation des Streitens guter und böser Mächte um den Menschen angelegt. Diese Mächte

---

[30] Vgl. *Hi* 19,25: „Ich weiß, daß mein Erlöser lebt, und als der letzte wird er über dem Staub sich erheben."
[31] Vgl. dazu G. Langenhorst, *Hiob unser Zeitgenosse*. Die literarische Hiob-Rezeption im 20. Jahrhundert als theologische Herausforderung. Mainz 1994.

können als Engel und Teufel personifiziert werden, Gestalten, die sich im volkstümlichen Glauben weiter entwickelten. Insbesondere in die Gestalt Satans oder des Teufels als Gottes Gegenspieler flossen außerbiblische Vorstellungen ein, die Bocksgestalt der griechischen Satyrn etwa beeinflusste das äußere Erscheinungsbild des Teufels, der auch als gefallener, und damit schwarzer und böser Engel auftreten kann[32]. Während der biblische Hiob das Wohlergehen als Folge seines Wohlverhaltens wie im AT überwiegend üblich im Diesseits erwartet, verfällt der Mensch in christlicher Deutung je nach dem, welchem Einfluss er sich beugt, der Verdammnis oder erlangt ewiges Heil jeweils im Jenseits.

▪ **Hugo von Hofmannsthal – *Jedermann*.** Das christliche Mittelalter brachte das Ringen übermenschlicher Mächte um die Seele des Menschen in den Moralitäten auf die Bühne, wo neben menschlichen Personen allegorische Gestalten auftreten. Nach dem Vorbild dieser belehrenden Schauspiele gestaltete Hofmannsthal (1874–1929) seinen *Jedermann. Das Spiel vom Sterben des reichen Mannes*[33] (1911). Gott beauftragt den Tod, Jedermann zu holen. Indessen genießt der reiche Jedermann das Leben in vollen Zügen; egoistisch und verschwenderisch gibt er sein Geld für Luxus und Feste aus, den Bitten des armen Nachbarn und des Schuldners gegenüber bleibt er taub. Den Rat seiner Mutter, an den Tod zu denken und seine Liebesbeziehung zu seiner Geliebten, der „Buhlschaft" zu legitimieren, hört Jedermann ungern. Während einer ausgelassenen Feier mit Buhlschaft, Vettern und Freunden erscheint der Tod, um Jedermann zu holen. Auf dessen Bitten hin gibt er Jedermann eine Stunde Frist, in welcher er sich auf den Tod vorbereiten und einen Begleiter suchen kann. Sein bester Freund, seine Vettern, ebenso seine Diener weigern sich, mit ihm zu gehen. Der Mammon, Personifizierung seines Besitzes, nützt ihm auf dem Weg ins Jenseits nichts. Seine ebenfalls personifizierten Werke sind zu schwach, als dass sie etwas ausrichteten. Erst der Glaube rettet Jedermann, indem er ihn zum Bekenntnis zu Christus führt und ihn zum Beten um Gnade veranlasst. Als der Teufel Jedermann holen will,

Allegorische Personen im geistlichen Drama

---

[32] Vgl. dazu Kap. 1.
[33] Hugo von Hofmannsthal, *Gesammelte Werke*. Dramen III 1893–1927, hg. B. Schoeller, Fischer Tb 2161, Frankfurt a.M. 1979, S. 9–72.

treten ihm Werke und Glaube in den Weg, so dass er unverrichteter Dinge abzieht. Hofmannsthals Jedermann bekehrt sich angesichts des Todes in letzter Minute. Ihm ist er unausweichlich ausgesetzt, doch dem Gegenspieler Gottes, dem Teufel, entzieht er sich durch seine Umkehr.

Der dritte Aspekt des *Hiobbuches*, der eine breite Wirkung entfaltete, ist Hiob, der fromme Dulder, der sich bewährt, weil er auch im Leiden nicht von Gott abfällt. Jahrhunderte lang war der Hiob der Rahmenerzählung ein Vorbild unerschütterlichen Glaubens.

- **Giovanni Boccaccio – *Il Decamerone* X 10.** Boccaccio (1313–1375) schuf diese Sammlung von hundert Novellen zwischen 1349 und 1353. Die Erzählungen bettete er in eine Rahmenhandlung ein: Sieben Damen und drei Herren fliehen auf einen Landsitz vor der Pestepidemie, die 1348 Europa und auch Florenz erfasste. Zum Zeitvertreib erzählen die jungen Aristokraten an zehn Tagen jeder eine Geschichte. Die Erzählungen zeichnen ein Bild der zeitgenössischen Gesellschaft in einem breiten Spektrum, das von der Heiligenlegende bis zum Schwank reicht. Die letzte Novelle[34] innerhalb der Sammlung besitzt besonderes Gewicht, nicht nur wegen ihrer Stellung im *Decamerone* insgesamt, sondern auch auf Grund ihres Inhaltes.

Markgraf Gualtieri von Saluzzo, der sich nur für die Jagd interessiert, lässt sich von seinen Lehnsmännern dazu bewegen, eine Ehefrau zu nehmen, damit die Herrschaftsnachfolge gesichert werde. Er nimmt den Lehnsleuten das Versprechen ab, dass sie seine künftige Frau respektieren, gleichgültig woher sie stammt. Gualtieri hat nämlich ein schönes Mädchen aus ärmlichsten Verhältnissen namens Griselda im Sinn. Nachdem er sich mit Griseldas Vater Giannucolo geeinigt hat, setzt Gualtieri den Hochzeitstermin fest und bereitet die Brautausstattung vor, während die Lehnsleute das Fest ausrichten. Der Markgraf reitet am Hochzeitstag in das Dorf, wo er auf die noch ahnungslose Griselda trifft, die vom Brunnen herbei eilt, um den Hochzeitszug zu sehen. Gualtieri begleitet Griselda zur Hütte ihres Vaters. Dort gibt sie ihm das Versprechen, als seine Frau stets gehorsam und duldsam gegen ihn zu sein. Der Markgraf lässt seine Braut

---

[34] Giovanni Boccaccio, *Der Decamerone*. Bd. V: Die Novellen des neunten und zehnten Tages. Deutsch von H. Conrad, detebe Klassiker 21264, Zürich 1984, S. 195–210.

vor der Hütte entkleiden und ihr den kostbaren Brautstaat anlegen. Im Palast feiert man dann ein prächtiges Fest.

Die Braut aber schien mit den Kleidern auch Gesinnung und Benehmen gewechselt zu haben. Sie war [...] schön von Gestalt und Gesichtszügen, und so schön sie war, ebenso anmutig, gefällig und gesittet wurde sie nun, so daß man nicht mehr geglaubt hätte, sie sei die Tochter des Giannucolo und eine Schafhirtin gewesen, sondern daß sie das Kind eines adligen Herrn schien, wodurch sie denn einen jeden in Erstaunen setzte, der sie vorher gekannt hatte. Dabei war sie ihrem Manne so gehorsam und so dienstbeflissen gegen ihn, daß er sich für den glücklichsten und zufriedensten Menschen auf der Welt hielt; (S. 199–200).

Zur Freude des Markgrafen bringt Griselda eine Tochter zur Welt, so dass das Glück vollkommen scheint.

Bald darauf verfiel er jedoch auf den seltsamen Gedanken, durch langwierige Mittel und fast unerträgliche Proben ihre Geduld prüfen zu wollen. (S. 200).

Er kränkt Griselda, indem er vorgibt, es rege sich unter den Vornehmen Unmut gegen sie wegen ihrer – und damit auch ihrer Tochter – niederen Herkunft. Griselda will sich in alles fügen, was ihr Gatte mit ihr vorhat. Gualtieri schickt einen Diener zu ihr, der das Kind wegnehmen und den Eindruck wecken soll, als solle es getötet werden. Klaglos gibt sie die Tochter heraus, die Gualtieri zur Erziehung zu einem vornehmen Verwandten nach Bologna bringen lässt. Als Griselda einen Knaben gebiert, verfährt der Markgraf in derselben Weise. Wie beim ersten Mal bleibt Griselda wieder äußerlich gefasst, so dass Gualtieri „in ihrem Benehmen ihre Weisheit erkannte." (S. 203). Die Untertanen meinen ebenfalls, ihr Herr habe die Kinder töten lassen, und verurteilen seine Tat. Doch wenn andere Frauen Griselda bemitleiden, erklärt diese, „sie sei mit allem zufrieden, was dem gefalle, der sie [sc. die Kinder] erzeugt habe." (S. 203).

Nach einigen Jahren unterzieht der Markgraf seine Frau der dritten und letzten Geduldsprobe. Er behauptet, beim Papst einen Dispens erwirkt zu haben, damit er sich von Griselda trennen und eine andere heiraten könne. Griselda ist sich bewusst, dass sie in ärmliche Verhältnisse zurückkehren und eine andere an der Seite ihres geliebten Mannes sitzen sehen muss –

Der Markgraf erlegt Griselda harte Proben auf

wie sehr sie sich aber auch innerlich darüber betrübte, so schickte sie sich doch, so wie sie die anderen Kränkungen ertragen hatte, nun an, auch diese mit fester Stirn zu bestehen. (S. 203–204).

Und so erklärt sie ihrem Gatten:

Mein Gebieter, ich habe immer erkannt, daß meine geringe Geburt zu Eurem Adel auf keine Weise paßt, und was ich im Verhältnis zu Euch gewesen bin, das habe ich immer als Eure und Gottes Gabe erkannt, niemals aber für ein Geschenk angesehen und mir zugeeignet, sondern es stets nur als geliehen erachtet. Es gefällt Euch nun, es zurückzufordern, und mir muß es gefallen und gefällt es, Euch dasselbe zurückzugeben. (S. 204).

Sie bittet nur darum, wenigstens ein Hemd behalten zu dürfen, damit sie nicht nackt gehen muss, wie sie seinerzeit das Vaterhaus verließ. Barfuß und im Hemd kehrt sie zu Giannucolo zurück, legt dort ihre alten Kleider wieder an und übernimmt die Aufgaben, die sie vor ihrer Heirat verrichtete. Für die Vorbereitungen zu seiner angeblichen Hochzeit mit einer jungen Gräfin schickt der Markgraf nach Griselda. Sie bereitet das Fest vor und empfängt in ärmlicher Kleidung am Hochzeitstag die Gäste. Als angebliche Braut fährt in prächtigem Aufzug die herangewachsene *Glückliches* Tochter Gualtieris und Griseldas in Begleitung ihres Bruders vor. *Ende* Nach ihrer Ansicht gefragt, lobt Griselda die Wahl des Markgrafen, der ihr nun alles enthüllt und erläutert:

Griselda, es ist endlich Zeit, daß du die Frucht deiner langen Geduld erntest und daß diejenigen, die mich für grausam, ungerecht und vernunftlos erachtet haben, nun erkennen, daß, was ich auch tat, für einen vorausgesehenen Zweck berechnet war, nämlich dich zu lehren, Frau zu sein, sie aber eine solche zu wählen und zu behandeln, und mir selbst, solange ich mit dir zu leben hätte, beständige Ruhe zu bereiten. (S. 208–209).

So kehrt Griselda an seine Seite zurück, man feiert ein Freudenfest, und Gualtieri lebt „lange und glücklich mit Griselda, die er stets, so hoch er nur konnte, in Ehren hielt." (S. 210).

[…] den Gualtieri aber hielt man von nun an für einen weisen Mann, wiewohl man die Proben, denen er seine Gattin unterworfen hatte, für hart und unerträglich achtete. Vor allen aber wurde Griselda für verständig gehalten. (S. 210).

Griselda Boccaccios Novelle ist vielschichtig lesbar[35]. Die Analogie zur *und Hiob* Hiob-Rahmenerzählung bildet eine Lesart: Griselda wird einer Bewährungsprobe unterzogen, ohne zu wissen, dass ihre Leiderfahrungen als Prüfung fungieren. Wie Hiob verliert sie alles irdische Gut – den mit ihrer gehobenen Position verbundenen Reich-

---

[35] Vgl. dazu K. Schöpflin, *Boccaccios Griselda und Hiob*, in: Romanistisches Jahrbuch 42 (1991), 136–149.

tum, die Kinder, den geliebten Gatten – und erhält, als sie sich charakterlich bewährt hat, alles wieder zurück. Abgesehen von der Eheschließung, die die Vorgeschichte bildet, verläuft Griseldas Geschichte bis hin zum märchenhaften Schlussakzent analog zum Muster der Hiobnovelle. Zwar werden Griselda ihre Verluste nur vorgegaukelt, doch da sie sie als real erfährt, wiegen sie für sie subjektiv ebenso schwer wie Hiobs Not. Hiob und Griselda sind vorbildlich demütig.

Den impliziten Bezug von Boccaccios Erzählung zum *Hiobbuch* nahmen bereits die frühen Rezipienten wahr, allen voran *Francesco Petrarca* (1304–1374), der sie unter dem Titel *De obedientia ac fide uxoria mythologia* ins Lateinische übertrug. Diese lateinische Fassung machte Boccaccios Novelle allgemein bekannt. An der Stelle, als Griselda nackt ins Vaterhaus zurückkehren müsste, spielt Petrarca deutlich auf den Wortlaut von Hiob 1,21[36] an. In seiner Schlussbemerkung legt Petrarca die Erzählung allegorisch aus: Der fürstliche Ehemann entspricht Gott, die Ehefrau Griselda dem Menschen. Dies allegorische Verständnis hat seinerseits Anhalt an biblischer Bildsprache: Sowohl in der Schriftprophetie[37] als auch im Neuen Testament[38] begegnet die Darstellung des Verhältnisses zwischen Gott und seinem Volk bzw. Christus und der Kirche im Bild der ehelichen Verbindung. Dies erklärt, weshalb Boccaccio sozusagen einen weiblichen Hiob präsentiert: Als Ehefrau, die den Menschen in der Bindung an Gott darstellt, ist Griselda Sinnbild menschlicher Abhängigkeit von Gott und Vorbild für den Menschen, der an Gott festhalten soll, gleichgültig, was Gott ihn erleiden lässt. Sieht man den Markgrafen als Repräsentanten Gottes, erscheint sein Verhalten gegenüber Griselda nicht als zu kritisierende Willkür, sondern als Gottes unerklärliches, keiner Rechtfertigung bedürfendes Handeln am Menschen. Die allegorische Dimension erklärt so auch den grausamen und unrealistischen Zug der über Jahre durchgehaltenen Prüfung.

Allegorische Auslegung der Ehe

---

36 „nuda e domo patris egressa, nuda itidem revertar"; vgl. Vulgata, *Liber Iob* 1,21: "nudus egressus sum de utero matris meae et nudus revertar illuc."
37 Vgl. z.B: *Hos* 1 und 3; *Ez* 16.
38 Vgl. z.B. *Mt* 25,1–15; dort repräsentiert der Bräutigam, den die klugen und törichten Jungfrauen erwarten, Christus; vgl. ferner *Off* 19,7; 21,2; 22,17.

Stellung der Novelle im Decamerone

Der religiöse Hintergrund macht verständlich, weshalb diese Novelle den krönenden Abschluss von Boccaccios Novellensammlung bildet. Allerdings relativiert Boccaccio die ernste Botschaft der Erzählung durch den Kommentar des fiktiven Erzählers Dioneo, dessen Schlussbemerkung einen lasziven Ton anschlägt[39]. Damit lockert er den Ernst auf und gibt der Novelle nachträglich einen Akzent, der sie in den überwiegend heiteren Ton des Gesamtwerkes einpasst.

4.2.2. Das Buch der Sprüche Salomos (*Proverbien*)

Biblisch

Weisheitsliteratur ist ein internationales Phänomen in der antiken Welt. Im Alten Testament zählen dazu neben dem *Buch der Sprüche* das *Hiobbuch* und das *Buch des Predigers Salomo* sowie das Buch *Jesus Sirach* und die *Weisheit Salomos*. Einflüsse der Weisheit finden sich jedoch über diese Schriften hinaus, etwa in der Josefsnovelle (*Gen* 37–50) und einigen Psalmen (z.B. *Ps* 49).

Weisheit

Die Tradition schrieb das *Buch der Sprüche* König Salomo, dem Inbegriff des Weisen in Israel, zu. Der Weise versucht, durch Beobachtung die von Gott gesetzte Ordnung der Welt und des menschlichen (Zusammen)Lebens zu ergründen und daraus die Erkenntnis zu gewinnen, wie der Mensch sich dieser göttlichen Ordnung gemäß zu verhalten hat, damit sein Leben gelingt. Das wichtigste Organ des Weisen ist das Herz, das nach altorientalischer Auffassung auch Sitz des Verstandes ist. Als „hörendes Herz" soll es empfangsbereit und aufnahmefähig für die Wahrnehmung der göttlichen Ordnung sein. So ist die ideale Haltung des Weisen die Gottesfurcht, die Ehrfurcht vor dem allmächtigen Schöpfergott; in ständiger Rückbindung an Gott und in Verantwortung vor ihm lebt der Weise, während der Tor egoistisch handelt und Gottes Satzungen ignoriert. Deshalb übt er sich im Gegensatz zum Weisen nicht in Selbstdisziplin[40] und Zurückhal-

---

[39] „Diesem [sc. Gualtieri] aber wäre es vielleicht wohlverdienter Lohn gewesen, wäre er auf eine getroffen, die, als er sie im Hemde aus dem Hause verjagte, sich von einem anderen ihr Pelzchen so hätte schütteln lassen, daß ihr ein schönes Kleid daraus entstanden wäre!" (S. 210).

[40] „Zucht bewahren ist der Weg zum Leben; wer aber Zurechtweisung nicht achtet, geht in die Irre."; 10,17; „Wer Zucht liebt, der wird klug; aber wer Zurechtweisung haßt, der bleibt dumm."; 12,1.

tung – zum eigenen Schaden und mit negativer Wirkung auf die Gemeinschaft. Dies zeigt sich besonders deutlich am Umgang mit der Sprache: Während der Tor unüberlegt viel schwatzt, spricht der Weise sparsam und mit Bedacht[41]. Die göttliche Ordnung umfasst alle Lebensbereiche; sie sieht etwa auch vor, beim Verkauf von Waren niemanden durch Manipulation der Gewichte zu übervorteilen[42].

Im Kern des *Buches der Sprüche* (10–29) sind einzelne Sprichworte als Sammlungen zusammengestellt. Diese Sprüche sind poetisch in „Gedankenreimen" (dem *parallelismus membrorum*) gestaltet: Jeder Vers besteht aus zwei Hälften, die inhaltlich verschieden zueinander in Beziehung gesetzt sein können. Das Verhältnis kann synonym sein („Ein ränkesüchtiger Mann stiftet Hader / und ein Verleumder vertreibt den Freund."; 16,28), antithetisch („Wer Zucht bewahrt, geht den Weg zum Leben / wer aber Rüge missachtet, der geht in die Irre."; 10,17) oder synthetisch („Die Tür dreht sich in ihrer Angel / und der Faule in seinem Bett."; 26,14). Hinzu kommen weitere Strukturen, etwa der Vergleich („Wie goldener Apfel in silberner Schale / ist ein Wort, geredet zu rechter Zeit"; 25,11), die Paradoxie („Mancher gibt viel und wird doch noch reicher / mancher ist geizig über Gebühr und wird nur ärmer"; 11,24), die Seligpreisung („Wohl dem, der sich des Elenden erbarmt!"; 14,21) oder das Mahnwort („Sag nicht: Ich will das Böse vergelten. / Vertrau auf den HERRN, er wird dir helfen."; 20,22). Allen Sprichworten ist gemeinsam, dass sie in Gegensatzpaaren, vor allem weise – töricht, fromm – gottlos, gerecht – frevlerisch, denken. Der Weise, Fromme, Gerechte, das heißt der, der der göttlich gesetzten Ordnung gemäß lebt, wird Glück haben, ihm wird es wohl ergehen. Beherzigt man also die Erkenntnisse, die in den Lebensregeln der Sprüche zum Ausdruck kommen, wird das Leben gelingen. Der Tor, Gottlose, Frevler ignoriert diese Lehre und erfährt deshalb Lebensminderung: „Das Licht der Gerechten brennt fröhlich; aber die

Poetische Formen

---

[41] „Wo viel Worte sind, da geht's ohne Sünde nicht ab; wer aber seine Lippen im Zaum hält, ist klug."; 10,19. „Wer unvorsichtig herausfährt mit Worten, sticht wie ein Schwert; aber die Zunge der Weisen bringt Heilung."; 12,18. „Ein Vernünftiger mäßigt seine Rede, und ein verständiger Mann wird nicht hitzig. Auch ein Tor, wenn er schwiege, würde für weise gehalten und für verständig, wenn er den Mund hielte."; 17,27–28. „Wer seinen Nächsten schmäht, ist ein Tor; aber ein verständiger Mann schweigt stille."; 11,12.

[42] „Falsche Waage ist dem HERRN ein Greuel; aber ein volles Gewicht ist sein Wohlgefallen."; 11,1.

Leuchte der Gottlosen wird verlöschen." (13,9) oder „Wer nach Gutem strebt, trachtet nach Gottes Wohlgefallen; wer aber das Böse sucht, dem wird es begegnen." (11,27). Es herrscht also ein Zusammenhang zwischen Tun und Ergehen: „Wer das Wort verachtet, muß dafür büßen; wer aber das Gebot fürchtet, dem wird es gelohnt." (13,13).

Später entstandene weisheitliche Lehrreden und -gedichte fassen die Spruchsammlungen im Zentrum des Buches ein. Erwähnenswert sind hier die Personifizierung der Weisheit als „Frau Weisheit" neben „Frau Torheit" (8–9) sowie das „Lob der tüchtigen Hausfrau" (31,10–31), das die Sammlung abschließt.

Frau Weisheit

Literarisch

Manche der biblischen Sprichworte sind bis heute – teils sprachlich leicht abgewandelt – in allgemeinem Gebrauch: „Wer zugrunde gehen soll, der wird zuvor stolz / und Hochmut kommt vor dem Fall." (16,18). „Sprich nicht: Wie einer mir tut, so will ich ihm auch tun und einem jeglichen sein Tun vergelten." (24,29; „Wie du mir, so ich dir"). „Wer eine Grube macht, der wird hineinfallen / und wer einen Stein wälzt, auf den wird er zurückkommen." (26,27; „Wer andern eine Grube gräbt, fällt selbst hinein"). „Des Menschen Herz erdenkt sich seinen Weg; aber der Herr allein lenkt seinen Schritt." (16,9; „Der Mensch denkt, und Gott lenkt"). Da solche Sprichworte Allgemeingut sind, trifft man sie auch in der Literatur an; ihr biblischer Ursprung muss den Verfassern dabei nicht bewusst sein. Als Sentenzensammlung verfolgt das Buch der Sprüche eine lehrhafte Absicht mit lebenspraktischer Ausrichtung.

Sprichworte biblischer Herkunft

- **John Bunyan – *Pilgerreise*.** John Bunyans (1628–1688) *The Pilgrim's Progress*[43] wurde in zahlreiche Sprachen übersetzt und über konfessionelle Grenzen hinweg – bis heute – viel gelesen. Der volle Titel der Erstausgabe von 1678 lautet übersetzt *Des Pilgers Reise aus dieser Welt in die zukünftige gekleidet in das Gleichnis eines Traumes, in dem sein Aufbruch, seine gefahrvolle Reise und sichere Ankunft im ersehnten Land enthüllt wird*; dies lässt die wesentlichen Aspekte des Erbauungsromans bereits erkennen. Bunyan stellt dem Roman ein längeres Gedicht

Lebensweg als Pilgerreise

---

[43] John Bunyan, *The Pilgrim's Progress*, hg. R. Sharrock, Harmondsworth 1965.

4. Psalmen und Lehrbücher

voran, die Apologie des Autors für sein Werk. Darin rechtfertigt er die Verwendung von Metaphern, die er dem biblischen Vorbild entnommen habe, gibt eine Inhaltsvorausschau und erklärt zusammenfassend:

> Es hört sich neu an und enthält doch nur
> das Wort des Evangeliums rein und pur. (S. 16)[44].

Der Verfasser erlebt die Reise seines Protagonisten namens „Christ" im Traum mit. Bereits das Grundkonzept der Pilgerfahrt zur himmlischen Stadt beruht auf biblischem Gut[45]. Hinzu tritt als zentrales Element das Bild des Weges, das den Lebensweg und Lebenswandel versinnbildlicht. Diese Metapher ist im *Buch der Sprüche* verbreitet, und zwar in der Differenzierung zwischen dem rechten Weg und dem falschen, dem Irrweg. Zwei Beispiele: „Die Gerechtigkeit des Frommen macht seinen Weg eben; aber der Gottlose wird fallen durch seine Gottlosigkeit." (11,5) „Wer den Herrn fürchtet, der wandelt auf rechter Bahn; wer ihn aber verachtet, der geht auf Abwegen." (14,2)[46]. Diese beiden Sprichworte sind programmatisch für die Reise Christs. Das Wort Jesu aus der Bergpredigt präzisiert das Bild:

Der Erzähler schaut Christs Pilgerfahrt im Traum

> Geht hinein durch die enge Pforte. Denn die Pforte ist weit, und der Weg ist breit, der zur Verdammnis führt, und viele sind's, die auf ihm einhergehen. Wie eng ist die Pforte und wie schmal der Weg, der zum Leben führt, und wenige sind's, die ihn finden. (*Mt* 7,13–14).

In seinem Traum erblickt der Erzähler Christ mit einer großen Last auf dem Rücken – seiner Sünde – bei der Lektüre eines Buches – der Bibel. Er lebt in der Stadt „Verderben", verzweifelt und ratlos. Weil er erkennt, dass der Stadt der Untergang durch Feuer droht, verlässt er Haus und Familie, die sich ebenso wie seine Nachbarn weigert, sich ihm anzuschließen. Er trifft auf einen Mann, „Evangelist", der ihm den Weg zu einer engen Pforte weist. Unterwegs gerät Christ in den Sumpf der Verzagtheit, wird aber von „Helfer" daraus befreit. Von „Weltklug" lässt er sich beschwatzen, das Dorf Moral und Herrn Gesetzlich aufzu-

---

[44] John Bunyan, *Pilgerreise*, neu übersetzt von C. Rendel, Lahr (1998) ⁵2008.
[45] Vgl. *Hebr* 13,14: „Wir haben hier keine bleibende Stadt, sondern die zukünftige suchen wir." Jerusalem als himmlische Stadt und Wohnsitz Gottes und der Heiligen schildert *Off* 21.
[46] Vgl. ferner *Spr* 19,16; 28,18. Aussagen zum richtigen Weg finden sich beispielsweise *Spr* 2,8; 9,6; 16,17; 23,19; sowie zum falschen Weg 2,12–13; 4,14; 16,29; 21,16; 22,5.

suchen, um dort seine Last loszuwerden. Doch als Christ dabei zu einem schroffen, bedrohlichen Berg gelangt, bleibt er ängstlich am Straßenrand stehen. Evangelist belehrt ihn, dass man an diesem Gesetzesberg, dem Sinai, seine Last durch Gesetzesgehorsam nicht los wird, und führt ihn auf den Weg zur Pforte zurück. Erst nachdem Christ die enge Pforte passiert und im Haus des Auslegers verschiedene abschreckende und positive Vorbilder geschaut hat, fällt ihm die Last, die Erbsünde, vom Rücken, als er auf einem Hügel den Gekreuzigten erblickt. Christ erhält ein neues Gewand, ein Mal auf der Stirn und eine Schriftrolle, die ihm den Zugang zur himmlischen Stadt sichern wird. Damit gehört Christ zu den Erwählten, muss sich aber auf der weiteren Reise weiterhin bewähren.

Allegorische Orte — Christ erklimmt den Berg der Beschwernis, gelangt dann in das Tal der Demütigung, wo er mit dem Ungeheuer Apollyon – dem Fürsten der Welt – kämpft und dank seiner Glaubensrüstung und der Hilfe Christi siegt; Christus heilt die Wunden Christs mit Blättern vom Baume des Lebens. Im Tal der Todesschatten gewinnt Christ den Pilger Getreu als Reisegefährten. Gemeinsam erreichen sie eine Stadt, wo ständig der Jahrmarkt der Eitelkeiten abgehalten wird. Hier werden die beiden Pilger verhaftet und misshandelt. Man macht ihnen den Prozess und verurteilt sie zum Tode. Während Getreu hier den Märtyrertod stirbt, gelingt Christ die Flucht aus dem Gefängnis. Mit seinem neuen Gefährten Hoffnungsvoll gerät Christ erneut in Gefangenschaft beim Riesen Verzweiflung, dem Herrn der Zweifelsburg, der sie einschüchtert und mit dem Tode bedroht. Mit seinem Schlüssel „Verheißung" befreit Christ Hoffnungsvoll und sich jedoch. Durch die Lieblichen Berge geleiten sie Hirten, die ihnen hilfreiche Hinweise für den Rest der Reise auf den Weg geben. Am Scheideweg im Verzauberten Grund empfiehlt ihnen der verkleidete Schmeichler die falsche Straße, auf der sie sich in einem Netz verfangen, aus dem eine Lichtgestalt sie jedoch wieder befreit. Schließlich trennen sie noch ein Fluss, dessen Wassertiefe dem Gottvertrauen dessen, der ihn durchquert, entsprechend variiert, und ein steiler Abhang vom Tor zur himmlischen Stadt. Beide Hindernisse überwinden die Pilger; himmlische Heerscharen empfangen sie mit Jubel. Dem Erzähler in seinem Traum ist ein Blick durch das offene Tor in die goldene Stadt vergönnt. Er beobachtet abschließend, wie ein gewisser Unwissend am Himmelstor abgewiesen und in die Hölle gestoßen wird – selbst am Tor zur Ewigkeit gibt es also noch einen Weg ins Verderben.

Auf der Reise begegnen Christ mannigfache allegorische Ge- *Allegorische*
stalten, die Tugenden (z.B. Weisheit, Gottesfurcht, Liebe), Las- *Gestalten*
ter (Faul, Neid, Aberglaube), menschliche Einstellungen und
Gemütszustände, auch in Formen der Anfechtung des Glaubens
(Furchtsam, Unzufrieden, Selbstvertrauen, Scham), verkörpern.
Bunyan greift damit die Tradition der mittelalterlichen Moralitä-
tendramen auf und erweitert deren Figurenrepertoire. Die Charaktere wirken lebendig, manche Porträts sind satirischer Natur.
Christ führt Gespräche über Glaubensfragen mit diesen Gestalten. Außerdem wird Christ belehrt – etwa durch den Evangelisten, durch die Einblicke, die ihm im Haus des Auslegers zuteil werden, oder durch die Hirten Erfahren, Wachsam und Auf-
richtig in den Lieblichen Bergen. Die Orte und Hindernisse auf
Christs Weg sind ebenfalls allegorischer Natur. Zahlreiche Zitate – nicht zuletzt aus dem *Buch der Sprüche* –, Verweise und
Anspielungen auf die Bibel durchziehen den Roman. Die Hauptfigur Christ repräsentiert den (puritanischen) Christen, und, indem er das Ziel der himmlischen Stadt schließlich erreicht, fungiert er auch als Vorbild. Aber Bunyan idealisiert diese Gestalt
nicht, sondern zeichnet sie realistisch, indem er seinen Helden
auf dem Weg durchaus auf Abwege geraten lässt: Christ schläft
etwa bei einer Rast am Berg der Beschwernis ein und verliert
seine Schriftrolle, so dass er umkehren und diese suchen muss.
Später bewegt Christ unter dem Einfluss von „Selbstvertrauen"
Hoffnungsvoll dazu, an der Abwegswiese mit ihm den bequeme-
ren Weg zu nutzen. Als Selbstvertrauen vor ihnen in eine Grube
fällt, kehren die beiden noch rechtzeitig um. Christs Weg verläuft also nicht geradlinig; er bedarf immer wieder des Rates und
der Hilfe, bemüht sich aber seinerseits auch, andere zu unterstützen. Im Mittelpunkt dieser religiösen Allegorie steht der aus
der Bibel gespeiste Glaube in Verbindung mit Gottvertrauen. Bunyans abwechslungsreiche Mischung aus erzählenden Passagen,
die Christs Erlebnisse schildern, und Dialogen, in denen wichtige
Glaubensfragen angesprochen werden, will somit Orientierung
für das Christenleben bieten – Lebensregeln vermitteln, die Leben gelingen lassen, indem der Christ das ewige Leben erlangt.

4.2.3. Der Prediger Salomo (*Kohelet/Ecclesiastes*)

Biblisch

Eitles Streben nach Weisheit

Traditionell wird auch diese weisheitliche Schrift König Salomo zugeschrieben. Tatsächlich stammt das Buch jedoch erst aus dem 4./3. vorchristlichen Jahrhundert. Denn es zeigt neben Anknüpfungen an alttestamentliche Weisheit auch Bezüge zu hellenistischer Philosophie. Die Betrachtungen des weisheitlich gebildeten Verfassers stehen unter dem Leitsatz: „Es ist alles ganz eitel." (1,2)[47], der manchmal noch durch die Bemerkung „und Haschen nach Wind"[48] ergänzt wird. Der Prediger strebte nach weisheitlicher Erkenntnis, stellte aber fest, dass sie dem Menschen verschlossen ist. „Alles ist eitel" – das Bemühen des Menschen bei seiner Arbeit und vor allem sein Versuch, eine Ordnung in der Welt zu erkennen und sein Verhalten danach einzurichten. Auch den in älterer Weisheitsliteratur verbreiteten Tun-Ergehen-Zusammenhang beurteilt er skeptisch; denn Gerechter und Gottloser haben dasselbe Geschick (9,2–3) und müssen gleichermaßen sterben (2,15–16). Alles ist vergänglich, und Gottes Handeln bleibt undurchschaubar. Dem Menschen bleibt nichts anderes übrig, als zu akzeptieren, dass Gott alles bestimmt. Der Prediger sieht menschliche Weisheit somit kritisch und gelangt zu einer pessimistischen Weltsicht. Doch setzt er dennoch auch einen positiv gestimmten Akzent: Der Mensch muss zwar die Gottgegebenheit und die Grenzen seiner Erkenntnisfähigkeit und Einflussmöglichkeiten in der Welt hinnehmen, aber er kann und soll genießen, was Gott ihm schenkt:

> Er [*sc.* Gott] hat alles schön gemacht zu seiner Zeit, auch hat er die Ewigkeit in ihr Herz gelegt; nur daß der Mensch nicht ergründen kann das Werk, das Gott tut, weder Anfang noch Ende. Da merkte ich, daß es nichts Besseres gibt als fröhlich sein und sich gütlich tun in seinem Leben. Denn ein Mensch, der da ißt und trinkt und hat guten Mut bei all seinem Mühen, das ist eine Gabe Gottes. (3,11–13)

Akzeptieren der Eitelkeit menschlichen Bemühens

Während die Dialoge des *Hiobbuches* einen funktionierenden Tun-Ergehen-Zusammenhang einfordern, resigniert der Prediger in dieser Hinsicht und löst das Problem, indem er sich notgedrungen in die unabänderlichen Verhältnisse fügt und einen

---

[47] Dieser Satz rahmt die Schrift (vgl. 12,8); die Bewertung „auch das ist eitel" durchzieht sie (2,1.11.19; 5,9; 7,6; 8,10 u. ö.).
[48] *Pred* 1,14; 2,17.26; 4,4.8.16; 6,2.9 u. ö.

4. Psalmen und Lehrbücher

maßvollen[49] Lebensgenuss propagiert. So bietet auch der Prediger Lebensregeln, deren oberster Grundsatz die Gottesfurcht ist[50]. Dass er die Gegebenheiten und Wechselfälle menschlichen Lebens akzeptiert, spricht er in einem Gedicht, dem berühmtesten Abschnitt des Buches, aus:

Ein jegliches hat seine Zeit, / und alles Vorhaben unter dem Himmel hat seine Stunde:
Geboren werden hat seine Zeit, / sterben hat seine Zeit;
Pflanzen hat seine Zeit, ausreißen, / was gepflanzt ist, hat seine Zeit;
Töten hat seine Zeit, / heilen hat seine Zeit;
Abbrechen hat seine Zeit, / bauen hat seine Zeit;
Weinen hat seine Zeit, / lachen hat seine Zeit;
Klagen hat seine Zeit, / tanzen hat seine Zeit;
Steine wegwerfen hat seine Zeit, / Steine sammeln hat seine Zeit;
Herzen hat seine Zeit, / aufhören zu herzen hat seine Zeit;
Suchen hat seine Zeit, / verlieren hat seine Zeit;
Behalten hat seine Zeit, / wegwerfen hat seine Zeit;
Zerreißen hat seine Zeit, / zunähen hat seine Zeit;
Schweigen hat seine Zeit, / reden hat seine Zeit;
Lieben hat seine Zeit, / hassen hat seine Zeit;
Streit hat seine Zeit, / Friede hat seine Zeit.   (3,1–8).

Alles hat seine Zeit

Die spätbiblischen Bücher *Jesus Sirach* und *Weisheit Salomos* setzen die Linie alttestamentlicher Weisheitsliteratur fort, überwinden aber den Protest Hiobs und die Skepsis des Predigers: *Jesus Sirach* (2. Jh. v. Chr.) bietet ausgehend von der Tradition des Buches der Sprüche eine Sammlung von Lebensregeln, die er als Weisheitslehrer vor allem an die Jugend richtet. Dabei vertritt er die These, dass Gott über Gerechte und Frevler gerecht urteilt[51]. Auch die *Weisheit Salomos* (1. Jh. v. Chr.) leitet zu einem

Spätbiblische Weisheit

---

[49] „Sei nicht allzu gerecht und nicht allzu weise, damit du dich nicht zugrunde richtest." (Pred 7,16).

[50] Z.B. „Unrechter Gewinn macht den Weisen zum Toren, und Bestechung verdirbt das Herz." (7,7); „So freue dich, Jüngling, in deiner Jugend und laß dein Herz guter Dinge sein in deinen jungen Tagen. Tu, was dein Herz gelüstet und deinen Augen gefällt; aber wisse, daß dich Gott um das alles vor Gericht ziehen wird." (11,9).

[51] „Der Herr hat die Menschen aus Erde erschaffen / und lässt sie wieder zu ihr zurückkehren. Gezählte Tage und eine bestimmte Zeit wies er ihnen zu / und gab ihnen Macht über alles auf der Erde. […] Er hat ihnen Weisheit geschenkt / und ihnen das Leben spendende Gesetz gegeben. […] Er sprach zu ihnen: Hütet euch vor allem Unrecht! / Er schrieb ihnen ihr Verhalten gegenüber dem Nächsten vor. […] Alle ihre Taten stehen vor ihm wie die Sonne, / seine Augen ruhen stets auf ihren Wegen. Ihre Frevel sind vor ihm nicht verborgen, / alle ihre Sünden stehen dem Herrn vor Augen. […] Schließ-

Leben in Gottesfurcht nach Grundsätzen der Weisheit an, und zwar in werbender Absicht: Auch hellenistisch-philosophisch geprägte Zeitgenossen sollen für den jüdischen Glauben gewonnen werden. Der Tun-Ergehen-Zusammenhang erfüllt sich auf jeden Fall im Jenseits, wo den weisen Gerechten ewiges Leben belohnt, während der Frevler spurlos vernichtet wird[52].

Literarisch

Einen literarischen Nachhall fanden einerseits die Verse zum Thema „Alles hat seine Zeit" (*Pred* 3), andererseits das Leitmotiv „alles ist eitel" und die Aufforderung des Predigers, die geschenkte Lebenszeit zu genießen. Letzteres Motiv – im Anschluss an eine Ode[53] des römischen Dichters Horaz (65–8 v. Chr.) *Carpe-diem*-Motiv genannt – speist sich nicht allein aus biblischer Quelle. Die Vorstellung der „Eitelkeit", Vergänglichkeit des menschlichen Lebens und alles Geschaffenen sowie die Vergeblichkeit menschlichen Tuns – *vanitas*-Motiv genannt – bildet einen Schwerpunkt in barocker Dichtung. Die Epoche des Barock spiegelt in besonderer Weise das Spannungsverhältnis zwischen Lebensgenuss, der sich nicht zuletzt in höfischer Prachtentfaltung niederschlägt, und dem Wissen um Vergänglichkeit und Todesbedrohung, einschließlich der Nichtigkeit von Reichtum und Macht.

- **Andreas Gryphius – *Es ist alles Eitel*.** Der Titel eines der Sonette von Gryphius (1616–1664), dessen Dichtung das *vanitas*-Motiv besonders stark prägte, zitiert den Prediger:

---

lich erhebt er sich und vergilt ihnen, / er lässt die Vergeltung über ihr Haupt kommen." (*Sir* 17,1–2.11.14.19–20.23, zitiert nach der Einheitsübersetzung, Stuttgart 1980).

52 „Ja, die Hoffnung des Frevlers ist wie die Spreu, die der Wind verweht […]; sie schwindet wie die Erinnerung an einen flüchtigen Gast. Die Gerechten aber leben in Ewigkeit, der Herr belohnt sie, der Höchste sorgt für sie." (*Weisheit* 5,14–15, Einheitsübersetzung).

53 *Carmen* I 11, V. 8, Horatius, *Opera*, hg. F. Klingner, Leipzig 1970; deutsche Übersetzung Quintus Horatius Flaccus, *Gedichte*. Eine Auswahl, hg. W. Plankl, Stuttgart 1979, S. 7. Horaz' Dichtung enthält auch das Motiv der Vergänglichkeit, des Todes, der alle gleichermaßen trifft, vgl. *Carmen* II 3; *Gedichte*, S. 12–13.

> Es ist alles Eitel.
>
> DV sihst / wohin du sihst nur Eitelkeit auff Erden.
> Was diser heute baut / reist jener morgen ein:
> Wo itzund Stĕdte stehn / wird eine Wisen seyn /
> Auff der ein Schĕfers-Kind wird spilen mit den Herden:
> Was itzund prăchtig blŭht / sol bald zutretten werden.
> Was itzt so pocht und trotzt ist Morgen Asch und Bein /
> Nichts ist / das ewig sey / kein Ertz / kein Marmorstein.
> Itzt lacht das Glŭck uns an / bald donnern die Beschwerden.
> Der hohen Thaten Ruhm muß wie ein Traum vergehn.
> Soll denn das Spil der Zeit / der leichte Mensch bestehn?
> Ach! was ist alles diß / was wir vor kŏstlich achten /
> Als schlechte Nichtikeit / als Schatten / Staub und Wind;
> Als eine Wisen-Blum / die man nicht wider find't.
> Noch wil was Ewig ist kein einig Mensch betrachten!⁵⁴

In der ersten Hälfte illustriert Gryphius die Vergänglichkeit der Zivilisation am Beispiel menschlicher Bautätigkeit, der eines Einzelnen (V. 2) und der von Kollektiven (Städte, V. 3); was lebenskräftig erscheint, ist ebenso dem baldigen Zerfall anheim gegeben. Dass selbst die härtesten Materialien Erz und Marmor – aus denen man insbesondere Denkmale herzustellen pflegt – keine Dauerhaftigkeit des Andenkens und Ruhms garantieren, bildet einen ersten Höhepunkt. Glück und Ruhm sind flüchtig, der Mensch erscheint als Spielball der Zeit. Alles, was Menschen wertschätzen, ist tatsächlich nur Nichtigkeit, Schatten, Staub, Wind; im vorletzten Vers setzt Gryphius es mit einer Wiesenblume gleich, einer Pflanze, die relativ schnell verblüht. Das Bild der welkenden Blume als Inbegriff der Vergänglichkeit ist biblisch⁵⁵. Der Schlussvers enthält die Pointe: Der Mensch will das Ewige nicht ansehen, was impliziert, dass er sich auf das Vergängliche beschränkt und sich damit und daher mit dem schönen Schein der Beständigkeit der Dinge zufrieden gibt.

Vergänglichkeit und Vergeblichkeit

Welkende Blume

---

[54] Andreas Gryphius, *Gedichte*. Eine Auswahl, hg. von A. Elschenbroich, reclams UB 8799, Stuttgart 1968, S. 5.
[55] „Alles Fleisch ist Gras, und alle seine Güte wie eine Blume auf dem Felde. Das Gras verdorrt, die Blume verwelkt;" (*Jes* 40,6b-7a; vgl. 40,8). Vgl. ferner *Ps* 90,5–6 sowie 103,15–16.

- **Andrew Marvell – *An seine spröde Geliebte*.** Der englische Barockdichter Marvell (1621–1678) verbindet in diesem Liebesgedicht[56] *vanitas*- und *carpe-diem*-Motive. In den ersten zwanzig Versen malt der Dichter eine Utopie aus: Wenn die Liebenden Zeit im Überfluss besäßen, wäre ihre Zurückhaltung kein Problem, und er könnte Jahrhunderte darauf verwenden, die Vorzüge der einzelnen Körperteile der Geliebten zu preisen. Aber die Zeit ist knapp bemessen:

> Nutze die Zeit für die Liebe

Doch hinter mir jagt schon heran
Der Zeit geflügeltes Gespann [...]
All deine Schönheit wird vergehn,
Kein Lied wird deine Gruft durchwehn.
Von Würmern wird hinweggerafft
Die aufgesparte Jungfernschaft,
Und deiner Ehre Sitz wird Staub,
Und meine Sinne werden taub.
Das Grab ist heimlich und verschwiegen,
Doch niemand wird dort bei dir liegen.
Drum lasst uns, während noch die Wangen
Im Morgentau der Jugend prangen
Und dein Verlangen, ungestillt,
Wie Feuer aus den Poren quillt,
Als liebestolle Falken jetzt
Die Frist, die uns die Zeit gesetzt,
Lieber in einem Stück verschlingen,
Als sie in Häppchen hinzubringen. [...]
Drum, will schon unsrer Sonne Wagen
Nicht halten, wollen wir ihn jagen.   (S. 33).

Der zweite Teil entfaltet mit unverblümten Hinweisen auf Grab und Verwesung das *vanitas*-Motiv, mit dem der Sprecher die Geliebte dazu überreden will, sich nicht länger zu zieren, sondern die Zeit der Jugend zu nutzen und die Liebe zu genießen: *carpe diem*, nutze die Zeit.

---

[56] In: *Im Reich der Poesie*. Fünfzig Gedichte englisch – deutsch, hg. und übersetzt von H.-D. Gelfert, dtv 13687, München 2008, S. 30–33.

4.2.4. Das Hohelied Salomos

Biblisch

Auch diese Schrift wurde wiederum Salomo zugeschrieben, da *1Kön* 5,12 erwähnt, er habe 1005 Lieder gedichtet. Die acht Kapitel bieten eine Sammlung von rund dreißig profanen Liebesliedern. Eine männliche und eine weibliche Stimme kommen darin zu Worte. Die Liebenden preisen gegenseitig ihre Schönheit; vor allem die Frau beschreibt ihre Sehnsucht nach dem Geliebten und der Vereinigung mit ihm:

Sammlung erotischer Lyrik

> Wie eine Lilie unter den Dornen, so ist meine Freundin unter den Mädchen.
> Wie ein Apfelbaum unter den wilden Bäumen, so ist mein Freund unter den Jünglingen. Unter seinem Schatten zu sitzen, begehre ich, und seine Frucht ist meinem Gaumen süß. (2,2–3).

In einer Bildersprache, die Motive aus der üppigen Vegetation (Blumen, Früchte) und Vergleiche aus der Tierwelt nutzt, beschreibt das Paar die Schönheit des Partners und preist körperliche Liebe. Insbesondere die Bedeutung, die der Geruchssinn dabei einnimmt, fördert den Eindruck von Sinnlichkeit.

Bildersprache

> Siehe, meine Freundin, du bist schön! Siehe schön bist du! Deine Augen sind wie Taubenaugen hinter deinem Schleier. Dein Haar ist wie eine Herde Ziegen, die herabsteigen vom Gebirge Gilead. [....] Deine Schläfen sind hinter deinem Schleier wie eine Scheibe vom Granatapfel. (4,1.3b).
> Meine Schwester, liebe Braut, du bist ein verschlossener Garten, eine verschlossene Quelle, ein versiegelter Born. Du bist gewachsen wie ein Lustgarten von Granatäpfeln mit edlen Früchten, Zyperblumen mit Narden, Narde und Safran, Kalmus und Zimt, mit allerlei Weihrauchsträuchern, Myrrhe und Aloe, mit allen feinen Gewürzen. (4,12–14).

Diese erotische Dichtung fand Eingang in den biblischen Kanon, weil sie schon frühzeitig allegorisch ausgelegt wurde: Der Mann als Repräsentant Gottes (oder Christi) steht in einem Liebesverhältnis zu der Frau, die die Stelle des Gottesvolkes (oder der Kirche), gelegentlich auch der einzelnen Seele, vertritt.

Allegorische Deutung

Literarisch

Mariendichtung   Angesichts der allegorischen Auslegung der biblischen Schrift wirkte die Bildsprache des *Hohenliedes* unmittelbar auf christliche Mariendichtung ein, da Maria, die Mutter Jesu, als Repräsentantin der Kirche gelten konnte. Die Metaphern des Hohenliedes dienen nun dazu, die Schönheit Marias zu preisen, die Ausdruck ihrer geistlichen Tugenden ist; die erotische Komponente der Bilder tritt damit zurück.

- **Melker Marienlied.** Ein Auszug aus dem *Melker Marienlied* (1130/40) zeigt beispielhaft, wie der Dichter Hld 4,12–14 aufnimmt, um Maria zu preisen:

Versiegelte Quelle,
verschlossener Garten,
darin Balsamum fließt,
der duftet wie Zynamonium,
du bist wie der Zedernbaum,
den da fliehet der Wurm,
Sancta Maria. [57]

In christlicher Deutung erhalten die Bilder der versiegelten Quelle und des verschlossenen Gartens eine zusätzliche Dimension, da sie auf die Jungfräulichkeit Mariens bezogen werden. Zugleich beschreibt der Dichter Maria als Gegenpol zu Eva: Vor Maria flieht die Schlange („Wurm"), durch sie (bzw. ihren Sohn Jesus) wird der Sündenfall behoben.

Liebeslyrik   - **Francesco Petrarca – *Canzoniere 127.*** Über die Mariendichtung wirkt das *Hohelied* indirekt auf die profane abendländische Liebeslyrik, die sich darüber hinaus aus weiteren Quellen wie römischer Liebesdichtung speist und eigene Züge entwickelt. Die Geliebte als Angebetete, die unerreichbar bleibt, steht in der Tradition der Marienverehrung. Francesco Petrarca (1304–1374) besang in seinen volkssprachlichen Gedichten eine geheimnisvolle Schöne namens Laura sowohl zu deren Lebzeiten als auch nach deren Tod[58]. Der Dichter bewundert die Frau von fern, zu einer

---

[57] *Melker Marienlied*, in: *Deutsche Mariendichtung aus neun Jahrhunderten*. Herausgegeben und erläutert von E. Haufe, insel tb 1168, Frankfurt a.M. 1989, S. 12–17; S. 17.

[58] Ihre Identität ist ungeklärt; es ist nicht ausgeschlossen, dass es sich um eine fiktive Person handeln könnte.

intimen Begegnung kommt es, anders als im *Hld*, offenkundig nicht. Ein Beispiel aus dem *Canzoniere*, Nr. 127:

Wenn brennend rote Rosen ich und weiße
in goldenem Gefäß beisammen sah,
dort hingestellt von jungfräulicher Hand,
war mir sogleich das süße Antlitz nah,
sie, die ich Wunder aller Wunder heiße,
weil dreimal wunderbar sie vor mir stand,
wenn überm Nacken sie ihr Haar entband,
der selbst die Milch an Weiße noch besiegt,
mit Wangen brennend, süßen Feuers Hort;
wenn leicht der Windhauch dort
am Hügel gelb und weiß die Blumen wiegt,
kehrt mir zurück der Ort,
der Tag, wo sie im Wind ihr Goldhaar trug,
daß, wie mit Flammen, mich ihr Feuer schlug.[59]

Grundsätzlich gemeinsam ist dem *Hld* und diesem Sonett der Reiz und die bildhaft-assoziative Beschreibung des Körpers des geliebten Menschen – in der Bibel ist es der ganze Körper, im *Canzoniere* schwerpunktmäßig Gesicht und Haar: Der Anblick eines goldenen Pokals mit roten und weißen Rosen weckt beim lyrischen Ich Petrarcas ebenso Assoziationen an die geliebte Frau wie gelbe und weiße Blumen, die der Wind bewegt. Die Farben Rot (Wangen), Weiß (Antlitz und Nacken) und Gelb-Gold (Haar), die Blumen, aber auch Milch bzw. Feuer eigen sind, bestimmen die weibliche Schönheit. Die Dimension der Farbigkeit ist biblisch-hebräischen Texten fremd; sie beschränken sich auf den Vergleich mit Dingen, der deren Farbe allenfalls impliziert. Die Bewegung des offenen Haares der Frau vergleicht das *Hld* 4,1 mit einer Ziegenherde, die einen Abhang hinab läuft, Petrarca mit einer Blumenwiese im Wind; hier spiegelt sich das unterschiedliche kulturelle Umfeld. Der Anblick der Dame mit aufgelöstem Haar und geröteten Wangen erweckte im Sprecher das Feuer der Liebe zu ihr, einer Liebe, die der dichterischen Konvention gemäß keine Erfüllung in einer intimen Beziehung findet, sondern die platonisch bleibt. Diese spiritualisierte Liebe, die sich dichterisch im stilisierten höfischen Frauenpreis äußert, ist ein Erbe der provenzalischen Troubadours, das Petrarca sich auf seine Weise aneignet.

---

[59] Francesco Petrarca, *Ich bin im Sommer Eis, im Winter Feuer*. Gedichte, zweisprachige Ausgabe, ausgewählt und übersetzt von K. Stierle, dtv 13257, München 2004, S. 77.

5. Schriftpropheten

Prophetenbücher

Die schriftprophetischen Bücher des AT sind Sammlungen von Texten, die der Person, deren Name als Titel der Schrift dient, zugeschrieben wurden. Die meisten Überschriften der Bücher ordnen das Wirken des jeweiligen Propheten historisch so ein, dass der Eindruck entsteht, die Propheten begleiteten die Geschichte des Gottesvolkes, vor allem vor und an deren Brennpunkten – dem Untergang des Nordreiches 722/21 v. Chr. und der Zerstörung Jerusalems 587/86 v. Chr. Traditionell nimmt man an, dass die Titel gebenden Namen historische Prophetengestalten bezeichnen, deren Äußerungen in den Büchern vorliegen – sei es, dass sie ihre Verlautbarungen selbst aufschrieben, sei es, dass ihre Anhänger sie aufzeichneten und sammelten. Bibelwissenschaftlich geht man von einem längeren Entstehungsprozess der meisten dieser Bücher aus, der sich in manchen Fällen über Jahrhunderte erstreckte[1].

Prophetengestalten und ihre Botschaft

Bei allen Unterschieden in Anlage, Sprachstil, verwendeten Textsorten und inhaltlichen Schwerpunkten, verbindet die einzelnen Schriftprophetenbücher eine grundsätzliche Konzeption: Propheten sind von Gott beauftragt, seine Botschaft anderen Menschen zu übermitteln, gelegentlich Einzelnen – meistens dem König –, häufiger aber Gruppen, entweder gehobenen Ständen der Gesellschaft wie Priestern, Beamten oder Wohlhabenden und Einflussreichen, oder dem Gottesvolk insgesamt. Ausnahmsweise wenden sich Gottesworte an nicht-israelitische Völker und sagen diesen in der Regel das Gottesgericht an[2]. Die

---

[1] So herrscht Einigkeit darüber, dass sich z.B. das *Jesajabuch* aus mindestens zwei, wenn nicht drei Teilen unterschiedlichen Alters zusammensetzt: Die Kapitel 1–39 ([Proto]Jesaja) enthalten im Kern Material, das auf eine Entstehung im 8. Jahrhundert v. Chr. verweist, die Zeit, in der die Buchüberschrift Jes 1,1 das Wirken Jesajas ansiedelt. Ab Kapitel 40 finden sich hingegen Verweise auf die Exilszeit im 6. Jahrhundert v. Chr. sowie Prophezeiungen im Blick auf den Perserkönig Kyros (553–529 v. Chr.) (*Jes* 40–55 „Deuterojesaja"). Möglicherweise beginnt in Kapitel 56 (*Jes* 56–66 „Tritojesaja") ein dritter Teil, der wiederum jüngeren Datums sein dürfte als *Jes* 40–55.

[2] Vgl. dazu die Abschnitte *Jes* 13–23; *Jer* 46–51; *Ez* 25–32; *Amos* 1–2 sowie *Obadja* und *Nahum*.

prophetische Botschaft umfasst überwiegend eine kritische Analyse der Gegebenheiten, an denen Gott Anstoß nimmt, öfters in Verbindung mit Mahnungen zur Besserung und Umkehr, immer aber mit dem Aufweis der negativen Konsequenzen, nämlich dem Gericht, das Gott an den uneinsichtigen Frevlern vollziehen wird. Seltener entwerfen Propheten im Auftrag Gottes Heilsperspektiven für die Zeit, wo Gott sich seinem Volk (wieder) zuwendet. Somit beschränkt sich Prophetie nicht auf das Voraussagen von Zukunft, sondern bietet zeitgenössische Gegenwartskritik. Um den Anspruch, als Berufener Gottes zu sprechen, zu legitimieren, berichten Propheten bisweilen ausdrücklich von ihrer Berufung oder schildern Visionserlebnisse. Manchmal veranschaulichen sie ihre Botschaft in zeichenhaften Handlungen. Relativ selten sind Erzählungen über den Propheten. Viele Texte aus den Schriftprophetenbüchern sind poetischer Natur – formal und durch bildhafte Sprache.

5.1. Prophetische Gestalten

5.1.1. Leben und Wirken eines Propheten

Biblisch

- **Das Buch Jeremia.** Das *Jeremiabuch* bietet unter den Schriftprophetenbüchern den größten Anteil an Erzählungen über den Propheten. Deshalb hat die Gestalt Jeremias das Bild, das sich in der jüdischen und christlichen Tradition von einem alttestamentlichen Propheten entwickelte, entscheidend geprägt. Das Buch setzt mit der Berufung Jeremias ein (*Jer* 1,4–19). Gott hat ihn schon vor seiner Geburt als Propheten ausersehen. Vergebens sucht Jeremia sich mit dem Einwand, er sei zu jung zum Predigen, der Aufgabe zu entziehen (1,6). Gott legt ihm seine Worte in den Mund und sichert ihm seinen Beistand zu, da Jeremias Verkündigung auf Widerstand stoßen werde (1,7–9). Die Formel „und des Herrn Wort geschah zu mir / zu Jeremia" (1,4; 2,1; 3,6; 7,1; u.ö.), die einzelne göttliche Aussprüche oder Spruchreihen einleitet, illustriert, dass Jahwes Reden den Propheten überfällt – wie das geschieht, bleibt offen; Gott tritt als Urheber der Botschaft hervor, der Prophet ist lediglich Sprachrohr Jahwes.

Berufung

Gott beauftragt Jeremia, an exponierter Stelle, nämlich am Tempeltor in Jerusalem, den Stadtbewohnern ins Gewissen zu

Botschaft

reden, indem er ihnen zuruft: „Bessert euer Leben und euer Tun", (7,3). Wenn sie dies tun, sichert Gott ihnen Heil zu; wenn sie nicht hören wollen, dann droht die Zerstörung des Tempels (7,4–15). Einige Passagen, in denen Jeremia sich bei Gott beklagt, dass er unter seiner Aufgabe leidet[3], bestätigen, dass der Prophet wie bei der Berufung angekündigt Widerstand und Anfeindungen erfährt bis hin zu Anschlägen auf sein Leben. Gott trägt Jeremia mehrfach auf, seine Verkündigung durch zeichenhaftes Handeln zu veranschaulichen. So malt Jeremia die Botschaft zukünftiger Vernichtung dadurch aus, dass er in göttlichem Auftrag einen Tonkrug zerschmettert (19,1–2). An anderer Stelle erlegt Gott ihm auf, Junggeselle und kinderlos zu bleiben, um anzudeuten, dass die Nachkommenschaft seiner Zeitgenossen zugrunde gehen werde (16,1–4). Dies illustrative Verhalten trifft Jeremia in seiner persönlichen Existenz[4].

Der verfolgte Prophet

Die Obrigkeit reagiert auf Jeremias Predigt mit Repressionen: Der Priester Paschhur misshandelt ihn und stellt ihn einige Stunden an den Pranger (20,1–6). Kap. 26 schildert die Folgen der Rede am Tempeltor: Priester und Tempelpropheten verhaften ihn und werfen ihm vor, den Untergang Jerusalems prophezeit zu haben, der Stadt, die den Anklägern durch den Schutz Jahwes als uneinnehmbar galt. Einige Älteste erinnern sich jedoch daran, dass der Prophet Micha rund hundert Jahre zuvor ebenfalls die Zerstörung der Stadt ankündigte (*Mi* 3,12), ohne dass man ihn deswegen tötete. Dieser Präzedenzfall rettet Jeremia das Leben. Einen anderen Jahwe-Propheten namens Uria lässt König Jojakim dagegen hinrichten (26,20–23). Als Jeremia mit einem hölzernen Joch auf den Schultern durch die Stadt streift, um damit seine Botschaft zu illustrieren, dass man sich der babylonischen Herrschaft König Nebukadnezars unterwerfen solle, tritt ihm der Prophet Hananja entgegen, zerbricht das Joch und prophezeit, dass Jahwe schon bald die babylonische Herrschaft brechen werde. Die Ereignisse werden allerdings Jeremia Recht geben (27–28), der trotz der düsteren Zukunftsaussichten ein Zeichen der Hoffnung setzt, indem er ein Stück Land vor den Toren Jerusalems erwirbt (32). König Jojakim verhängt über Jeremia

---

[3] Diese so genannten „Konfessionen Jeremias" finden sich *Jer* 11,18–12,6; 15,10–21; 17,14–18; 18,18–23; 20,7–18.

[4] Während Gott Jeremia zeichenhafte Ehelosigkeit zumutet, veranlasst er Hosea, eine hurerische, ehebrecherische Frau zu heiraten (*Hos* 1; 3), um in dieser Verbindung die Treulosigkeit des Gottesvolkes gegenüber Jahwe anschaulich werden zu lassen.

ein Auftrittsverbot (36,5). Doch Jeremia diktiert seinem Sekretär Baruch seine Prophezeiungen und schickt ihn mit der Schriftrolle an den Hof, wo sie dem König vorgelesen wird. Jojakim lässt die Rolle streifenweise verbrennen – in der irrigen Meinung, er könne die Worte damit außer Kraft setzen (36). Jojakims Nachfolger König Zedekia holt zwar heimlich Jeremias Rat ein, vermag sich aber nicht gegen seine Hofbeamten durchzusetzen, die den Propheten verhaften und in eine Zisterne sperren. Ein ausländischer Hofbeamter befreit Jeremia daraus (37–38), der Eroberer Nebukadnezar schützt ihn, weil er Jeremias Botschaft für pro-babylonisch hält (39). In den Wirren nach der Eroberung Jerusalems wird Jeremia schließlich nach Ägypten verschleppt, wo sich seine Spur verliert (40–43).

Die Biographie, die das *Jeremiabuch* entwirft, schrieb die Tradition Baruch zu, der als Sekretär des Propheten erscheint[5]. Aus den Erzählungen leitet sich das traditionelle Prophetenbild ab: Gottes Botschaft vermittelt dem Propheten Einsichten, ist jedoch auch Ursache seines Leidens: Unverständnis, Widerstand und offene Feindschaft, bis hin zu Verfolgung und Lebensgefahr begegnen ihm, der als Außenseiter der Gesellschaft, als einsamer Kämpfer für Gottes Sache erscheint. Dass seine Warnungen und Ankündigungen berechtigt und wahr sind, wird erst erkannt, wenn es zu spät ist. Auch wenn der Prophet an seiner Aufgabe leidet, kann er sich ihr nicht entziehen, denn Gott beansprucht ihn ganz und gar.

Der einsame Prophet als Außenseiter

Eindrückliche Beauftragungsszenen werden von Jesaja und Ezechiel überliefert. Beide Propheten werden einer Gottesschau gewürdigt und damit göttlich legitimiert. Jesajas Vision ereignet sich im Jerusalemer Tempel (*Jes* 6). Gott thront oberhalb des Heiligtums, nur der Saum seines Gewandes reicht in den Tempel hinein. Seraphim, Wesen mit sechs Flügeln, umgeben Gott und preisen ihn: „Heilig, heilig, heilig ist der HERR Zebaoth, alle Lande sind seiner Ehre voll!" (6,3). Ein Erbeben des Tempels und Rauchentwicklung begleiten die Gotteserscheinung. Einer der Seraphen reinigt Jesajas Lippen mit einer glühenden Kohle. Als die göttliche Stimme dann fragt: „Wen soll ich senden? Wer will unser Bote sein?", meldet sich Jesaja freiwillig (6,8). Eze-

Gottesvisionen Jesajas und Ezechiels

---

[5] Er soll nach Auskunft des 1. Verses des spätbiblischen *Baruchbuches* dessen Verfasser sein. Es ist im Kern eine Weisheitsschrift, die von Gebeten gerahmt wird und als Anhang im 6. Kapitel den „Brief des Jeremia", eine entstehungsgeschichtlich eigenständige Schrift, enthält.

chiels Gottesvision fällt noch gewaltiger aus (*Ez* 1): Er schaut eine Wolke, die vom Sturm getrieben näher kommt und aus der es blitzt. Schließlich erkennt Ezechiel seltsame geflügelte Mischwesen – *Ez* 10 nennt sie Cherubim[6] –, die einen Thron tragen, auf dem der Prophet Gott in menschlicher Gestalt sitzen sieht. Wegen des Feuers und Glanzes um die Erscheinung, nimmt Ezechiel Gottes Gestalt nur unterhalb der Hüfte wahr. Da die Thronträgerwesen auf Rädern stehen, ist Gottes Sitz ein bewegliches Gefährt. Angesichts dieser gewaltigen Erscheinung fällt der Prophet ohnmächtig nieder. Gott richtet ihn wieder auf (*Ez* 2,1) und beauftragt ihn, den Israeliten sein Wort auszurichten (2,3–4). Diesen Auftrag macht er zusätzlich sinnfällig, indem er Ezechiel eine Schriftrolle essen und so das göttliche Wort im wahrsten Sinne des Wortes verinnerlichen lässt (2,8–3,3). Sowohl Jesaja als auch Ezechiel erfahren bei ihrer Beauftragung, dass ihre Verkündigung auf Unverständnis (*Jes* 6,9–10) bzw. Widerstand (*Ez* 2,4–7; 3,7) bei der Hörerschaft stoßen wird.

Literarisch

- **Alexander Puschkin – *Der Prophet*.** Puschkin (1799–1837) beleuchtet in seinem Gedicht *Der Prophet* unter Aufnahme zahlreicher biblischer Motive eine prophetische Beauftragung und ihre Wirkung auf die Persönlichkeit des Berufenen:

Mich trieb ein Durst nach tiefen Dingen
In finstre Wüstenei zu ziehn,
als mir ein Seraph mit sechs Schwingen
am Kreuzweg meiner Fahrt erschien.
Mit Fingern, leichter als ein Traum,
bestrich er meine Lider kaum:
da stand mein Auge, jäh getroffen,
gleich einem Adlerauge offen.
Er rührte meine Ohren an,
dass brausend ein Getön begann:
und ich vernahm des Himmels Beben,
der großen Engel rauschend Schweben,
der Meeresungetüme Schnauben,
den Schwall des Wachstums in den Trauben.

---

[6] Mischwesen wie die biblischen Seraphim und Cherubim waren im Alten Orient verbreitet als Wächter heiliger Bezirke und der göttlichen Sphäre. Wirkungsgeschichtlich wurden Seraphim und Cherubim als Engel verstanden, die man sich als geflügelte Menschen vorstellte.

Er neigte sich zu meinem Mund,
riß mir die Zunge aus dem Schlund,
die frech gedient dem Trug und Schein,
und pflanzte mir, der festgebannt
im Staube lag, mit blut'ger Hand
der weisen Schlange Stachel ein.
Er schnitt mit seinem blanken Stahl
die Brust mir auf, mein Herz zu holen,
und schenkte mir zu meiner Qual
ein neues Herz aus glüh'nden Kohlen.
Ein Leichnam, lag ich ausgestreckt,
bis Gottes Stimme mich erweckt:
„Zieh aus, Prophet, von Ort zu Orte,
schau und vernimm mich allerwärts,
und wirf mit deinem Flammenworte
den Brand in jedes Menschenherz!"[7]

Das Gedicht aus dem Jahre 1826 beschreibt aus der Perspektive eines lyrischen Ich ein Erlebnis, das den Rahmen der alltäglichen Erfahrung sprengt. Der Sprecher begibt sich in die Wüste, eine schon in der Bibel ambivalente Gegend, einerseits Ort der Lebensgefährdung und -ferne, andererseits der Gottesbegegnung. Das Ich ist auf der Suche und daher offen und bereit für besondere Erfahrungen. Und diese wird ihm am Kreuzweg zuteil, als ein Seraph erscheint, ein überirdisches Wesen mit sechs Flügeln (vgl. *Jes* 6,2), das seiner Reise eine Richtung weist. Der Seraph nimmt Handlungen an dem Sprecher vor, die ihn verändern (vgl. *Jes* 6,6–7): Seine Augen und Ohren werden mit verfeinerter Wahrnehmungsfähigkeit ausgestattet: Er sieht wie ein Adler, das sprichwörtlich am schärfsten sehende Wesen; sein Gehör wird so fein, dass seine Ohren die Geräusche des Kosmos – im Himmel und unter der Meeresoberfläche – ebenso wahrnehmen wie das Fließen des Rebensaftes in der Pflanze. Der Prophet nimmt nun Dinge wahr, die dem Menschen normalerweise verborgen bleiben. Nicht nur seine rezeptiven Fähigkeiten wandeln sich, auch seine kommunikativen, repräsentiert durch den Mund: Er redet von nun an nicht mehr Unnützes oder Unwahres, sondern nur noch Weises und Wahres. Schließlich ersetzt der Seraph das Herz des Sprechers durch glühende Kohlen. Das Herz, das die Mitte, das Innerste seiner Person repräsentiert, wird zu einer innerlich

<small>Berufung</small>

---

[7] Alexander Puschkin, *Der Prophet*. Übersetzt von B. Goetz, in: *Russische Lyrik*. Gedichte aus drei Jahrhunderten. Ausgewählt und eingeleitet von E. Etkind, Serie Piper 770, München ²1987, S. 55–56.

schwelenden Glut. Dies erinnert an Jeremias Aussage, „es ward in meinem Herzen wie ein brennendes Feuer, in meinen Gebeinen verschlossen" (*Jer* 20,9), als er versuchte, Gottes Auftrag zu ignorieren[8]. Feuer steht biblisch auch für den Geist Gottes, für göttliche Inspiration schlechthin (vgl. *Apg* 2,3–4). Nach den Eingriffen des Seraphen liegt der Sprecher wie tot da. Gottes Stimme erweckt ihn zum Leben (vgl. *Ez* 1,28b-2,2). Sie beauftragt ihn, den Gott nun als Propheten anredet, zur Verkündigung von Gottes Allgegenwart, die seine Hörerschaft gleichfalls mit Feuer erfüllen, begeistern soll.

Der Dichter als Prophet

Das Gedicht zeigt damit, dass Gott mit dem dazu ausersehenen Menschen eine grundstürzende Veränderung vornimmt, die den Betreffenden zu Gottes Werkzeug und Sprachrohr macht. Der Prophet kann sich dem nicht entziehen. Als Dichter der romantischen Epoche sieht Puschkin sich selbst in der Rolle eines Propheten. Das lyrische Ich ist also mit dem Dichter zu identifizieren. Dichter und Prophet sind gerade in der Romantik vielfach synonym. Wenn der Dichter sich mit einem von Gott beauftragten Propheten gleichsetzt, erhebt er damit einen hohen Anspruch für seine Person und Kunst. Seine Inspiration ist göttlicher Natur, sein aufgrund dieser erschaffenes Werk besitzt einen göttlichen Wahrheitsanspruch.

Puschkins Gedicht beschränkt sich auf die Beauftragung des Propheten-Dichters und seine Ausstattung mit übermenschlicher Wahrnehmung. Die Gleichsetzung von Dichter und Prophet kann vom biblischen Prophetenbild, insbesondere von der Jeremia-Gestalt her auch implizieren, dass der Dichter, ausgestattet mit überlegenen Fähigkeiten als verkanntes Genie einsam und unverstanden als Außenseiter lebt, was durchaus auch Quelle von Leiden sein kann. Dies illustriert der zweite Teil von Puschkins Gedicht ***Der Dichter*** (1827):

Doch wenn des Gotteswortes Klingen
Sein aufmerksames Ohr erreicht,
Dann recken sich der Seele Schwingen,
Daß sie, erwacht, dem Adler gleicht.
Dann wird's ihm in der Welt zu enge,
Ihn widert das Geschwätz umher,
Und vor dem Götzenbild der Menge
Neigt er sein stolzes Haupt nicht mehr.
Er flieht, verstört und ernst – zu lauschen

---

[8] Vgl. ferner Gottes Ausspruch *Jer* 23,29: „Ist mein Wort nicht wie Feuer?".

Dem Klang, der dröhnend ihn erfüllt,
Zum Strand, wo wild die Woge brüllt,
Zum Wald, wo weit die Eichen rauschen...[9]

Vor dem Hintergrund des alttestamentlichen Prophetenkonzepts erfolgt somit literarisch eine Stilisierung des Dichters.

5.1.2. Prophetenlegenden

Biblisch

Erzählungen über die Tätigkeit eines Propheten im Zusammenhang mit von ihm stammenden prophetischen Sprüchen sind von Geschichten zu unterscheiden, die eine prophetische Gestalt als Helden in historischem Gewand präsentieren. Ein später Text wie das Jonabuch will eine theologische Lehre vermitteln.

- **Das Jonabuch.** Die nur vier kurze Kapitel umfassende Jona-Erzählung setzt mit Gottes Auftrag an Jona, den Sohn Amittais[10] ein, in der Großstadt Ninive, dem Inbegriff der Bosheit, eine Gerichtsbotschaft zu verkünden. Jona verweigert sich dieser Aufgabe, indem er sich einschifft, um nach Spanien, also in die Ninive entgegengesetzte Richtung zu reisen (*Jona* 1,1–3). Gott sendet einen Seesturm, der das Schiff in Seenot bringt. Während die Schiffsmannschaft herauszufinden sucht, welche erzürnte Gottheit das Unwetter gesandt hat, um diese versöhnen zu können, ignoriert Jona die Gefahr – er schläft im Bauch des Schiffes. Erst als der Kapitän ihn weckt und Jona durch das Los als derjenige ermittelt wurde, dem göttlicher Zorn gilt, gibt Jona eine Erklärung ab und fordert die Seeleute auf, ihn ins Meer zu werfen. Weil die Matrosen Jonas sicheren Tod vermeiden wollen, versuchen sie, rudernd Land zu erreichen, um ihn dort abzusetzen. Als dies misslingt, rufen sie Jonas Gott Jahwe an, dass er ihnen Jonas Ableben nicht anlasten möge. Nachdem sie Jona über

Gottes Seesturm vereitelt Jonas Flucht vor dem Auftrag

---

[9] Alexander Puschkin, *Der Dichter*. Übersetzt von R.-D. Keil, in: *Russische Lyrik*. Gedichte aus drei Jahrhunderten. Ausgewählt und eingeleitet von E. Etkind, Serie Piper 770, München ²1987, S. 56.

[10] Ein Prophet dieses Namens tritt laut *2Kön* 14,25 unter der Regentschaft Jerobeams II. (787–747) auf, so dass man Jona und das Buch in das 8. Jh. v. Chr. datierte. Heute nimmt man an, dass es im 4./3. vorchristlichen Jahrhundert entstand und sich des Namens aus dem *Königebuch* bediente.

Bord geworfen haben, hört der Sturm sofort auf. Angesichts der Macht Jahwes ergreift Ehrfurcht die Mannschaft und sie wendet sich Jahwe zu (1,4–16). Gott sendet einen großen Fisch – traditionell stellte man sich einen Walfisch vor –, der Jona verschluckt und ihn drei Tage und Nächte befördert, bis er ihn wieder auf festes Land speit (2,1.11). Im Innern des Meerestieres betet Jona einen Psalm, in dem er Gott für seine Rettung dankt (2,2–10).

Als Gott seinen Auftrag an Jona wiederholt, gehorcht der Prophet diesmal und begibt sich nach Ninive. Dort richtet er lapidar die Gerichtsbotschaft aus: „Es sind noch vierzig Tage, so wird Ninive untergehen." (3,4b). Jonas Predigt zeigt Wirkung: Die Bewohner Ninives, allen voran der König, vollziehen ein Bußritual in der Hoffnung, dass Gott angesichts ihrer Umkehr das Strafgericht an ihnen nicht vollzieht. Tatsächlich nimmt Gott seinen Gerichtsentschluss zurück (3,5–10). Das Schlusskapitel präsentiert Jonas Reaktion auf Gottes Begnadigung Ninives (4,1–3). Jona zürnt Gott und nennt nun den Grund, weshalb er vor dem Auftrag fliehen wollte: „ich wußte, daß du gnädig, barmherzig, langmütig und von großer Güte bist und läßt dich des Übels gereuen." (4,2). Indem Jona hier eine Bekenntnisaussage Israels[11] zitiert, wirft er Gott sein Wesen vor. Während er selbst Gottes rettendes Handeln an ihm – der als Vertreter Israels fungiert – ohne weiteres dankbar akzeptierte, missgönnt er Ninive, das Nicht-Israeliten repräsentiert, die göttliche Gnade. Jona ist so erbost, dass er sterben möchte; denn mit dem Tod wäre seine Trennung vom gnädigen Gott des Lebens besiegelt. Gott bestätigt seine Güte und Geduld einmal mehr, indem er Jona nun durch eine Erfahrung zu belehren und zur Einsicht zu führen sucht: Während Jona außerhalb Ninives ein Lager aufschlägt und dort wartet, was mit der Stadt geschieht, lässt Gott eine Staude wachsen, die Jona zu seiner Freude Schatten spendet und vor der Sonnenglut schützt. Doch dann schickt Gott über Nacht einen Schädling, der die Staude eingehen lässt, und sendet überdies einen heißen Wind, so dass Jona in der Hitze einen Sonnenstich bekommt (4,5–8). Wie schon einmal (4,4) fragt Gott Jona nun: „Meinst du, daß du mit Recht zürnst?" – diesmal „um der Staude willen?"

---

[11] Diese so genannte „Gnadenformel" begegnet mehrfach im AT, zuerst in *Ex* 34,6; vgl. ferner *Num* 14,18; *Ps* 86,15; 103,8; 145,8; *Joel* 2,13; *Nah* 1,3.

(4,9). Trotzig beharrt Jona darauf, dass sein Zorn berechtigt sei. Gott bleibt geduldig und stellt ihm eine Frage:

Dich jammert die Staude, um die du dich nicht gemüht hast, hast sie auch nicht aufgezogen, die in einer Nacht ward und in einer Nacht verdarb, und mich sollte nicht jammern Ninive, eine so große Stadt, in der mehr als hundertundzwanzigtausend Menschen sind, die nicht wissen, was rechts oder links ist, dazu auch viele Tiere? (4,10–11).

Mit dieser rhetorischen Frage erhält die Erzählung ein offenes Ende, weil sich auch die Leserschaft von dieser Frage ansprechen lassen soll. Jahwe stellt sich damit als Schöpfer aller Menschen dar; seine Zuständigkeit beschränkt sich nicht auf Israel. Deshalb gilt seine Zuwendung und Gnade allen Menschen. Anhand der Staude demonstriert Jahwe seine Schöpfermacht im Kleinen ebenso wie im Seesturm und bei der Sendung des großen Fisches, den man auch als Meerungeheuer verstehen kann. Jeder Mensch, der seinen bösen Lebenswandel aufgibt, bereut und sich Jahwe zuwendet, erfährt die Gnade Jahwes, der als Schöpfer einziger Gott zu sein beansprucht. Die Bekehrung von Nicht-Israeliten zu Jahwe illustriert die Erzählung an der Schiffsmannschaft und den Bewohnern Ninives, der Hauptstadt des assyrischen Reiches, mit dem Israel in seiner Geschichte schlechte Erfahrungen machte, so dass Ninive zur Chiffre für das Böse, Israel sprichwörtlich Feindliche wurde. *Gottes Gnade gilt allen*

Jona repräsentiert diejenigen Israeliten, die Jahwe eifersüchtig nur als Gott seines erwählten Volkes ansehen. Diese Haltung will die lehrhafte Novelle aufbrechen. Der Verfasser arbeitet dazu mit Anspielungen auf ihm vorliegende biblische Texte. Wenn Jona etwa unter der verdorrten Staude sitzt und sich den Tod wünscht, erinnert er an Elia, der sich unter einen Wacholderstrauch setzt und zu sterben wünscht (*1Kön* 19,4). Allerdings befindet sich Elia objektiv in einer Verfolgungssituation, während Jona aus Trotz sterben will. Im Gegensatz zu allen anderen Schriftpropheten hat Jonas Gerichtsansage Erfolg: Seine Hörer kehren um, obwohl er sie noch nicht einmal dazu aufforderte. Überdies handelt es sich nicht um Israeliten, sondern um ein fremdes Volk – ein Seitenhieb auf Israels Umgang mit prophetischen Botschaften. Damit erhält die Jona-Erzählung deutlich parodistisch-satirische Züge. So zeigt der Verfasser anschaulich und durchaus augenzwinkernd, wie sich Nicht-Israeliten zu Jahwe bekehren, ein Geschehen, das vereinzelte Passagen in schriftprophetischen Büchern für das Ende der Zeiten in Gestalt einer Wallfahrt der Völker zum Zion erwar- *Innerbiblische Bezüge* ten[12]. Anhand der Jona-Gestalt, die insbesondere im Schlusskapitel auch komische Seiten entwickelt, belehrt der Verfasser seine israelitische Leserschaft, dass sie den Anspruch, dass Jahwe der allmächtige Schöpfer ist, konsequent weiter denken und akzeptieren müssen, dass Jahwe nicht nur Macht über alle Völker hat, sondern auch allen gütig und gnädig begegnet – vorausgesetzt, jene wenden sich ihm zu.

Literarisch

Als rezeptionsgeschichtlich wirkmächtig erwiesen sich die beiden ersten Kapitel der weisheitlichen Lehrerzählung, die Seesturmgeschichte und vor allem Jonas Reise in dem Meerestier, das man sich als Walfisch vorstellte. Da Jesus Jonas Aufenthalt im Fisch, der drei Tage und Nächte dauerte, mit seinem eigenen Verweilen im Grab in Beziehung setzt (*Mt* 12,39–40)[13], wird Jona als typologische Vorwegnahme von Tod und Auferstehung Jesu interpretiert. Aus diesem Grunde stellten christliche bildende Künstler vorzugsweise die Szene dar, wie der Fisch Jona ausspeit und ihn so dem Leben zurückgibt.

- **Herman Melville – *Moby Dick oder Der Wal*.** Zahlreiche und vielfältige Bezugnahmen auf die Bibel durchziehen Melvilles (1819–1891) berühmtesten 1851 veröffentlichten Roman *Moby Dick oder Der Wal*[14]. Der fiktive Erzähler Ismael, ein Matrose, schildert in den Eingangskapiteln, wie er dazu kommt, auf dem Walfängerschiff Ahabs anzuheuern. Ismael begibt sich zunächst nach New Bedford, einem bedeutenden Walfängerhafen Nordamerikas. Dort besucht er einen Gottesdienst in der örtlichen Kirche, deren Inneres vom Handwerk der Bewohner geprägt ist: Auf die Kanzel, die wie ein Schiffsbug geformt ist, führt eine Strickleiter; an der Wand hinter der Kanzel hängt ein Seestück, ein Schiff im stürmischen Meer darstellend (Kap. 8). Der Pfarrer Vater Mapple hält eine Predigt (Kap. 9) über das Jonabuch – mit Schwergewicht auf dem Vers „der Herr verschaffte einen großen Fisch, Jona zu verschlingen" –, wobei er sich seemännischen Jar-

Gottesdienst in der Walfängergemeinde

---

12 *Jes* 2,2–4, par. *Mi* 4,1–3, sowie *Jes* 25,6–7; 60; *Sach* 14,16.
13 Jesus hält seinen Hörern außerdem die Niniviten als für sie beschämendes Beispiel vor Augen; *Mt* 12,41; vgl. *Lk* 11,30.32.
14 Herman Melville, *Moby-Dick oder Der Wal*. Neu übersetzt von M. Jendis (2001), hg. D. Göske, btb 72731, München ⁵2003.

gons bedient. Einleitend fasst er von den beiden Lehren des Jonabuches – eine allgemeine und eine spezielle für ihn „als einen Lotsen des lebendigen Gottes" (S. 92) – die erste zusammen:

Die Predigt über Jona 1–3

> Als sündige Menschen ist das Buch uns allen eine Lehre, weil es eine Geschichte ist über die Sünde, über Verstocktheit, jäh erwachende Ängste, rasche Bestrafung, Reue, Gebete und schließlich über die Erlösung und große Freude des Jona. (S. 92).

Die Sünde besteht im „mutwilligen Ungehorsam"[15] (S. 92) gegen Gottes Gebot, die Jona dadurch steigerte, dass er vor Gott floh. Anschaulich und lebendig malt der Prediger die in *Jona* 1 erzählte Seereise des Propheten im Detail mit durchaus humorvollem Einschlag aus (S. 92–98). An die breite Illustration der Sünde des Ungehorsams schließt Vater Mapple eine kurze Auslegung des 2. Kapitels an: Von Bord des Schiffes aus stürzt Jona direkt in den Schlund eines Wals, in dem er wie in einem Kerker sitzt. Der Prediger interpretiert Jonas Aufenthalt im Wal als Strafe für den Ungehorsam. In seinem Gebet klage Jona nicht, sondern zeige Reue, und diese veranlasse Gott dazu, Jona wieder aus dem Fisch zu befreien[16]. Die Lehre für die Gemeinde fasst der Prediger folgendermaßen zusammen:

> Kameraden, ich stelle Jona nicht vor euch hin, auf daß ihr ihm nacheifert in seiner Sünde, sondern ich stelle ihn vor euch hin als ein Vorbild für chrliche Reue. Sündiget nicht, doch tut ihr es dennoch, so habet acht, daß ihr sie so bereuet wie Jona. (S. 99).

Vater Mapple spricht dann über die spezielle Lehre für Prediger wie ihn, die er *Jona* 3 entnimmt[17]: Als Gott Jona ein zweites Mal seinen Auftrag übermittelt, tut Jona wie Gott ihn geheißen: „Und was war das, Kameraden? Die Wahrheit zu predigen im Angesicht der Lüge!" (S. 101). Vater Mapple führt zu dieser abschließenden Aussage hin, indem er nochmals auf *Jona* 2 zurückgreift: Jona konnte vor dem göttlichen Auftrag nicht fliehen, weil

---

15 „[..] wenn wir dem Herrn gehorchen, müssen wir uns selbst den Gehorsam verweigern, und ebendieser Ungehorsam gegen uns selbst macht den Gehorsam gegen Gott so schwer." (S. 92).
16 „Er spürt, daß seine furchtbare Strafe gerecht ist. Er überläßt seine Erlösung ganz und gar Gott […]. Hier, Kameraden, haben wir wahre und gläubige Reue, die nicht um Gnade winselt, sondern für die Strafe dankt. Und wie wohl dem Herren dieses Betragen des Jona gefiel, zeigt sich an seiner letztendlichen Erlösung aus der See und dem Wal." (S. 99).
17 Die Predigt lässt *Jona* 4 unberücksichtigt und bedenkt auch die Niniviten nicht.

Gott überall ist, selbst als der Walfisch mit Jona in ihm unerreichbar bis auf den tiefsten Meeresgrund hinabtauchte, hörte Gott noch Jonas Gebet (S. 100).

Ahabs Rachefeldzug gegen den weißen Wal

Die Predigt am Anfang des umfangreichen Romans legt einen biblischen Text aus, der rein äußerlich betrachtet zum Gegenstand des Walfangs passt, weil man den „Fisch" in der Jona-Erzählung traditionell als Wal verstand. Am Ende des Romans merkt man, dass die Predigt auch das Schicksal Ahabs beleuchtet. Ahab, der alternde Kapitän, hat bei einem früheren Versuch, den weißen Wal Moby Dick zu erlegen, ein Bein eingebüßt und lebt nun mit einer aus Walbein gefertigten Prothese. Er ist von dem Gedanken der Rache an Moby Dick besessen. Dieser Wal, über den allerlei Legenden im Umlauf sind, zeichnet sich durch besondere Arglist aus, die schon manchen Jäger das Leben kostete (Kap. 41). Für Ahab verkörpert Moby Dick alle bösen und dämonischen Mächte, die er in Gestalt des Tieres zu bezwingen gedenkt. Bis das Romangeschehen in einer dreitägigen Jagd auf Moby Dick gipfelt (Kap. 133–135), schildert der fiktive Erzähler Ismael die Besatzung von Ahabs Schiff, die Etappen der Fahrt, während derer Wale gefangen und verarbeitet werden, die kurzen Begegnungen mit anderen Walfängern und die Stimmung an Bord des Schiffes. Begleitend versorgt Ismael die Leserschaft mit enzyklopädischem Wissen über alles, was mit Walen und Walfang zu tun hat[18].

Böse Vorzeichen

Einziger Zweck der Reise ist für Ahab, des weißen Wals habhaft zu werden. Er nagelt eine Golddublone an den Mast als Preis für denjenigen, der als erster Moby Dick erspäht (Kap. 36). Von nichts und niemandem lässt er sich aufhalten, als er durch drei Schiffsbegegnungen erfährt, dass er dem Wal näher kommt, der allen drei Walfängern Schaden zufügte[19]. Er ignoriert alle Ereignisse, die seine Mannschaft als schlechte Vorzeichen deutet: das Elmsfeuer auf den Masten (Kap. 119), den Sturz eines Matrosen vom Ausguck (Kap. 126), den Adler, der Ahabs Hut entwen-

---

[18] In diesem Zusammenhang kommt er auf Jona zurück angesichts der Frage, ob Jona oder Herkules als die älteste Geschichte mit einem Wal zu gelten habe (Kap. 82), um anschließend „Jona, historisch-kritisch betrachtet" (Kap. 83) zu diskutieren und rationalistische Auslegungen der biblischen Schrift zu ironisieren.

[19] Der erste Kapitän verlor einen Arm bei der Jagd (Kap. 100); bei einem Engländer ist ein Boot mit einem Sohn des Kapitäns an Bord verschollen – der Kapitän bittet Ahab um Hilfe bei der Suche, was Ahab aus Jagdfieber ablehnt (Kap. 128); Moby Dick hat ein Boot zerstört und fünf Männer getötet (Kap. 131).

det (Kap. 130). Drei weitere Missgeschicke gingen voraus: Ahab zerstört den Quadranten, ein Gewitter polt die Kompassnadel um (Kap. 124); das Messen der Fahrtgeschwindigkeit scheitert (Kap. 125).

Als einzige Vorausdeutung respektiert Ahab die Prophezeiung des Parsen Fedallah (Kap. 117), der im selben Boot mit ihm jagt: Ahab sei weder Sarg noch Bahre beschieden; ehe er sterben könne, müsse er zwei Bahren auf dem Meer gesichtet haben; und Fedallah werde ihm als sein Lotse vorangehen. Letzteres erfüllt sich am zweiten Tag der Jagd (Kap. 134); Ahab selbst wird am dritten Tag von dem Seil seiner Harpune, die in Moby Dick steckt, erdrosselt und von dem Tier ins Meer hinab gezogen (Kap. 135). Dies gemahnt an Vater Mapples Beschreibung von Jonas Verschwinden im Walfisch[20]. Anders als Jona wird Ahab allerdings nicht wieder lebend an die Oberfläche gelangen, weil er – im Gegensatz zu Jona in der Predigt – keine Reue empfindet und infolgedessen auch keine göttliche Gnade erfährt. Mit Ahab gehen sein Schiff und seine Mannschaft zugrunde – mit Ausnahme Ismaels, des Erzählers[21]. Ihn warnte vor der Abreise (Kap. 19; 21) ein Bettler namens Elias in dunklen Andeutungen vor der Fahrt mit Ahab. Der Bettler trägt den Namen des Propheten, der auch in der Bibel König Ahab, dem Namensvetter des Kapitäns, zugeordnet ist. Wie der biblische König ist Ahab gottlos[22] bzw. ein „Götzenanbeter", da die Jagd auf Moby Dick sein Leben ganz und gar bestimmt.

Prophezeiungen

Am Vorabend der Jagd hält Ahab resignativ Rückschau auf sein Leben, auf vierzig Jahre Walfang (Kap. 132):

Ahabs Lebensrückblick

[…] ein alter Narr ist der alte Ahab vierzig Jahre lang gewesen! Wozu diese Mühsal der Jagd? […] Ich fühl mich schwach bis auf den Tod, gebeugt und bucklig, als wär ich Adam und wankte unter den Jahrhunderten, die seit dem Paradiese sich auf meinen Schultern türmen. Gott! Gott! Gott! – Zerspreng mein Herz! Durchstoß mein Hirn! (S. 821).

Was ist das – welch namenloses, unerforschliches, unirdisches etwas, welch trügerischer, verborgener Herr und Gebieter, welch grausamer, erbarmungsloser Herrscher zwingt mich, daß ich mich gegen

---
[20] „Wie wir gesehen haben, kam Gott im Walfisch über ihn und schlang ihn hinab in die lebenden Abgründe des Verderbens und riß ihn jählings hinab ‚in die Tiefe mitten im Meer', wo die bodenlosen Strudel ihn zehntausend Faden tief hinuntersogen" (S. 100).
[21] Ihn setzt das Motto des Epilogs (*Hiob* 1,15b) mit den Überbringern der Hiobsbotschaften gleich.
[22] „Glaube? Was ist das?" fragt Ahab seinen Ersten Offizier (Kap. 127, S. 800)

jede natürliche Regung von Liebe und Sehnsucht so unaufhörlich vorwärts treibe, vorwärts dränge, vorwärts stoße, mich ohne jede Rücksicht dazu bringe, das zu tun, was ich in meinem eignen, tiefsten Herzen noch nicht einmal zu denken wagte? Ist Ahab Ahab? Bin ich's, ist's Gott oder wer sonst, der diesen Arm erhebt? (S. 822).

Er fühlt sich als Spielball der Mächte und spürt – sein Ende vorausahnend, dass seine Rachegelüste gegenüber dem weißen Wal ihn zu einem von dunklen Mächten Besessenen machen, die bis zuletzt von ihm Besitz ergreifen. Wie schon in der Bibel versinnbildlichen auch in diesem Roman das Meer und das Meerungeheuer die Gott widerstreitenden Chaosmächte. Doch wider dies bessere Wissen hält Ahab bis zuletzt trotzig und selbstherrlich an der Jagd auf Moby Dick fest und besiegelt damit seinen Untergang.

5.1.3. Der legendäre weise Prophet

Biblisch

- **Das Danielbuch.** Die erste Hälfte des *Danielbuches* (*Dan* 1–6) umfasst mehrere Legenden, die die Person Daniel zusammenhält. Sie spielen in der Regierungszeit Nebukadnezars II. von Babylon (604–562 v. Chr.; Kap. 1–4) und Darius I. von Persien (521–486 v. Chr.; Kap. 6). Nebukadnezar lässt begabte junge Leute aus dem besetzten Israel an seinen Hof bringen, damit man sie dort zu Staatsdienern ausbilde. Dazu gehören Daniel und seine drei Freunde, die nach der Ausbildung alle anderen Weisen Babylons übertreffen, weil Gott ihnen Einsicht und Verstand schenkte. Daniel erhält außerdem die Gabe der Traumdeutung. Die jungen Männer bleiben in der Fremde ihrem Gott treu, zunächst indem sie die jüdischen Speisevorschriften einhalten (Kap. 1). Daniel und seine drei Freunde wahren vorbildlich ihre jüdische Identität.

Treue zu Gott in der Fremde

Die drei Freunde bewähren sich (Kap. 3), als Nebukadnezar ein riesiges goldenes Standbild errichtet, das alle anbeten sollen. Wer sich weigert, wird in einen glühenden Feuerofen geworfen. Daniels Freunde verweigern sich dem Götzendienst und zeigen sich zuversichtlich, dass ihr Gott sie aus dem Ofen erretten werde. Zornig ordnet der König an, den Ofen stärker zu heizen als gewöhnlich und die drei hinein zu werfen. Nebukadnezar blickt hinein und sieht die drei unversehrt neben einem vierten Mann, der aussieht, „als wäre er ein Sohn der Götter" (3,25),

Die drei Jünglinge im Feuerofen

also ein Engel. Das Rettungswunder an den drei Juden führt Nebukadnezar zur Erkenntnis der Macht Jahwes (3,29).

Nach einem ähnlichen Muster verläuft die Geschichte von Daniel in der Löwengrube (Kap. 6): Aus Neid auf Daniels Begabung und Machtposition spinnen höfische Würdenträger eine Intrige gegen ihn: Sie erwirken bei König Darius ein Gebot, das untersagt, in dreißig Tagen von einem Gott oder einem anderen als Darius selbst etwas zu erbitten. Weil Daniel dreimal täglich sein Gebet zu Gott verrichtet, können die Würdenträger ihn anzeigen. Weil Darius Daniel sehr schätzt, gibt er widerwillig den Befehl, Daniel in die Löwengrube zu werfen. Er empfiehlt Daniel der Hilfe seines Gottes (6,17) und sorgt sich die ganze Nacht um ihn (6,19). Auch Daniel entsteigt unverletzt der Grube, weil ein Engel den Löwen das Maul zuhielt (6,23). Die intriganten Würdenträger werden den Löwen vorgeworfen, und König Darius bekennt sich zum Gott der Juden (6,27). Er übertrifft Nebukadnezar, weil er schon vor der wunderbaren Rettung Daniels seine Hoffnung auf dessen Gott setzt.

Daniel in der Löwengrube

Als Gegenbild zu den beiden bekehrten Königen erscheint in *Dan 5* König Belsazar. Als er sich auf einem rauschenden Festmahl in seinem Palast betrunken hat, befiehlt er die von Nebukadnezar erbeuteten Jerusalemer Tempelgefäße mit Wein zu füllen. Er selbst, seine Gäste und seine Frauen trinken daraus und loben dabei ihre eigenen Götter. Da erscheint eine Hand, die auf die Wand des Festsaales Schriftzeichen schreibt, die niemand unter den Anwesenden entziffern kann. Auch die Gelehrten und Weisen am Hof sind ratlos. Erst als Belsazar auf Anregung der Königinmutter Daniel hinzuzieht, erfährt er, was der Schriftzug bedeutet. Bevor Daniel die Zeichen erklärt, hält er Belsazar seinen gotteslästerlichen Lebenswandel vor Augen. Die Buchstaben an der Wand verkünden das Urteil, das Gott gegen Belsazar verhängt: *Mene mene tekel u-parsin* (5,25) entziffert Daniel und erläutert:

Belsazars Gastmahl und die Schrift an der Wand

Mene, das ist, Gott hat dein Königtum gezählt und beendet. Tekel, das ist, man hat dich auf der Waage gewogen und zu leicht befunden. Peres, das ist, dein Reich ist zerteilt und den Medern und Persern gegeben. (5,26–28).

Noch in derselben Nacht wird Belsazar getötet (5,30), so dass das Gerichtsorakel unmittelbar eintrifft.

Daniel deutet Nebukadnezar zwei Träume (Kap. 2; 4). Da einzig Daniel aufgrund seiner göttlichen Gaben Nebukadnezar seine Träume auslegen kann, münden beide Erzählungen in ein

Daniel als Traumdeuter

Bekenntnis des babylonischen Königs zur Macht von Daniels Gott (2,47; 4,34). Im bekannteren der beiden Träume erblickt Nebukadnezar eine Statue mit einem Haupt aus Gold, Brust und Armen aus Silber, Bauch und Lenden aus Kupfer, Schenkeln aus Eisen und Füßen aus Eisen und Ton. Ein Stein rollt heran, trifft das Standbild an den Füßen und zerstört es dadurch. Während die Statue zu Staub wird, wird der Stein zu einem Berg, der die ganze Welt erfüllt (2,31–35). Daniel erklärt das Traumgesicht als eine Vision aufeinander folgender Weltreiche. Das goldene Haupt entspricht der Regentschaft Nebukadnezars; wie der Wert der Metalle nimmt dann auch die Qualität der folgenden Reiche ab – das eiserne Zeitalter wird zerstörerisch sein, das letzte, aus Ton und Eisen gemischte zerteilt, sowohl stark als auch schwach. Der Stein schließlich, der riesengroß wird, verkörpert das Gottesreich, das die weltlichen Reiche verdrängt und ewig währen wird (2,37–45)[23].

Daniels Visionen Nachdem Daniel in den Legenden vorfindliche Träume oder Zeichen gedeutet hat, geben *Dan* 7–12 im Ich-Stil eigene Visionen Daniels wieder. Die Konzeption sich ablösender Regentschaften aus *Dan* 2 ergänzt Daniels Vision in Kap. 7, wo er vier Tiere erblickt, seltsame Mischwesen, die Reiche und Könige verkörpern. An letzter Stelle steht auch hier der Anbruch der Gottesherrschaft dargestellt in der Schau eines weiß gekleideten uralten Thronenden, vor dem mit den Wolken „eines Menschen Sohn" erscheint, dem der Thronende ewige Macht verleiht (7,1–14).

Die Geschichte von der keuschen Susanna Die griechische Fassung des Danielbuches enthält zusätzliches Material, darunter die Geschichte von Susanna in *Dan* 13,1–64, die einige Handschriften an den Anfang gerückt haben, weil Daniel darin noch ein Knabe ist. Unter den in Babylon lebenden Juden befindet sich ein reicher Mann namens Jojakim. Zwei Älteste verlieben sich in dessen schöne, aber auch züchtige und gottesfürchtige Frau Susanna und begehren sie heftig. Da sie deren Gewohnheit kennen, um die Mittagszeit im Garten ihres Mannes spazieren zu gehen, verstecken sich die beiden Ältesten an einem heißen Tag dort. Da Susanna baden möchte, befiehlt sie ih-

---

[23] Vom zweiten Traum und Daniels Deutung erzählt Nebukadnezar selbst im Rückblick. Diesmal erscheint der König in seinem Traum als Weltenbaum, der gefällt wird, ein Sinnbild für den zeitweiligen Verlust seiner Regentschaft, wodurch Gott ihn lehrt, dass alle Herrschaft auf Erden von Gott verliehen wird. Der Traum wird wahr; Nebukadnezar lebt zum Tier erniedrigt; erst als er sich Gott lobend zuwendet, erhält er seinen Thron zurück.

ren Dienerinnen, den Garten abzuschließen und wohlriechende Essenzen zu holen. Als Susanna allein ist, kommen die Ältesten aus ihrem Versteck und bedrängen sie. Falls sie ihnen nicht zu Willen ist, drohen sie ihr, sie wegen Ehebruches anzuzeigen. Susanna lässt sich jedoch nicht erpressen, sondern beginnt zu schreien. Doch auch die Ältesten schlagen Alarm und bezichtigen Susanna des Ehebruches mit einem jungen, nun entflohenen Mann. Am nächsten Tag erheben die Ältesten offiziell Anklage gegen Susanna. Weil die beiden Ältesten angesehene Richter sind, glaubt man ihnen und verurteilt Susanna zum Tod. Sie wendet sich im Gebet an Gott und erfleht Hilfe. Als man sie zur Hinrichtung führt, tritt Daniel dem Zug in den Weg und bemängelt, dass bei dem Prozess kein Verhör stattfand und auch die Beweise nicht geprüft wurden. Daraufhin kehren alle zum Gerichtsplatz zurück; man überlässt Daniel das Verhör. Er befragt die beiden Ältesten getrennt voneinander und erkundigt sich, unter was für einem Baum im Garten sich der Ehebruch zugetragen habe. Da die Ältesten verschiedene Bäume nennen, sind sie der Lüge überführt, und Susannas Unschuld ist erwiesen. Man richtet die Ältesten hin und preist Gott, der durch Daniel Susanna gerettet hat.

Literarisch

Den größten Einfluss übte die Vorstellung von der Abfolge verschiedener Weltreiche (*Dan* 2) aus, die Gottes Herrschaft am Ende der Zeiten ablöst. Da Daniels Auslegung nur das erste Reich explizit als das babylonische bestimmt, konnte man die folgenden Reiche unterschiedlich deuten. Besonders wirkungsvoll war die Identifikation des vierten Reiches mit dem Römischen Reich. Zugleich spielte die Vorstellung der Weltreiche, die auf eine Endzeit mit dem Anbruch des Gottesreiches zusteuern, eine große Rolle bei Spekulationen über den Verlauf der Geschichte bis hin zu Versuchen, die Endzeit und das Jahr des Weltuntergangs zu berechnen. In diese Endzeitspekulationen flossen weitere Elemente aus den Danielvisionen ein, die in verschlüsselten Bildern historische Konstellationen der Abfassungszeit in den sechziger Jahren des zweiten vorchristlichen Jahrhunderts heraufbeschwören. Ein Engel deutet dem Visionär die rätselhaften Erscheinungen. Daniels Visionen bilden einen Ansatz zu einer Apokalypse.

Die vier Weltreiche

Unter den Daniellegenden lud insbesondere die Erzählung von Belsazar zu literarischer Bearbeitung ein (*Dan 5*). Als Einzelmotiv daraus wurde der Begriff „Menetekel" zum sprichwörtlichen Inbegriff des unheimlich-geheimnisvollen Vorzeichens drohender Gefahr. Literarisch ist die Gestalt des gotteslästerlichen Königs reizvoll, der, nachdem er auf dem Fest Reichtum und Macht demonstrierte, über Nacht in den Tod stürzt[24].

Menetekel

- **Pedro Calderón de la Barca – *Balthasars Nachtmahl*.** Calderón (1600–1681) verfasste dieses Fronleichnamsspiel (*auto sacramental*) um 1632 für eine Aufführung im selben Jahr in Madrid[25]. Da diese geistlichen Dramen am Fronleichnamsfest aufgeführt wurden, verherrlichten sie die Eucharistie im Schlussbild. Typisch für diese dramatische Gattung war außerdem allegorisches Personal. Calderón übernimmt aus der biblischen Geschichte die Personen Belsazar und Daniel, die ambivalent erscheinen, da sie zwar auch noch wie menschliche Gestalten anmuten, vor allem aber als allegorische Figuren fungieren: Der Prophet Daniel, der als alter Mann göttliche Weisheit verkörpert, steht zugleich für das göttliche Urteil. Als sein Gegenüber repräsentiert König Balthasar den Menschen, verstrickt in Begehrlichkeit und Sünde, der trotz aller Warnungen in seiner Gottlosigkeit verharrt. Vier allegorische Figuren kommen hinzu: Der „Gedanke" verkörpert menschliches Denken allgemein, speziell die Gedanken Balthasars. Er trägt ein buntes Narrenkleid entsprechend seiner Rolle als Hofnarr. Zwei Frauengestalten stehen in Beziehung zu Balthasar: „Welteitelkeit" und „Götzenliebe", Personifikationen der entscheidenden Laster des Königs, die beide seinem Stolz entspringen. Als vierte allegorische Gestalt tritt der Tod als eleganter Edelmann auf. Wie Gedanke Daniel in der Eingangsszene erklärt, will Balthasar, der schon mit „Welteitelkeit" vermählt ist, nun noch „Götzenliebe" heiraten. Da die Hochzeit biblisch die Verbindung zwischen Gott / Christus und seinem

Allegorische Personen

---

[24] Vgl. dazu K. Schöpflin, *Belsazar – die literarische Karriere eines biblischen Bösewichts*, in: Berliner Theologische Zeitschrift 25 (2008), S. 324–357.

[25] 1664 erschien das Stück im Druck. Vgl. Pedro Calderón de la Barca, *La Cena del Rey Baltasar*. Kritische Ausgabe und Kommentar von G. Hofmann (Hamburger Romanistische Studien 34), Berlin / New York 1971. Zitiert wird Don Pedro Calderón de la Barca, *Balthasars Nachtmahl*, in: Sämtliche Werke des Freiherrn Joseph von Eichendorff, Band XV.1: Übersetzungen I, hg. von H. Fröhlich, Tübingen 2003, S. 575–637.

Volk / der Kirche versinnbildlicht, ist die geplante Vermählung Balthasars mit der Götzenliebe ein besonderer Frevel.

Zur Gattung der *autos sacramentales* gehört die *relación*, ein ausführlicher Monolog, den Calderón hier König Balthasar in den Mund legt (229–550). Er schaut in die Geschichte zurück, zunächst auf seinen Vater und Vorgänger Nebukadnezar (229–249), den er als Eroberer feiert, der Jerusalem unterwarf, dort die Tempelschätze raubte und ihm diese Kostbarkeiten vererbte. Auch Balthasar verspürt einen rastlosen Eroberungsdrang, der auf den Berg zielt, auf dem die Menschen einst den Turmbau begannen (250–286). Damit wendet sich der Rückblick der mythischen Vorzeit zu und schöpft aus der Urgeschichte der *Genesis*. Im Anschluss an *Gen* 1 beschreibt der Monolog die Schönheit der Schöpfung (287–322), dann Stolz und Übermut, die zu Freveln veranlassten, welche Gott durch eine Flut ahndete, deren Wirkung breit geschildert wird (323–437). Noahs Arche sicherte den Fortbestand der Lebewesen (438–467); Nimrod setzte das Projekt des himmelstürmenden Turmbaus ins Werk, dem Gott durch die Sprachverwirrung Einhalt gebot (468–549). Balthasar plant – angespornt von Götzenliebe und Eitelkeit – den Turmbau wieder aufzunehmen und sich so Unsterblichkeit zu sichern (550–577).

Aufnahme der biblischen Urgeschichte

Daniel fragt Gott, wer die ungeheure Vermessenheit Balthasars ahnden werde. Der Tod erscheint, und Daniel beauftragt ihn, Balthasar zunächst zu warnen und an seine Sterblichkeit zu erinnern. Der Tod tritt Balthasar entgegen und liest ihm eine Schuldverschreibung vor: Balthasar hat darin erklärt, er wisse, dass er dem Tod sein Leben übergeben müsse. Der Tod gibt dem König ein Blatt, auf dem ein *memento mori* geschrieben steht:

Balthasars Uneinsichtigkeit

Staub nur warst du, und Staub bist du,
Und in Staub wirst du verwehn.   (866–867; vgl. *Gen* 3,19)

Die beiden Frauen verleiten den nachdenklichen König zu neuer Leichtfertigkeit – die Welteitelkeit nimmt das Blatt und zerreißt es. Nach dieser gescheiterten ersten Mahnung versetzt der Tod Balthasar (und den Gedanken) in Schlaf, in eine Vorahnung des Todes. Der schlafende König träumt: seine beiden Frauen weihen ihm zu seinem Entzücken ein ehernes Standbild; doch beginnt dies zu sprechen und warnt ihn vor der Götzenverehrung. Obwohl Balthasar, als er erwacht, die Nichtigkeit von Ruhm und Götzendienst erkannt hat, lässt er sich von Götzenliebe umgarnen: Sie wünscht sich, dass die in Jerusalem erbeuteten Becher in dem für die Hochzeitsfeier bereiteten prächtigen Festsaal aufgetragen werden sollen. Der König lässt die Tempelgefäße holen und setzt sich zu Tisch. Unter die Feiernden mischt sich verkleidet der Tod; ausgerechnet ihn fordert Balthasar auf, ihm einen gefüllten Pokal aus dem Tempel zu reichen. Dieser Kelch wird von nun an durchsichtig hin auf die Eucharistie. Der Tod gibt ihm den gefüllten Becher, den Balthasar unter dem Trinkspruch erhebt:

> Alle Glorien meiner Herrschaft
> Trink ich aus des Gottes Kelch
> Unsern Göttern zu: es lebe
> Moloch, der Assirer Gott! (1370–1373).

Die Schrift an der Wand Unter Donnerschlag wird die Hand sichtbar nebst dem Menetekel. Balthasar selbst schildert den Schreibvorgang und stellt einen Bezug zur Turmbaugeschichte her.

> Unbegreiflich! Nicht errathen
> Kann ich diese Charaktere,
> Wirr, wie Babel einst in Sprachen,
> Ist ein Babel dies von Lettern. (1427–1430).

Nachdem weder die Frauen noch der Gedanke die Schrift erklären können, tritt Daniel auf, und fügt der Deutung der drei Wörter[26] noch hinzu, dass Gott Balthasar damit das Urteil für seinen Frevel verkündet hat (1461–1468). Es folgt eine allgemeingültige Lehre, die – der Aufführung am Fronleichnamsfest entsprechend – die Eucharistie in den Blick nimmt:

> Denn kein Sterblicher mißbrauche
> Je des Tempels heil'ge Becher,
> Die Er dem Gesetz der Gnade
> Vorbestimmt zum Sakramente [...]
> Und d a r u m ist die Entweihung
> Eine Schuld, so unermeßlich,
> Weil – hört, Staubgeborne, hört! –
> Leben oder Tod im Becher,
> Denn wer Sünden frönt, entweiht
> Frevelnd das Gefäß des Tempels. (1469–1480).

Balthasars Ende Für Balthasar gibt es jetzt keine Rettung mehr: Der Giftbecher, den der Tod ihm reichte, tötet seine Seele, den Leib bringt der Tod mit dem Degen zur Strecke. Während er im wahrsten Sinne des Wortes mit dem Tod ringt, formuliert er die Lehre aus seinem Geschick:

---

[26] 1453–1460; vgl. *Dan* 5,25–28.

Höret, Sterbliche, hört, hört
In dem Mene, Tekel, Peres
Die graunvolle Vorbedeutung
Von des höchsten Gottes Strenge:
Niederwirft Er die da frevlen
An den heiligen Gefäßen,
Und wer Sünden frönt, entweiht
Frevelnd das Gefäß des Tempels. (1527–1534)[27].

Calderón verarbeitet *Dan 5* zu einer theologischen Allegorie, in der der frevelhafte König zum Inbegriff des unbußfertigen Sünders wird, für den wegen seiner mangelnden Reue selbst die Gnadengabe der Eucharistie Tod und Verdammnis bewirkt. Daniel vertritt als Prophet und Weiser die Stelle Gottes, der dem Sünder mehrfach Gelegenheit zu Reue und Umkehr gibt, bevor er ihn dem Tod überlässt. Eine grundsätzliche Allgemeingültigkeit des unverbesserlichen Frevlers Balthasar erreicht Calderón durch das Einbeziehen der Urgeschichte: Der Mensch neigt zu Stolz und Vermessenheit und dazu, seine Sterblichkeit zu verdrängen. Die Bosheit, die das Gericht in der Sintflut motivierte, interpretiert Calderón als Hochmut, der nach der Flut wieder aufkeimt in Balthasars Vorfahr Nimrod. Der Rückbezug auf Sintflut- und Turmbaugeschichte in Balthasars großem Monolog verbindet subtil Balthasar als babylonischen Fürsten mit dem Turmbau zu Babel und macht ihn zugleich zum Typos des Menschen, der bis zum Schluss uneinsichtig in der Ursünde des Hochmuts verharrt. *Balthasars Nachtmahl* dramatisiert damit durch das Stilmittel der Allegorie mit dem Ziel der Unterweisung des Publikums christliche Sünden- und Gnadenlehre unter – gattungsbedingter – Zuspitzung auf das Altarsakrament.

Daniel 5 als dramatische Allegorie

- **Friedrich von Hagedorn – *Susanna*.** Während Belsazar ein abschreckendes Beispiel bildet, erscheint Susanna als vorbildliche Frau, sittsam und gottesfürchtig. Die Geschichte der sprichwörtlich keuschen Susanna erlebte eine Reihe von Dramatisierungen im 16. und 17. Jahrhundert, die eine belehrende Absicht verfolgten[28]. Friedrich von Hagedorn (1708–1754) ironisierte die Erzäh-

---

[27] Vgl. dazu auch *1Kor* 11,27–29.
[28] Vgl. dazu K. Schöpflin, *Susanna's Career in Reformation Drama. A Reception-Historical Perspective with an Outlook on Fine Art*, in: G.G. Xeravits / J. Zsengellér (ed.), Deuterocanonical Additions of the Old Testament Books. Selected Studies, DCLS. 5, Berlin/New York 2010, 143–170.

lung in seinem kurzen Gedicht, das ein Beispiel für humorvolle bibelkritische Töne darstellt:

Susanna

Susannas Keuschheit wird von allen hochgepriesen:
Das junge Weib, das jeder artig fand,
Tat beiden Greisen Widerstand
Und hat sich keinem hold erwiesen.
Ich lobe, was wir von ihr lesen;
Doch räumen alle Kenner ein,
Das Wunder würde größer sein,
Wenn beide Buhler jung gewesen.[29]

5.2. Prophetische Botschaften

Biblisch

Übermitteln von Gottesworten

Im Zentrum schriftprophetischer Bücher steht die Wortverkündigung. Bei den prophetischen Sprüchen handelt sich überwiegend um Gottesreden, die der Prophet empfangen hat und die er seinen Rezipienten mitteilt. Meistens gibt er die Rede Gottes so wieder, wie Gott sie in eigener – grammatisch in erster – Person aussprach, also als Zitat direkter Rede, die sich entweder mit direkter Anrede an die Rezipienten richtet oder in dritter Person über sie spricht. Im letzteren Falle spiegelt sich in der Formulierung noch die Wortempfangssituation, in welcher Gott den Propheten in seine Absichten einweiht:

Verstockte Herzen

Weil sie mein Gesetz verlassen, das ich ihnen vorgelegt habe, und meinen Worten nicht gehorchen, auch nicht danach leben, sondern folgen ihrem verstockten Herzen und den Baalen, wie ihre Väter sie gelehrt haben, darum spricht der HERR Zebaoth, der Gott Israels: Siehe, ich will dies Volk mit Wermut speisen und mit Gift tränken. Ich will sie unter die Völker zerstreuen [...] und will das Schwert hinter ihnen her schicken, bis es aus ist mit ihnen. (*Jer* 9,12–15).

Drastische Bilder

Bisweilen formuliert ein Prophet mit eigenen Worten eine göttliche Botschaft, wie Micha, der die Ausbeutung der einfachen Leute durch die Herrschenden in drastischen Bildern brandmarkt:

---

[29] In: *Die Bibel in den Worten der Dichter*, hg. B. Kircher, Freiburg i.Br. 2005, S. 275.

Höret doch, ihr Häupter im Hause Jakob und ihr Herren im Hause Israel! Ihr solltet die sein, die das Recht kennen. Aber ihr hasset das Gute und liebet das Arge; ihr schindet ihnen die Haut ab und das Fleisch von ihren Knochen und fresset das Fleisch meines Volks. Und wenn ihr ihnen die Haut abgezogen habt, zerbrecht ihr ihnen auch die Knochen; ihr zerlegt es wie in einen Topf und wie Fleisch in einen Kessel. Darum, wenn ihr nun zum HERRN schreit, wird er euch nicht erhören, sondern wird sein Angesicht vor euch verbergen zur selben Zeit, wie ihr mit eurem bösen Treiben verdient habt. (*Micha* 3,1–4).

Die Inhalte prophetischer Sprüche bewegen sich zwischen den Polen Gerichts- und Heilsankündigung: Sie üben Kritik an bestehenden Verhaltensweisen und Zuständen und mahnen entweder zur Besserung und/oder drohen Gottes Gericht an: *Gerichtsansagen*

Frevel und Gewalt hört man in ihr [sc. der Stadt Jerusalem], und Morden und Schlagen treiben sie täglich vor mir. Beßre dich, Jerusalem, ehe sich mein Herz von dir wende und ich dich zum wüsten Lande mache, darin niemand wohnt! (*Jer* 6,7–8).

Höret, ihr Israeliten des HERRN Wort! Denn der HERR hat Ursache, zu schelten, die im Lande wohnen; denn es ist keine Treue, keine Liebe und keine Erkenntnis Gottes im Lande, sondern Verfluchen, Lügen, Morden, Stehlen und Ehebrechen haben überhandgenommen, und eine Blutschuld kommt nach der andern. Darum wird das Land dürre stehen, und alle seine Bewohner werden dahinwelken; (*Hosea* 4,1–3a).

Das Gottesgericht fassen Propheten in markante Vorstellungen und Bilder: Dürre, mit der Gott ebenso wie im Unwetter[30] die Lebensgrundlage und damit seinen Schöpfungssegen entzieht. Das Schwert (*Jer* 9,15) dient als Sinnbild des Krieges, wo Gott sich anderer Völker bedient, um Israel zu strafen.[31] Feuer erscheint als Inbegriff göttlichen Zorns und zugleich konkretes Mittel der Vernichtung. Hinzu treten Vertreibung aus dem Gelobten Land und Zerstreuung in die Fremde. *Bilder des Gerichts*

Außerdem bieten Schriftpropheten individuell gestaltete Bildkompositionen wie Jesaja in seinem berühmten Weinberglied, in dem allmählich deutlich wird, dass hier keineswegs ein harmlo- *Jesajas Weinberglied*

---

30 „Ich will einen Wirbelwind losbrechen lassen in meinem Grimm und einen Platzregen in meinem Zorn und Hagel wie Steine in vernichtendem Grimm." (*Ez* 13,13).

31 „Werdet ihr nicht auf mein Gebot hören, den Sabbattag zu heiligen […], so will ich ein Feuer in ihren Toren anzünden, das die festen Häuser Jerusalems verzehrt und nicht gelöscht werden kann." (*Jer* 17,27); „ich will ein Feuer nach Juda schicken, das soll die Paläste von Jerusalem verzehren." (*Amos* 2,5).

ses Lied zur Erbauung erklingt, sondern eine Gerichtsdrohung an den Weinberg[32], der Sinnbild des Gottesvolkes ist:

> Wohlan, ich will meinem lieben Freunde singen, ein Lied von meinem Freund und seinem Weinberg. Mein Freund hatte einen Weinberg auf einer fetten Höhe. Und er grub ihn um und entsteinte ihn und pflanzte darin edle Reben. Er baute auch einen Turm darin und grub eine Kelter und wartete darauf, daß er gute Trauben brächte; aber er brachte schlechte. Nun richtet, ihr Bürger zu Jerusalem und ihr Männer Judas, zwischen mir und meinem Weinberg! Was sollte man noch mehr tun an meinem Weinberg, das ich nicht getan habe an ihm? Warum hat er denn schlechte Trauben gebracht, während ich darauf wartete, daß er gute brächte? Wohlan, ich will euch zeigen, was ich mit meinem Weinberg tun will! Sein Zaun soll weggenommen werden, daß er verwüstet werde, und seine Mauer soll eingerissen werden, daß er zertreten werde. Ich will ihn wüst liegen lassen, daß er nicht beschnitten noch gehackt werde, sondern Disteln und Dornen darauf wachsen, und will den Wolken gebieten, daß sie nicht darauf regnen. Des HERRN Zebaoth Weinberg aber ist das Haus Israel und die Männer Judas seine Pflanzung, an der sein Herz hing. Er wartete auf Rechtsspruch, siehe, da war Rechtsbruch, auf Gerechtigkeit, siehe, da war Geschrei über Schlechtigkeit. (*Jes* 5,1–7).

Auf der Vorstellung eines Tages („Tag Jahwes"), an dem Gott erscheint, um Gericht zu halten und dabei auch grundstürzende Veränderungen vorzunehmen[33], beruht schließlich der Gedanke des Jüngsten Gerichts.

Heilsverheißungen Die im Vergleich zu Gerichtsankündigungen selteneren Heilsverheißungen der Propheten stellen die entsprechenden entgegengesetzten Phänomene in Aussicht: Ein Leben im Gelobten Land in üppiger Vegetation[34], in Frieden und Freude und unter

---

[32] Auch der Weinstock (z.B. *Ps* 80,9–14) oder die Weintraube (*Num* 13,23) erscheint im AT als Sinnbild Israels.

[33] „des HERRN Tag ist Finsternis und nicht Licht"(*Amos* 5,18); „der Tag des HERRN Zebaoth wird kommen über alles Hoffärtige und Hohe und über alles Erhabene, daß es erniedrigt werde" (*Jes* 2,12).

[34] „Siehe, es kommt die Zeit [...] daß man zugleich ackern und ernten, zugleich keltern und säen wird. Und die Berge werden von süßem Wein triefen und alle Hügel werden fruchtbar sein. Denn ich will die Gefangenschaft meines Volkes Israel wenden, daß sie die verwüsteten Städte wieder aufbauen und bewohnen sollen, daß sie Weinberge pflanzen und Wein davon trinken, Gärten anlegen und Früchte daraus essen."(*Amos* 9,13–14). „Und ich will die Übriggebliebenen meiner Herde sammeln aus allen Ländern, wohin ich sie verstoßen habe, und will sie wiederbringen zu ihren Weideplätzen, daß sie sollen wachsen und viel werden." (*Jer* 23,3).

Gottes liebender Zuwendung³⁵ bis hin zu einem durch den Tierfrieden³⁶ als paradiesisch gekennzeichneten Zustand, einem einträchtigen Zusammenleben der Völker, die der Glaube an Jahwe verbindet³⁷ oder der Ankündigung eines neuen Himmels und einer neuen Erde³⁸.

Die größte Nachwirkung ging von den Heilsprophezeiungen aus, die einen Herrscher ankündigen, der gerecht, fürsorglich und als Friedensfürst über Israel regiert:

Der Friedefürst

> Siehe, es kommt die Zeit, spricht der HERR, daß ich dem David einen gerechten Sproß erwecken will. Der soll ein König sein, der wohl regieren und Recht und Gerechtigkeit im Lande üben wird. (*Jer* 23,5).
>
> Und es wird ein Reis hervorgehen aus dem Stamm Isais und ein Zweig aus seiner Wurzel Frucht bringen. Auf ihm wird ruhen der Geist des HERRN, der Geist des Rates und der Stärke, der Geist der Erkenntnis und der Furcht des HERRN. (*Jes* 11,1–2).
>
> Und du, Bethlehem Efrata, die du klein bist unter den Städten in Juda, aus dir soll mir der kommen, der in Israel Herr sei [...] (*Micha* 5,1)³⁹.

Dieser Gesalbte („Messias") aus dem Haus Davids ist zunächst als politische Größe gedacht, wird aber dann – im Neuen Testament – zu einer endzeitlichen Gestalt überhöht.

Literarisch

Wirkungsgeschichtlich werden Prophezeiungen als Aussagen über zukünftige Ereignisse verstanden, die sich relativ zeitnah zum Aussprechen der Weissagung verwirklichen. Das Mittel der Prophezeiung oder Weissagung wird literarisch als Aus-

Weissagung als literarisches Mittel

---

35 „Die Erlösten des HERRN werden [...] nach Zion kommen mit Jauchzen; ewige Freude wird über ihrem Haupte sein" (*Jes* 35,10); „Ich habe mein Angesicht im Augenblick des Zorns ein wenig vor dir verborgen, aber mit ewiger Gnade will ich mich deiner erbarmen, spricht der HERR, dein Erlöser." (*Jes* 54,7–8).
36 „Wolf und Schaf sollen beieinander weiden; der Löwe wird Stroh fressen wie das Rind" (*Jes* 65,25; vgl. *Jes* 11,6–8).
37 „Es wird zur letzten Zeit der Berg, da des HERRN Haus ist, fest stehen [...] und alle Heiden werden herzulaufen [...] und sagen: Kommt laßt uns auf den Berg des HERRN gehen, zum Hause des Gottes Jakobs, daß er uns lehre seine Wege [...]! [...] Da werden sie ihre Schwerter zu Pflugscharen und ihre Spieße zu Sicheln machen. Denn es wird kein Volk wider das andere das Schwert erheben [...]." (*Jes* 2,2–4).
38 „ich will einen neuen Himmel und eine neue Erde schaffen" (*Jes* 65,17).
39 Vgl. ferner u.a. *Jes* 7,14b; 9,5–6; *Ez* 34,23a.

spruch einer Person, die prophetische Gaben besitzt, als Traum oder als Vision genutzt, um Spannung aufzubauen, weil sich die Rezipienten fragen, ob und wie sich die Weissagung bewahrheitet. Außerdem entsteht durch das Eintreffen einer Prophezeiung der Eindruck einer Zwangsläufigkeit des Geschehens. Das literarische Mittel der vorausdeutenden Weissagung speist sich allerdings nicht allein aus biblischer Prophetie, sondern auch aus der griechisch-römischen Literatur – das prominenteste Beispiel dürfte Sophokles' Tragödie *Ödipus* sein.

- **William Shakespeare – *Macbeth*.** In seiner Tragödie *Macbeth* (um 1606) lässt Shakespeare (1564–1616) drei Hexen als prophetische Gestalten auftreten, die planen, Macbeth auf der Heide zu treffen (I 1). König Duncan erfährt indessen (I 2), wie tapfer Macbeth und Banquo in der Schlacht gegen aufständische Adlige siegreich kämpften, und macht Macbeth zum Nachfolger des besiegten und zum Tode verurteilten Than von Cawdor. Als Macbeth, begleitet von Banquo, auf der Heide in einem Gewitter den drei Hexen begegnet, weiß er noch nichts davon (I 3). Die Hexen grüßen Macbeth mit seinem ererbten Titel Than von Glamis, aber auch als Than von Cawdor und als künftigen König. Während Macbeth zunächst überrascht verstummt, erhält Banquo ebenfalls eine Prophezeiung:

Prophezeiungen an Macbeth

ERSTE HEXE: Kleiner als Macbeth, und größer.
ZWEITE HEXE: Nicht so beglückt, und doch weit glücklicher.
DRITTE HEXE: Kön'ge erzeugst du, bist du selbst
auch keiner. (I 3; S. 10)[40].

Kaum sind die Hexen verschwunden, melden Abgesandte des Königs Macbeth dessen Dank und die Erhebung zum Than von Cawdor, so dass sich ein Teil der Prophezeiung umgehend bewahrheitet. Dies weckt Macbeths Erwartung auf das höchste Amt. Er berichtet seiner Frau brieflich von der Prophezeiung, so dass auch die Lady Ehrgeiz packt (I 5). Als König Duncan, der Macbeth begleitet hat, in dessen Schloss übernachtet, packt Lady Macbeth die Gelegenheit beim Schopfe und bringt den Gatten dazu, den schlafenden König zu ermorden. Da ihn nach der Tat sofort Gewissensbisse befallen, sorgt Lady Macbeth kaltblütig dafür, den Verdacht auf Duncans Wachen zu lenken. Als am

Macbeths Königsmord

---

[40] William Shakespeare, *Macbeth*. Übersetzt von Dorothea Tieck, hg. D. Klose, reclam UB 17, Stuttgart 2001.

Morgen der Mord entdeckt wird, tötet Macbeth die Wächter angeblich aus Schmerz um Duncans Ableben. Dass Duncans Söhne außer Landes gehen, wird als Schuldeingeständnis gewertet, als hätten sie die Wachen gedungen. Mit dem Königsmord hat Macbeth dem ihm prophezeiten Schicksal auf die Sprünge geholfen. Ferner sucht er, das Eintreffen der Weissagung an Banquo zu vereiteln: Er dingt Mörder, die Banquo und dessen Sohn töten sollen. Während Banquo bei dem Anschlag umkommt, kann sein Sohn fliehen. Alsbald regt sich Argwohn gegen Macbeth, und es formiert sich der Widerstand gegen ihn unter der Führung Macduffs.

Macbeth befragt noch einmal die Hexen (IV 1). Diese lassen aus ihrem Hexenkessel Phantome aufsteigen, die Macbeths unausgesprochene Fragen beantworten: Ein Haupt in Rüstung warnt ihn vor Macduff; ein blutiges Kind ruft ihm zu: „Dir schadet keiner, den ein Weib geboren"; und ein gekröntes Kind mit einem Baum in der Hand erklärt: Neue Prophezeiungen für Macbeth

Macbeth wird nie besiegt bis einst hinan
Der große Birnams-Wald zum Dunsinan
Feindlich emporsteigt.   (IV 1; S. 60).

Doch auch die Prophezeiung an Banquo wird bestätigt, indem die Hexen ihn eine Reihe von acht Königen aus dessen Geschlecht schauen lassen. So wiegt Macbeth sich einerseits in Sicherheit, andererseits nagt die Missgunst gegenüber Banquos Nachfahren weiter an ihm. Lady Macbeth zerbricht an ihrer Schuld und stirbt. Nun erfüllen sich die Prophezeiungen an Macbeth, der seine Schuld ignoriert. Duncans Sohn Malcolm zieht gemeinsam mit Macduff gegen Macbeth zu Felde. Macbeth verschanzt sich gegen das Heer auf Schloss Dunsinan. Zur Tarnung schneiden Malcolms Soldaten Zweige im Wald von Birnam und ziehen so hinauf gegen Dunsinan – der Wald selbst scheint sich in Bewegung zu setzen. Im Gefecht macht Macbeth sich selbst immer wieder Mut mit der Prophezeiung, ihm schade keiner, der vom Weib geboren. Mit Macduff konfrontiert muss Macbeth erfahren,

daß vor der Zeit
Macduff geschnitten ward aus Mutterleib.   (V 7; S. 88).

Macduff tötet Macbeth, und Malcolm tritt die Nachfolge seines ermordeten Vaters Duncan an.

Prophezeiung, Erfüllung und die Frage des Beteiligt-Seins des Menschen

Die Prophezeiungen der drei Hexen, die in ihrer Dreiheit in der Tradition der germanischen Nornen oder griechisch-römischen Parzen stehen, eröffnen zwei Spannungsbögen innerhalb des dramatischen Geschehens: Im 1. Akt prophezeien sie Macbeths Aufstieg, der sich nach dem Königsmord und der Flucht der Königssöhne am Ende des 2. Aktes bewahrheitet hat. Unlösbar steht dabei die Frage im Raum, ob Macbeth selbsttätig durch die Bluttat dem Schicksal nachgeholfen hat, ob die Prophezeiung als auslösendes Moment für Macbeths Handeln Bestandteil der vorherbestimmten Ereignisse war oder ob er womöglich die Königswürde auch erlangt hätte, wenn er untätig und unschuldig geblieben wäre. Im 3. Akt sucht Macbeth durch weitere Morde seine Position zu festigen. Obwohl er am eigenen Leibe erfahren hat, dass die Prophezeiungen der Hexen eintreffen, will er das Banquo betreffende Orakel vereiteln, indem er ihn beseitigt. Zwar erscheint ihm beim Festmahl der Geist des Erschlagenen (III 4), doch verdrängt Macbeth das Unrecht, das er getan hat. Zu Beginn des 4. Aktes erhält Macbeth weitere drei Weissagungen, deren zweite und dritte rätselhaft verschlüsselt in seinen Ohren unerfüllbar klingen. Während er die ihm günstigen Voraussagen ohne weiteres annahm, weigert er sich, die Orakel zu akzeptieren, die seine Stellung bedrohen. Indem Macbeth sich – letztlich wider besseres Wissen – in Sicherheit wiegt, wird er zur tragischen Figur, deren psychologische Seite Shakespeare so gestaltet, dass man als Rezipient an seinem Geschick Anteil nimmt, obwohl oder gerade wegen der Schuld, in die er sich zunehmend verstrickt. An Macbeth zeigt sich die Begrenztheit menschlicher Einsicht in überirdische Setzungen; wird einem Menschen Einblick gewährt, vermag er nicht angemessen mit dem höheren Wissen umzugehen. Macbeth wähnt sich Herr der Lage und ist doch nur Spielball höherer Mächte. Da die Weissagungen an Macbeth sich alle erfüllen, darf man es als sicher ansehen, dass auch die Prophezeiung an Banquo sich verwirklichen wird, wenn auch erst zu einer Zeit, die Shakespeares Tragödie nicht mehr auf der Bühne zeigt – die Hexen bestätigen sie nicht umsonst im 4. Akt nochmals. Was vorherbestimmt ist, lässt sich nicht ändern.

Das inhaltliche Erbe biblischer Schriftprophetie bildet die Ankündigung von Gericht und Heil. Diese Thematik nimmt Dante Alighieri auf.

5. Schriftpropheten

- **Dante Alighieri – *Die Göttliche Komödie*.** Dantes (1265–1321) *Die Göttliche Komödie*[41] (um 1307–1321) ist – anders als der Titel erwarten ließe – ein episches Gedicht. Dante folgt damit dem mittelalterlichen Gattungsverständnis, das eine Komödie als poetische Erzählung mit erfreulichem Ausgang definiert, die sich zudem eines heiteren, bescheideneren Sprachstils bedient. Für Dantes Epos trifft diese Definition inhaltlich insofern zu, als er im Rahmen einer Vision eine Reise unternimmt, die ihn von der Hölle über den Läuterungsberg in den Himmel führt, also vom Ort des Leidens in höchste Seligkeit. Stilistisch handelt es sich um eine „Komödie", weil Dante die italienische Volkssprache, nicht das erhabene Lateinische verwendete. Insofern, als es sich um die (Traum)Vision eines Ich-Erzählers handelt, kann man Dantes Gedicht als prophetisch im biblischen Sinne bezeichnen. Ein weiterer inhaltlicher Aspekt kommt hinzu: So wie alttestamentliche Propheten Gericht und Heil ankündigen und Gegenwartskritik üben, beschreibt auch Dante das Gericht, das Gestalten aus Bibel, Mythologie und Geschichte sowie Zeitgenossen widerfährt, die in der Hölle weilen, und das Heil, das anderen zuteil wird, die sich im Himmel befinden. Dazwischen tritt als Zwischenbereich der Läuterungsberg, den manche erklimmen, um unterwegs einen Reinigungsprozess durchzumachen und dann doch noch den Himmel zu erreichen. Da Dante auch manchen noch lebenden Zeitgenossen an den einen oder anderen Ort versetzt, hat sein Gedicht auch eine zeitkritische Dimension.

Das Epos insgesamt

Neben der Bibel und theologischem Schrifttum verarbeitete Dante antike römische sowie mittelalterliche Literatur in diesem Epos, so dass es zum Kompendium mittelalterlicher Kultur, Philosophie und Theologie wird. Das Werk umfasst insgesamt 100 Gesänge[42], jeweils 33 Gesänge befassen sich mit Hölle, Läuterungsberg und Himmel; ein einleitender Gesang schildert die Ausgangssituation: Am Karfreitag des Jahres 1300 – der Ich-Er-

Einleitung

---

[41] Zunächst trug das Werk den Titel *Die Komödie*, bis Boccaccio das Adjektiv hinzufügte.

[42] Sämtliche Zahlen, die in dem Epos vorkommen, besitzen auch symbolische Aussagekraft: So verweisen die 34 Gesänge des „Inferno" und die 33 Gesänge über Purgatorium und Himmel auf das Leben Jesu, der bei der Kreuzigung 33 Jahre alt war und somit im 34. Lebensjahr stand. Besonders bedeutsam ist die Dreizahl – die Zahl der Trinität und der drei christlichen Tugenden Glaube, Liebe, Hoffnung –, die auch in der dichterischen Form, den Terzinen (*terza rima*) zum Tragen kommt; die knapp 15.000 Elfsilber folgen dem Reimschema ababcbcdcdedefe…

zähler Dante ist fünfunddreißig Jahre alt – beginnt die visionäre Reise. Dante war eingeschlafen und findet sich in einem dunklen Wald wieder, der seinen sündhaften Lebenswandel versinnbildlicht:

Als unseres Lebens Mitte ich erklommen,
Befand ich mich in einem dunklen Wald,
Da ich vom rechten Wege abgekommen. (*Hölle*, I. Gesang) [43]

Dante irrt umher, bis er sich an der Sonne, dem Sinnbild der Gnade Gottes, orientiert und am Fuße eines Hügels rastet, um diesen dann zu erklimmen. Doch ein Luchs versperrt ihm den Weg, ein Löwe und eine Wölfin bedrohen ihn – die drei Tiere repräsentieren Wollust, Hochmut und Habgier[44], Sünden, die ihn hindern, den Hügel, nämlich die Tugend – zu erreichen und zu besteigen. Als Dante vor ihnen flüchtet, trifft er auf eine bleiche Gestalt, die sich ihm als Vergil vorstellt. Der Geist des römischen Dichters verspricht, ihm zu helfen und ihn einen anderen Weg durch jenseitige Welten zu führen. Vergil fungiert als Führer, weil Dante sich dessen römisches Nationalepos, die *Aeneis*, zum Vorbild nahm, insbesondere das sechste Buch, das den Helden Aeneas in die Unterwelt führt. Zudem war Vergil der wohl angesehenste römische Dichter, da man den Hinweis auf die Geburt eines Kindes in seiner *Vierten Ekloge* als prophetische Ankündigung Christi aus heidnischem Munde verstand.

Die Hölle Mit dem Anruf an die Musen und den Heiligen Geist am Anfang des 2. Gesangs beginnt Dantes erinnernde Darstellung seiner Reise, die zunächst in die Hölle führt. Bevor sie das Höllentor durchschreiten (III), erklärt Vergil Dante, dass seine früh verstorbene Geliebte Beatrice ihn bat, ihren geliebten Dante aus der Gefahr zu retten (II). Vergil und Dante betreten zunächst die Vorhölle, wo sich die Seelen von Heiden aufhalten, die vor Christi Geburt lebten. Vergil selbst gehört auch zu diesem Kreis und hat seinerzeit miterlebt, wie Christus in die Hölle kam und einige Gestalten des Alten Testaments – u.a. Noah, Abraham, Mose – erlöste. Außerdem treffen sie auf eine Gesellschaft von antiken Schriftstellern: Homer, Horaz, Ovid und Lukan. Nachdem sie am Unterweltsrichter Minos vorbei gekommen sind (V), der den Sündern ihren Aufenthaltsort in einem der Höllenkreise

---

[43] Dante Alighieri, *Die Göttliche Komödie*. Aus dem Italienischen von W.G. Hertz, dtv 12457, München [16]2007, S. 7.
[44] Die Tiere können auch als politische Allegorien gedeutet werden (die schwarze Fraktion in Florenz, Frankreich, päpstliches Rom).

zuweist, wandern die beiden nun durch die neun Höllenkreise, die teilweise in sich nochmals differenziert sind. Die Darstellung ist vor allem an griechisch-römischer Mythologie geschult und malt schauerliche Orte und erschreckende Strafen aus. Dante schaut also, wie auf Erden begangene Missetaten im Jenseits geahndet werden. Seinen Lesern stellt er damit abschreckende Beispiele vor Augen und ihre eigene potentielle Zukunft, falls mancher von diesen vergleichbare Schuld auf sich geladen haben sollte. Dante weist dabei einer Vielzahl bekannter Persönlichkeiten einen Platz in der Hölle zu, etwa seinem politischen Gegner und persönlichen Feind Farinata degli Uberti (X), Papst Nikolaus III., der des Ämterhandels schuldig ist (XIX), oder Mohammed, der als Sektierer einen zerspaltenen Körper hat, weil er, wie einige Zwietrachtstifter aus Dantes Zeit auch, immer wieder über die Klinge eines Teufels springen muss (XXVII). Den Höhe- oder eigentlich Tiefpunkt der Höllenreise bietet der Anblick Luzifers, der bis zur Leibesmitte im Eis eingefroren einen unsagbar hässlichen, mit sechs Flügeln (er ist ja ein gefallener Seraph, vgl. *Jes* 6) versehenen Oberkörper sowie drei Köpfe hat. In jedem Maul steckt ein Erzverräter, auf dem er kaut: der Christusverräter Judas und die Cäsarenmörder Brutus und Cassius (XXXIV).

Das Erdreich, das beim Sturz Luzifers in die Hölle verdrängt wurde, bildet den Läuterungsberg. Wieder eröffnet Dante die Darstellung der nächsten Etappe mit einem Musenanruf (*Läuterungsberg* I). Vergil und Dante befinden sich zunächst an einem Strand. Vom Ufer erblickt Dante ein Schiffchen mit scheinbar blendend weißen Segeln. Es handelt sich um ein Boot, in dem ein Engel Seelen zum Läuterungsberg übersetzt, und zwar von der Mündung des Tiber aus, wo sich die Seelen sammeln (II). Mühsam erklimmen die beiden Dichter den steilen, schroffen Berg, bis sie zum Eingang des Läuterungsberges vordringen. Dort malt ein Engel sieben „P" (für *peccatum*, „Sünde") auf Dantes Stirn (IX). Diese entsprechen der Zahl der sieben Todsünden, denen wiederum die Anzahl von sieben Terrassen des Berges entspricht. Immer wenn Dante eine der Terrassen überwunden hat, wischt ihm ein Engelsflügel ein „P" von der Stirn. Wie schon in den Höllenbezirken herrscht auch hier das Prinzip der ironischen Umkehr von Vergehen und Strafe. Die Stolzen auf der ersten, untersten Terrasse (Hochmut ist die schlimmste Todsünde) gehen gebückt als trügen sie eine schwere Last auf dem Rücken; dabei beten sie Vaterunser. Der Weg ist mit Bildern gepflastert, die biblische

Der Läuterungsberg

(Nimrod, Saul) und mythologische (Niobe) Figuren zeigen, die sich des Stolzes schuldig gemacht haben. Deren Anblick soll die Stolzen nachdenklich machen (X-XII).

Das irdische Paradies Als sie die sieben Terrassen durchlaufen haben, verabschiedet sich Vergil an der Schwelle des Irdischen Paradieses, das den Gipfel des Läuterungsberges bildet. Ein Mädchen namens Matelda nimmt Dante in Empfang und geleitet ihn zu der verschleierten Beatrice, die ihm Vorwürfe macht, weil er nach ihrem Tod zu sehr dem Irdischen verhaftet blieb und nicht der höheren Schönheit des Geistes folgte. Dante weint Tränen der Reue, und Beatrice lässt sich erweichen, hebt den Schleier, so dass Dante ihre himmlische Schönheit erblickt. Er darf sich Beatrice anschließen und gelangt unter ihrer Führung in das himmlische Paradies. Auch die Beschreibung der Reise durch das Paradies eröffnet Dante mit einem Anruf, der diesmal Apoll, dem Gott der Dichtkunst gilt (*Paradies* I). Der Himmel ist in Dantes Himmelsreise in insgesamt neun Bereiche gegliedert: die sieben Planetensphären zuzüglich des Fixsternhimmels und des Himmels des Ersten Bewegers, d.h. Gottes. Das Paradies unterscheidet sich von den beiden vorausgehenden Teilen dadurch, dass das naturgemäß angenehme Geschick der Seelen weniger ausführlich geschildert wird als die Schrecken der Hölle und die dieser gegenüber gemäßigten Bedingungen des Läuterungsberges. Die Seelen sind unterschiedliche Lichtformen, z.B. in der Venussphäre verklärt zu Licht, so dass ihre Gestalt nicht mehr erkennbar ist, oder in der Sonnensphäre sind sie selbst kleine Sonnen. An die Stelle von Beschreibungen treten nun belehrende Ausführungen über den christlichen Glauben (z.B. über die Bedeutung des Willens (IV/V) oder über Sünde und Erlösungsbedeutung des Kreuzes (VII). Auch hier trifft Dante bekannte Persönlichkeiten, z.B. Thomas von Aquin in der Sonnensphäre (X), und selbst hier vernimmt man kritische Töne: Petrus entrüstet sich über die Päpste, die Krieg führen, habgierig sind und Ablass verkaufen (XXVII). Im Fixsternhimmel unterziehen die Apostel Dante einer Prüfung, die er durch das Ablegen seines Glaubensbekenntnisses und die theologischen Definitionen von Hoffnung und Liebe besteht (XXIV–XXVI). Am Höhepunkt des Epos steigt Dante in den obersten Himmel auf, wo die Engelschöre um einen ewigen Lichtmittelpunkt kreisen (XXVIII).

Dantes Gottesschau Beatrice wird zu unbeschreiblicher Schönheit verklärt (XXX) und nimmt auf einem der Throne in der Himmelsrose Platz, in deren Mittelpunkt Maria steht (XXXI). Nun stellt der greise

Bernhard von Clairvaux Dante die übrigen Seelen in der Rose vor – etwa Eva, die Erzmütter, David, Judit, Johannes den Täufer, Augustin, die Ordensgründer Franziskus und Benedikt (XXXII). Bernhard betet für Dante zu Maria, dass er Gottes ansichtig werden möge – Dante schaut nun für einen Moment die Dreieinigkeit als Lichterscheinungen; sein schwaches Wort vermag dies nur unzureichend darzustellen:

Mein Schauen übertraf fortan die Maße
Der Sprache, die vor solcher Schauung flieht;
Auch das Gedächtnis weicht dem Übermaße.

Wie wenn im Traume einer etwas sieht,
Und nachher nichts von dem, was er gesponnen,
Als das Gefühl davon, bleibt im Gemüt,

So geht es mir; denn fast ist ganz zerronnen
Mein Traumgesicht; noch träufelt mir von dort
Ins Herz die Süße, die ich draus gewonnen. (*Paradies* XXXIII; S. 457)

Der Blick in den Himmel gipfelt mit einer Gottesschau, mit der Dante einerseits seinen Lesern seine Erkenntnisse mitteilt, andererseits aber für sich selbst beansprucht, dass ihm die ewige Seligkeit zuteil werden wird ganz so wie seiner verstorbenen geliebten Beatrice. Prophetisch visionär blickt Dante auf Unheil und Heil, das den Menschen im Jenseits erwartet.

B: Das Neue Testament

Einleitung

Wie das Alte ist auch das Neue Testament eine Sammlung von Schriften, die zunächst unabhängig voneinander als in griechischer Sprache verfasste Einzelwerke zwischen etwa 50 n. Chr. (*1. Thessalonicherbrief* des Paulus) und 120 n. Chr. (*2. Petrusbrief*) entstanden, also innerhalb eines sehr viel kürzeren Zeitraums als die alttestamentlichen Schriften. Analog zum Alten Testament – hebräischem *Tanak* bzw. griechischer Septuaginta – bildete sich ein Kanon aus 27 Einzelschriften[1], die aufgrund zweier Kriterien den Rang verbindlicher Glaubensurkunden erhielten: Ihre Verfasser galten entweder als Apostel, also Männer aus dem unmittelbaren Umfeld Jesu, oder zumindest als engste Vertraute eines Apostels – den Evangelisten Lukas etwa sah man als Begleiter des Paulus –, was ein hohes Alter und eine Rückbindung an Jesus selbst implizierte. Als inhaltliches Kriterium diente der Maßstab des Glaubens, der durchaus eine Vielfalt theologischer Akzente zuließ, solange diese mit dem in der Kirche geltenden Grundbekenntnis zu Jesus Christus in Einklang standen.

<small>Kanon</small>

Wie beim Alten Testament bürgerte sich auch für das Neue Testament eine Reihenfolge der kanonischen Schriften ein. Sie orientierte sich am Aufriss der Septuaginta; denn schon die frühen Christen, die ursprünglich Juden gewesen waren, lasen diese griechische Fassung des Alten Testaments als Heilige Schrift. Daher erklärt es sich, dass auch die Verfasser neutestamentlicher Literatur in der Regel bei Zitaten auf die Septuaginta zurückgriffen. An der Spitze des neutestamentlichen Kanons stehen die vier Evangelien gefolgt von der Apostelgeschichte; diese fünf Bücher sind erzählender Natur. Während die Evangelien in ihrer Mischung aus Darstellung der Lebensgeschichte Jesu und Wiedergabe seiner Lehre der *Torah*, die in die Geschichtserzählung Gesetzesvorschriften einwebt, vergleichbar sind, bietet die Apostelgeschichte eine Schilderung der Entstehung der Kirche und ihrer frühen Entwicklung, was man als Entsprechung zu den Geschichtsbüchern des Alten Testaments sehen kann. Den größten Teil des neutesta-

<small>Die Anordnung der Schriften orientiert sich am griechischen AT</small>

<small>Evangelien</small>

---

[1] Das älteste Zeugnis für die 27 Schriften, die sich als kanonisch durchsetzten, ist der Osterfestbrief des Bischofs Athanasius aus dem Jahr 387.

Paulusbriefe mentlichen Schrifttums machen Briefe aus, die überwiegend von Paulus stammen bzw. ihm zugeschrieben wurden. Da sie auf Fragen christlicher Lebenspraxis eingehen, ähneln sie alttestamentlichen (Weisheits)Schriften. Alle diese Schreiben sind nach den Empfängern – Gemeinden oder Einzelpersonen – benannt, ihre Anordnung richtete sich nach dem Umfang der Texte; daher steht der *Brief an die Römer* an erster, der *Brief an Philemon* an letzter Position im paulinischen Briefkorpus.

Römerbrief, *1. und 2. Korintherbrief*, *Galaterbrief*, *Philipperbrief*, *1. Thessalonicherbrief* sowie *Brief an Philemon* gelten wissenschaftlich betrachtet als tatsächlich von Paulus verfasst, während die Briefe an die *Epheser* und die *Kolosser*, der *2. Thessalonicherbrief* sowie die so genannten Pastoralbriefe (*1. und 2. Brief an Timotheus*, *Brief an Titus*) vorgeblich der Feder des Paulus entstammen, hinter dessen Namen sich tatsächlich anonyme Verfasser verbergen. Obwohl der *Brief an die Hebräer* keinen Absender nennt, wurde er in alten Handschriften in die Paulusbriefsammlung einbezogen.

Weitere Briefe Die übrigen sieben Briefe, die nach den (vermeintlichen) Verfassern benannt sind, fasst man als die „katholischen Briefe" zusammen, weil sie sich nicht an einzelne Gemeinden oder Personen wenden, sondern an die gesamte (grch. *katholikós* „das Ganze betreffend, allgemein") Kirche. Traditionell werden *1. und 2. Petrusbrief* dem Jünger Petrus, die drei *Johannesbriefe* dem Jünger und Evangelisten Johannes, der *Jakobus-* und *Judasbrief* den gleichnamigen Brüdern Jesu zugeschrieben[2].

Offenbarung Die insgesamt 21 Briefe behandeln Fragen christlicher Theologie und Lebensführung und entsprechen damit den alttestamentlichen Lehrbüchern. Den Abschluss bildet die *Apokalypse* oder *Offenbarung des Johannes*, eine Endzeitvision, die aufgrund ihres prophetischen Charakters als Analogie zu alttestamentlicher Schriftprophetie betrachtet wird.

Jesus Christus als Zentrum des NT Im Zentrum des Neuen Testaments steht die Botschaft von Jesus Christus, die an das Alte Testament rückgebunden ist. Der Gott des Alten Testaments ist der Vater Jesu, und der Mensch Jesus ist als Sohn Gottes der im Alten Testament prophezeite und daher im Judentum erwartete Gesalbte, der Messias, Herrscher aus dem Hause Davids, der das Gottesvolk zum Leben im Heil be-

---

[2] Die heutigen Bibelausgaben spiegeln in der Anordnung konfessionelle Unterschiede. Der Reihenfolge in der Einheitsübersetzung – *Hebräer, Jakobus, 1/2 Petrus, 1–3 Joh, Jud* – steht in der Lutherübersetzung die Abfolge *1/2 Petr, 1–3 Joh, Hebr, Jak, Jud* gegenüber, da Luther *Hebr* und *Jak* an das Ende versetzte.

freit. Entgegen der Erwartung ist Jesus jedoch nicht königlichen Standes und führt auch keinen politisch-geschichtlich Umbruch herbei, indem er etwa die römischen Besatzer entmachtet. Jesus stirbt vielmehr am Kreuz wie ein Verbrecher, also in äußerster Erniedrigung. Da Jesus von den Toten aufersteht, überwindet und besiegt er jedoch den Tod. Er erhält ewiges Leben im Reich Gottes, seines Vaters. Diejenigen, die daran glauben, dass er Gottes Sohn und Erlöser der Menschen ist, und ihm nachfolgen, erhalten Anteil an diesem neuen Leben Jesu, indem auch sie nach ihrem Tod zu einem neuen, ewigen Leben in Gottes Reich auferweckt werden. Dieses Heil überschreitet die Grenzen des Gottesvolks Israel; es entsteht ein neues Gottesvolk aus Juden und Nicht-Juden, die Kirche.

1. Die Evangelien – Leben, Leiden, Tod und Auferstehung Jesu Christi

Biblisch

Evangelium – frohe Botschaft und Biographie Jesu

Der griechische Begriff „Evangelium" bedeutet „frohe (eigentlich ‚gute') Botschaft", ist damit also zunächst inhaltlich gefasst. Außerdem dient das Wort als literarischer Gattungsbegriff für die neutestamentlichen Schriften, die diese frohe Botschaft enthalten. Imgrunde sind die Evangelien Spezialfälle biographischer Literatur: Sie erzählen vom Leben Jesu, indem sie sein Wirken in der Öffentlichkeit sowie im engeren Kreis seiner Anhänger schildern, seine Taten, seine belehrenden Reden und die Wortgefechte mit Gegnern wiedergeben, dann vor allem von Jesu Leiden und Sterben berichten und schließlich seine Auferstehung von den Toten bezeugen. Die neutestamentlichen Evangelien befassen sich also mit Jesus, der Gestalt, die zentrale Bedeutung für den christlichen Glauben besitzt.

Vierzahl der Evangelien

Die vier Evangelien wurden zunächst anonym überliefert, doch schon sehr bald Männern zugeschrieben, die als Jünger im Umkreis Jesu (Matthäus, Johannes) angesiedelt oder Begleiter des Apostels Paulus (Markus, Lukas) waren und daher als Zeugen des Lebens Jesu angesehen wurden. Im Großen und Ganzen weisen die Evangelien zwar viele Gemeinsamkeiten auf, doch gestaltet jeder Evangelist die ihm vorliegende[1] Jesus-Überlieferung in je eigener Weise und setzt durch die Auswahl und Anordnung der überlieferten Episoden und Worte, durch Erzählstil und Wortwahl theologische Akzente. So ergeben sich vier verschieden nuancierte Zeugnisse von der Gestalt Jesu, die im neutestamentlichen Kanon nebeneinander stehen. Bei der Kanonbildung wählte man also bemerkenswerterweise nicht ein Evangelium aus und entschied sich auch nicht für eine

---

[1] Die wissenschaftliche Diskussion befasst sich dementsprechend mit der Frage der Quellen, die die Evangelisten genutzt haben könnten, und fragt nach möglichen Abhängigkeitsverhältnissen zwischen den vier Evangelien.

1. Die Evangelien – Leben, Leiden, Tod und Auferstehung

so genannte „Evangelienharmonie", eine Zusammenfassung der vier Evangelien zu einem einheitlichen Bericht[2].

- **Das Markusevangelium.** Diese älteste und zugleich kürzeste Darstellung der Lebensgeschichte Jesu nutzten die Verfasser des *Matthäus-* und des *Lukasevangeliums* als Grundlage ihrer Kompositionen und übernahmen den Inhalt des *Markusevangeliums* weitestgehend, so dass diese drei Evangelien zahlreiche Übereinstimmungen im dargebotenen Stoff und teils auch im Aufriss aufweisen[3]. Sowohl Matthäus als auch Lukas bieten über Markus hinaus zusätzliches Material, das sie zum Teil miteinander gemeinsam haben – vermutlich weil beide dafür auf dieselbe Quelle zurückgriffen –, zum Teil aber auch als so genanntes „Sondergut" exklusiv präsentieren. Das *Johannesevangelium* hebt sich durch seinen Aufbau, den dargebotenen Stoff und seine Theologie von seinen drei Vorgängern ab.

Das älteste Evangelium

Vor diesem Hintergrund wird im Folgenden zunächst das *Matthäusevangelium* vorgestellt, das in kirchlicher Tradition eine gewisse Vorrangstellung genoss. Da es das *Markusevangelium* gewissermaßen enthält, muss auf Markus nicht eigens eingegangen werden. Lukas bietet allerdings eine Reihe eigenständiger, auch wirkungsgeschichtlich bedeutsamer Texte; Ähnliches gilt für das *Johannesevangelium*, so dass ihr jeweiliges Sondergut in eigenen Abschnitten behandelt wird.

- **Das Matthäusevangelium.** Während das *Markusevangelium* mit der Taufe des erwachsenen Jesus beginnt, stellen sowohl Matthäus als auch Lukas eine Vorgeschichte voran, die von der wundersamen Geburt und frühen Kindheit Jesu handelt. Die beiden recht unterschiedlichen Versionen haben sich in traditioneller Wahrnehmung miteinander vermischt. Matthäus setzt mit einem Stammbaum ein, der von Abraham über David bis zu Jo-

Geburt Jesu

---

[2] Die älteste bekannte Evangelienharmonie schuf der Syrer Tatian in seinem *Diatessarion* im 2. Jh.

[3] Dies wird offensichtlich, wenn man eine „Synopse" heranzieht, eine spezielle Ausgabe der Evangelien, in der die Parallelen und Entsprechungen zwischen den Evangelien in Spalten nebeneinander gedruckt sind, so dass man die einzelnen Fassungen vergleichend lesen kann. Da sich Markus, Matthäus und Lukas relativ nahe stehen, bezeichnet man sie wissenschaftlich als „synoptische Evangelien" oder „Synoptiker", denen das *Johannesevangelium* als eine eigene Größe gegenübersteht.

sef, dem Mann Marias reicht (*Mt* 1,1–17[4]). Während Matthäus nur knapp konstatiert, dass Maria vom Heiligen Geist schwanger war (*Mt* 1,18), bietet Lukas die bekanntere Erzählung, in der der Engel Gabriel Maria die Geburt Jesu ankündigt (*Lk* 1,26–38). Bei Matthäus teilt dagegen ein Engel dem schlafenden Josef im Traum mit, dass seine Verlobte Maria das Kind vom Heiligen Geist empfangen habe (*Mt* 1,19–25). Auch bei der Geburt selbst fasst Matthäus sich kurz (*Mt* 2,1), während Lukas die so genannte „Weihnachtsgeschichte" bietet: Wegen der vom Kaiser Augustus angeordneten Volkszählung reist Josef mit der schwangeren Maria von Nazareth nach Bethlehem. Weil sie keine andere Herberge finden, gebiert Maria dort ihren Sohn in einem Stall und legt ihn in eine Krippe[5]. Eine Engelschar verkündet den Hirten auf dem Felde die Geburt des Heilands; und die Hirten gehen nach Bethlehem und finden dort Maria und Josef und das Kind in der Krippe (*Lk* 2,1–20). Matthäus schildert hingegen die Reise der Weisen aus dem Morgenland[6], die als Astronomen einen Stern wahrgenommen haben, der auf die Geburt eines Königs hinweist. Sie orientieren sich an dem Stern, gelangen nach Judäa und suchen den Hof König Herodes' auf. Aufgrund der Prophezeiung in *Micha* 5,1 schickt er sie weiter nach Bethlehem, wo die Könige das Kind in der Krippe anbeten und ihm Gold, Weihrauch und Myrrhe schenken (*Mt* 2,1–12). Von einem Engel im Traum gewarnt flieht Josef mit Maria und dem Kind nach Ägypten – rechtzeitig bevor die Schergen des Herodes in Bethlehem alle Kinder töten, die zwei Jahre alt oder jünger sind. Herodes ordnet den Kindermord an, um einen möglichen Aspiranten auf seinen Thron zu beseitigen. Nach dem Tod des Herodes kehrt die Heilige Familie heim (*Mt* 2,13–23).

Lukas weiß hingegen nichts von derartigen Gefährdungen. Er widmet sich zusätzlich zur Geburt Jesu der Geburt Johannes des Täufers (*Lk* 1,57–66), die gleichfalls der Engel Gabriel dessen Mutter Elisabeth ankündigt, einer lange kinderlosen Frau in

---

[4] Vgl. *Lk* 3,23–38, der die Linie von Josef zurückverfolgt bis zu Adam.

[5] Von Ochs und Esel ist im Evangelium nicht die Rede; sie erscheinen in Krippendarstellungen, seitdem Franz von Assisi *Jes* 1,3 („Ein Ochse kennt seinen Herrn und ein Esel die Krippe seines Herrn") auf die Geburt Jesu hin deutete.

[6] *Mt* lässt deren Zahl offen; traditionell werden drei Könige unterschiedlichen Alters und verschiedener Hautfarbe dargestellt. Zudem erhielten sie die Namen Kaspar, Melchior und Balthasar.

1. Die Evangelien – Leben, Leiden, Tod und Auferstehung

fortgeschrittenem Alter (*Lk* 1,5–25). In die Vorgeschichte bettet Lukas drei Gedichte ein, die so genannten „Cantica"[7], nämlich den Lobgesang Marias, das „Magnificat" (*Lk* 1,46–55), das sie bei ihrem Besuch bei Elisabeth anstimmt, den Lobgesang des Zacharias („Benedictus", *Lk* 1,68–79), des Vaters des Johannes, den dieser anlässlich der Geburt seines Sohnes singt, sowie den kurzen Gesang des greisen Simeon („Nunc dimittis", *Lk* 2,29–32), der im Tempel der Opferzeremonie beiwohnt, die Maria und Josef nach jüdischer Vorschrift vollziehen, und in dem Kind Jesus den verheißenen Heiland erkennt (*Lk* 2,22–40). Schließlich schildert Lukas eine Episode aus Jesu Jugend: Als Zwölfjähriger reist er mit den Eltern zum Passahfest nach Jerusalem, wo er im Tempel äußerst verständig mit den Schriftgelehrten diskutiert (*Lk* 2,41–52).

Bevor der erwachsene Jesus auftritt, führt Matthäus Johannes den Täufer ein, der als asketischer Bußprediger in der Wüste zur Umkehr aufruft und Bußfertige von ihren Sünden im Wasser des Jordan rein wäscht („tauft", *Mt* 3,1–12). Als Jesus sich von Johannes taufen lässt (*Mt* 3,13–17), kommt der Heilige Geist in Gestalt einer Taube auf ihn und eine himmlische Stimme erklärt: „Dies ist mein lieber Sohn, an dem ich Wohlgefallen habe." (*Mt* 3,17b).

Wirken des Täufers

Jesus selbst äußert sich über Johannes des Täufers Funktion als letztem in der Reihe der Propheten sowie als unmittelbarem Vorläufer des Messias, so dass seine Rolle der des wiedergekehrten Elia entspricht. Zudem lässt Jesus den inhaftierten Johannes wissen, dass in seiner Person die prophezeite Heilszeit angebrochen ist (*Mt* 11,1–19; vgl. auch 17,10–13). Johannes wird von König Herodes ins Gefängnis geworfen und schließlich enthauptet.

Bevor Jesus öffentlich auftritt, verbringt er vierzig Tage fastend in der Wüste. Dort versucht ihn dreimal der Teufel: er fordert ihn auf, seine Göttlichkeit zu beweisen, indem er Steine in Brot verwandele, dann, indem er sich von der Zinne des Tempels stürze, was er als Gottes Sohn unbeschadet überleben würde. Schließlich verspricht er Jesus Macht und Reichtum unter der Bedingung, dass er ihn anbete. Jesus weist alle drei Ansinnen des Versuchers mit Schriftzitaten von sich (*Mt* 4,1–11).

Versuchung Jesu

---

[7] Die drei Lobgesänge spielen in der Liturgie eine bedeutende Rolle, nicht zuletzt durch ihre Verwendung im Stundengebet.

Jüngerberufung   Jesu öffentliches Wirken in Galiläa (*Mt* 4–18) sowie auf dem Weg nach Jerusalem (*Mt* 19–20) setzt mit einer zusammenfassend wiedergegebenen Predigt[8] ein, mit der Berufung der ersten Jünger, der Brüderpaare Simon Petrus und Andreas sowie Jakobus und Johannes, die allesamt einfache Fischer sind (später wird Jesus den engsten Jüngerkreis – der Zahl der Stämme Israels entsprechend – auf zwölf Männer erweitern; *Mt* 10,1–4), und mit einem summarischen Hinweis auf seine Krankenheilungen (*Mt* 4,12–25).

Bergpredigt   Matthäus lässt darauf eine große Lehrrede[9], die Bergpredigt (*Mt* 5–7), folgen, die mit den Seligpreisungen (z.B. „Selig sind, die da Leid tragen; denn sie sollen getröstet werden", *Mt* 5,4) beginnt. Jesus klärt seine Position gegenüber der alttestamentlichen Gesetzgebung, die er nicht außer Kraft setzt, sondern insofern noch verschärft, als es ihm nicht auf die äußere Beachtung des Buchstabens ankommt, sondern auf die innere Haltung:

Ihr habt gehört, daß gesagt ist (2. Mose 20,14): „Du sollst nicht ehebrechen." Ich aber sage euch: Wer eine Frau ansieht, sie zu begehren, der hat schon mit ihr die Ehe gebrochen in seinem Herzen. (*Mt* 5,27–28).

Diese innere Haltung ist auch bei allen Übungen von Frömmigkeit (Almosengeben, Fasten, Beten) entscheidend. Im Zentrum der Bergpredigt lehrt Jesus seine Hörer das Vaterunser, das bekannteste und wichtigste Gebet des Christentums.

In dieser umfangreichen Predigt spricht Jesus einige Worte, die auch losgelöst vom Kontext breite Wirkung entfalteten und als Lebensregeln viel zitiert wurden – etwa: „wenn dich jemand auf deine rechte Backe schlägt, dem biete die andere auch dar." (*Mt* 5,39), „Liebt eure Feinde" (*Mt* 5,44), „Laß deine linke Hand nicht wissen, was die rechte tut" (6,3), „Niemand kann zwei Herren dienen […] Ihr könnt nicht Gott dienen und dem Mammon." (6,24), „Bittet, so wird euch gegeben; suchet, so werdet ihr finden; klopfet an, so wird euch aufgetan." (7,7). Schließlich fasst Jesus seine Lehre über das rechte, gottgefällige Handeln in der

---

[8] „Tut Buße, denn das Himmelreich ist nahe herbeigekommen!" (*Mt* 4,17b).

[9] Ausführliche Redekompositionen sind eine Besonderheit des *Matthäusevangelium*s: abgesehen von der Bergpredigt hält Jesus eine Aussendungsrede an seine Jünger (*Mt* 10), eine Gleichnisrede (*Mt* 13), eine an die Gemeinde (*Mt* 18) und eine gegen Pharisäer und Schriftgelehrte (*Mt* 23) und schließlich eine zum Thema der Endzeit (*Mt* 24–25).

1. Die Evangelien – Leben, Leiden, Tod und Auferstehung

„Goldenen Regel" zusammen: „Alles nun, was ihr wollt, daß euch die Leute tun sollen, das tut ihnen auch!" (7,12).

Den Worten Jesu folgen Taten, vor allem Heilungen von Menschen, die an seinerzeit unheilbaren Gebrechen leiden, die sie zudem noch aus der Gesellschaft ausgrenzen. Matthäus bündelt die meisten dieser wunderhaften Handlungen Jesu in den Kapiteln 8–9[10]. Jesus heilt hier Aussätzige, Gelähmte, Blinde und Taubstumme, aber auch Menschen, die nach damaliger Vorstellung von Dämonen besessen, d.h. von Nervenleiden oder psychischen Erkrankungen befallen sind, indem er die dämonischen Mächte austreibt („Exorzismen")[11]. Er erweckt überdies ein gerade verstorbenes Mädchen wieder zum Leben (*Mt* 9,23–26). Er tut dies alles entweder auf Bitten der Kranken selbst hin und in direktem Kontakt mit diesen oder weil Angehörige, Freunde, Dienstherr eines Leidenden Jesu Hilfe erflehen[12]; im letzteren Falle erfolgt bisweilen eine Fernheilung, da Jesus die kranke Person nicht einmal zu Gesicht bekommt[13]. Bei allen Heilungen spielt das Vertrauen der Bittenden in die Macht Jesu, also der Glaube, eine entscheidende Rolle. Jesus vollzieht die Heilungen häufig allein durch sein Wort, gelegentlich kommen Berührungen[14] hinzu. Indem Jesus Kranke gesund macht, bringt er Heil in die Welt und setzt damit Zeichen dafür, dass in seiner Person eine neue Zeit, eben eine Heilszeit anbricht[15].

Heilungswunder

Über diese Heilungswunder hinaus erzählt Matthäus – wie die übrigen Evangelisten – von weiteren Wundern: Jesus stillt ei-

Weitere Wunder

---

[10] Das *Markusevangelium* erzählt einige dieser Heilungsgeschichten ausführlicher als *Mt* und *Lk*, so dass es gerade auch im Blick auf seinen Gesamtumfang diese Wundertaten Jesu stärker betont.
[11] Vgl. die Heilung zweier Besessener, *Mt* 8,28–34, sowie die Heilung eines mondsüchtigen Knaben, *Mt* 17,14–21.
[12] Ein besonders spektakulärer Fall ist die Heilung eines Gelähmten in der Fassung des *Markus-* (2,1–12) und *Lukasevangeliums* (5,17–26): Einige Männer bringen den Kranken zu einem Haus, in dem sich Jesus aufhält; als sie wegen des Andranges durch die Tür nicht ins Haus gelangen, decken sie das Dach ab und lassen die Trage mit dem Gelähmten hinab – unmittelbar vor Jesu Füße.
[13] Vgl. die Heilung des Knechtes des Hauptmanns von Kapernaum, *Mt* 8,5–13, oder der Tochter einer kanaanäischen Frau, *Mt* 15,21–28.
[14] Er berührt einen Aussätzigen (*Mt* 8,3), nimmt ein verstorbenes Mädchen bei der Hand (*Mt* 9,25). Im *Markusevangelium* benutzt Jesus bei der Heilung eines Taubstummen (*Mk* 7,33) und der eines Blinden (*Mk* 8,23) zudem seinen Speichel.
[15] *Jes* 35,5–6 prophezeite entsprechende Anzeichen der Heilszeit.

nen Sturm, als er mit seinen Jüngern in einem Boot über den See Genezareth fährt (*Mt* 8,23–27); Jesus wandelt auf dem See, während seine Jünger im Boot vorausgefahren sind (*Mt* 14,22–33), und Jesus speist Tausende von Menschen, indem er die Jünger fünf Brote und zwei Fische unter der Menge verteilen lässt; die Nahrungsmittel mehren sich auf wundersame Weise, so dass sogar noch zwölf Körbe mit Brotbrocken übrig bleiben (*Mt* 14,13–21[16]). Durch diese wundersamen Vorgänge zeigt sich Jesu Macht über die Schöpfung und damit seine göttliche Natur noch expliziter. In der so genannten „Verklärung" offenbart sich Jesu Göttlichkeit vor den ausgewählten Jüngern Petrus, Jakobus und Johannes (*Mt* 17,1–9), indem er vorübergehend zu einer Lichterscheinung wird und Mose – als Repräsentant der *Torah* – und Elia – als Vertreter der Propheten – sich ihm an die Seite stellen.

Gleichnisse

Außerdem lehrt Jesus sowohl öffentlich (Belehrung eines reichen Jünglings; *Mt* 19,16–22) als auch besonders im engeren Kreis seiner Jünger (z.B. über die Endzeit, *Mt* 24–25). Dabei fallen – wie in der Bergpredigt – bekannt gewordene Einzelworte wie „Wes das Herz voll ist, des geht der Mund über." (*Mt* 12,34). Im Rahmen der Lehre Jesu bilden die Gleichnisse eine eigene Gattung. In Gestalt kurzer Erzählungen oder Bildworte befassen Gleichnisreden[17] sich mit dem Himmelreich (so die Zusammenstellung in *Mt* 13[18]) selbst oder mit menschlichem Verhalten oder Einstellungen, die im Blick auf die Teilhabe am Gottesreich bedeutsam sind. Manches Gleichnis bietet eine überraschende Schlusswendung. Zwei geläufige Gleichnisse, die sich nur im *Matthäusevangelium* finden, mögen dies illustrieren: Jesus vergleicht das Himmelreich mit einem Hausherrn, der einen Weinberg besitzt („Von den Arbeitern im Weinberg", *Mt* 20,1–16). Morgens wirbt er Tagelöhner an, mit denen er einen Tageslohn von einem Silbergroschen vereinbart. Um die dritte, sechste und neunte Stunde stellt er weitere Arbeiter ein, denen er zu geben verspricht „was recht ist". Um die elfte Stunde, eine Stunde, bevor der Arbeitstag endet, wirbt er

Von den Arbeitern im Weinberg

---

[16] Speisung der Fünftausend; vgl. *Mt* 15,32–39 Speisung der Viertausend.

[17] Die in wissenschaftlicher Auslegung traditionelle Unterscheidung zwischen „Gleichnissen im engeren Sinne", „Beispielerzählungen", „Parabeln" und „Allegorien" erfolgte nicht einhellig und ist – nicht zuletzt wegen Varianten in den Definitionen zunehmend umstritten.

[18] Die Gleichnisse vom Sämann (*Mt* 13,3–8) und vom Unkraut unter dem Weizen (*Mt* 13,24–30) erhalten allegorische Deutungen (*Mt* 13,18–23 bzw. 36–43).

1. Die Evangelien – Leben, Leiden, Tod und Auferstehung 257

nochmals Arbeiter an. Die Auszahlung des Lohns beginnt bei den zuletzt Gekommenen, die einen Silbergroschen erhalten. Als die am Morgen als erste Angeworbenen an die Reihe kommen, erwarten sie einen höheren Lohn, werden aber enttäuscht, da auch ihnen ein Silbergroschen gezahlt wird. Da sie dies als ungerecht empfinden, beklagen sie sich bei dem Hausherrn, der erwidert: „Bist du nicht mit mir einig geworden über einen Silbergroschen? Nimm, was dein ist, und geh! [...] habe ich nicht Macht zu tun, was ich will, mit dem, was mein ist? Siehst du scheel drein, weil ich so gütig bin?" (*Mt* 20,14–15). Die Güte des Weinbergbesitzers gegenüber den zuletzt Eingestellten überrascht. Gottes „Lohnpolitik" richtet sich nicht nach menschlichen Vorstellungen von Gerechtigkeit, sondern zeigt seine gnädige Zuwendung zum Menschen, der sich von Gott in Dienst nehmen lässt.

Das Gleichnis von den klugen und törichten Jungfrauen (*Mt* 25,1–13) vergleicht das Himmelreich mit fünf klugen und fünf törichten Jungfrauen, die mit ihren Lampen den Bräutigam erwarten. Die klugen nehmen Öl für die Lampen mit; da die törichten dies versäumen, müssen sie, als der Bräutigam, der lange auf sich warten lässt, schließlich um Mitternacht angekündigt wird, zum Kaufmann laufen, um Öl zu besorgen. So versäumen sie die Ankunft des Bräutigams, während die klugen Jungfrauen ihn mit brennenden Lampen empfangen und mit ihm zum Hochzeitsfest gehen. Die törichten finden die Tür verschlossen vor und werden auch auf ihr Rufen hin nicht eingelassen. Das Gleichnis ruft dazu auf, bereit zu sein für das Kommen Gottes bzw. Jesu – des Bräutigams – und damit für die Heilszeit. Zugleich macht es deutlich, dass es ein „Zu-Spät" gibt für diejenigen, die nicht entsprechend ausgerüstet und vorbereitet sind. Damit ist das Gleichnis auch ein Beispiel für die Unterscheidung im Gericht am Jüngsten Tag, wenn die „Guten" Heil erfahren, die „Schlechten" hingegen Verdammnis. Dieser Aspekt bildet einen Akzent, der für das *Matthäusevangelium* charakteristisch ist.

Aufgrund seiner Taten und Reden gerät Jesus in Konflikt mit einigen seiner Zeitgenossen, vor allem mit den Pharisäern und Schriftgelehrten, Männern, die mit alttestamentlichem Schrifttum, insbesondere der Gesetzgebung vertraut und bestrebt sind, nach der *Torah* in einer strengen Auslegung zu leben. Weil ihnen Gesetzesgehorsam so wichtig ist, nehmen sie Anstoß an Jesu Verhalten. So gibt es etwa eine doppelte Auseinandersetzung um das Einhalten des Sabbatgebotes (*Mt* 12,1–14): Die Jünger Jesu raufen am Sabbat Ähren, um ihren Hunger zu stillen; Jesus selbst

Von den zehn Jungfrauen

Konflikte mit den Pharisäern

heilt am Sabbat in der Synagoge demonstrativ die verdorrte Hand eines Mannes. Jesus erklärt den Pharisäern, dass es nicht darum geht, das Gebot, am Sabbat von jeglicher Beschäftigung abzusehen, dem Buchstaben nach zu halten, sondern die Menschlichkeit dabei nicht aus den Augen zu verlieren; denn das Leben steht als Wert über dem Gesetzesbuchstaben[19]. Immer wieder führt Jesus Streitgespräche mit dieser gesetzestreuen jüdischen Gruppierung. Weitere Diskussionen befassen sich unter anderem mit den Reinheitsvorschriften (*Mt* 15,1–9), Ehe und Ehescheidung (*Mt* 19,1–12), dem Zahlen von Steuern an den Kaiser (*Mt* 22,15–22; „Gebt dem Kaiser, was des Kaisers ist, und Gott, was Gottes ist.", V. 21b) und dem höchsten Gebot (*Mt* 22,34–40). Mit der jüdischen Gruppierung der Sadduzäer spricht Jesus über die Auferstehung der Toten (*Mt* 22,23–33). Die Evangelisten rücken diese jüdischen Gegner Jesu in ein negatives Licht: Sie fordern Jesus mit ihren Anfragen heraus in der Absicht, ihn zu prüfen, ja, ihn als Irrlehrer zu überführen[20]; regelmäßig ist Jesus ihnen überlegen und behält das letzte Wort, was sie weiter gegen ihn aufbringt. Damit motivieren die Evangelien das Bestreben der jüdischen Gegner, Jesus aus dem Weg zu räumen[21].

Von den bösen Winzern

Auf Pharisäer schneidet Jesus das Gleichnis von den bösen Winzern (*Mt* 21,33–44) zu. Der Beginn der Erzählung zitiert den Anfang von Jesajas Weinberglied, die Beschreibung, wie einer einen Weinberg anlegt (*Jes* 5,1–2). Der Weinbergbesitzer im Gleichnis überlässt ihn Pächtern und verlässt das Land. Zur Erntezeit sendet er Diener zu den Winzern, um den ihm zustehenden Anteil zu holen. Die Winzer misshandeln und töten die Knechte des Weinbergbesitzers. Als er nochmals Knechte zu ihnen schickt, verfahren sie ebenso mit diesen. Beim dritten Mal entsendet der Besitzer seinen Sohn in der Erwartung, dass die Winzer sich scheuen werden, Hand an ihn zu legen. Doch die Weingärtner töten ihn, um sein Erbe an sich zu bringen. Analog zu Jesajas Weinberglied (*Jes* 5,4) richtet Jesus eine Frage an seine Hörer:

---

[19] *Mk* 2,27 drückt Jesus es so aus: „Der Sabbat ist um des Menschen willen gemacht und nicht der Mensch um des Sabbats willen."
[20] Vgl. *Mt* 22,15: „Da gingen die Pharisäer hin und hielten Rat, wie sie ihn in seinen Worten fangen könnten".
[21] Vgl. *Mk* 14,1b: „Und die Hohenpriester und Schriftgelehrten suchten, wie sie ihn mit List ergreifen und töten könnten." (vgl. *Mt* 26,1; *Lk* 22,1).

Wenn nun der Herr des Weinbergs kommen wird, was wird er mit diesen Weingärtnern tun? Sie antworteten ihm: Er wird den Bösen ein böses Ende bereiten und seinen Weinberg andern Weingärtnern verpachten, die ihm die Früchte zur rechten Zeit geben. (*Mt 21,40–41*).

Jesus bestätigt diese Antwort, indem er zugleich den Hauptaspekt des Gleichnisses deutet: „Darum sage ich euch: Das Reich Gottes wird von euch genommen und einem Volk gegeben werden, das seine Früchte bringt." (*Mt 21,43*). Hinter dem Weinbergbesitzer verbirgt sich also Gott, der Weinberg ist sein Reich; mit den bösen Winzern sind die Israeliten gemeint, die in einem besonderen Verhältnis zu Gott stehen. Die Knechte, die zu den Winzern gesandt werden, entsprechen den Propheten, die ein der Gottesbeziehung entsprechendes Verhalten einforderten, die „Früchte". Israel missachtete und misshandelte die Propheten und wird auch vor dem Sohn Gottes, der dieses Gleichnis erzählt, nicht zurückschrecken und ihn töten. Deshalb wird das Reich Gottes und damit das Heil auf eine andere Personengruppe übergehen, nämlich auf die Anhänger Jesu. Weil die Hohenpriester und Schriftgelehrten erkennen, dass sie gemeint sind und kritisiert werden, „trachteten [sie] danach, ihn zu ergreifen" (*Mt 21,46*). Mit diesem Gleichnis verschärft Jesus den Konflikt mit den jüdischen Autoritäten. Zugleich impliziert es Jesu prophetisches Wissen um die Zukunft: er weiß um das Leiden und Sterben, das ihn erwartet.

An anderen Stellen in den Evangelien sagt Jesus seinen Jüngern zukünftiges Geschehen voraus, etwa in den drei Ankündigungen seines Leidens und Auferstehens (*Mt 16,21; 17,22–23; 20,18–19*) und der Ansage der Passion (*Mt 26,2*). Er weiß auch, dass die Jünger um seinetwillen Verfolgung erleiden (*Mt 10,16–26*), dass Judas ihn verraten (*Mt 26,20–25*) und Petrus ihn dreimal verleugnen wird (*Mt 26,31–35*).

Prophezeiungen Jesu

Jesu Passion ereignet sich in Jerusalem. Er reist mit den Jüngern dorthin und wird von einer jubelnden[22] Menschenmenge begrüßt, die auf seinen Weg Kleidungsstücke und (Palm)Zweige legen, so dass sein Ritt in die Stadt auf einer Eselin einem Triumphzug gleicht (*Mt 21,1–9*). In Jerusalem vollzieht Jesus die Tempelreinigung: er vertreibt Händler und Geldwechsler aus dem Tempelbereich, und zwar mit einer für ihn ungewöhnlichen Gewalt, indem er ihre Tische umstößt (*Mt 21,12–13*) – im *Mar-*

Von der Tempelreinigung zur Verhaftung

---

22 „Hosianna dem Sohn Davids! Gelobt sei, der da kommt im Namen des Herrn! Hosianna in der Höhe!" (*Mt 21,9b*).

kus- und Lukasevangelium trägt diese Aktion dazu bei, die Tötungsabsicht der Hohenpriester und Schriftgelehrten zu intensivieren (*Mk* 11,18; *Lk* 19,47) und damit die Passionsgeschichte im engeren Sinne (*Mt* 26–27) vorzubereiten. Der Jünger Judas Iskariot einigt sich mit jenen, ihnen für einen Lohn von dreißig Silberlingen eine günstige Gelegenheit zu verraten, um Jesus zu verhaften (*Mt* 26,14–16). Jesus weiß um den Verrat. Das spricht er beim letzten Abendmahl mit seinen Jüngern aus (*Mt* 26,20–25), bevor er den Jüngern Brot und Wein reicht, dabei auf seinen bevorstehenden Tod hinweist und die Verheißung ausspricht, dass sein Tod für viele zur Vergebung der Sünden führen wird (*Mt* 26,26–28). Damit setzt Jesus das Altarsakrament der Kirche ein. Jesus prophezeit, dass Petrus ihn in derselben Nacht dreimal verleugnen werde (*Mt* 26,31–35), was sich alsbald erfüllt (*Mt* 26,69–75). In Begleitung der Jünger begibt Jesus sich in den Garten Gethsemane, wo er sich mit Petrus, Johannes und Jakobus zum Beten absondert. Jesus bittet Gott dreimal: „Mein Vater, ist's möglich, so gehe dieser Kelch an mir vorüber; doch nicht wie ich will, sondern wie du willst!" (*Mt* 26,39). Die drei Jünger schaffen es zu Jesu Leidwesen nicht, wach zu bleiben, sondern sie schlafen immer wieder ein (*Mt* 26,36–46). Eine Schar Bewaffneter erscheint in dem Garten, um Jesus zu verhaften. Mit dem vereinbarten Zeichen, einem Kuss, identifiziert Judas Jesus vor den Häschern. Nach der Gefangennahme führt man Jesus dem Hohen Rat vor, der unter Vorsitz des Hohenpriesters Kaiphas tagt. Kaiphas führt das Verhör Jesu vor dieser höchsten jüdischen Instanz, die für interne jüdische religiöse Angelegenheiten zuständig ist. Als Jesus zugibt, er sei Gottes Sohn, ist er für Kaiphas öffentlich der Gotteslästerung überführt, und Jesus erfährt erste Misshandlungen (*Mt* 26,57–68).

Prozess gegen Jesus

Der Hohe Rat übergibt den gefangenen Jesus dem Statthalter Pilatus und damit der römischen, politischen Autorität. Da ein religiöser Anstoß hier irrelevant wäre, lautet die Anklage nun, Jesus habe beansprucht, „der König der Juden" zu sein und damit die Autorität des römischen Kaisers in Frage gestellt. Weil Jesus vor Pilatus bejaht, er sei der König der Juden, muss er jenem als ein potentieller Aufrührer erscheinen. Dennoch entsteht der Eindruck, dass der römische Statthalter nicht völlig von einer Schuld Jesu überzeugt ist[23]. Darin bestärkt ihn seine Frau,

---

[23] Der Evangelist als Erzähler teilt mit: „er [Pilatus] wußte, daß sie ihn aus Neid überantwortet hatten." (*Mt* 27,18).

1. Die Evangelien – Leben, Leiden, Tod und Auferstehung

die wegen Jesus in ihren Träumen geplagt wurde. Pilatus beabsichtigt offenkundig, Jesus zu retten, denn er nutzt die Gepflogenheit, aus Anlass des Passahfestes einen Gefangenen frei zu geben und stellt das Volk vor die Wahl, ob er Jesus oder einen berüchtigten Verbrecher namens Barabbas freilassen solle. Da die Hohenpriester und Ältesten das Volk beeinflusst haben, fordert die Menge, Barabbas freizulassen und Jesus zu kreuzigen. Pilatus reagiert darauf, indem er sich zum Zeichen seiner Unschuld an diesem Urteil vor aller Augen die Hände wäscht (*Mt* 27,1–26).

Judas hat sich indessen angesichts des gegen Jesus verhängten Todesurteils erhängt (*Mt* 27,3–5). Römische Soldaten führen Jesus ab und, bevor sie ihn zur Kreuzigung führen, misshandeln und verspotten sie ihn außerdem, indem sie seinen königlichen Anspruch karikieren: sie legen ihm einen Purpurmantel um und setzen ihm eine Dornenkrone auf das Haupt (*Mt* 27,27–30). Auf dem Weg zur Hinrichtungsstätte Golgatha zwingen die Soldaten einen gewissen Simon aus Kyrene den Kreuzquerbalken für Jesus zu tragen (*Mt* 27, 32). Nachdem sie Jesus ans Kreuz geschlagen haben, verlosen die Soldaten Jesu Gewand untereinander (*Mt* 27,35) und heften eine Aufschrift zu Häupten Jesu ans Kreuz, die lautet: „Dies ist Jesus, der Juden König" („INRI" = Iesus Nazarenus rex Iudaeorum", *Mt* 27,37). Die beiden Räuber, die links und rechts neben Jesus gekreuzigt werden, spotten ebenso über ihn wie Schaulustige (*Mt* 27,38–44; „hilf dir selber, wenn du Gottes Sohn bist, und steig herab vom Kreuz!", V. 40; vgl. V. 42). Bevor er stirbt, ruft Jesus Worte aus *Psalm* 22 („Eli, Eli, lama asabtani? Das heißt: Mein Gott, mein Gott, warum hast du mich verlassen?", *Mt* 27,46), die von den Umstehenden als Rufen nach Elia missverstanden werden. Mit einem von Essig befeuchteten, auf ein Rohr gesteckten Schwamm tränkt man den Sterbenden (27,48). Jesu Tod wird begleitet von Finsternis am hellichten Tag, und von Erdbeben, zudem zerreißt der Vorhang im Tempel, der das Allerheiligste den Blicken entzieht, in zwei Stücke (*Mt* 27,45.51–52). Die kosmischen Erscheinungen kennzeichnen traditionell eine Gotteserscheinung. Ein römischer Hauptmann und die Wachen, die bei Jesus stehen, stellen erschrocken fest: „Wahrlich, dieser ist Gottes Sohn gewesen!" (*Mt* 27,54).

Josef von Arimathäa, ein begüterter Jünger Jesu, erbittet von Pilatus die Genehmigung, Jesu Leichnam vom Kreuz abnehmen und bestatten zu dürfen. Josef besitzt ein Grab, das er für sich selbst in den Felsen schlagen ließ. Dort findet die Grable-

Kreuzigung

Grablegung

gung Jesu statt; man verschließt das Grab anschließend mit einem Rollstein (*Mt* 27,57–60). Die Pharisäer erwirken bei Pilatus, dass das Grab bewacht wird, damit die Jünger den Leichnam nicht entwenden und behaupten können, Jesus sei auferstanden (*Mt* 27,62–66).

Auferstehung

Frauen aus dem Kreis um Jesus, die auch bei der Kreuzigung anwesend waren, suchen am ersten Tag der Woche, also am Sonntag, das Grab auf. Sie finden es geöffnet, Jesu Leichnam ist verschwunden – ein Engel verkündigt ihnen die Auferstehung Jesu und sein bevorstehendes Erscheinen in Galiläa (*Mk* 16,1–7[24]). Die Frauen eilen davon, um den Jüngern das Geschehen zu berichten (*Mt* 28,8). In Galiläa erscheint der Auferstandene den elf verbliebenen Jüngern und befiehlt ihnen:

> [...] gehet hin und machet zu Jüngern alle Völker: Taufet sie auf den Namen des Vaters und des Sohnes und des Heiligen Geistes und lehret sie halten alles, was ich euch befohlen habe. Und siehe, ich bin bei euch alle Tage bis an der Welt Ende. (*Mt* 28,1–20).

Petrus als Grundstein der Kirche

Mit diesem Missions- und Taufbefehl schließt – anders als die anderen Evangelien – das *Matthäusevangelium*. Jesus Christus beauftragt damit seine Jünger, den christlichen Glauben zu verbreiten. Schon zu Lebzeiten legte Jesus den Grundstein der Kirche: Als Simon Petrus[25] bekannte: „Du bist Christus, des lebendigen Gottes Sohn!" (*Mt* 16,16), pries Jesus ihn selig und fügte die Verheißung hinzu:

> Du bist Petrus, und auf diesen Felsen will ich meine Gemeinde [alternative Übersetzung. „Kirche"] bauen, und die Pforten der Hölle sollen sie nicht überwältigen. Ich will dir die Schlüssel des Himmelreichs geben: alles, was du auf Erden binden wirst, soll auch im Himmel gebunden sein, und alles, was du auf Erden lösen wirst, soll auch im Himmel gelöst sein. (*Mt* 16,18–19).

Auf diese Worte gründet sich traditionell das Amt Petri, das Amt des Papstes. Jesus erteilt Petrus die Befugnis, Absolution zu erteilen oder auch zu verweigern und damit über den Zugang zum Himmelreich zu entscheiden. Auch diese Passage ist ohne Analogie in den übrigen Evangelien.

---

[24] Demgegenüber hat Matthäus das Entdecken der Auferstehung durch die Frauen spektakulärer gestaltet: als die Frauen das Grab erreichen, erscheint ein Engel, der den Stein wegrollt und die Frauen anspricht, während die Wächter vor Schreck ohnmächtig werden (*Mt* 28,1–7).

[25] Der Name „Petrus" bedeutet „Fels".

1. Die Evangelien – Leben, Leiden, Tod und Auferstehung   263

■ **Das Lukasevangelium.** Abgesehen von den ihm eigenen Passagen der Kindheitsgeschichte Jesu bietet das *Lukasevangelium* einige weitere zusätzliche Episoden. Dazu gehört Jesu Salbung durch eine Sünderin (*Lk* 7,36–50): Als Jesus der Einladung eines Pharisäers folgt und in dessen Haus an der Tafel sitzt, tritt eine weinende Frau ein, die mit ihren Tränen die Füße Jesu benetzt, sie mit ihren Haaren trocknet, küsst und mit Salböl salbt. Der Gastgeber weiß, dass die Frau eine stadtbekannte Prostituierte („Sünderin") ist. Jesus erkennt dessen Gedanken und erzählt ihm eine kurze Geschichte von zwei Schuldnern, die beide ihre Schulden nicht zurückzahlen können. Einer ist fünfhundert Silbergroschen schuldig, der andere fünfzig, beiden wird der jeweilige Betrag erlassen. Jesu Frage, welcher von beiden den Gläubiger am meisten lieben werde, beantwortet der pharisäische Gastgeber richtig: der, dem am meisten geschenkt wurde. Jesus hält dem Pharisäer vor Augen, dass er als Gastgeber ihn weniger aufmerksam empfangen habe als diese Frau, die ihn mit liebevoller Ehrerbietung behandelte. Deshalb vergibt Jesus ihr ihre Sünden und erregt damit Aufsehen unter der Tischgesellschaft. Diese Episode[26] ist charakteristisch für den Akzent, den das *Lukasevangelium* auf Jesu Umgang mit Menschen legt, die aus der jüdischen Gesellschaft ausgegrenzt oder gering geschätzt wurden. Dazu zählen neben den Sündern auch Zöllner, die als Handlanger der römischen Besatzungsmacht und Ausbeuter bei der jüdischen Bevölkerung in schlechtem Ansehen standen. Bei dem Zöllner Zachäus etwa, einem kleinen Mann, der auf einen Baum klettert, um Jesus beim Durchzug durch Jericho zu sehen, kehrt Jesus ein (*Lk* 19,1–10). Außerdem erwähnt Lukas ausdrücklich, dass auch Frauen, die geringer geachtet waren, zur Jüngerschaft Jesu gehörten (*Lk* 8,1–3) und dass klagende Frauen ihm zur Richtstätte folgen (*Lk* 23,27).

    Unter den Heilungen führt Lukas eine zweite Totenerweckung auf, die eines Jünglings zu Nain (*Lk* 7,11–17). Im Rahmen der Passionsgeschichte erfolgt ein drittes Verhör Jesu, da Pilatus ihn an König Herodes weiter reicht (*Lk* 23,6–12). Am Kreuz bittet Jesus Gott, seinen Peinigern zu vergeben („Vater, vergib ihnen; denn sie wissen nicht, was sie tun!", *Lk* 23,34). Während einer

Jesus und die Ausgegrenzten der Gesellschaft

Weiteres Sondergut

---

[26] Zwar erzählt auch das *Matthäusevangelium* von einer Frau, die Jesus bei einem Gastmahl kostbares Salböl auf sein Haupt gießt (*Mt* 26, 6–13), doch gilt der Anstoß nicht der Person der Frau. Vielmehr kritisieren die Jünger die Vergeudung. Jesus allerdings erklärt diese Handlung als Salbung, die sein Begräbnis vorwegnimmt.

der beiden Übeltäter („Schächer"), die neben Jesus gekreuzigt werden, ihn verhöhnt, erweist sich der andere als gottesfürchtig (*Lk* 23,39–42). Daher verheißt Jesus ihm „Wahrlich, ich sage dir: Heute wirst du mit mir im Paradies sein." (*Lk* 23,43). Bevor er stirbt, zitiert Jesus hier *Ps* 31,6: „Vater, ich befehle meinen Geist in deine Hände!" (*Lk* 23,46).

Zwei Jünger begegnen dem Auferstandenen

Lukas erzählt ausgiebiger von Erscheinungen des Auferstandenen: Auf dem Weg von Jerusalem nach Emmaus treffen zwei Jünger („Emmausjünger", *Lk* 24,13–35) auf einen Unbekannten, dem sie bedrückt und traurig von Jesu Kreuzigung erzählen. Der Fremde legt ihnen die Schriften des Alten Testaments aus und erklärt ihnen so, dass alles so kommen musste. Als sie abends Emmaus erreichen, laden die Jünger den Fremden ein, bei ihnen zu bleiben. Als ihr Wegbegleiter bei Tisch das Brot bricht, erkennen sie, dass es Jesus selbst ist, der aber im selben Augenblick entschwindet. Als Jesus ein anderes Mal seinen Jüngern erscheint, isst er bei ihnen, um zu beweisen, dass sie keine Geistererscheinung vor sich haben. Wieder legt der Auferstandene die Schrift

Himmelfahrt

aus, und auch hier beauftragt er die Jüngerschaft zur Verkündigung (*Lk* 24,36–49). Als einziger Evangelist spricht Lukas von der Himmelfahrt Jesu (*Lk* 24,51).

Der barmherzige Samariter

Das bedeutsamste Sondergut des Lukas bildet eine Reihe von Gleichnissen. Mit dem Gleichnis vom barmherzigen Samariter (*Lk* 10,30–37) beantwortet Jesus die Frage eines Schriftgelehrten, wer denn sein Nächster sei (*Lk* 10,29): Ein Reisender wird unterwegs von Räubern überfallen, ausgeraubt und schwer verletzt am Straßenrand liegen gelassen. Ein Priester und ein Levit, zwei Personen aus dem jüdischen geistlichen Stand also, kommen vorbei, kümmern sich aber nicht um den Verletzten. Ein Samariter allerdings, den man jüdischerseits als nicht rechtgläubig verachtete, versorgt die Wunden des Überfallenen, bringt ihn zu einer Herberge und bezahlt den Wirt, damit er den Kranken weiter pflege, ja, er will auf der Rückreise noch mehr Geld geben, falls der Betrag nicht ausreicht. Damit praktiziert jemand tätige Nächstenliebe, von dem man es wegen eines verbreiteten Vor-Urteils nicht erwartet hätte.

Der verlorene Sohn

Das Gleichnis vom verlorenen Sohn (*Lk* 15,11–32) handelt von zwei Söhnen eines Vaters. Der jüngere lässt sich sein Erbe auszahlen und zieht in die Fremde, wo er sein Geld durchbringt. Schließlich ist er so tief gesunken, dass er sich als Schweinehirt verdingt und während einer Hungersnot nicht einmal von dem Futter der Tiere etwas nehmen darf.

Da ging er in sich und sprach: Wie viele Tagelöhner hat mein Vater, die Brot in Fülle haben, und ich verderbe hier im Hunger! Ich will mich aufmachen und zu meinem Vater gehen und zu ihm sagen: Vater, ich habe gesündigt gegen den Himmel und vor dir. Ich bin hinfort nicht mehr wert, daß ich dein Sohn heiße; mache mich zu einem deiner Tagelöhner! (*Lk* 15,17–19).

So reist er heim. „Als er aber noch weit entfernt war, sah ihn sein Vater, und es jammerte ihn; er lief und fiel ihm um den Hals und küßte ihn." (*Lk* 15,20) – noch bevor der Sohn ein einziges Wort gesagt hat. Zwar spricht der Sohn zerknirscht und reumütig, wie er es sich vorgenommen hatte, doch der Vater nimmt ihn freudig wieder als Sohn auf und lässt ein Fest vorbereiten: „Denn dieser mein Sohn war tot und ist wieder lebendig geworden; er war verloren und ist gefunden worden." (*Lk* 15,24). Den älteren Sohn verdrießt die fröhliche Feier, so dass er nicht daran teilnehmen will. Der Vater geht persönlich zu ihm, um ihn dazu zu bitten. Der ältere macht seinem Unmut darüber Luft, dass er in all den Jahren, da er dem Vater zu Hause treue Dienste geleistet hat, niemals ein Fest mit seinen Freunden feiern durfte. „Nun aber, da dieser dein Sohn gekommen ist, der dein Hab und Gut mit Huren verpraßt hat, hast du ihm das gemästete Kalb geschlachtet." (*Lk* 15,30). Der Vater antwortet: „Mein Sohn, du bist allezeit bei mir, und alles, was mein ist, das ist dein." (*Lk* 15,31). Ob der ältere Sohn der Bitte des Vaters nachkommt und am Fest teilnimmt, lässt das Gleichnis offen. Es umschließt mehrere Motive: die Umkehr des verlorenen Sohnes, seine vorbehaltlose liebevolle Wiederaufnahme durch den Vater, den potenziellen Bruderkonflikt, da der ältere Sohn den jüngeren beneidet und sich ungerecht behandelt fühlt. Das ursprüngliche Aussageziel der Geschichte ergibt sich aus ihrer Einbettung: Als Zöllner und Sünder kommen, um Jesus zu hören, missfällt dies den Pharisäern und Schriftgelehrten. Letztere sollen sich in dem älteren Bruder wiedererkennen.

„Vom reichen Mann und armen Lazarus" (*Lk* 16,19–31) kontrastiert die luxuriösen Lebensverhältnisse eines Reichen mit dem armen Lazarus, der aussätzig als Bettler vor der Tür des Reichen liegt. Als Lazarus stirbt, tragen ihn Engel in Abrahams Schoss, eine aus dem Judentum stammende Vorstellung – Lazarus sitzt beim himmlischen Festmahl auf dem Ehrenplatz zur Rechten des Erzvaters. Auch der Reiche stirbt, kommt jedoch in die Hölle, wo er Qualen im Feuer leidet. Von dort aus sieht er Lazarus bei Abraham und erbittet die Erlaubnis, dass Lazarus seine Fingerspitze in Wasser tauche und ihm damit die Zunge kühle.

Der Reiche und der arme Lazarus

Abraham aber sprach: Gedenke, Sohn, daß du dein Gutes empfangen hast in deinem Leben, Lazarus dagegen hat Böses empfangen; nun wird er hier getröstet, und du wirst gepeinigt. (*Lk* 16,25).

Zudem ist ein Übergang zwischen den beiden Bereichen unmöglich. Nun bittet der Reiche darum, seine noch lebenden Brüder zu warnen, damit sie nicht auch in der Hölle schmoren müssen. Doch Abraham weist auch dies zurück; denn die Menschen haben „Mose und die Propheten" (*Lk* 16,29), also die Schriften, aus denen sie die Lebensregeln entnehmen können. „Hören sie Mose und die Propheten nicht, so werden sie sich auch nicht überzeugen lassen, wenn jemand von den Toten auferstünde." (*Lk* 16,31). Jenseits des Todes also vollzieht sich ausgleichende Gerechtigkeit. Und es gilt, sich zu Lebzeiten nach Gottes Willen zu richten, wie er in der *Torah* und den Prophetenschriften niedergelegt ist. Die Erzählung förderte durch ihre knappen Hinweise die Vorstellungen von himmlischer Seligkeit und der Hölle als Ort des Gerichts, als feurigem Strafort.

Jesus Christus als Mensch gewordenes Wort Gottes

■ **Das Johannesevangelium.** Zu den Eigenheiten des vierten Evangeliums zählt der Prolog (*Joh* 1,1–18), der entfaltet, wie Johannes Jesus Christus theologisch wahrnimmt: Jesus Christus als das Wort (grch. *logos*) bezeichnet – ein auch in griechischer Philosophie aufgeladener Begriff –, welches vor der Schöpfung der Welt bereits existierte („Im Anfang war das Wort, und das Wort war bei Gott, und Gott war das Wort.", *Joh* 1,1). Christus ist der Gottessohn, den Gottvater in die Welt entsandte. Der Gottessohn wird Mensch („das Wort ward Fleisch und wohnte unter uns", *Joh* 1,14), doch wird in seinem irdischen Leben Gottes Herrlichkeit sichtbar. Aber „die Welt" erkennt ihn nicht, lehnt ihn ab. Am Kreuz vollzieht sich nach Johannes paradoxerweise die Erhöhung Jesu, der nach dem Tod wieder zum himmlischen Vater zurückkehrt.

Weinwunder und Totenerweckung

Das Evangelium setzt sich aus episodisch aneinander gereihten längeren Kompositionen zusammen, die schwerpunktmäßig Ansprachen und Gespräche Jesu enthalten. Jesu öffentliches Wirken (*Joh* 1,19–12,50) bestimmen insgesamt sieben Wunderhandlungen. Zwei von diesen begegnen nur bei Johannes, nämlich das Weinwunder bei der Hochzeit zu Kana, wo Jesus Wasser in Wein verwandelt (*Joh* 2,1–12), und die Auferweckung des Lazarus, der bereits vier Tage im Grab ruht (*Joh* 11,1–45)[27]. Letztere gibt den

---

[27] Die übrigen Wundergeschichten haben – zumindest ungefähre – Entsprechungen bei den Synoptikern: Jesus heilt den Sohn eines

1. Die Evangelien – Leben, Leiden, Tod und Auferstehung

entscheidenden Anstoß zum Entschluss der Hohenpriester und Pharisäer, Jesus zu töten, weil er mit den Wundern Zeichen tut[28], die das Volk für ihn einnehmen.

Nur im Rahmen des *Johannesevangelium*s ist der Fall einer Ehebrecherin überliefert, die Schriftgelehrte und Pharisäer zu Jesus bringen (*Joh* 8,3–11). Die Frau wurde auf frischer Tat ertappt und müsste der *Torah* gemäß gesteinigt werden. Dazu wollen die Schriftgelehrten und Pharisäer Jesu Meinung hören. Er antwortet ihnen: „Wer unter euch ohne Sünde ist, der werfe den ersten Stein." (8,7b). Dann blickt er zu Boden und schreibt in den Sand. Als er den Blick hebt, steht die Frau allein vor ihm; er entlässt sie mit den Worten: „geh hin und sündige hinfort nicht mehr." (8,11b). – Beim Abschiedsmahl mit seinen Jüngern vollzieht Jesus an diesen die Fußwaschung (*Joh* 13,1–30), die seinen Dienst an den Seinen veranschaulicht und zugleich Vorbild für den Liebesdienst der Jünger untereinander ist. Anschließend hält Jesus eine große Abschiedsrede an die Jünger (13,31–17,26), in der er seine Rückkehr zum göttlichen Vater ankündigt und den Heiligen Geist als tröstenden Beistand verheißt.

Jesus und die Ehebrecherin

Die Fußwaschung

Heiliger Geist

In der Passionsgeschichte (*Joh* 18–19) gestaltet Johannes zwei Dialoge zwischen Jesus und Pilatus (18,28–38; 19,8–11); zudem präsentiert Pilatus, der Jesus für unschuldig hält, ihn im Purpurmantel und mit der Dornenkrone und ruft aus: „Seht, welch ein Mensch!" („*Ecce homo*", 19,5). Am Kreuz empfiehlt Jesus seine Mutter und seinen Lieblingsjünger – traditionell mit dem Evangelisten Johannes identifiziert – der gegenseitigen Obhut (19,26–27). Seine letzten Worte lauten „Es ist vollbracht" (19,30), bevor er stirbt – hier ohne kosmische Begleiterscheinungen.

Jesus und Pilatus

Als eigene Ostergeschichten enthält das *Johannesevangelium* die Begegnung der Maria von Magdala (*Joh* 20,11–18) beim Grab Jesu mit einem vermeintlichen Gärtner, in dem sie den Auferstandenen erkennt, als jener sie anspricht. Er verbietet ihr aber, ihn zu berühren („Rühre mich nicht an!", „*noli me tangere!*", 20,17). Der Jünger Thomas glaubt erst, dass Jesus auferstanden

Der Auferstandene

Beamten aus der Ferne vom Fieber (*Joh* 4,43–54) und einen seit 38 Jahren Gelähmten (*Joh* 5,1–18). Es findet sich die Speisung der 5000 (*Joh* 6,1–15), Jesu Wandeln auf dem Wasser (*Joh* 6,16–21) sowie die Heilung eines Blindgeborenen (*Joh* 9,1–41). Der „Schwierigkeitsgrad" der Wunderhandlungen steigert sich.

[28] Im *Markusevangelium* erfüllt die Tempelreinigung diese Funktion. Johannes allerdings rückt die Tempelreinigung an den Anfang des Evangeliums (vgl. *Joh* 2,13–17).

ist, als er ihm gegenüber steht und seinen Finger in Jesu Wundmale legt (20,24–29).

Bildreden Jesu — Im *Johannesevangelium* erzählt Jesus keine Gleichnisse, sondern beschreibt sich und seine Funktion in insgesamt sieben markanten Bildreden, den „Ich-bin-Worten", die Jesus in ihrem jeweiligen näheren Kontext auslegt. „Ich bin das Brot des Lebens" (6,35), sagt er in der Predigt nach der Speisung der Fünftausend. Jesus ist außerdem „Licht der Welt" (8,12), „die Tür" (10,7), „der gute Hirte" (10,14), „die Auferstehung und das Leben" (11,25), „der Weg, die Wahrheit und das Leben" (14,6) und schließlich heißt es „Ich bin der Weinstock, ihr seid die Reben" (15,5). Diese einfachen Bilder kennzeichnen Jesus als Spender und einzigen Zugang zum wahren Leben, zu Gott.

Literarisch

- **Leiden, Tod und Auferstehung Jesu Christi und Auszüge aus Jesu Leben.** Literarische Umsetzungen der Evangelien erfolgten vorrangig für kirchliche oder persönliche Frömmigkeitspraxis. Schon in der Alten Kirche besang man in Hymnen und Chorälen die Person Jesu und ihre heilsgeschichtliche Bedeutung. Zu den großen Festen des Kirchenjahres führte man im Mittelalter (13.–16. Jh.) in kirchlichen Räumen Krippenspiele zu Weihnachten und Osterspiele, später dann auch Passionsspiele auf. Derartige Dramatisierungen, die sich relativ eng an die biblische Vorlage anschließen, haben sich vereinzelt bis in die Gegenwart gehalten (Oberammergau). Weil Jesus Christus zentrale Gestalt und entscheidender Glaubensinhalt des Christentums ist, besteht Jahrhunderte lang eine gewisse Scheu, sich in dichterischer Freiheit der neutestamentlichen Überlieferung anzunehmen – einen eigenwilligeren, gar kritischen Umgang mit den Evangelien wird man daher erst von der Aufklärung an erwarten dürfen.

Dramatisierungen des Lebens Jesu

Grundsätzlich ist zu unterscheiden zwischen Werken, die übergreifend das Leben Jesu – ggf. mit einer eigenen Akzentsetzung – darstellen, und solchen, die einzelne Episoden, Reden oder Worte Jesu aufgreifen. Beliebt ist zudem vor allem seit dem 19. Jahrhundert die Perspektive einer in den Evangelien auftretenden Gestalt auf das Leben, Wirken und Sterben Jesu literarisch zu nutzen[29]. Neben expliziten Aufnahmen stehen wiede-

---

[29] Z.B. Eric-Emmanuel Schmitt, *Das Evangelium nach Pilatus*, Zürich 2005.

1. Die Evangelien – Leben, Leiden, Tod und Auferstehung

rum Werke, in denen die Berührungen mit dem Neuen Testament sich erst bei genauerer Betrachtung erschließen[30].

- **Friedrich Gottlieb Klopstock – *Der Messias*.** Klopstock (1724–1803) orientierte sich bei seiner Dichtung einerseits an den homerischen Epen, andererseits an Milton. Aus der Antike übernahm er epische Konventionen wie Musenanrufe oder epische Vergleiche, aber auch das Metrum des Hexameters, das er als erster nach Gottsched reimlos akzentuierend in die deutsche Dichtung einführte; im Schlussgesang ahmte er weitere antike Metren im Deutschen nach. Inhaltlich eiferte er Milton nach, indem er einen biblischen Stoff wählte und kreativ die gesamte christliche Heilsgeschichte in seine Darstellung einbezog. Wie in *Paradise Lost Gen* 2–3 das Grundgerüst des Gedichtes bildet, so im *Messias* die Passions- und Ostergeschichten. Wie Milton bezieht Klopstock zahllose weitere biblische Materialien – etwa durch Träume und Offenbarungen – ein und deutet damit auf seine Weise die gewählte grundlegende Bibelpassage. Klopstock, der 1745–1746 in Jena Theologie studiert hatte, arbeitete sein Leben lang an diesem zwanzig Gesänge umfassenden Epos[31].

Klopstocks epische Vorbilder

Die erste Hälfte des Epos (I–X) konzentriert sich auf die letzten Lebenstage Jesu bis zu seinem Tod am Kreuz. Die zweite Hälfte (XI–XX) stellt Jesu Auferstehung, seine Erscheinungen vor seinen Getreuen, seine Höllen- und Himmelfahrt in den Mittelpunkt und präsentiert Jesus Christus als Richter über die Menschheit. Wie schon im antiken Epos üblich gibt es eine irdisch-menschliche und eine göttliche Ebene, welche in die weltlichen Vorgänge lenkend eingreift. Schon Milton zog eine weitere Ebene ein, nämlich die der himmlischen und der gefallenen Engel. Klopstock differenziert noch weiter, indem er eigene Gruppierungen von Engeln gestaltet – so ist jedem Menschen ein begleitender Engel zugeordnet, es gibt Totenengel, die auf Gottes Geheiß ins Verderben führen, und einen obersten Engel im Him-

Aufbau und übermenschliche Ebenen

---

[30] Eine Zusammenstellung von Beispielen aus dem 20. Jahrhundert bietet K.-J. Kuschel, Jesus im Spiegel der Weltliteratur. Eine Jahrhundertbilanz in Texten und Einführungen, Düsseldorf 1999.

[31] 1748 erschienen die Gesänge I–III, 1751 die Gesänge I–V; die Ausgabe von 1755 bot Gesänge I–X; 1768 kamen Gesänge XI–XV hinzu, 1773 die letzten Gesänge XVI–XX. 1780 und 1798 überarbeitete Klopstock das gesamte Werk vollständig.

mel namens Eloa, der, wie sein Name andeutet[32], als Sprachrohr und verlängerter Arm Gottvaters fungiert. Die satanische Gegenwelt umfasst neben Satan eine Reihe weiterer namentlich genannter Teufel, unter denen Adramelech, der Satan als Konkurrenten auszuschalten gedenkt, und Abbadona, ein reumütiger Teufel, hervorstechen. Außerdem lässt der Dichter Seelen von bereits verstorbenen, vor allem alttestamentlichen, Gestalten zunächst anwesend sein, überführt diese aber später aufgrund von Jesu Sterben in einen verklärten auferstandenen Zustand, in dem sie den Engeln angenähert erscheinen.

Die Eingangsverse des Epos fassen grob Inhalt und theologische Botschaft des Werkes zusammen:

Sing, unsterbliche Seele, der sündigen Menschen Erlösung,
Die der Messias auf Erden in seiner Menschheit vollendet,
Und durch die er Adams Geschlecht zu der Liebe der Gottheit,
Leidend, getödtet, und verherrlicht, wieder erhöht hat.
Also geschah des Ewigen Wille. Vergebens erhub sich
Satan gegen den göttlichen Sohn; umsonst stand Juda
Gegen ihn auf: er thats, und vollbrachte die große
  Versöhnung. (I 1–7)[33].

Jesus bedenkt den Erlösungsplan

Der erste Gesang entfaltet die Voraussetzung für alles Weitere: Bei Gott ist die Erlösung des sündigen Menschengeschlechts beschlossene Sache. Zu Beginn ist Jesus nachts am Ölberg nahe Jerusalem ins Gebet versunken. Er bedenkt den Erlösungsbeschluss, den die Trinität schon vor der Weltschöpfung fasste, und bekräftigt seine nach dem Sündenfall getroffene Entscheidung, selbst die Erlösungstat zu vollbringen und das Leiden auf sich zu nehmen. Der Erzengel Gabriel, der Jesus zugeordnet ist, trägt das Gebet zu Gott und übermittelt dem indessen eingeschlummerten Jesus Gottvaters Antwort. Gott steht zu dem Heilsbeschluss, Jesu Leidensbereitschaft entspricht die Vergebungsbereitschaft Gottvaters. Gabriels Reise in den Himmel und wieder zurück gibt Anlass zur Beschreibung der Gefilde, die er durchquert. Auf der Rückreise begegnet er der Seele Adams und weiterer Vätergestalten, die sehnsüchtig den Erlöser erwarten.

---

[32] Eloa kommt biblisch als Gottesbezeichnung schwerpunktmäßig im *Hiobbuch* vor.
[33] Friedrich Gottlieb Klopstock, *Der Messias*, hg. E. Höpker-Herberg, in: Klopstock, Werke und Briefe. Histor.-krit. Ausgabe, hg. H. Gronemeyer u.a., Abt. Werke IV.1 und 2, Berlin/ New York 1974.

1. Die Evangelien – Leben, Leiden, Tod und Auferstehung

Zweiter Gesang: Am Morgen trifft Jesus auf dem Friedhof auf den Besessenen Samma, der von Satan getrieben im Wahn seinen Sohn Benoni getötet hat. Jetzt steht er mit seinem älteren Sohn Joel an dessen Grab. Es entbrennt ein Kampf zwischen Satan und Jesus um Samma: Satan will ihn dazu treiben, sich von einem Felsen zu stürzen; Jesus verhindert dies nicht nur, sondern heilt Samma von seiner Besessenheit. Satan begibt sich in die Hölle und erzählt vor den versammelten Höllenbewohnern aus seiner Perspektive von der Geburt, Kindheit und Taufe Jesu, wobei er sowohl Jesu Unsterblichkeit als auch seine Totenerweckungen spottend bezweifelt. Im selben Augenblick versetzt Jesus Satan in Schrecken:

Jesus rettet einen Besessenen vor Satan

Mit dem Laute, womit der Lästerer endigte, rauschte
Vor den Fuß des Messias ein wehendes Blatt. An dem Blatte
Hing ein sterbendes Würmchen. Der Gottmensch gab ihm
   das Leben.
Aber mit eben dem Blicke sandt' er dir, Satan,
   Entsetzen! (II 620–623).

Der ehemalige Seraph Abbadona, der schon bei Satans Revolte umkehren wollte – was Satan nicht zuließ –, will zu Gott zurückkehren oder ausgelöscht sein. Satan und Adramelech begeben sich zum Ölberg, um Jesus zu töten.

Der dritte Gesang zeigt Jesus im Kreise seiner Jünger, diese belehrend und zur Nachfolge auffordernd. Die Begleitengel der Jünger stellen einem hinzugekommenen Seraphen ihre Schützlinge vor. Judas steht mit seiner Eifersucht auf Johannes bereits unter dem Einfluss Satans. Im Traum gibt Satan Judas den Verrat an Jesus ein, bevor er zu Kaiphas weitereilt.

Vorbereitungen zu Jesu Verhaftung

Im vierten Gesang beginnt die Passionsgeschichte: Kaiphas beruft aufgrund eines von Satan eingegebenen Traumes, der den Tod des Wundertäters Jesus forderte, den Ältestenrat der Juden ein. Während die Ältesten kontrovers diskutieren, was mit Jesus geschehen soll, erscheint Judas, flüstert mit Kaiphas und erhält Geld. Judas mischt sich wieder unter die Jünger und Getreuen (z.B. Lazarus, die Tochter des Jairus), die mit Jesus unterwegs sind. Jesus ist mit dem Gedanken an Golgatha beschäftigt. Er feiert mit den Jüngern das letzte Abendmahl, verabschiedet sich von ihnen und prophezeit, dass Petrus ihn verleugnen werde. Im Mittelpunkt des fünften Gesangs steht Jesu Gebet in Gethsemane. Gottvater hat sich zuvor von seinem Thron erhoben, blickt ernst auf die Sündhaftigkeit der Welt und lässt die Posaune zum Gericht blasen. Abbadona erkennt in dem betenden

Jesus den Sieger in der Engelsschlacht und zukünftigen Erlöser; er wünscht sich, Jesus möge auch gefallene Engel wie ihn erlösen. Während der betende Jesus sich in Todesängsten quält, feiert man im Himmel den bevorstehenden Triumph.

Verhaftung und Verurteilung

Vom Himmel aus (6. Gesang) beobachten Erzengel Jesu Verhaftung. Bei der Verhandlung vor dem Hohen Rat der Juden beeinflusst Satan die Priester. Pilatus' Gattin Portia beobachtet das Geschehen aus einem Versteck und wird von Bewunderung für Jesus und Sympathie für seine Mutter ergriffen. Petrus verleugnet Jesus und betet bestürzt um Vergebung. Jesus wird an Pilatus übergeben (7. Gesang) und von ihm verhört. Nun bemerkt Judas, dass Jesus getötet werden soll, und nimmt sich das Leben. Pilatus schickt Jesus zu Herodes, der ein Wunderzeichen von Jesus fordert, während Kaiphas als Ankläger fungiert. Herodes sendet Jesus zurück zu Pilatus, der nochmals vergebens versucht, ihn zu befreien, da das Volk angestachelt durch die Ältesten die Freigabe Barrabas' erwirkt. Klopstock betont, dass Pilatus Jesus für unschuldig hält, ihn bewundert und alles versucht, um sein Leben zu retten. Auch Pilatus' Gattin Portia nimmt für Jesus Partei; als sie dessen Mutter Maria begegnet, erzählt sie ihr einen Traum, der verschlüsselt Jesu weiteren Weg offenbart. Die heidnischen Römer haben somit das rechte Gespür für die Besonderheit Jesu, das den jüdischen Ältesten vollkommen abgeht.

Kreuzigung

Zu Beginn des achten Gesangs bereiten die Himmlischen die Feier des Neuen Bundes vor, während Jesus auf Erden zum Richtplatz nach Golgatha geht. Dort versammeln sich Engel und Väterseelen. Auch Satan und Adramelech finden sich triumphierend ein, werden aber von Eloa verscheucht. Als Jesus zwischen den beiden Schächern gekreuzigt wird, schiebt ein Erzengel einen Stern vor die Sonne, so dass eine Sonnenfinsternis entsteht. Von hier an schaltet Klopstock immer wieder Betrachtungen des Blutvergießens und Leidens Jesu zwischen die Blicke auf Menschen,

Reaktionen der verstorbenen Seelen, der Engel und Teufel

Seelen und Engel ein. So schildert der neunte Gesang u.a. die fortdauernde Reue des Petrus wegen seiner Verleugnung und das Klagen Maria Magdalenas und der anderen Marien unter dem Kreuz. Den Seelen der verstorbenen Väter Abraham, Mose und Isaak erklärt ein Cherub, was der stellvertretende Tod Jesu für die Menschheit bedeutet. Daraufhin fallen die Seelen in Anbetung. Als Jesus seine Mutter und Johannes einander anvertraut, bebt die Erde. Der gefallene Engel Abbadona spürt dies und erforscht die Dunkelheit am Tage, die bei Golgatha am schwärzesten ist. Abbadona mischt sich in Gestalt eines Himmlischen un-

1. Die Evangelien – Leben, Leiden, Tod und Auferstehung

ter die Engel beim Kreuz. Er wünscht sich, an Jesu Stelle das Opfer zu sein, weil die gefallenen Engel Urheber der Sünde waren. Indessen wird Judas' Seele in den Abgrund der Hölle gestürzt. Den zehnten Gesang eröffnet ein Blick auf den von Dunkelheit umgebenen Gottesthron, vor dem nur noch der Erste Todesengel kniet. Gott blickt richtend auf den Gekreuzigten, der diesen Blick spürt und weiß, dass Gott erst durch seinen Tod versöhnt sein wird. Jesus fühlt das Ende nahen und leistet nun Fürbitte für alle, die an ihn glauben. Außerdem blickt er zum Toten Meer, wo Satan und Adramelech weilen. Die beiden Teufel werden durch Jesu richtenden Blick überwunden und stürzen mit den übrigen Empörern in die Hölle. Jesus betrachtet die Scharen um ihn voller Liebe. Während sein Tod naht, erläutert der Erzengel Uriel den Väterseelen Gottes Gericht und weckt ihr Sündenbewusstsein; denn Jesus stirbt auch für die Sünden der bereits Verstorbenen. Adam, Vater der Menschen und erster Sünder, richtet ein langes Dankgebet und eine Fürbitte für seine Nachkommen an den sterbenden Erlöser. Bevor Jesus stirbt, lässt Gottvater ihn noch wissen, dass er diesen seinen Tod als Opfer angenommen hat (X 1032–1034). Den Tod Jesu schildert Klopstock dann knapp: Jesus ruft

Mein Gott! mein Gott! warum hast du mich verlassen?[34]
Und die Himmel bedeckten ihr Antlitz vor dem Geheimniß!
Schnell ergriff ihn, allein zum letztenmale, der Menschheit
Ganzes Gefühl. Er rufte mit lechzender Zunge: Mich dürstet![35]
Ruft's, trank, dürstete! bebte! ward bleicher! blutete! rufte:
Vater, in deine Hände befehl' ich meine Seele![36]
Dann (Gott Mittler! erbarme dich unser!) Es ist vollendet![37]
Und er neigte sein Haupt, und starb.[38]   (X 1045–1052).

Indem Klopstock den Sterbeprozess Jesu zuvor über fast drei Gesänge zerdehnt, weckt er – theologisch durchaus sachgerecht – den Eindruck langen qualvollen Leidens. Die menschliche Existenz des Gottesohnes (V. 1047) endet mit dem Tod am Kreuz genau in der Mitte des Epos. Für diese erste Hälfte der Dichtung, die den Akzent auf den irdischen Jesus als Mensch gewordenen

Jesu menschliche Natur

---

34 Ps 22,2a, vgl. Mk 15,34; Mt 27,46.
35 „Mich dürstet" Joh 19,28.
36 Ps 31,6, vgl. Lk 23,46.
37 „Es ist vollbracht!", vgl. Joh 19,30.
38 Joh 19,30; der unvollständige Hexameter akzentuiert die Aussage. Klopstock schafft eine Evangelienharmonie, indem er alle drei Varianten des letzten Wortes Jesu am Kreuz verwendet.

Gott legt, konnte Klopstock auf relativ viel biblisches Material zurückgreifen. Abgesehen von der Biographie Jesu in den Evangelien nutzte er dazu auch die in den neutestamentlichen Briefen vor allem bei Paulus grundgelegte Sünden- und Gnadenlehre. In der zweiten Hälfte des *Messias* rückt nun die göttliche Natur Jesu Christi in den Mittelpunkt. Dafür standen Klopstock als erzählende biblische Vorlage nur die Oster- und Erscheinungsgeschichten der Evangelien sowie der Hinweis des *Lukasevangelium*s auf Jesu Himmelfahrt (*Lk* 24,51; vgl. *Apg* 1,9) zur Verfügung.

Totenerweckungen bei Jesu Tod
Im elften Gesang löst sich Jesu Seele vom Leib und betrachtet den Leichnam am Kreuz. Ein römischer Soldat fügt Jesus die Seitenwunde zu und tötet den begnadeten Schächer, der der erste Erlöste wird. Nachdem Gabriel die Seelen der Väter zu ihren Gräbern geschickt hat, wird eine Vielzahl alttestamentlicher Gestalten[39] aus den Gräbern erweckt. Klopstock nutzt hier eine nur im *Matthäusevangelium* vorhandene Notiz, die besagt, dass unmittelbar nach Jesu Verscheiden nicht nur der Tempelvorhang zerriss und die Erde bebte, sondern dass sich Gräber öffnen und „viele Leiber der entschlafenen Heiligen" aufstanden (*Mt* 27,52).

Grablegung
Der zwölfte Gesang schildert die Kreuzabnahme und Grablegung Jesu durch Josef von Arimathäa und Nikodemus. Sie bringen die Dornenkrone in das Haus, wo sich Jünger und Getreue versammelt haben, und trauern gemeinsam mit diesen. Unterdessen stirbt in Bethanien Maria, die Schwester des von Jesus wiedererweckten Lazarus. Deren Seele wird sogleich nach dem Ableben verklärt. Der Jünger Johannes schaut im Traum das Kreuz Jesu, aus dem Palmzweige wachsen als symbolische Vorausdeutung

Auferstehung
tung neuen Lebens (XII 851–874). Der dreizehnte Gesang schildert die Auferstehung Jesu. Als Rahmen dient die Perspektive des römischen Hauptmanns Cneus, der mit seiner Abteilung das Grab bewacht. Nach der Wachablösung denkt der Römer über

---

[39] Unter anderen Noah, Abraham, Isaak und Jakob nebst seinen Söhnen, Adam und Eva, David, Jonathan, Salomo und weitere Könige, Jeremia, Amos, Hiob, aber auch Jeftas Tochter und die Mutter mit ihren sieben Söhnen, die nach *2Makk* 7 den Märtyrertod erlitten. Johannes der Täufer und die fiktive Gestalt des ermordeten Benoni (vgl. *Messias* II) bilden den Abschluss der Reihe. Klopstock nutzt hier intensiv alttestamentliche Texte. Ein besonders eindrückliches Beispiel bildet die Auferweckung des Propheten Ezechiel (XI 1121–1149), die als dichterische Bearbeitung der Vision Ezechiels von der Wiederbelebung der Totengebeine (*Ez* 37,1–10) gestaltet ist.

1. Die Evangelien – Leben, Leiden, Tod und Auferstehung

den Toten als möglichen Gottessohn nach[40] und wägt ab zwischen Jupiter und Jehovah (XIII 273–362). Als Gabriel den Stein vom Grab entfernt und Jesus dasselbe verlassen hat, erleben die Wachen ein Erdbeben und finden die Grabhöhle leer. Davon erstatten sie den Priestern Bericht, wobei Cneus sich zu Jesus als Gottes Sohn bekennt (XIII 907 ff.). Die meisten Verse des Gesangs bilden die Lobgesänge und Gebete der Engel und begnadeten erweckten Seelen, die zunächst am Grab Jesu Auferstehung erwarten und dann den Auferstandenen kurz zu Gesicht bekommen. Unter ihnen ist auch Abbadona. Angesichts des Auferstandenen stürzen Satan und Adramelech zu Boden und fahren in die Hölle.

Der vierzehnte Gesang bündelt die Erzählungen vom Auffinden des leeren Grabes durch die Frauen sowie Petrus und Johannes. Petrus zweifelt zunächst, bis der Auferstandene ihm auf Golgatha erscheint. Petrus versucht sodann den ungläubigen Thomas zu überzeugen. Der Geschichte von den Emmaus-Jüngern (*Lk* 24,13–35) folgt das Erscheinen Jesu bei den im Haus eingeschlossenen Jüngern, mit denen er isst (nach *Joh* 20)[41]. Der fünfzehnte Gesang reiht Episoden aneinander, in denen verklärte Seelen im göttlichen Auftrag zukünftigen Christen erscheinen und ihnen die frohe Botschaft mitteilen[42].

Ostern

Die folgenden Gesänge XVI und XVII präsentieren Jesus Christus auf dem Tabor, dem Berg der Verklärung, als Richter, der Seelen begnadet oder verwirft[43]. Außerdem unternimmt er eine Höllenfahrt, bei der er die Teufel spüren lässt, wer der auf Golgatha Verstorbene ist: Der Höllenthron zerfällt in Trümmer; die Teufel sind derartig entsetzt, dass sie sich – vergeblich – be-

Jesus Christus als Richter

---

[40] Vgl. *Mk* 15,39, wo der Hauptmann unter dem Kreuz Jesus als Gottes Sohn bekennt.
[41] Jesus beauftragt die Jünger hier zum Aposteldienst. Dabei ist bemerkenswert, dass Klopstock die Übertragung des Amtes der Schlüssel an Petrus (*Mt* 16,19) in den Plural fasst (XIV. 1388–1389). Dies ist eine der seltenen Stellen, wo sich Klopstock als Protestant zeigt.
[42] So wird der erste christliche Märtyrer, Stephanus (vgl. *Apg* 6,8–8,1) einer Erscheinung gewürdigt, aber auch Pilatus' Gattin Portia. Eva erscheint Jesu Mutter Maria, der fiktive Benoni Vater und Bruder zum Troste. Gabriel hindert Abraham und Mose daran, Saulus – dem späteren Paulus – zu erscheinen, weil Jesus sich dies selbst vorbehalten habe (vgl. *Apg* 9).
[43] Auch hier werden verschiedene Seelen in ihrem Lebenswandel vorgestellt.

mühen, sich gegenseitig auszulöschen, um nicht ewiger Qual ausgesetzt zu sein (XVI 572–699). Außerdem erscheint Jesus dem Jünger Thomas und beseitigt dessen Zweifel an der Auferstehung (vgl. *Joh* 20,24–29). Während Jesus fortfährt zu richten[44], findet im Garten des Lazarus ein Freundschaftsfest unter Beteiligung Unsterblicher statt, auf dem man einander von Begegnungen mit dem Erstandenen erzählt und diesen preist (XVII 367 ff.). Indem Klopstock hier den Eindruck weckt, dass Jesus einerseits am Tabor richtet, sich andererseits auch in die Hölle oder zu Thomas begibt, weckt er den Eindruck, dass Jesus an verschiedenen Orten gleichzeitig sein kann (so genannte „Ubiquität"), was seine Göttlichkeit beweist.

Christus als göttlicher Weltenrichter

XVIII 1–XIX 259 gibt Traumgesichte Adams wieder, die Christus ihm als Antwort auf die Frage nach den Folgen der Erlösung zuteil werden lässt und die der Dichter referiert. Adam schaut Christus als Weltenrichter im Kreise vieler Auferstandener, wie er Märtyrern Gnade schenkt, Christenverfolger, Götzendiener („Göttererfinder" XVIII 655) und ruchlose Könige jedoch den Todesengeln und der Hölle überlässt. In diesem Zusammenhang findet auch die Begnadigung des reumütigen gefallenen Engels Abbadona statt (XIX 96–235). Jesus erscheint nun noch einmal den Jüngern am See Tiberias, lässt sie einen wundersamen Fischzug erleben und ermahnt sie, insbesondere Petrus, zur Nachfolge (*Joh* 21,1–13). Am Tabor in Galiläa warten fünfhundert[45] Getreue in der Gesellschaft von Engeln auf die ihnen angesagte Erscheinung des Erstandenen. Unter der Leitung des Lazarus feiern sie dort das Abendmahl[46], bevor der Auferstandene erscheint und eine Abschiedsrede hält, die sich stark an der biblischen Entsprechung (*Joh* 13–17) orientiert. Als Johannes sich zurückzieht, schaut er das Pfingstgeschehen (XIX 910–951, vgl. *Apg* 2). Noch einmal zeigt sich Jesus dem Zwölferkreis der Jünger und wendet sich fürbittend an Gottvater, ein letztes Mal erscheint er dann in nie gesehener Hoheit am Ölberg, von wo aus er in den Himmel auffährt. Im letzten Gesang (XX) bewegt sich Jesus Christus be-

---

[44] Vgl. XVII 512; 743.
[45] Klopstock setzt damit *1Kor* 15,5–6 um, wo Paulus bezeugt, dass der Auferstandene zuerst Petrus, dann den Zwölfen, dann fünfhundert Brüdern erschienen sei. Die Erscheinung vor Jakobus (*1Kor* 15,7) gestaltet Klopstock in Anlehnung an Moses Gottesbegegnung (*Ex* 33,18–23), vgl. *Messias* XIX 761–771.
[46] An dieser Stelle (XIX, 618–628) bietet Klopstock die Einsetzungsworte, nicht beim letzten Abendmahl Jesu (vgl. IV).

1. Die Evangelien – Leben, Leiden, Tod und Auferstehung

gleitet von Engeln und Auferstandenen im Triumphzug durch den Himmel auf den Thron Gottes zu. Unterwegs richtet er weiter unterdessen Verstorbene. Vor allem aber ertönen zahlreiche Gesänge verschiedener Gruppen von Himmlischen, die teils Christus bejubeln, teils vom Gericht handeln – beides unter Aufnahme von Motiven aus der *Offenbarung*[47]. Der Gesang endet mit der Thronbesteigung Christi:

Indem betrat die Höhe des Thrones
Jesus Christus, und setzete sich zu der Rechten
   des Vaters. (XX 1186–1187).

Klopstocks Christus ist Richter und Erlöser, kein Prediger und Lehrer. Der Schwerpunkt liegt folgerichtig auf Christi himmlischer Herkunft und seinem Tod und dessen Überwindung. Zwei gegensätzliche Züge vereint *Der Messias* in sich: Zum einen gestaltet Klopstock die biblischen Passions- und Ostergeschichten einschließlich der Himmelfahrt breit aus, indem er Einzelepisoden neu anordnet, deren Leerstellen ausfüllt, auch Eigenes hinzudichtet, und vor allem ein dichtes Netz von Bezügen zu und Anspielungen auf biblische Texte aus beiden Testamenten einschließlich deuterokanonischen Schrifttums knüpft. Hinzu treten dichterisch ausgestaltete Engel- und Seelenvorstellungen aus außerbiblisch-volkstümlicher Tradition. Klopstock legt – wie es schon der Titel *Der Messias* nahe legt – Tod und Auferstehung Jesu dabei durchgehend aus als ein Heilsgeschehen im Sinne paulinischer Sünden- und Gnadentheologie[48], aber insofern Jesus als Richter auftritt, auch im Anschluss an das Christusbild des *Matthäusevangelium*s und der *Offenbarung*. Letztlich bildet der zweite Artikel des Apostolischen Glaubensbekenntnisses, der sich mit Jesus Christus befasst[49], das Grundgerüst des Epos. Zum anderen fasst Klopstock gefühlsbetont in Worte, wie die Anhänger Jesu seine Passion und die Erscheinungen des Auf-

Klopstocks Christusgestalt

---

[47] So werden z.B. die sieben Sendschreiben an die Gemeinden (*Offb* 2–3) als Urteile einbezogen (XX 748–818).
[48] So hebt Klopstock z.B. die Adam-Christus-Typologie (vgl. *Röm* 5) mehrfach hervor.
[49] Ich glaube „an Jesus Christus, seinen eingeborenen Sohn, unsern Herrn, empfangen durch den Heiligen Geist, geboren von der Jungfrau Maria, gelitten unter Pontius Pilatus, gekreuzigt, gestorben und begraben, hinabgestiegen in das Reich des Todes, am dritten Tage auferstanden von den Toten, aufgefahren in den Himmel; er sitzt zur Rechten Gottes, des allmächtigen Vaters; von dort wird er kommen, zu richten die Lebenden und die Toten."

erstandenen wahrnehmen, was die Seelen empfinden, die auferweckt und verklärt werden, und was in den Engelsgestalten vorgeht, die Jesu Weg begleiten oder sich Menschen und Seelen widmen. Damit will der Dichter die Leser anrühren. Die klagenden und preisenden Gebete der Figuren, ebenso die Seligkeit der Auferweckten bilden Identifikationsangebote für die Leserschaft, die durchaus auch vorbildhaft gemeint sind. Diese erlebnis- und gefühlsorientierte Darbietung verleiht dem Epos einen pietistischen Anstrich. Der Dichter selbst ist emotional betroffen – dies zeigt er in seinen relativ häufigen Einwürfen immer wieder. Zudem spricht er wiederholt von seiner Unwürdigkeit und Hilfsbedürftigkeit angesichts des erhabenen Gegenstandes. In den 56 Versen „An den Erlöser", die auf den letzten Gesang folgen, äußert er sich rückblickend und zusammenfassend in diesem Sinne.

Klopstocks Satan

Anders als bei Milton wirken Satan und seine Mitstreiter nicht wirklich gefährlich, weil sie Jesus von Anfang an klar unterlegen sind. Dass sie die Verurteilung Jesu in die Wege leiten, erscheint als notwendiger Bestandteil der Heilsgeschichte. So vermittelt das Epos seiner Leserschaft Heilsgewissheit. Dies erklärt den Erfolg des *Messias*, der den Zeitgeschmack des Zeitalters der Empfindsamkeit traf und für manche Leser zur begleitenden Lektüre in der Karwoche und Osterzeit wurde.

Rezeption des Epos

Doch beurteilten kritische Zeitgenossen das Epos als langatmig und zu monoton, da das Feiern des Erlösers Christus (zu) breiten Raum einnimmt, oder bemängelten den schwülstigen Stil. Bereits Lessing (1729–1781) äußerte sich im ersten seiner Sinngedichte folgendermaßen:

Wer wird nicht einen Klopstock loben?
Doch wird ihn jeder lesen? – Nein.
Wir wollen weniger erhoben
Und fleißiger gelesen sein.[50]

Gleichwohl fand Klopstocks Messiade über das Zeitalter der Empfindsamkeit hinaus noch vereinzelte Nachahmer, auch wenn die Begeisterung für das Werk schon zu seinen Lebzeiten abnahm.

---

[50] G. Stenzel (hg.), Lessings Werke in einem Band, Stuttgart/Hamburg o. J., S. 919.

1. Die Evangelien – Leben, Leiden, Tod und Auferstehung

- **Heinrich Heine –** *Deutschland. Ein Wintermärchen.* In seinem satirischen Versepos aus dem Januar 1844 zeigt Heine (1797–1856) bereits im Eingangskapitel seine Kritik an kirchlicher Lehre, speziell an deren „Entsagungslied" (I 25), dem

Eiapopeia vom Himmel,
Womit man einlullt, wenn es greint,
Das Volk, den großen Lümmel.

Den als Pharisäer[51] entlarvten Predigern vom Verzicht auf irdische Freuden und einem jenseitigen Paradies setzt Heine entgegen:

Diesseits statt Jenseits

Wir wollen hier auf Erden schon
Das Himmelreich errichten.

Wir wollen auf Erden glücklich sein
Und wollen nicht mehr darben; [...]

Ja, Zuckererbsen für jedermann,
Sobald die Schoten platzen!
Den Himmel überlassen wir
Den Engeln und den Spatzen.   (I 35–38; 45–48).

In *Caput XIII* wird der Reisende bei Paderborn mit einem Kruzifixus am Wege konfrontiert:

Und als der Morgennebel zerrann,
Da sah ich am Wege ragen,
Im Frührotschein, das Bild des Manns,   15
Der an das Kreuz geschlagen.

Mit Wehmut erfüllt mich jedes Mal
Dein Anblick, mein armer Vetter,
Der du die Welt erlösen gewollt,
Du Narr, du Menschheitsretter!   20

Sie haben dir übel mitgespielt,
Die Herren vom Hohen Rate.
Wer hieß dich auch reden so rücksichtslos
Von der Kirche und vom Staate!

---

51 Vgl. auch Heines Bemerkung zur erwarteten Reaktion auf sein Gedicht im Vorwort: „Was ich aber mit noch größerem Leidwesen voraussehe, das ist das Zeter jener Pharisäer der Nationalität, die jetzt mit den Antipathien der Regierungen Hand in Hand gehen, auch die volle Liebe und Hochachtung der Zensur genießen und in der Tagespresse den Ton angeben können [...]." Heinrich Heine, *Deutschland. Ein Wintermärchen*, hg. Werner Bellmann, reclam UB 2253, Stuttgart 2001, S. 3.

> Zu deinem Malheur war die Buchdruckerei 25
> Noch nicht in jenen Tagen
> Erfunden; du hättest geschrieben ein Buch
> Über die Himmelsfragen.
>
> Der Zensor hätte gestrichen darin
> Was etwa anzüglich auf Erden, 30
> Und liebend bewahrte dich die Zensur
> Vor dem Gekreuzigtwerden.
>
> Ach! hättest du nur einen andern Text
> Zu deiner Bergpredigt genommen,
> Besäßest ja Geist und Talent genug, 35
> Und konntest schonen die Frommen!
>
> Geldwechsler, Bankiers, hast du sogar
> Mit der Peitsche gejagt aus dem Tempel –
> Unglücklicher Schwärmer, jetzt hängst du am Kreuz
> Als warnendes Exempel! (XIII 13–40).

Jesus als gescheiterter Weltverbesserer

Es entspricht zwar konventionellem Verhalten, dass der Dichter den Gekreuzigten anredet, doch tut er dies nicht mit einem frommen Gebet. Er erkennt den Gekreuzigten keineswegs als göttlich an, sondern sieht ihn als Menschen („Vetter", V. 18), dessen Geschick er betrachtet und dem er Ratschläge erteilt, wie der Kreuzestod hätte vermieden werden können. Jesu Erlösungsabsicht stellt er im ironischen Ton des Bedauerns als naiv und unklug hin („armer Narr", V. 20, „unglücklicher Schwärmer", V. 39), der Gekreuzigte wird zum warnenden Beispiel für einen ungeschickten Weltverbesserer, der sich selbst geschadet hat, ohne seine Erlösungsabsicht zu verwirklichen[52] – nicht umsonst erwähnt Heine die Auferstehung Jesu hier nicht[53]. Die Rettung für Jesus selbst hätte die Zensur sein können, wenn es diese damals in der – von Heine in diesem Epos, und so auch hier, immer wieder kritisierten – in Deutschland geübten Form bereits gegeben hätte. Dieser respektlose, satirische Umgang mit der zentralen Gestalt des Neuen Testaments und christlicher Lehre steht in diametra-

---

[52] Dies scheint insbesondere in V. 19–20 mitzuschwingen.
[53] Aus der Biographie Jesu verweist Heine neben der Kreuzigung explizit auf die Verhandlung vor dem Hohen Rat der Juden (*Mk* 14,53–65), die Bergpredigt (*Mt 5–7*) und die Tempelreinigung (*Mk* 11,15–17), sowie mit Schlagworten auf die Verkündigung Jesu (Reden von Kirche und Staat, V. 23–24; „Himmelsfragen", V. 28). Im Schlusskapitel erwähnt er allerdings Christus als Weltenrichter: „Und am Ende der Tage kommt Christus herab / Und bricht die Pforten der Hölle; / Und hält er auch ein strenges Gericht, / Entschlüpfen wird mancher Geselle." (XXVII 73–76).

1. Die Evangelien – Leben, Leiden, Tod und Auferstehung

lem Gegensatz zu der von Frömmigkeit getragenen Huldigung, die Klopstock in seinem Epos vollzog. Im Schlusskapitel kommt Heine auf die Überlegenheit des Dichters über Christus zurück. Er stilisiert sich zum Verkündiger, wenn er u.a. schreibt:

> Es wächst heran ein neues Geschlecht,
> Ganz ohne Schminke und Sünden,
> Mit freien Gedanken, mit freier Lust –
> Dem werde ich alles verkünden.   (XXVII 9–12).

Doch damit nicht genug: Während mancher sich dem Gericht Christi wird entziehen können, ist der Dichter ein unerbittlicher Richter. Wen ein Dichter in die Hölle verbannt, der wird darin gefangen bleiben. Dantes *Inferno* ist dafür der Beweis und zugleich ein Gegenbild, weil sein Epos im Himmel endet, Heines Ausblick jedoch in der Hölle:

Der Dichter als Richter

> Doch gibt es Höllen, aus deren Haft
> Unmöglich jede Befreiung;
> Hier hilft kein Beten, ohnmächtig ist hier
> Des Welterlösers Verzeihung.
>
> Kennst du die Hölle des Dante nicht,
> Die schrecklichen Terzetten?
> Wen da der Dichter hineingesperrt,
> Den kann kein Gott mehr retten –
>
> Kein Gott, kein Heiland, erlöst ihn je
> Aus diesen singenden Flammen!
> Nimm dich in Acht, dass wir dich nicht
> Zu solcher Hölle verdammen.   (XXVII 77–88).

- **Leo N. Tolstoi – *Auferstehung*.** In Tolstois (1828–1910) Roman[54] (1899) verweisen explizit zunächst nur der Titel sowie vier als Motti vorangestellte Evangelienzitate[55] darauf, dass ein Bezug zu den Evangelien beabsichtigt sein könnte. Der in drei Teile gegliederte Roman spielt im Russland der 1880ger Jahre. Fürst Dimitij Iwanowitsch Nechliudow, ein wohlhabender Junggeselle um Mitte Dreißig, führt das für seine Gesellschaftsschicht typische Leben geprägt von Luxus und Müßiggang (I 3). Als er erstmals zum Geschworenen bestellt wird, verhandelt man u.a. den Fall der Prostituierten Katharina, „Katjuscha", Maslowa, die unter Beteiligung einer Dienerin und eines Hausknechtes ei-

Als Geschworener erkennt Fürst N. in der Angeklagten eine Jugendliebe

---

[54] Leo Tolstoi, *Auferstehung*. Aus dem Russischen von I. Frapan, Fischer TB 90068, Frankfurt a.M. 2008.
[55] Mt 18,21–22; 7,3; Joh 8,7; Lk 6,40.

nen Gast vergiftet und beraubt haben soll. Nechliudow erkennt in der Hauptangeklagten die junge Frau wieder, mit der er als junger Offizier auf dem Gut seiner Tanten ein flüchtiges Liebesverhältnis unterhielt: Fasziniert von der damals Sechzehnjährigen blieb er über Ostern[56] bei den Tanten und verführte Katjuscha am letzten Abend (I 12–18, Rückblende). Von ihrem sozialen Abstieg hat der Leser zuvor erfahren (I 2): Weil Katjuscha schwanger geworden war, verlor sie ihre Stellung bei den Tanten, versuchte sich in verschiedenen Dienstverhältnissen und wurde schließlich Prostituierte. Die Konfrontation mit einer längst vergessenen Episode aus seiner Vergangenheit berührt den Fürsten und wühlt ihn innerlich auf. Der Erzähler kommentiert:

> [...] nun erinnerte ihn dieser wunderbare Zufall an alles und verlangte von ihm die Anerkennung seiner Herzlosigkeit, Grausamkeit, Gemeinheit, welche es ihm möglich gemacht, diese zehn Jahre mit solcher Sünde auf dem Gewissen ruhig zu leben. Aber er war noch weit entfernt von solcher Anerkennung, und gegenwärtig dachte er nur darüber nach, fürchtete nur, daß man alles das jetzt erfahren, daß sie oder ihr Verteidiger alles erzählen und ihn vor allen bloßstellen würde. (I 18, S. 94).

Das schwerfällige Gerichtsverfahren führt dazu, dass über alle drei Angeklagten die Höchststrafen verhängt werden – für Katjuscha bedeutet dies vier Jahre Zwangsarbeit in Sibirien. Nechliudow hält sie für unschuldig und das Urteil für ungerecht; er leitet daher juristische Schritte ein, um das Urteil zu kassieren.

Er fühlt sich für den Abstieg der Frau verantwortlich Nach einem Besuch im Hause der Prinzessin, die die Verlobung mit ihm erwartet (I 26–27), geht Nechliudow in sich; er empfindet den Gegensatz zwischen seiner Welt und der Situation der Maslowa und fühlt sich als Taugenichts, der sich in Selbstbetrug übte (I 28).

Nechliudow passierte nicht zum erstenmal im Leben das, was er die „Reinigung der Seele" nannte. „Reinigung der Seele" nannte er jenen seelischen Zustand, da er sich plötzlich, zuweilen nach einem großen Zeitraum, einer Verlangsamung, manchmal aber auch des Stehenblei-

---

[56] Vgl. I 15 innerhalb des Rückblicks auf die Beziehung (I 12–18). Die Atmosphäre der Osternacht und die Feier des Gottesdienstes, an dem Katjuscha voller Inbrunst teilnimmt, tragen zu Nechliudows Empfindungen bei: „In der Liebe zwischen Mann und Frau gibt es immer einen Augenblick, da diese Liebe ihren Höhepunkt erreicht, wo sie nichts Bewußtes, Verstandesmäßiges und nichts Sinnliches hat. Ein solcher Augenblick war für Nechliudow diese Nacht der hellen Auferstehung Christi." (S. 83)

bens des inneren Lebens bewußt ward und sich an die Reinigung all dieses Kehrichts machte, welcher sich in seiner Seele angehäuft hatte und die Ursache dieses Stehenbleibens war.

Jedesmal stellte sich Nechliudow nach solchem Aufwachen Regeln auf, denen er für immer zu folgen gesonnen war: er schrieb ein Tagebuch, fing ein neues Leben an, welches er nie zu ändern hoffte [...]. Aber jedesmal fingen ihn die Verführungen der Welt, und er fiel wieder, ohne es selbst zu merken, und oft noch tiefer als früher. (S. 142–143).

Er fühlt sich nun verantwortlich für den Verlauf, den das Leben Katjuschas nahm, und entschließt sich, sich nicht nur für ihre Begnadigung einzusetzen, sondern sie zur Wiedergutmachung zu heiraten[57].

Der Fürst erwirkt – nicht zuletzt dank seines Standes und seiner Beziehungen – eine Besuchsgenehmigung im Gefängnis. Bei seinem ersten Gespräch mit Katjuscha (I 43) fällt ihm deren Verhärtung auf: „‚Sie ist ja eine tote Frau', dachte Nechliudow" (S. 206), und er spürt die Versuchung, von seiner Heiratsabsicht Abstand zu nehmen. Doch gewinnt sein Vorsatz wieder die Oberhand; er bittet sie um Verzeihung und erklärt, dass er seine Sünde wieder gutzumachen gedenkt. Als sie jedoch abweisend und verächtlich reagiert, fühlt er, „daß er sie geistig erwecken müsse." (S. 207). Erst beim zweiten Besuch spricht er von seiner Heiratsabsicht (I 48). Sie wehrt ab, hält dies für unnötig, verweist auf den sozialen Graben zwischen ihnen beiden, unterstellt ihm schließlich selbstsüchtige Beweggründe: „Du willst deine Seele durch mich retten [...] durch mich hast du in diesem Leben deine Lust gestillt, durch mich willst du dich auch im Jenseits retten! Widerwärtig bist du mir [...]." (S. 227). Nach diesem Gespräch begreift der Fürst erst, „was er aus der Seele dieses Weibes gemacht hatte" (I 49, S. 229). Bislang hatte er sich noch selbst für seinen edlen Plan bewundert,

Fürst N. setzt sich für die Veurteilte ein

jetzt war ihm einfach fürchterlich zumute. Sie verlassen – das fühlte er – konnte er jetzt nicht; dabei konnte er sich aber nicht vorstellen, was aus seinen Beziehungen zu ihr werden sollte." (S. 229).

Schließlich empfindet er sogar Furcht und Abneigung gegen sie, hält aber an der Heiratsabsicht fest und setzt sich weiter hartnäckig für sie ein. Bei seinen fortgesetzten Besuchen im Gefängnis erhält er Einblick in den Strafvollzug und lernt eine Reihe

---

[57] „Er betete, bat Gott, ihm zu helfen, in ihn einzuziehen und ihn zu reinigen; unterdessen aber war das, um was er bat, schon geschehen. Der in ihm wohnende Gott erwachte in seinem Bewußtsein." (S. 144).

von Einzelschicksalen kennen. Für einige dieser Gefangenen, die ihm unrechtmäßig inhaftiert scheinen, setzt er sich ebenfalls ein. Seine gesellschaftliche Stellung eröffnet ihm Zutritt zu den höheren Beamten der Justiz; über deren Charakter und Karrieren informiert der Erzähler und zeichnet so das Bild eines Justizapparates, in dem Recht und Gerechtigkeit hinter persönlichen Interessen, Korruption und Willkür zurücktreten.

Fürst N. will sein Leben ändern

Der zweite Teil des Romans schildert zunächst, wie der Fürst sein Leben zu ändern sucht. Er reist auf seine Landgüter (II 1–9), um dort den Bauern Land zur eigenen Bewirtschaftung abzutreten, was ihm erhebliche Einkommensverluste eintragen würde. Doch die Bauern vernehmen sein Angebot nur widerstrebend. Nechliudow wird auf dieser Reise mit der bitteren Armut der Landbevölkerung konfrontiert und leidet selbst in den primitiven Unterkünften[58]. Seine großzügige Moskauer Wohnung gibt er zugunsten einer kleinen Pension auf (II 10). Er reist nach St. Petersburg und nutzt auch dort seine Beziehungen, um die Kassation des Urteils gegen Katjuscha und die Anliegen weiterer Gefangener zu betreiben. Doch wird die Aufhebung des Urteils abgelehnt, letztlich weil der Kommissionsvorsitzende übler Laune ist (II 21). So bleibt nur noch ein Bittgesuch an den Zaren, das Nechliudow umgehend auf den Weg bringt. Nach wie vor steht sein Heiratsentschluss fest, so dass er sich darauf vorbereitet, mit der Gefangenenabteilung nach Sibirien zu reisen.

Wie neu und schwierig das auch sein mochte, was er zu tun gesonnen war, er wußte, daß dies das einzige für ihn jetzt mögliche Leben war, und wie gewohnt und leicht es auch sein mochte, zu dem früheren Leben zurückzukehren, er wußte, daß das den Tod bedeuten würde. (II 25, S. 390).

Als seine Schwester ihn später behutsam von seinem Plan abzubringen sucht, weil eine solche Person nicht zu bessern sei, erklärt der Fürst, dass er nicht Katjuscha bessern wolle, sondern

---

[58] Bei dieser Gelegenheit stellt er die Sinnfrage: „[...] das Werk, das durch unser Leben geleistet wird, das ganze Werk, sein ganzer Sinn ist unbegreiflich und kann mir nicht begreiflich sein. Wozu waren die Tanten da? [...] Warum war Katjuscha? Und meine Verrücktheit? Warum war der Krieg? Und mein ganzes darauf folgendes wüstes Leben? Alles das zu begreifen, das ganze Werk des Herrn zu begreifen, liegt nicht in meiner Macht. Seinen Willen aber zu tun, der in meinem Gewissen geschrieben steht, liegt in meiner Macht, und das weiß ich unzweifelhaft. Und wenn ich seinen Willen tue, bin ich unzweifelhaft ruhig." (II 8, S. 308).

1. Die Evangelien – Leben, Leiden, Tod und Auferstehung

sich selbst. Das Leben verlange nur „daß wir tun, was wir sollen" (II 32, S. 426).

Bei einem Theaterbesuch, zu dem er genötigt wurde, nimmt Nechliudow innerlich Abschied von der feinen Gesellschaft, deren Glanz er als Deckmantel der dort gewohnheitsmäßig verübten Verbrechen entlarven zu können meint (II 28). In glühender Sommerhitze reist der Gefangenentransport aus Moskau ab. Nechliudow begleitet den Zug bis zum Bahnhof und wird Zeuge der unmenschlichen Bedingungen, unter denen die Gefangenen marschieren müssen. Die Loslösung des Fürsten aus der Oberschicht drückt sich darin aus, dass er in der Eisenbahn in der dritten Klasse reist und mit den einfachen Passagieren ins Gespräch kommt; eine Zufallsbegegnung mit der Familie seiner Beinahe-Verlobten vermeidet er. „Und er fühlte sich wie eine Reisender, der eine ganz neue, unbekannte schöne Welt entdeckt hat." (II 42, S. 484).

Er distanziert sich von der Gesellschaft

Der dritte Teil schildert die Reise der Gefangenenabteilung nach Sibirien, die menschenunwürdigen Bedingungen und eine Reihe weiterer Einzelschicksale von Verurteilten. Es entwickelt sich eine Beziehung zwischen Katjuscha Maslowa und dem politischen Gefangenen Simonsohn, der nach Sibirien verbannt ist. Simonsohn bittet den Fürsten, Katjuscha sein Einverständnis für eine Heirat mit ihm zu signalisieren; denn er weiß, dass sie Nechliudows Angebot für ein Opfer hält, das sie aber nicht anzunehmen gedenkt (III 16, S. 543). Der Fürst steht zu seiner Absicht, überlässt aber Katjuscha die Entscheidung.

Fürst N. begleitet die Verurteilte nach Sibirien

Was ihm Simonsohn gesagt, befreite ihn von der übernommenen Verpflichtung, die ihm in Minuten der Schwäche schwer und unheimlich erschien, und doch war ihm das nicht nur unangenehm, sondern es tat ihm sogar weh. In diesem Gefühl lag auch, daß Simonsohns Vorschlag die Ausschließlichkeit seiner Handlung zerstörte und den Wert des Opfers, das er bringen wollte, in seinen eigenen Augen und in den Augen der anderen Menschen herabsetzte" (III 17, S. 545–546).

Auch für den Fürsten ist die Reise entbehrungsreich; so genießt er es, als man eine Stadt erreicht, nach langer Zeit ein sauberes Gasthaus zu bewohnen und zu einem Besuch in besserer Gesellschaft eingeladen zu werden, wo man musiziert und wo ihm die Frau des Hauses stolz ihre beiden friedlich schlafenden Kleinkinder präsentiert. Jetzt fühlt er sich in seinen Kreisen wohl (III 22)[59] und

---

[59] Der Abend bewirkt, „daß Nechliudow sich dem Genusse der schönen Umgebung, der schmackhaften Speisen und der Leichtigkeit

wünscht sich: „Ich will leben, ich will eine Familie, Kinder, will ein menschliches Leben" (III 25, S. 580).

Die Begnadigung der Verurteilten Als Katjuscha schließlich begnadigt wird (III 23), erklärt sie dem Fürsten in einem letzten Gespräch ihren Entschluss, sich gemeinsam mit Simonsohn in Sibirien anzusiedeln. Für sie ist dabei nicht Liebe entscheidend: „Was lieben oder nicht lieben? Das habe ich längst aufgegeben. Und Wladimir Iwanowitsch ist ja ein ganz besonderer Mensch." (S. 581). Und zu Nechliudow gewandt, erklärt sie: „Auch Sie müssen leben." (S. 581). Katjuscha dankt ihm.

„Sie haben mir doch wohl nicht zu danken", sagte Nechliudow.
„Wozu sollen wir abrechnen? Unsere Rechnung wird Gott begleichen", stieß sie hervor, und ihre schwarzen Augen erglänzten von aufsteigenden Tränen.
„Was für ein guter Mensch Sie sind", sagte er.
„Ich bin gut?" sagte sie unter Tränen, und ein klägliches
Lächeln erleuchtete ihr Gesicht. (III 25, S. 582).

Auferstehung als gewandeltes Leben im Diesseits Am Ende beginnt für die beiden Hauptfiguren so ein neues Leben. In diesem weltlichen Sinne ist der Romantitel zu verstehen: Auferstehung meint nicht etwas Jenseitiges, was sich nach dem Tod vollzieht, wie es die Evangelien von Jesus erzählen, das Neue Testament es für die Gläubigen erwartet und wie es die Kirche lehrt. Nechliudow wird ein anderer, ein neuer Mensch, als er mit seiner verdrängten Vergangenheit und seiner Schuld konfrontiert wird und sein Gewissen sich zu regen beginnt. Er ist bestrebt, diese Schuld zu sühnen und wieder gutzumachen, indem er Katjuschas Situation verbessert, wo immer es ihm möglich ist. „Ich fühle, daß ich das vor Gott tun muß." (I 48, S. 226), erklärt er ihr. Dafür nimmt er Beschwerden und Ungemach auf sich und nutzt den Einfluss, den seine gesellschaftliche Stellung ihm gibt. Durch die Beharrlichkeit, mit der er sich für sie einsetzt, bricht das verhärtete Innere Katjuschas auf, die sich an das verkommene Leben gewöhnt hatte, und auch sie erlebt einen Neubeginn.

Die Gesellschaftskritik des Protagonisten Nechliudows Schlüsselerfahrung als Geschworener bedeutet für ihn letztlich, dass er über sich selbst ein Urteil fällt. Sein anschließender Einsatz für Katjuscha lässt ihn Einblick gewinnen in die russische Rechtspraxis und den Strafvollzug, die der Ro-

---

und Annehmlichkeit des Umganges mit wohlerzogenen Menschen seines gewohnten Kreises ganz hingab, als wäre sein ganzes Leben der letzten Zeit ein Traum gewesen, von dem er zur wahren Wirklichkeit erwacht sei." (S. 574).

man radikal kritisiert. Allein die Beschreibungen der Zustände sowie die Biographien von Gefangenen und Verurteilten einerseits, aber auch die Karrieren der Beamten und deren Amtsgebaren sprechen für sich. Hinzu kommen Reflexionen des Erzählers und die grundsätzlichen Überlegungen Nechliudows angesichts des herrschenden Rechtssystems. Aufgrund seiner Beobachtungen teilt der Fürst die Gefangenen in fünf Kategorien ein (II 30, S. 417–420) und erwägt die Frage, „warum alle diese so verschiedenartigen Menschen in die Gefängnisse gesperrt waren, und andere – ebensolche Leute – in Freiheit umhergingen und sogar diese Leute richteten" (S. 420). Schließlich fragt er sich, „warum und mit welchem Recht die einen Menschen die anderen einsperren, quälen, verschicken, peitschen und töten?" (S. 420), findet darauf aber – noch – keine Antwort. In einer Diskussion mit seinem Schwager (II 33) äußert er seine Erkenntnis, dass die Rechtsprechung nicht auf Gerechtigkeit ziele, sondern auf „[d]ie Aufrechterhaltung der Klasseninteressen. Das Gericht ist, meiner Meinung nach, nur ein administratives Werkzeug zur Erhaltung der bestehenden Ordnung der Dinge, die für unsere Klasse vorteilhaft ist." (S. 432). Gefängnisstrafen sind für ihn kein Weg zur Besserung, sondern ein Mittel zur Verfestigung und Verbreitung von Kriminalität (III 19)[60]. Grundübel ist für ihn eine Diskrepanz zwischen den herrschenden Gesetzen, die tatsächlich kein Gesetz sind, und dem, „was ein ewiges, unabänderliches, unaufschiebbares, von Gott selbst in das menschliche Herz geschriebenes Gesetz ist" (II 40, S. 471).

Die ganze Sache liegt darin, daß die Menschen glauben, es gebe Umstände, wo man mit den Menschen ohne Liebe umgehen dürfe; solche Umstände gibt es aber nicht! […] Und es kann nicht anders sein, weil die gegenseitige Liebe zwischen den Menschen das Grundgesetz des menschlichen Lebens bildet.   (II 40, S. 472).

---

[60] In den Gefängnissen werde das Laster kultiviert: „Die einfachen gewöhnlichen Menschen mit den Anschauungen der russischen bäuerlichen, christlichen Gesellschaftsmoral gaben diese Begriffe auf, eigneten sich neue, den Gefängnissen eigentümliche Begriffe an, die hauptsächlich darin bestanden, daß jede Beschimpfung, Vergewaltigung der menschlichen Persönlichkeit, jegliche Vernichtung derselben erlaubt sei, wenn sie vorteilhaft ist […], daß alle jene Sittengesetze der Achtung vor dem Menschen und des Mitleids mit ihm, die ihnen von den Kirchen- und Morallehrern gepredigt wurden, in der Wirklichkeit aufgehoben sind, und daß also auch sie ihnen nicht zu folgen brauchten." (III 19, S. 554).

Kritik an der Kirche

Die nicht minder kritische Sicht[61] der Institution Kirche als Bestandteil des herrschenden Systems zeigt sich besonders deutlich in der Beschreibung des Gottesdienstes im Gefängnis (I 39–40)[62]. Wenn der Protagonist beim Anblick von Christi Bild im Gefängnis dies unwillkürlich mit den Erlösten, nicht mit den Eingekerkerten in Verbindung bringt (I 41, S. 196) und wenn Tolstoi das große Bild Christi im Büro des Gefängnisinspektors als „das gewöhnliche Attribut der Orte der Tyrannei" (I 54, S. 247) bezeichnet, greift er die Kirche an, die mit der staatlichen Obrigkeit gemeinsame Sache macht. Neben die russisch-orthodoxe Kirche treten zwei Evangelisten aus dem Ausland: Nechliudow erlebt die Predigt des in gehobenen Kreisen herumgereichten deutschen Evangelisten Kiesewetter in einem Petersburger Salon mit, die seinen Widerwillen erregt (II 17)[63].

Bibellektüre

In Sibirien begleitet Nechliudow als Übersetzer einen Engländer ins Gefängnis. Der Engländer verteilt Evangelien an die Gefangenen und schenkt auch Nechliudow eines. Das letzte Kapitel (III 28) schildert die Einsichten, die der Fürst aus seiner Bibellektüre zieht. Am Abend schlägt er wie zufällig *Mt* 18 auf. Die ersten Verse, die er liest (*Mt* 18,1–10), erscheinen ihm undeutlich. Im Gleichnis vom verlorenen Schaf (*Mt* 18,11–14) sieht er einen Gegensatz zur Wirklichkeit – gegen Gottes Willen verderben die Schafe nun. Zur Schlüsselstelle wird Jesu Wort von der Vergebung, das er mit dem Gleichnis vom Schalksknecht illustriert (*Mt* 18, 21–33). Dies leuchtet ihm unmittelbar ein:

So wurde ihm jetzt der Gedanke klar, daß das einzige unzweifelhafte Mittel der Rettung von jenem fürchterlichen Übel, unter dem die Menschen leiden, nur darin besteht, daß die Menschen sich immer vor

---

[61] Positiv ist einzig die österliche Frühmesse (I 14) beurteilt, die Nechliudow bei den Tanten auf dem Lande an der Seite Katjuschas erlebt; vgl. I 15, S. 79: „Nachher, sein ganzes Leben hindurch, blieb diese Frühmesse für Nechliudow eine seiner hellsten und stärksten Erinnerungen."

[62] Der gelesene Evangeliumstext wird paraphrasiert – es handelt sich um *Markus* 16,9–18. Mit einem Satz wie „Das Wesen des Gottesdienstes sah man in der Annahme, daß die vom Priester ausgeschnittenen und in den Wein gelegten Brotstückchen sich durch gewisse Manipulationen und Gebete in den Leib und das Blut Gottes verwandelten." (I 39, S. 186) greift Tolstoi den Kern des kirchlichen Ritus an.

[63] Kiesewetter „sprach darüber, daß unsere Sünden so groß seien, die Strafe für sie so groß und unvermeidlich, daß zu leben in Erwartung dieser Strafe unmöglich sei." (S. 353). Eine Rettung gebe es nur durch Christi heiliges Blut (S. 354).

1. Die Evangelien – Leben, Leiden, Tod und Auferstehung

Gott für schuldig halten sollen und für ungeeignet, andere Menschen zu strafen und zu bessern. [....] Die Antwort, welche er nicht finden konnte, war dieselbe, die Christus dem Petrus gegeben: sie bestand darin, daß man immer allen unendlich oft verzeihen soll, weil es niemand gibt, der selber unschuldig wäre und darum die anderen strafen oder bessern könnte. (III 28, S. 591–592)[64].

Nicht vermittelt durch eine kirchliche Institution, sondern getragen von einer persönlichen Gottesbeziehung und durch die direkte Begegnung mit den Worten Jesu verwirklicht sich die geistige Auferstehung Nechliudows, als er die Bergpredigt (*Mt 5–7*) liest. Er erkennt darin

Die Bedeutung der Bergpredigt

einfache, klare und praktisch erfüllbare Gebote, welche im Falle ihrer Erfüllung (die vollkommen möglich war) eine vollständig neue, ihn verwundernde Einrichtung der menschlichen Gesellschaft herbeiführen würden, bei welcher nicht nur all die Gewalttätigkeit, die Nechliudow so sehr empörte, von selber verschwinden mußte, sondern das höchste dem Menschen zugängliche Heil – Gottes Reich auf Erden – erreicht wurde. (III 28, S. 593).

Trachtet nach dem Reich Gottes und nach seiner Gerechtigkeit; so wird euch das übrige zufallen [Mt 6,33]. Wir aber trachten nach dem übrigen und finden es offenbar nicht.

„Das ist also die Aufgabe meines Lebens. Kaum ist ein Abschnitt zu Ende, so fängt schon ein neuer an."

Seit dieser Nacht begann für Nechliudow ein ganz neues Leben, nicht so sehr weil er in neue Lebensbedingungen eintrat, sondern weil alles, was mit ihm seither geschah, für ihn eine ganz andere Bedeutung als früher bekam. (III 28, S. 595).

Anders als in kirchlicher Auslegung und Tradition meist angenommen, erklärt Tolstoi die Forderungen der Bergpredigt für erfüllbar und schon im Diesseits das Heil bewirkend. Dies illustriert er vor allem am Protagonisten seines Romans, der zu neuem Leben aufersteht durch einen Prozess der Selbst-, Welt- und Gotteserkenntnis. „Leben" und „tot sein" sind im Roman metaphorische Begriffe, die die gegebene oder nicht gegebene Entsprechung zum absoluten Liebesgebot Gottes ausdrücken, welches ein neues Leben ermöglicht.

---

[64] Er entnimmt *Mt 5,21–48* fünf Gebote (S. 593–594), in denen Gottes Wille ausgesprochen sei.

Wirken des Täufers

■ **Johannes der Täufer.** Während nur das *Lukasevangelium* die Geschichte von der Ankündigung und Geburt Johannes des Täufers erzählt und mit der seines Vetters Jesus verwebt (*Lk* 1), befassen sich Markus, Lukas und Matthäus mit dem erwachsenen Johannes. Mit einem Kamelhaarüberwurf[65] bekleidet, ernährt von Heuschrecken und Honig tritt Johannes in der Wüste als Prediger auf und vollzieht im Jordan die Bußtaufe an Menschen, die ihre Sünden bekennen (*Mk* 1,4–6). Die Evangelien zeichnen Johannes als Wegbereiter Jesu[66]: Als Prediger weist Johannes auf Jesus hin: „Es kommt einer nach mir, der ist stärker als ich […]. Ich taufe euch mit Wasser; aber er wird euch mit dem Heiligen Geist taufen." (*Mk* 1,7–8). Damit ist zugleich die Botschaft verknüpft, dass das Himmelreich nahe ist (*Mt* 3,2), was bedeutet, dass auch das Gericht unmittelbar bevorsteht (*Mt* 3,7–10; *Lk* 3,7–9). Auch Jesus selbst lässt sich von Johannes taufen (*Mk* 1,9–11).

Johannes' gewaltsamer Tod

Auch vom Ende des Johannes erzählen die Evangelien, am ausführlichsten Markus (6,17–29)[67]. König Herodes Antipas lässt Johannes verhaften und ins Gefängnis werfen; denn der Täufer hatte Herodes' Eheschließung mit Herodias kritisiert, weil sie die Frau seines Bruders, also seine (geschiedene) Schwägerin war[68]. Während Herodes Johannes fürchtete, „weil er wusste, dass er ein frommer und heiliger Mann war […]; und wenn er ihn hörte, wurde er sehr unruhig, doch hörte er ihn gern." (*Mk* 6,20), will Herodias Johannes' Tod (6,19). Sie ergreift die günstige Gelegenheit, als Herodes seinen Geburtstag festlich begeht. Herodias' Tochter tanzt vor der Festgesellschaft und erregt Herodes' Gefallen, so dass er ihr unter Eid einen Wunsch frei gibt: „Was du von mir bittest, will ich dir geben, bis zur Hälfte meines Königreichs." (6,23). Das Mädchen fragt ihre Mutter um Rat und fordert auf deren Betreiben „jetzt gleich auf einer Schale, das Haupt Johannes des Täufers." (6,25). Dies widerstrebt Herodes zwar, doch muss er ihr den Wunsch erfüllen, wenn er nicht sein

---

[65] Dadurch steht er auch äußerlich in der Tradition des alttestamentlichen Propheten Elia (vgl. *2Kön* 1, 8).

[66] Dies geschieht auch dadurch, dass er als Erfüllung alttestamentlicher Ankündigungen (*Jes* 40,3, auch *Mal* 3,1) verstanden wird; vgl. *Mt* 3,3; *Mk* 1,3; *Lk* 3,4–5. Auch die Anfragen an Jesus hinsichtlich seiner Identität, die der Täufer durch seine Jünger tätigt (*Mt* 11,2–6; *Lk* 7,18–23) sollen dies Verhältnis von Vorbote und Herr klären.

[67] Vgl. *Mt* 14,1–12; *Lk* 3,19–20; 9,7–9.

[68] Dafür konnte Johannes sich auf *Lev* 18,16 berufen.

Gesicht verlieren will. So befiehlt er dem Henker, Johannes sofort im Kerker zu enthaupten und das Haupt auf einer Schale zu bringen. Als sie die Schale erhält, gibt das Mädchen sie an ihre Mutter weiter. So wird Johannes der Täufer auch durch seinen gewaltsamen Tod ein Vorläufer Jesu.

- **Oscar Wilde – *Salome.*** Wilde verfasste die Tragödie in einem Akt 1891 in Paris in französischer Sprache[69]. Schauplatz ist eine Terrasse vor einem Bankettsaal von Herodes' Palast. Im Hintergrund ist eine Zisterne zu sehen, in der Jochanaan (Johannes) gefangen gehalten wird[70]. „Der Mond scheint sehr hell."[71] Der syrische Hauptmann der wachhabenden Soldaten, Narraboth, blickt, obwohl ihn der junge Page warnt, unverwandt in den Festsaal auf Prinzessin Salome, die in der Bibel namenlose Tochter der Herodias. Als die Stimme des Jochanaan aus der Zisterne ertönt und das Kommen Christi[72] ankündigt, erzählt der Erste Soldat, was er über diesen heiligen Mann weiß, den nach Herodes' Verbot niemand sehen darf.

Salome tritt auf die Terrasse hinaus (S. 10), da sie die als zudringlich empfundenen Blicke des Herodes und dessen Gäste nicht mehr erträgt. Während sie den Mond betrachtet, verkündigt Jochanaan erneut, dass der Menschen Sohn gekommen sei. Salome erkundigt sich nach dem Gefangenen, von dem sie weiß, dass er ihre Mutter kritisiert hat. Als sie hört, dass Jochanaan noch ein junger Mann ist, verlangt sie, ihn zu sehen. Wegen Herodes' Verbot weigern sich die Soldaten, den Gefangenen zu holen. Da macht Salome sich die Verehrung des syrischen Hauptmanns zu Nutze, dessen Worte an sie sie bis dahin überhört hat, und bringt ihn schmeichelnd dazu, dass er Jochanaan aus der Zisterne holen lässt. Als dieser erscheint, prophezeit er den Tod des Herodes und klagt Herodias der Hurerei[73] an, ohne derer beider Namen zu nennen. Salome empfiehlt er, Buße zu tun und den Menschen Sohn aufzusuchen. Salome betrachtet Jochanaan

Der eingekerkte Täufer fasziniert Salome

---

[69] Uraufführung 1896 in Paris; deutsche Erstaufführung 1901, englische 1905. Richard Strauss' gleichnamiger Oper (1905) liegt Wildes Drama – in gekürzter und leicht bearbeiteter Form – zugrunde.
[70] Dies bildet im übrigen auch eine Analogie zum Propheten Jeremia.
[71] Bühnenanweisung; Oscar Wilde, *Salome*. Aus dem Französischen übersetzt von H. Lachmann, reclam UB 4497, Stuttgart 1990, S. 5.
[72] Das Wort kombiniert *Mk* 1,7 und *Jes* 35,5; 11,6.8.
[73] Dies geschieht unter Nutzung von Worten aus *Ez* 23, 5–7. 14–16 (S. 16).

abgestoßen und fasziniert zugleich; sie möchte ihn berühren und seinen Mund küssen. Doch Jochanaan will mit ihr, die er harsch als „Tochter Babylons" und „Tochter Sodoms" bezeichnet, nichts zu schaffen haben. Der syrische Hauptmann erträgt Salomes Fasziniert-Sein von Jochanaan nicht länger, tötet sich und fällt sterbend zwischen Salome und Jochanaan – Salome, besessen von dem Wunsch, Jochanaan zu küssen, bemerkt dies nicht einmal. Selbst als Jochanaan sie verflucht und in die Zisterne zurückkehrt, beharrt sie auf ihrem Begehren.

Salome tanzt für Herodes Bevor die Soldaten den Leichnam Narraboths entfernen können, erscheint Herodes mit der Festgesellschaft auf der Terrasse, Salomes Nähe suchend (S. 24). Den Anblick des Leichnams, in dessen Blut er beinahe ausgeglitten wäre, hält er für ein böses Vorzeichen. Herodias missfällt das Interesse ihres Gatten an Salome. Jochanaan ruft aus der Zisterne, der Tag des Herrn sei da und der Erlöser der Welt nahe. Herodias ist der Gefangene verhasst, Herodes hält ihn für einen heiligen Mann, mehrere jüdische Gäste diskutieren über seine Identität. Jochanaans Verwünschung der „Hure", mit der er Salome meint, bezieht Herodias auf sich. Sie gerät in Streit mit Herodes, der abzulenken sucht, indem er Salome bittet, für ihn zu tanzen (S. 36). Salome weigert sich zunächst zur Freude ihrer Mutter. Als Herodes jedoch schwört, Salome jeden Wunsch zu erfüllen, erklärt sie sich bereit und tanzt den „Tanz der sieben Schleier" (S. 42).

Salome fordert das Haupt des Täufers Danach verlangt sie vom begeisterten Herodes auf einer Silberschale den Kopf des Jochanaan – zur Freude der Herodias. Herodes wehrt sich gegen diesen schrecklichen Wunsch und bietet ihr allerlei Kostbarkeiten aus seinem Besitz an. Salome jedoch wiederholt beharrlich: „Den Kopf des Jochanaan." (S. 44–49). So wird der Henker in die Zisterne geschickt; sein Arm reicht eine Silberschale mit Jochanaans Haupt aus der Öffnung der Zisterne. Salome nimmt die Schale an sich und spricht das Haupt an, dessen Mund sie jetzt küssen will. Herodes lässt alle Lichter löschen, um dies nicht mit ansehen zu müssen. Doch ein Strahl des Mondlichtes fällt auf Salome, als sie Jochanaans Lippen geküsst hat, und Herodes befiehlt den Soldaten, „dieses Weib" (S. 54) zu töten. Dies geschieht – so, wie Jochanaan es vorausgesagt hat (S. 34).

Wildes Salome-Figur Die entscheidende Veränderung gegenüber der biblischen Erzählung liegt in der Stilisierung der Titelfigur. Es ist nicht Herodias', sondern Salomes eigener Gedanke, das Haupt des Täufers zu fordern, und zwar „zu meiner eigenen Lust" (S. 44), wie sie

1. Die Evangelien – Leben, Leiden, Tod und Auferstehung

sagt. Lebend hat Jochanaan sie zurückgewiesen[74]; als Toter ist er ihrem Begehren wehrlos ausgeliefert. In Salomes Handeln fließen Hass und sinnliche Liebe, Rachegelüste und trotzige Überheblichkeit zusammen. Sie ist sich ihrer Reize bewusst, die in der Regel ihre Wirkung nicht verfehlen, außer bei Jochanaan, was seine Anziehungskraft für sie noch erhöht. Sie erscheint als eine *femme fatale*, die in diesem Fall zudem als Vertreterin der zeittypischen *Décadence* des *Fin de siècle* erscheint.

Wilde hat den Stoff, den vor ihm Flaubert in der Novelle *Hérodias*[75] (1877) literarisch verarbeitet hatte und der zudem ein beliebtes Sujet der Malerei seiner Zeit war, poetisch gestaltet, auch durch Leitmotive: Der Mond, der sowohl im Französischen wie im Englischen weiblichen Geschlechts ist, schwebt buchstäblich als Symbol über dem Ganzen. Während Narraboth nur Salome ansieht, nicht den Mond, erscheint das Gestirn dem Pagen der Herodias „Wie eine Frau, die aus dem Grab aufsteigt. Wie eine tote Frau. Man könnte meinen, sie blickt nach toten Dingen aus." (S. 5)[76]. Salome sieht den Mond anders:

Das Leitmotiv des Mondes

> Er ist wie eine silberne Blume. Kühl und keusch. Wie eine Jungfrau. Ja, wie die Schönheit einer Jungfrau. Gewiß, wie eine Jungfrau, die rein geblieben ist. Die sich nie Männern preisgegeben hat wie die andern Göttinnen. (S. 11).

---

[74] Das Motiv, dass eine *femme fatale* Johannes' Tod aus enttäuschter Liebe forderte, findet sich bereits bei Heinrich Heine, *Atta Troll*, Caput XIX, 82–106, dort bezogen auf Herodias, die laut NT hinter dem Wunsch der Tochter stand: Der Dichter schaut in einer Vollmondnacht vor dem Johannisfest den Gespensterzug der wilden Jagd, darunter auch Herodias. Sie „War Judäas Königin, / Des Herodes schönes Weib, / die des Täufers Haupt begehrt hat. / Dieser Blutschuld halber ward sie / Auch vermaledeit; als Nachtspuk / Muß sie bis zum jüngsten Tage / Reiten mit der wilden Jagd. / In den Händen trägt sie immer / Jene Schüssel mit dem Haupte / Des Johannes, und sie küßt es; / Ja, sie küßt das Haupt mit Inbrunst. / Denn sie liebte einst Johannem – / In der Bibel steht es nicht, / Doch im Volke lebt die Sage / Von Herodias blutger Liebe – / Anders wär ja unerklärlich / Das Gelüste jener Dame – / Wird ein Weib das Haupt begehren / Eines Manns, den sie nicht liebt? / War vielleicht ein bißchen böse / Auf den Liebsten, ließ ihn köpfen; / Aber als sie auf der Schüssel / Das geliebte Haupt erblickte, / Weinte sie und ward verrückt, / Und sie starb in Liebeswahnsinn." Heinrich Heine, *Atta Troll. Ein Sommernachtstraum*, hg. W. Woesler, reclam UB 2261, Stuttgart 1977, S. 59–60.
[75] Sie ist die letzte von Flauberts *Trois Contes*, 1877.
[76] Später sagt er: „Wie die Hand einer toten Frau, die das Laken über sich ziehen will." (S. 16).

Für Herodes dagegen sieht der Mond in dieser Nacht aus „wie ein wahnsinniges Weib, ein wahnsinniges Weib, das überall nach Buhlen sucht. Und nackt ist, ganz nackt. [...] Sieht es nicht aus wie ein betrunkenes Weib?" (S. 24). Jochanaan prophezeit: „Es kommt ein Tag, da wird die Sonne finster werden [...], und der Mond wird werden wie Blut" (S. 35). Nachdem Herodes Salome geschworen hat, ihr für den Tanz zu geben, was immer sie verlangt, bemerkt er:

Ah, sieh den Mond an! er ist rot geworden. Er ist rot geworden wie Blut. Ah, der Prophet hat wahr prophezeit. Er prophezeite, daß der Mond wie Blut werden würde. [...] Und jetzt ist der Mond wie Blut geworden. (S. 41).

Herodias, die sich durch Nüchternheit auszeichnet, zieht Herodes' Worte ins Lächerliche, wie sie es generell mit seinem Glauben an Vorzeichen und Übersinnliches tut. Als Herodes am Ende die Fackeln zu löschen befiehlt, ruft er: „Verbergt den Mond!" (S. 54). Zuletzt sieht das Publikum Salome beleuchtet von einem Mondstrahl nach dem Kuss der toten Lippen. Der Mond ist ein Spiegelbild der Titelheldin – deutlich, als der Syrer Salome mit einer silbernen Blume vergleicht (S. 10), unmittelbar bevor sie denselben Vergleich für den Mond verwendet (s.o.) – und ein Vorzeichen ihres Todes.

Das Leitmotiv des Anschauens

Als zweites Leitmotiv zieht sich das Betrachten, „ansehen", durch das Stück, und zwar das begehrliche Ansehen[77]. Der syrische Hauptmann und Herodes sehen Salome „zu viel an" – das stellt der Page warnend für Narraboth, Herodias für Herodes fest[78]. Auf Befehl des Herodes soll man Jochanaan nicht ansehen (S. 9); Salome wünscht, ihn dennoch zu sehen (S. 16), und besieht ihn näher, als er vor ihr steht. Jochanaan will von ihr nicht angesehen werden (S. 17–18), und auch der Syrer will nicht, dass sie den Propheten ansieht (S. 22). Herodias verbietet Herodes vergebens, Salome anzusehen (S. 27–28; 36). Am Ende sieht jener selbst ein: „ich habe dich [sc. Salome] angesehen und hab's den ganzen Abend nicht gelassen. [...] Deine Schönheit hat mich maßlos verwirrt, und ich habe dich allzuviel angesehen." (S. 45). Deshalb will er schließlich „die Dinge nicht sehen, ich will nicht leiden, daß all die Dinge mich sehen." (S. 54). Es ist das sinnlich begehrende Ansehen der Schönheit, das den verhängnisvol-

---

[77] Vgl. dazu Mt 5,28.
[78] Page: S. 6; 9; 10, Herodias: S. 27; auch Herodes hat das zu viele Hinsehen an Narraboth festgestellt (S. 27).

len Verlauf des Geschehens bewirkt. Salome betrachtet ausgiebig Jochanaan und beschreibt in einer an das *Hohelied* gemahnenden Bildsprache seine Schönheit, das Weiß seines Leibes, das Schwarz seines Haares und das Rot seines Mundes (S. 18–21), drei Farben, die zur Konvention abendländischer Liebeslyrik gehören. Sie wiederholt dies rückblickend, als sie das abgeschlagene Haupt vor sich hat (S. 52–53). Und sie spricht das Totenhaupt an:

> Warum hast du mich nicht angesehen, Jochanaan! […] Wohl, du hast deinen Gott angesehen, Jochanaan, aber mich, mich, mich hast du nie gesehen! Hättest du mich gesehen, so hättest du mich geliebt! Ich sah dich, und ich liebte dich! (S. 53).

Schließlich spielt das prophetische Element eine wichtige Rolle. Zeichen wie der Mond und Worte des Jochanaan kündigen an, was geschieht. Jochanaan hört etwa die Flügel des Todesengels im Palast rauschen (S. 18; 22), welches auch Herodes später vernimmt (S. 27; 39). Dass Jochanaan stets Zutreffendes spricht, heißt auch, dass seine Worte über das Kommen des Messias wahr sind. In dieser Botschaft scheint etwas auf, was die dekadente Welt dieses Hofes überdauern wird.

Prophetie

■ **Heilungswunder Jesu.** Jesu Heilungen Kranker, Körperbehinderter und psychisch Kranker („Besessener") machen den größten Teil der Wunder aus, die die Zeit von Jesu öffentlichem Wirken begleiten. Diese Taten sollen den Anbruch des Gottesreiches im Kommen Jesu anzeigen, indem Jesus zeichenhaft Sünden vergibt und die Lebensminderungen Einzelner beseitigt (vgl. *Mk* 2,1–12). In den Heilungen wird die göttliche Vollmacht Jesu offenbar, zumal da das Heilen ein schöpferischer Akt, eine Neuschöpfung ist. Auch seine Jünger predigten nicht nur, sondern „trieben viele böse Geister aus und salbten viele Kranke mit Öl und machten sie gesund." (*Mk* 6,13)[79]. In der Aussendungsrede im *Matthäusevangelium* (10,5–26) beauftragt Jesus seine Jünger ausdrücklich: „Macht Kranke gesund, weckt Tote auf, macht Aussätzige rein, treibt böse Geister aus." (*Mt* 10,8). Dementsprechend erzählt die *Apostelgeschichte* davon, dass vor allem die Apostel Petrus und Paulus Heilungswunder vollzogen[80] wie Je-

Heilungen durch Jesus

durch Apostel

---

[79] Allerdings gelingt es den Jüngern laut *Mk* 9,18 nicht, einen „sprachlosen Geist" auszutreiben.

[80] Petrus heilt Gelähmte (*Apg* 3,1–10; 9,32–35) und erweckt eine Tote zu Leben (*Apg* 9,36–43); Paulus heilt ebenfalls einen Lahmen (*Apg*

sus selbst und in Jesu Namen[81]. Doch auch der Diakon Stephanus tut „Wunder und große Zeichen" (*Apg* 6,8), ebenso der Apostel Philippus (*Apg* 8,6–8). Im *1. Korintherbrief* nennt Paulus unter den besonderen Gaben unter den Gliedern einer christlichen Gemeinde auch „die Gabe, gesund zu machen" (*1Kor* 12,9.30), die aber nicht alle aufweisen. Es kann also in manchen vereinzelten Fällen zu einem Leben in der Nachfolge Jesu gehören, andere Menschen zu heilen, was als wunderhaftes Geschehen verstanden werden kann.

durch Heilige

Ansätze eines Glaubens an die wundertätige Kraft der Berührung einer von Gott erwählten Person, einem „Heiligen", finden sich in zwei notizartigen biblischen Texten: die Berührung mit dem Leichnam des Propheten Elisa lässt einen Verstorbenen auferstehen (*2Kön* 13,21), und von Paulus heißt es in *Apg* 19,11–12:

> Und Gott wirkte nicht geringe Taten durch die Hände des Paulus. So hielten sie auch die Schweißtücher und andere Tücher, die er auf seiner Haut getragen hatte, über die Kranken, und die Krankheiten wichen von ihnen und die bösen Geister fuhren aus.

Nicht nur die Wunderheilungen Jesu, sondern vor allem wunderhafte Heilungen durch Christen waren ein Thema, das bereits von den Kirchenvätern behandelt wurde[82]. Heilkraft schrieb man in legendarischen Überlieferungen manchen christlichen Heiligen zu, Männern und Frauen, deren Lebenswandel sich durch besondere Frömmigkeit und vorbildliche Glaubensstärke, die selbst das Martyrium einschließen konnte, auszeichnete. Heilungen führte man auf die Fürbitte eines Heiligen zurück; im Laufe der Zeit bildete sich hier im Volksglauben ein System von Zuständigkeiten heraus – für jedes Gebrechen vom Augenleiden (Hl. Lucia) bis zum Zahnschmerz (Hl. Blasius) gibt es eine heilige Person, die man um Unterstützung bitten kann. Solche Volksheiligen erfuhren durchaus offizielle kirchliche Anerkennung durch Kanonisation, ein in der römisch-katholischen

---

14,8–10) erweckt einen toten jungen Mann zum Leben (*Apg* 20,7–12) und treibt einen Wahrsagegeist aus (*Apg* 16,18); vgl. ferner die zusammenfassende Notiz *Apg* 5,16; auch das summarische Erwähnen von „Zeichen und Wundern" (*Apg* 2,43; 5,12) dürfte Heilungen einschließen.

[81] *Apg* 3,6; 9,34; 16,18.
[82] Vgl. z.B. Aurelius Augustinus, *Der Gottesstaat*, XXII 8, wo der Kirchenvater eine ganze Reihe von Heilungswundern in seiner Diözese schildert.

1. Die Evangelien – Leben, Leiden, Tod und Auferstehung

Kirche streng geregeltes Verfahren, das auch die Wundertätigkeit der betreffenden Person beleuchtet.

Die in der Bibel erzählten Heilungswunder[83], insbesondere die von Jesus bewirkten – und dann auch die in der Nachfolge Jesu von Heiligen gewirkten, fordern vom Leser eine Entscheidung darüber, ob man bereit ist, dem unerklärlichen Wirken Gottes in der Welt Raum zu geben oder nicht. Neuzeitliche Skepsis gegenüber biblischen Wundererzählungen – angefangen mit rationalistischen Erklärungsversuchen der Wundertaten Jesu im 19. Jahrhundert – führt immer wieder zu Grundsatzdiskussionen.

Diskussion um Wunder

- **Franz Werfel – *Das Lied von Bernadette*.** In seinem 1941 veröffentlichten Roman[84] erzählt Werfel die Lebensgeschichte der Bernadette Soubirous, die in dem seinerzeit unbedeutenden Ort Lourdes am Rande der Pyrenäen in ärmlichen Verhältnissen aufwuchs, ein durch asthmatische Anfälle kränkliches Kind und schwache Schülerin. Am 11. Februar 1858 geht sie, nunmehr vierzehn Jahre alt, mit ihrer jüngeren Schwester Marie und der Schulkameradin Jeanne zum Reisigsammeln in ein unwegsames Gelände am Flüsschen Gave. Dort in der Grotte Massabielle schaut sie eine Dame in einem Strahlenkranz, eine Marienerscheinung (7). Zwei Wochen später weist sie Bernadette auf eine Quelle hin, die in der Grotte entspringt (19). Deren Wasser wird sich als heilkräftig erweisen. Insgesamt knapp zwanzig Mal erscheint Maria Bernadette, zuletzt am 16. Juli 1858 (30). Da Bernadette im engsten Familienkreise von ihrer Vision erzählt und ihre Trancezustände während der Erscheinungen nicht geheim bleiben, spricht sich herum, dass bei der Grotte Außergewöhnliches geschieht. Immer mehr Einwohner von Lourdes begleiten Bernadette nach Massabielle, singen dort Marienlieder und beten den Rosenkranz. Es entspricht der Bedeutung des Rosenkranzes für die Marienverehrung und damit auch für das Romangeschehen, dass Werfel *Das Lied von Bernadette* in fünf Reihen zu je zehn Abschnitten gliedert analog zur Anzahl der fünfmal zehn Perlen bzw. Gebetseinheiten des Rosenkranzes.

Marienvision und Entdeckung der Quelle

---

[83] Vgl. im AT die Heilungswunder Elias (Totenerweckung, *1Kön* 17,17–22) und Elisas (Totenerweckung *2Kön* 4,18–37; Aussätzigenheilung *2Kön* 5).
[84] Franz Werfel, *Das Lied von Bernadette*. Fischer TB 9462, Frankfurt a.M. ^{12}2008.

Der Roman schildert zum einen Bernadettes Perspektive, ihr Ergriffen-Sein von der Vision und ihre liebende Marienverehrung. Unbeirrt von allen Zweifeln ihrer Umgebung steht sie zu der Dame, deren Anweisungen sie getreu befolgt; Bernadettes kindlich-naives Reden und Denken wirken entwaffnend auf ihre Gesprächspartner. Unerschütterlich bis zu ihrem frühen Tod hält Bernadette an der Liebe zu Maria fest.

Heilwirkung der Quelle Zum anderen stellt Werfel die unterschiedliche Wahrnehmung der Zeitgenossen dar, die Bernadette als Schwindlerin, Irrsinnige oder Auserwählte Gottes betrachten. Mit der Einschätzung der Visionärin hängt die Beurteilung der bislang unbekannten Quelle eng zusammen. Deren Heilkraft erprobt zuerst der auf einem Auge fast erblindete Handwerker Bouriette, der mit Quellwasser getränkten Schlamm auf das kranke Auge legt und eine deutliche Verbesserung seines Sehvermögens feststellt, was den Ärzten Rätsel aufgibt (20)[85]. Das erste spektakuläre Heilungswunder ereignet sich, als der zweijährige Nachbarsjunge Bouhouhorts an seinen Lähmungen und Krämpfen zu sterben droht (24). Seine verzweifelte Mutter eilt mit ihm zur Quelle und taucht ihn in das eiskalte Wasser – das Kind wird sofort gesund: „Die erste Heilung, das erste Wunder ist geschehen. In Lourdes." (S. 273). Die Ärzte stehen vor einem medizinischen Mysterium (S. 274–275); der Erzähler kommentiert: „Die Zeiten des Evangeliums scheinen erneuert zu sein." (S. 278). Hinter verschlossenen Türen trinkt der Bürgermeister das Wasser gegen seine Kopfschmerzen, erfreut über die heilende Wirkung, da er die Quelle kommerziell zu nutzen gedenkt (34). Schließlich heilt das Quellwasser sogar den kleinen Thronfolger über Nacht vom Scharlachfieber, nachdem Kaiserin Eugénie eine Hofdame in Lourdes eine Flasche davon schöpfen ließ (35).

Die Reaktion der staatlichen Obrigkeit Die staatlichen Behörden, besorgt um das Aufrechterhalten der öffentlichen Sicherheit und Ordnung, treten schon sehr bald auf den Plan, als sich immer größere Menschenmengen an der Grotte versammeln, um Bernadette zu sehen. Vertreter der staatlichen Obrigkeit bemühen sich, diese Bewegung zu unterbinden, auch aus weltanschaulichen Gründen („Lourdes wird in Verruf geraten im ganzen aufgeklärten Frankreich.", S. 133). Die Hono-

---

[85] „Während er sich zurückzieht, murmelt der Invalide hartnäckig: ‚Und es ist doch ein Wunder.' Doktor Dozous aber weiß nicht, ob der Fall in die Augenheilkunde gehört oder in die Psychiatrie." (S. 232).

1. Die Evangelien – Leben, Leiden, Tod und Auferstehung

ratioren in Lourdes diskutieren bei ihren regelmäßigen Treffen im *Café Progrès* die Vorgänge bei der Grotte von Massabielle. Den Kreis dieser mehr oder minder Skeptischen schildert Werfel nicht ohne Ironie. Anfangs sprechen sie einmütig von „Pfaffenmärchen", von einer Inszenierung, hinter der einige gar politische Motive vermuten (13). Der städtische Arzt beobachtet Bernadette sorgfältig und beurteilt sie als eine Ausnahmeerscheinung[86].

Die Vertreter der Kirche halten sich demgegenüber offiziell lange zurück. Dechant Peyramale betreibt eine Überprüfungsstrategie, indem er Bernadette einzuschüchtern versucht, aber auch von der Dame ein Wunderzeichen verlangt, nämlich dass der Rosenstrauch am Eingang der Grotte am Ende des Winters Blüten treibe (18). Dies geschieht nicht, vielmehr offenbart die Dame Bernadette die Quelle (19), was man allerdings nicht einhellig als Wunder auffasst[87]. Bernadette erweist sich als beharrlich und glaubwürdig. Der Klerus wird aktiver, als sich Wunderheilungen ereignen. Der Dechant erklärt nun seinem Bischof (29), er sehe in Bernadette „wirklich eine Begnadete und eine Wundertäterin" (S. 323). Doch auch abgesehen von deren Person vollzögen sich „unzweifelhaft Wunder" in Lourdes. Der Bischof entgegnet ihm:

Die kirchliche Untersuchung

„Sie wissen genau, daß es weder Ihnen noch mir zusteht, diesen äußerst gefährlichen Begriff zu verwenden. Einzig und allein die Kongregation der Riten zu Rom kann darüber befinden, ob etwas ein echtes Wunder ist oder eine Täuschung…" (S. 325).

Die Unterlagen für eine bischöfliche Untersuchungskommission hat er schon vorbereitet, so dass diese jederzeit ihre Arbeit aufnehmen kann (33).

---

[86] Als er einer Ekstase Bernadettes beigewohnt hat, erklärt er: „Ich halte das Mädel für nicht verrückter als Sie und mich, Monsieur.", und „Erscheinungen können im subjektiven Sinn sehr wohl echt sein, ohne objektiv zu bestehn…" (S. 148).

[87] „Die Entstehung der Quelle von Massabielle ist nicht nur Bernadettes Triumph, sie ist der Sieg des ganzen Volkes von Bigorre gegen die kaiserlichen Behörden und gegen die Kirche. […] Obwohl das bloße Auftauchen einer bis dahin verborgenen Quelle von der theologischen Obrigkeit niemals als ein Wunder anerkannt werden kann, so spricht doch alle Welt von einem Wunder." (S. 241). Die allgemeine Interpretation im Volk lautet, „daß man die Quelle für nichts andres nimmt als für die schlagfertige Antwort der Dame auf die Forderung des Dechanten nach einem Rosenwunder." (S. 250).

Die Kirche nimmt Bernadette in ihre Obhut, und zwar von dem Augenblick an, wo Bernadette nach ihrer letzten Vision der Dame einen schweren Asthmaanfall erleidet (31). Der Pfarrer sorgt dafür, dass sie sich im Hospital erholt, und tritt persönlich dem staatlich beauftragten Psychiater entgegen, als jener Bernadette in eine Heilanstalt entführen will. Auch ihre Familie wird versorgt, indem man Vater Soubirous eine Mühle überlässt. Der Bischof macht Bernadette klar, dass sie als potentielle Heilige der Welt entsagen und ins Kloster gehen müsse (33). Als sie eingewilligt hat und die Kommission ihre Arbeit aufnimmt (36), erläutert der Bischof die Kriterien für ein Wunder, nämlich

> daß sich eine echte Wunderheilung nicht allein durch ihre medizinische Unerklärbarkeit auszeichne. Um sie ganz und gar unumstößlich zu machen, müsse noch ein eigenes Element hinzutreten, die atemberaubende Blitzhaftigkeit nämlich, das „Steh auf und wandle" der Evangelien. (S. 401).

Bernadettes früher Tod

Die Reihen IV und V des Romans konzentrieren sich auf Bernadettes Leben im Kloster, ihr segensreiches Wirken im Lazarett während des Deutsch-Französischen Krieges und das Leiden an Knochentuberkulose, das nach Jahren des Dahinsiechens 1879 zu ihrem frühen Tod führt. In den Schlusskapiteln lässt Werfel zudem die beiden schärfsten Skeptiker einsichtig werden: Im Kloster begegnet Bernadette ihre einstige Lehrerin Schwester Vauzous als Novizenmeisterin wieder, die immer noch an ihrer Erwählung zweifelt, bis sie in deren tödlicher Krankheit „die Gnade der Passion, die Gnade der Nachahmung Christi" (S. 483) erkennt und damit deren Erwählung anerkennt. Der Dichter Hyacinthe de Lafite tat sich in den Diskussionen im Café durch kritisch-ironischen Zweifel hervor[88]. Er zieht nach Paris, bevor die kirchliche Kommission tätig wird. Jahre später kehrt er nach Lourdes zurück, von Kehlkopfkrebs befallen, und nimmt wahr,

Lourdes als Wallfahrtsort

dass sich die Stadt zu einem Wallfahrtsort entwickelt hat. Nur mit Mühe erträgt er das Elend der Kranken, die ihm seine alten Freunde, der Bürgermeister und der Arzt Dozous, im Krankenhaus präsentieren (46). Aus Lafites Perspektive wird die tägliche Prozession des Bischofs von der Basilika zur Quelle und die Zeremonie dort beschrieben, während derer eine Gelähmte geheilt wird (47). Abends begibt sich Lafite allein zur Grotte. Während die dort versammelten Menschen den Rosenkranz beten, zieht er

---

[88] „Lafite dünkt sich, mit einem Wort, selbst wie Gott, an den er nicht zu glauben meint." (S. 317).

1. Die Evangelien – Leben, Leiden, Tod und Auferstehung

in Gedanken eine Bilanz seines Lebens und erkennt seinen Hochmut[89], aber auch, dass unbewusst der Glaube in seinem Innern verschleiert war, in den er nun zurückkehrt und Frieden findet[90].

Das letzte Kapitel (50) beschreibt die Heiligsprechung Bernadettes durch Papst Pius XI. am 8. Dezember 1933 in Rom aus der Perspektive des „Kindes" Bouhouhort, das inzwischen siebenundsiebzigjährig der Zeremonie beiwohnt als „der Erstgeborene des Wunders" (S. 532). Doch das Wunder betrifft auch Bernadette selbst noch im Tod: Ihr Leichnam erwies sich bei der Exhumierung 1925 als unverwest (S. 536).

Heiligsprechung

Werfels Roman lässt das Wunderverständnis gläubiger Christen den Sieg über Rationalisten und Skeptiker davon tragen. Repräsentativ dafür mag die Äußerung des Bischofs stehen:

Wunder und Glaube

„Wer Wunder leugnet, ist kein rechter Katholik", brummt der Bischof. „Wer dem Herrgott die Macht abspricht, mit dem Weltall nach eigenem Ermessen umzugehen, der ist kein Gläubiger. Und doch, Wunder dieser Art sind anstoßerregend. [...] " (S. 364).

Werfel, selbst Jude, merkte darüber hinaus an:

„Obwohl die Geschichte unterm katholischen Volke spielt, bleibt sie nicht gebunden an den Katholizismus, sondern geht gleichermaßen alle an, Protestanten und Juden, alle Menschen, deren Herz offen ist für den Anhauch der göttlichen Kräfte in der Wirklichkeit des Lebens." (S. 548).

- **Jesu Gleichnis *Vom verlorenen Sohn*.** Unter den Gleichnissen Jesu bildet das in *Lk* 15,11–32 überlieferte vom Verlorenen Sohn (vgl. oben) eines der bekanntesten, es dürfte auch die am häufigsten literarisch aufgegriffene neutestamentliche Gleichniserzählung sein.

---

[89] „Wenn ich Gott nicht anerkannte, so geschah es nur deshalb, weil ich es nicht ertragen hätte, daß Ich nicht Er bin. Deshalb war die Analyse mein Weltenthron, von dem aus ich regiere. Jetzt aber ist mir so, als stünde ich heute und hier hinter meinem eigenen Rücken und sähe mich das erste Mal plastisch wie einen Fremden. Meine Sünde [...] ist die Sünde Lucifers, wenn ich auch nur ein dreckiges Nichts bin mit dem Krebs im Leibe. In den schweren Nächten meines letzten Jahrs aber hab ich auch erkannt, daß unsre Sünde weniger Gott schädigt als uns selbst. Es ist klar, mein Hochmut hat mich zerstört..." (S. 517).

[90] „In einem ihm unbekannten Frieden verweilt Lafite so, bis es Nacht ist und die meisten sich erheben und gehen und nur die Kerzenflammen mehr leben. Ehe er aber selbst aufsteht, kommt ihm, ohne daß er weiß, warum, die Anrufung auf die Lippen: ‚Bernadette Soubirou, bitte für mich!'." (S. 520).

- **Friedrich Schiller – *Die Räuber*.** Schillers (1759–1805) dramatischem Erstlingswerk (1781, Uraufführung 1782) liegt die gleiche Grundkonstellation der Hauptfiguren zugrunde wie im Gleichnis. „Ein Mensch hatte zwei Söhne." (*Lk* 15,11). Die Beziehungen zwischen den drei Männern variiert Schiller gegenüber dem biblischen Gleichnis jedoch. Bezugnahmen auf den lukanischen Text, gelegentlich auch in Zitaten von Kernsätzen, begleiten das Publikum durch das Schauspiel. Namentlich zwei Motive verdienen dabei besondere Beachtung: das Stichwort „verlieren" / „verloren sein" sowie das semantische Feld des Verzeihens, Vergebens, Erbarmens.

Zwei gegensätzliche Brüder

Maximilian Graf von Moor hat zwei Söhne. Karl, der ältere, lebt als Student in Leipzig. Er ist als Erstgeborener allein erbberechtigt, und wegen seines angenehmen Äußeren und charakterlichen Wesens zieht ihn der Vater dem daheim lebenden zweiten Sohn Franz vor, der, nicht nur äußerlich unansehnlich, sich als Schurke erweist, dessen einziges Bestreben ist:

> Ich will alles um mich her ausrotten, was mich einschränkt, dass ich nicht H e r r bin. H e r r muss ich sein, dass ich das mit Gewalt ertrotze, wozu mir die Liebenswürdigkeit gebricht. (I 1, S. 21,19–22)[91].

Karl, der fern von Zuhause mit seinen Kumpanen leichtfertig gelebt und mancherlei angestellt hat, will diesen Lebenswandel aufgeben und nach Hause zurückkehren, wo seine geliebte Amalia ihn erwartet. Im Gespräch mit dem Spießgesellen Spiegelberg distanziert er sich von den „Narrenstreichen" (I 2, S. 24,10–11). Jener kommentiert dies, „Pfui, du wirst doch nicht gar den verlorenen Sohn spielen wollen!" (I 2, S. 24,12–13), also reumütig heimkehren. Karl schrieb dem Vater bereits einen Brief, in dem er ihm offen seine Missetaten bekannte und ihn um die als sicher erachtete Verzeihung bat (I 2, S. 27,33–28,4). Doch sein Bruder

Der daheim gebliebene Franz Moor intrigiert erfolgreich gegen den aushäusigen Karl

Franz fängt dies Schreiben ab. Mit gespielter Trauer um den „verlornen Bruder" (I 1, S. 11,24) liest er dem Vater einen fingierten Brief vor, welcher das schändliche Treiben Karls beschreibt, der immense Schulden gemacht, ein junges Mädchen entehrt, einen jungen Mann im Duell getötet und nun als steckbrieflich Gesuchter auf der Flucht sein soll. Der alte Moor ist so schmerzlich getroffen, dass er es Franz überlässt, eine Antwort zu verfassen,

---

[91] Friedrich Schiller, *Die Räuber*, Anmerkungen von C. Grawe, reclams UB 15, Stuttgart 2001.

1. Die Evangelien – Leben, Leiden, Tod und Auferstehung

zwar mit der Maßgabe, „bring meinen Sohn nicht zur Verzweiflung." (I 1, S. 18,17.22), doch schreibt Franz in geheuchelt bemitleidendem Ton, dass der Vater Karl nie wieder in seinem Hause sehen wolle. Da Karl – berechtigterweise – fest mit der Vergebungsbereitschaft seines Vaters rechnete, trifft ihn diese Botschaft schwer:

Ist das Vatertreue? Ist das Liebe für Liebe? […] Reue, und keine Gnade! […] So eine rührende Bitte, so eine lebendige Schilderung des Elends und der zerfließenden Reue – die wilde Bestie wär in Mitleid zerschmolzen! […] Ich hab ihn so unaussprechlich geliebt! so liebte kein Sohn, ich hätte tausend Leben für ihn –   (I 2, S. 35, 10–32).

Ich habe keinen Vater mehr, ich habe keine Liebe mehr, und Blut und Tod soll mich vergessen lehren, dass mir jemals etwas teuer war! (S. 36, 26–28).

Zutiefst enttäuscht schlägt er nun eine wirklich kriminelle Karriere ein, indem er sich mit den Kameraden zu einer Räuberbande zusammenschließt, zu deren Hauptmann sie ihn bestimmen. Während die meisten der Räuber Missetaten verüben, um sich zu bereichern und sich bei ihrem zügellosen Leben zu vergnügen, handelt Karl Moor aus idealistischem Antrieb, um die Gesellschaftsordnung zu verändern, etwa indem er Gut reicher Leute den Armen gibt[92].

Franz Moor will nun den Vater aus dem Weg räumen. Dazu bedient er sich eines gedungenen Boten, der dem alten Moor berichtet, dass Karl als Bettler gelebt habe, zu den Soldaten gegangen und im Siebenjährigen Krieg vor Prag gefallen sei. Er behauptet auch, dass der Sterbende seine Verlobte Amalia Franz anvertraut habe – denn Franz will auch die junge Frau an sich bringen. Graf Moor verflucht sich nun selbst: „Ich bin der Vater, der seinen Sohn erschlug." (II 2, S. 55, 9–10). Karl ist nun „verloren auf ewig!" (S. 55,17). Der Graf erkennt, dass Franz der Drahtzieher ist; „Du hast mir meinen Sohn aus den Armen gestohlen." (S. 55, 27–28). Deshalb verflucht er ihn. Verzweifelt lässt er sich von Amalia aus

Franz Moor sucht den Vater zu beseitigen

---

[92] In der Schlussszene erkennt er seinen Irrtum: „O über mich Narren, der ich wähnete die Welt durch Greuel zu verschönern, und die Gesetze durch Gesetzlosigkeit aufrecht zu halten. Ich nannte es Rache und Recht […] – da steh ich am Rand eines entsetzlichen Lebens und erfahre nun mit Zähnklappern und Heulen [vgl. *Mt* 8,12], dass zwei Menschen wie ich den ganzen Bau der sittlichen Welt zugrund richten würden. Gnade – Gnade dem Knaben, der Dir vorgreifen wollte – Dein eigen allein ist die Rache [*Dtn* 32,35]."; V 2, S. 148,8–19.

Jakob *Genesis* 37 die Stelle vorlesen, wo Jakob um den (ebenfalls nur
Joseph vermeintlich toten) Lieblingssohn Joseph trauert. Von Aufregung aufgewühlt erleidet der alte Moor einen Schwächeanfall, so dass er für tot gehalten wird. Franz triumphiert; doch versucht er vergebens, sich Amalia gefügig zu machen. Diese erfährt, dass Karl noch lebt (III 1).

Karl hat indessen mit seiner Räuberbande[93] verschiedene Abenteuer bestanden (II 3; III 2), doch sagt er von sich: „ich bin so elend, dass ich auch die Herrschaft über mein Leben verloren habe." (II 3, S. 80,16–17). Wehmütig erinnert er sich an seine glücklichen Kindertage (III 2), betrachtet die Schönheit der Natur – nur er allein fühlt sich ausgeschlossen aus der harmonischen Ordnung der Welt. Statt ein friedliches Familienleben zu genießen, ist er an die Gemeinschaft mit Verbrechern gefesselt – wie Klopstocks reumütiger Teufel Abbadona (III 2, S. 87,5–19). „[...] ich wollte nicht mehr o Himmel – dass ich werden dürfte wie dieser Tagelöhner einer!" (S. 87,24–25; vgl. Lk 15,19). Als der Edelmann Kosinsky sich um Aufnahme in die Räuberbande bewirbt und ihm seine Geschichte erzählt – ein Fürst hat ihm kurz vor der Hochzeit auf verbrecherische Weise die Braut genommen und zu seiner Mätresse gemacht –, weckt der Name jener Braut, die gleichfalls Amalia heißt, den Wunsch in Karl, seine Amalia wiederzusehen (III 2).

Karls Rückkehr   Als Graf von Brand besucht Karl das väterliche Schloss, bei dessen Anblick er ausruft „Vater! Vater! dein Sohn naht" (IV 1, S. 96,12.15) – hier hält kein Vater Ausschau nach dem heimkehrenden Verlorenen. Karl besichtigt mit Amalia die Ahnengalerie (IV 2) und spricht vor dem Porträt des Vaters „Vater, Vater! vergib mir!" (S. 97,11). Er fühlt sich schuldig an dessen Tod („Ich, ich hab ihn getötet!"; S. 98,7–8). Weil Franz vermutet, dass der fremde Besucher sein Bruder sei, setzt er den alten treuen Diener Daniel unter Druck, dass er Karl vergifte (IV 2). Daniel erkennt Karl an einer Narbe und klärt ihn über Franz' Machenschaften auf, so dass Karl klar wird, dass der Vater ihm vergeben hätte („Es hätte mich einen Fußfall gekostet, es hätte mich eine Träne gekostet", IV 3, S. 108,14–15). Karl übernachtet mit den Räubern im Wald. Schlaflos denkt er an Selbstmord („Ich habe mich selbst verloren", S. 116,31); nun entdeckt er das Ausmaß von Franz' Ruchlosigkeit, als jemand durch den Wald schleicht,

---

[93] Der Pfarrer, der als Unterhändler mit den Räubern verhandelt, bezeichnet diese als „verlorne Schafe" (II 3, S. 78,31).

der den alten Grafen Moor notdürftig heimlich mit Wasser und Brot versorgt. Denn Graf Moor ist nicht tot, sondern schmachtet in einem verfallenen Turm im Wald, wo er nach Franz' Willen verhungern sollte. Karl schickt Räuber ins Schloss, die Franz lebendig zu ihm bringen sollen, damit er ihn zur Rechenschaft ziehe (IV 5).

Als der Diener Daniel nachts heimlich aus dem Hause fliehen will, trifft er auf den umherirrenden Franz, der vom Jüngsten Gericht geträumt hat (V 1). Sein Ende fürchtend lässt er den Pastor Moser kommen; doch bis zuletzt bleibt Franz ein hartnäckiger Gottesleugner, dessen Gebete „zu Sünden werden" (S. 138, 18–19), bis er sogar erklärt: „Ich kann nicht beten […] Nein ich will auch nicht beten – diesen Sieg soll der Himmel nicht haben, diesen Spott mir nicht antun die Hölle" (S. 138,22–25). Als die Räuber in das in Brand gesetzte Schloss eindringen, erdrosselt sich Franz. Franz Moors Ende

Im Dialog zwischen dem alten Moor und Karl, um dessen Identität der Vater noch nicht weiß (V 2), verdichten sich die Bezüge zum lukanischen Gleichnis nochmals. Dabei spricht der Vater Worte, die bei Lukas der verlorene Sohn äußert: Wiedersehen Karls mit dem Vater

> DER ALTE MOOR. Ja ich hab einen Sohn gequält, und ein Sohn musste mich wieder quälen, das ist Gottes Finger – o mein Karl! mein Karl! wenn du um mich schwebst im Gewand des Friedens. Vergib mir. Oh vergib mir!
> RÄUBER MOOR (*schnell*). Er vergibt Euch. (*Betroffen.*) Wenn er's wert ist, Euer Sohn zu heißen – Er muss Euch vergeben.
> DER ALTE MOOR. Ha! Er war zu herrlich für mich – Aber ich will ihm entgegen mit meinen Tränen, meinen schlaflosen Nächten, meinen quälenden Träumen, seine Knie will ich umfassen – rufen – laut rufen: Ich hab gesündigt im Himmel und vor dir. Ich bin nicht wert, dass du mich Vater nennst. (V 2, S. 140,13–25, vgl. *Lk* 15,18).

Graf Moor erkennt, dass er beide Kinder verlor, weil er sich „durch die Ränke eines bösen Sohnes betören" (V 2, S. 140,29) ließ. Karl Moor ringt mit sich, ob er sich dem Vater zu erkennen geben soll. Doch Amalia, die in den Wald kommt, enthüllt seine Identität. Karls Erklärung, „Diese deine Retter sind Räuber und Mörder! Dein Karl ist ihr Hauptmann!" (S. 144,9–10), schockiert den alten Mann so, dass er stirbt. Weil ihn ein Eid lebenslang an die Räuberbande bindet, kann Karl Moor nicht bei Amalia bleiben. Er tötet sie auf ihr Verlangen hin und beschließt, sich der Justiz zu stellen. Für sich stellt er fest: Verloren-Sein und Vergebung

Es ist aus! – Ich wollte umkehren und zu meinem Vater gehen, aber der Himmel sprach, es soll nicht sein. (*Kalt.*) Blöder Tor ich, warum wollt ich es auch? Kann denn ein großer Sünder noch umkehren? Ein großer Sünder kann nimmermehr umkehren, das hätt ich längst wissen können (V 2, S. 146,5–10).

Anfangs erwartete Karl, wie der verlorene Sohn gnädig vom Vater wieder aufgenommen zu werden. Erst als dies sich nicht erfüllt, wird er tatsächlich zu einem Verlorenen, der – wenn auch nicht völlig gewissenlos – schwere Verbrechen[94] begeht und sich deshalb schließlich für „ewig verloren" (S. 141,20) erklärt. Der daheim gebliebene Sohn und Bruder Franz unterbindet durch seine skrupellose Intrige eine persönliche Begegnung zwischen dem „verlorenen Sohn" Karl und dem liebenden Vater. Triebfeder seines Handelns sind Selbstsucht, Neid und Eifersucht in einem gegenüber dem älteren Sohn im Lukas-Text erheblich gesteigerten Maße. Dieser Sohn ist durch seine Bosheit von Anfang an verloren. Durch Franz' Ränke verläuft diese Familiengeschichte nicht analog zum biblischen Gleichnis, wo der ausgezogene Sohn und Sünder Vergebung und herzliche Aufnahme erfährt – und damit neues Leben. Doch wie im Gleichnis liebt der Vater durchgehend beide Söhne – selbst den Frevler Franz soll Karl nicht verfluchen (IV 5, S. 122,25), denn „Verzeihung sei seine Strafe – meine Rache verdoppelte Liebe." (V 2, S. 139,28–29), nimmt er sich vor. Doch dazu kommt es nicht mehr.

Während der Vater in Jesu Gleichnis sagen kann, „dieser mein Sohn war tot und ist wieder lebendig geworden; er war verloren und ist gefunden worden" (*Lk* 15,24), und auch für den schmollenden älteren Sohn die Möglichkeit offen steht, die Freude des Vaters zu teilen, findet Graf Moor seinen totgeglaubten edelmütigen Sohn Karl zwar lebend wieder, doch sterben beide unmittelbar nach dem Wiedersehen als tragische Opfer des Bösewichts Franz Moor, der sich zuvor selbst gerichtet hat. Die Bezüge zum Gleichnis sorgen einerseits für tragische Ironie, andererseits zeugt die Pervertierung des biblischen Handlungsmusters durch einen boshaften Charakter von einer pessimistischeren Weltsicht, in der das Gute nicht zwingend die Oberhand gewinnt.

---

[94] So lässt er eine ganze Stadt in Brand stecken, um das Chaos dazu zu nutzen, einen der Räuber unter dem Galgen weg zu befreien (II 3).

1. Die Evangelien – Leben, Leiden, Tod und Auferstehung

■ **Jesus und die Ehebrecherin.** Alle Evangelien präsentieren Auseinandersetzungen Jesu mit jüdischen Zeitgenossen, den Pharisäern und Schriftgelehrten, die Jesus den Umgang mit den aus kultischen Gründen aus der jüdischen Gemeinschaft Ausgestoßenen verübeln, die in den Evangelien unter dem Sammelbegriff „Zöllner und Sünder" oder auch „Zöllner und Huren" (*Mt* 21,32) erscheinen. Während die Zöllner aufgrund ihrer Kontakte mit den heidnischen Römern ausgegrenzt sind, gelten Aussätzige, Blinde und Gelähmte als Sünder, weil ihre Krankheit als Strafe für ein Vergehen betrachtet wird. Einen Gebotsübertritt lasteten die Pharisäer auch der Prostituierten als Ehebrecherin an. Die Pharisäer verübeln Jesus, dass er Tischgemeinschaft mit Sündern hält (*Mt* 9,9–13[95]), und betrachten es als Anmaßung, wenn er – kraft seiner göttlichen Vollmacht – Sünden vergibt (*Mt* 9,2–6).

Diskussion um den Umgang mit Ausgestoßenen

Im *Johannesevangelium* (8,3–11) konfrontieren die Pharisäer Jesus mit einer Ehebrecherin, die *in flagranti* ertappt wurde. Nach dem mosaischen Gesetz müsste sie gesteinigt werden. Die Pharisäer fragen Jesus: „Was sagst du?" (8,5). „Das sagten sie aber, ihn zu versuchen, damit sie ihn verklagen könnten." (8,6). Doch Jesus antwortet ihnen nicht. Er schreibt gebückt mit dem Finger im Sand und erst, als sie ihm weiter zusetzen, sagt er: „Wer unter euch ohne Sünde ist, der werfe den ersten Stein auf sie." (8,7). Während Jesus weiter in den Sand schreibt, gehen die Pharisäer einer nach dem anderen weg. Allein mit der Frau wendet Jesus sich dieser zu. Keiner der Pharisäer hat die Frau verdammt; auch Jesus tut dies nicht und entlässt sie mit den Worten: „geh hin und sündige hinfort nicht mehr." (8,11). Damit hat Jesus den Pharisäern gegenüber einmal mehr den strikten Gesetzesgehorsam in Frage gestellt.

Jesus und die Ehebrecherin

■ **Nathaniel Hawthorne** – *Der scharlachrote Buchstabe*. Hawthornes (1804–1864) Roman erschien 1850 und spielt zweihundert Jahre zuvor, also in den vierziger Jahren des 17. Jahrhunderts in Boston, als die neuenglischen Siedlungsgebiete ganz von puritanischer Gesinnung und Sittenstrenge geprägt waren. Diese gesetzlich orientierte, „pharisäische" Haltung kritisiert

---

[95] *Mt* 11,19 nennen sie Jesus abfällig „Freund der Zöllner und Sünder". Vgl. *Lk* 15,2: „Die Pharisäer und Schriftgelehrten murrten und sprachen: Dieser nimmt die Sünder an und isst mit ihnen." Vgl. ferner *Mt* 26,6, wo Jesus im Haus Simons des Aussätzigen einkehrt; *Lk* 19,5 will er beim Zöllner Zachäus zu Gast sein.

Hawthorne. Die Protagonistin Hester[96] Prynne tritt aus dem Gefängnis, wo sie drei Monate zuvor eine Tochter gebar, die Frucht einer außerehelichen Beziehung (II). Denn Hester heiratete in England einen wesentlich älteren, missgebildeten Arzt und Alchimisten, der sie in die Neue Welt vorausreisen ließ, wo sie mittlerweile seit zwei Jahren lebt, ohne dass ihr Gatte eingetroffen wäre – so ist ihr Ehebruch offensichtlich. Das Gericht in Boston verurteilte sie jedoch nicht zum Tode, der vorgesehenen Höchststrafe; vielmehr muss sie drei Stunden am Pranger stehen und in Zukunft den roten Buchstaben „A" für „adulteress" (Ehebrecherin) über der Brust auf das Kleid geheftet tragen. Die Szene zu Beginn des Romans, als Hester am Pranger steht, führt zugleich die beiden männlichen Hauptpersonen ein: Unter den Schaulustigen befindet sich Hesters Ehemann, der nach abenteuerlicher Überfahrt von Indianern gefangen und nun gegen Lösegeld freigelassen wurde; er nimmt Hester wenig später unter Eid das Versprechen ab, seine Identität nicht preiszugeben. Unter dem Namen Roger Chillingworth lässt er sich als Arzt in Boston nieder. Unter den Honoratioren, die auf dem Balkon des Rathauses der Strafaktion beiwohnen, fällt Hesters Seelsorger, dem jungen Pastor Arthur Dimmesdale, die Aufgabe zu, sie aufzufordern, den Namen des Kindsvaters öffentlich zu nennen. Doch Hester verschweigt den Namen beharrlich – im weiteren Verlauf des Romans wird der Leser immer deutlicher erkennen, dass eben jener Pastor Dimmesdale der Vater von Hesters Tochter Pearl ist. Chillingworth sucht zwar vergebens, ihr den Namen zu entlocken, ist jedoch sicher, dass er Hesters Liebhaber intuitiv finden werde, um Rache zu üben.

Der Roman ist nicht so sehr an äußerer Handlung interessiert, sondern stellt die psychologische Entwicklung der drei von dem Ehebruch betroffenen Personen über die folgenden sieben Jahre dar. Für die Öffentlichkeit ist Hester durch ihre Verfehlung anfangs wie gebrandmarkt durch den scharlachroten Buchstaben, „eine lebende Predigt gegen die Sünde" (S. 74)[97], ja „die gestaltgewordene, verkörperte, verwirklichte Sünde" (S. 91). Doch hat Hester, die sich auf kunstvolle Nadelarbeit versteht, den Buchstaben reich verziert, so dass er fast wie ein Orden an ihrer schö-

---

[96] So lautet der Name im Original; vgl. Nathaniel Hawthorne, *The Scarlet Letter*, Penguin Popular Classics, London 1994.
[97] Nathaniel Hawthorne, *Der scharlachrote Buchstabe*. Aus dem Amerikanischen von F. Blei, dtv 13863, München 2010, S. 79.

nen, eleganten Erscheinung wirkt. Das Zeichen verleiht ihr eine Außenseiterposition: „Er [sc. der Buchstabe] hatte die Wirkung eines Zaubers, nahm sie aus den gewöhnlichen Verhältnissen und Verbindungen mit der Menschheit und hüllte sie in eine eigene Sphäre." (S. 64).

Hester hätte Boston verlassen und andernorts den Buchstaben ablegen können, doch bezieht sie eine abgeschieden am Strand gelegene Hütte, wo sie für sich und das Kind den Lebensunterhalt durch Schneidern und Kunststicken verdient. Auch wenn sie sich dies nicht eingesteht, bleibt sie, weil sie in der Nähe des geliebten Kindsvaters leben will. Zunächst bemerkt sie, „daß der Scharlachbuchstabe ihr einen neuen Sinn verliehen habe [....], daß er ihr eine sympathische Kenntnis der verborgenen Sünde in den Herzen anderer verleihe." (S. 100); sie entwickelt also eine Sensibilität für die Scheinheiligkeit anderer um sie; dennoch bemüht sie sich „zu glauben, kein sterblicher Mitmensch sei so schuldig wie sie." (S. 101). Ebenso wie der Buchstabe ist auch das Kind ein „Zeichen der Schande" (S. 62–63); doch genau wie den Buchstaben putzt Hester auch das Mädchen, das sie überdies Pearl (Perle) genannt hat – ein Indiz dafür, dass sie das Kind als Kostbarkeit betrachtet –, mit auffallender Kleidung heraus. Das Mädchen „war der Scharlachbuchstabe in einer andern Form – der Scharlachbuchstabe, welcher mit Leben begabt worden war." (S. 116). Diese Analogie nehmen auch die Bewohner Bostons wahr. Trotzdem genießt sie nach sieben Jahren wegen ihrer Kunstfertigkeit und Wohltätigkeit „eine Art von schließlich allgemeiner Achtung" (S. 181). Wegen ihrer praktizierten Nächstenliebe interpretiert man das „A" als „able" („begabt"[98]): „Der Buchstabe war das Symbol ihrer Berufung"; man sieht sie als „barmherzige Schwester" (S. 183), „der Scharlachbuchstabe [machte] den Eindruck des Kreuzes auf der Brust einer Nonne" (S. 184). Es kursieren auch Legenden, die behaupten, Hesters Buchstabe leuchte nachts bzw. der Pfeil eines Indianers sei daran abgeprallt. Allerdings zeigt Hester keinerlei Reue, sondern bewahrt sich ihren Stolz, der sich äußerlich in dem verzierten Buchstaben und dem herausgeputzten Kind manifestiert, und eine Freiheit des Denkens. Daher kann der Erzähler festhalten: „Der Scharlachbuchstabe hatte seinen Zweck nicht erfüllt." (S. 188).

Die Wirkung des ächtenden Buchstabens

---

[98] Blei übersetzt „aufrecht" (S. 183).

Die Lage des heimlichen Liebhabers

Während Hester, deren Gesetzesverstoß offen zu Tage liegt, an der Feindseligkeit und Verachtung der Gesellschaft nicht zerbricht, leidet ihr Liebhaber, der Geistliche Dimmesdale an der verborgenen Sünde. Der begabte, gebildete junge Mann ist zudem ehrgeizig. Die Bewohner Bostons bewundern ihn „beinahe wie ein[en] vom Himmel gesandten Apostel" (S. 136) und beobachten seine Kränklichkeit und den zunehmenden körperlichen Verfall mit Sorge, sehen die Ursache dafür in seinem eifrigen Studieren, Fasten und Nachtwachen. Daher vertraut man den Geistlichen der ärztlichen Fürsorge Chillingworths an. Die beiden Männer wohnen als Mieter im selben Hause[99], so dass sich ein enger Kontakt ergibt. Chillingworth bemüht sich, die Seele seines Patienten zu ergründen. Er entwickelt sich zunehmend zu einer satanischen Gestalt – bis dahin, dass er selbst Hester gegenüber sagt: „ich bin – ein Teufel!" (S. 196)[100]. Selbst die Bevölkerung nimmt unheimliche Züge an Chillingworth wahr, und es verbreitet sich die Ansicht,

der ehrwürdige Arthur Dimmesdale werde gleich vielen anderen Personen von besonderer Heiligkeit zu allen Perioden der christlichen Welt entweder vom Satan selbst oder einem Sendling des Satans in Gestalt des alten Roger Chillingworth heimgesucht. (S. 145).

Tatsächlich versucht Chillingworth, Dimmesdale zum Bekenntnis der Schuld zu bringen, die er zu Recht als Ursache seines Leidens vermutet. In einem dieser Gespräche erfährt man die Beweggründe für Dimmesdales Verhalten: Manche Menschen

so sündig sie vielleicht auch sind, haben [...] doch dessenungeachtet in ihrem Herzen Eifer für den Ruhm Gottes und das Wohlergehen des Menschen bewahrt und schrecken davor zurück, sich dem Auge der Menschen schwarz und kotbefleckt zu zeigen, weil von da an nichts Gutes mehr durch sie bewirkt, keine böse Tat der Vergangenheit durch bessere Handlungen wiedergutgemacht werden kann, so gehen sie zu ihrer eignen Qual unter ihren Mitmenschen umher und scheinen diesen weiß wie frisch gefallener Schnee, während ihre Herzen von einer Schuld befleckt und besudelt sind, deren sie sich nicht entledigen können. (S. 150).

---

[99] In der Wohnung Dimmesdales hängt ein Gobelin, auf dem David, Batseba und Nathan zu sehen sind (S. 143), die Protagonisten einer biblischen Ehebruchsgeschichte neben der mahnenden prophetischen Instanz (vgl. *2 Sam* 11–12).

[100] Hester stellt fest, dass der Hass „einen weisen und gerechten Mann in einen Teufel verwandelt hat" (S. 197), und der Erzähler wertet ihn als „Beweis der Fähigkeit des Menschen, sich in einen Teufel zu verwandeln" (S. 192).

1. Die Evangelien – Leben, Leiden, Tod und Auferstehung

Dimmesdale ist dem beständigen Druck des Arztes ausgesetzt, doch auch die öffentliche Verehrung des Volkes, das ihn für einen Heiligen hält, foltert ihn, den „reuige[n] Heuchler" (S. 164), der sich nicht dazu überwinden kann, ein öffentliches Sündenbekenntnis abzulegen. Er vollzieht lediglich „die Parodie eines Bußaktes" (S. 167), als er nachts den Pranger besteigt (XII). Die einzigen, die ihn dort sehen, sind Hester und Pearl, die er auf den Pranger zu sich bittet, sowie Chillingworth. Der Kontrast zwischen dem, was er scheint und was er ist, treibt Dimmesdale zu an Wahnsinn grenzender Verzweiflung (S. 189), zumal da er trotz aller Bußübungen keine wahre Reue empfindet (S. 216). „Glücklich bist du, [..] daß du den Scharlachbuchstaben offen auf deiner Brust trägst. Der meine glüht im Verborgenen." (S. 216). Die Aussprache mit Hester im Wald und der Entschluss, gemeinsam nach Europa zurückzukehren, bewirken eine Veränderung in dem Geistlichen. Anlässlich der Amtseinführung des neuen Gouverneurs hält er seine letzte Predigt. Danach bekennt er sterbend am Fuße des Prangers seine Schuld (XXIII): Auch er trägt einen scharlachroten Buchstaben,

Durch sein Sündenbekenntnis erweist sich der Pfarrer als „Pharisäer"

> sein eignes rotes Brandmal, nicht mehr als das schwache Abbild desjenigen […], welches das Innerste seiner Seele versengt hat! […] Mit einer krampfhaften Bewegung riß er sich die Priesterkrause von der Brust: Da war es offenbar! Es wäre jedoch ehrfurchtslos, die Offenbarung zu beschreiben. Auf einen Moment waren die Blicke der entsetzten Menge auf das grausige Wunder gerichtet" (S. 286).

Der Erzähler lässt damit offen, was auf der Brust des Geistlichen zu sehen war, suggeriert aber, dass es ich um ein A handelte: Die meisten Zuschauer hätten einen scharlachroten Buchstaben in das Fleisch eingeprägt gesehen (S. 288), über dessen Ursprung gemutmaßt wurde, doch manche hätten nur weiße reine Haut wahrgenommen[101].

Durch den Tod des Ehebrechers seines Lebenszieles beraubt stirbt Chillingworth binnen Jahresfrist und vererbt Pearl sein beträchtliches Vermögen. Hester und Pearl verlassen Boston, doch

---

[101] Dass auf der Brust des Pastors etwas sichtbar ist, deutete bereits eine frühere Szene an: Als Dimmesdale tief schläft, öffnet Chillingworth ihm das Hemd und sieht etwas, das ihn teuflisch triumphieren lässt (X, S. 157). Wenn Pearl von dem Pastor spricht, erwähnt sie stets, dass er seine Hand auf dem Herzen hat, und ahnt damit intuitiv, dass er ein Zeichen trägt wie die Mutter. „Warum trägt er es aber nicht außen auf seiner Brust wie du, Mutter?" (S. 211), fragt sie Hester einmal.

nach Jahren kehrt Hester allein zurück in die Hütte, legt den Buchstaben wieder an und führt ein wohltätiges Leben. Als sie stirbt, wird sie an der Seite Dimmesdales begraben. Ihr gemeinsamer Grabstein zeigt nur ein rotes A auf schwarzem Grund.

Bekannte und vertuschte Sünde

Hawthornes Roman schildert das Geschick zweier Liebender, die sich des Ehebruchs schuldig gemacht haben in einer Gesellschaft, die streng über die Einhaltung biblischer Gebote wacht – wie die Pharisäer und Schriftgelehrten zur Zeit Jesu. Die durch den Buchstaben, das Leitmotiv des Romans, als Außenseiterin gebrandmarkte Frau steht zu dem begangenen Ehebruch, nimmt ihr Leben selbstbewusst in die Hand und erfährt durch ihr Kunsthandwerk und ihr karitatives Wirken eine eigene Anerkennung in der Stadt. Ihr Partner dagegen, der von allen als Inbegriff eines vorbildlich frommen Lebens verehrt wird, zerbricht daran, dass er sich nicht öffentlich zu seiner Schuld zu bekennen vermag, weil er an seiner geachteten Position hängt und meint, sein Vergehen durch ein perfekt geübtes Pfarramt wettmachen zu können. Tatsächlich weiß er sehr wohl, dass er seine Sünde durch das beständige Heucheln nur noch vergrößert. Damit verkehren sich die in der puritanischen Gesellschaft geltenden Wertmaßstäbe: Die als Sünderin geächtete Hester Prynne erweist sich als lebenstüchtig und durch tätige Nächstenliebe ausgezeichnetes Glied der Gemeinschaft, während der fromme Lebenswandel ausgerechnet des Geistlichen nur geheuchelte Fassade ist, was – wie der Roman andeutet – auch für andere Bewohner Bostons gilt. So erscheint es als poetische Gerechtigkeit, dass der „Pharisäer" Dimmesdale letztlich aufgrund seiner Sünde frühzeitig stirbt, während Hester, die zu ihrem Vergehen steht und die gesellschaftliche Ächtung selbstbewusst auf sich nimmt, auf ein gelungenes Leben zurückblicken kann.

2. Apostelgeschichte und Briefe – das Entstehen christlicher Kirche und Lehre

Biblisch

- **Die Apostelgeschichte.** Die *Apostelgeschichte*, die vom Verfasser des Lukasevangeliums stammt, erzählt vom Entstehen christlicher Gemeinden nach der Himmelfahrt des auferstandenen Jesus Christus, die den Auftakt bildet (*Apg* 1,9). Als die Jünger am Tag des jüdischen Wochenfestes in Jerusalem versammelt sind, ereignet sich das Pfingstwunder (*Apg* 2): Feuerzungen vom Himmel setzen sich auf die Versammelten, ein äußeres Zeichen dafür, dass sie vom Heiligen Geist inspiriert werden. Diese Inspiration findet Ausdruck in dem Wunder, dass sie plötzlich in nie erlernten Fremdsprachen predigen können. Von der Predigt des Petrus ergriffen schließen sich etwa dreitausend Menschen den Jüngern an, lassen sich taufen und bilden so die erste Gemeinde in Jerusalem. Die folgenden Kapitel (*Apg* 3–5) schildern Wundertaten und Predigten des Petrus und Johannes, aber auch deren Verfolgung: zweimal müssen sie dem Hohen Rat Rede und Antwort stehen. Auch der Märtyrertod des Diakons Stephanus (*Apg* 6–7) illustriert die frühe Verfolgungssituation, ebenso die Hinrichtung des Jakobus sowie die Gefangennahme des Petrus, wobei Letzterer von einem Engel aus dem Kerker befreit wird (*Apg* 12). Philippus, aber auch Petrus wirken weitere Wunder und taufen die ersten nicht-israelitischen Glieder der jungen Kirche, einen Äthiopier (*Apg* 8,26–40) und einen römischen Hauptmann (*Apg* 10).

  Mit seiner wunderhaften Bekehrung (*Apg* 9) beginnt die missionarische Tätigkeit des Paulus, der als Saulus ein eifriger Verfolger der ersten Christen war (*Apg* 7,58; 8,1). Paulus gründet auf seinen Reisen zunächst Gemeinden in Kleinasien (*Apg* 11), dann auch in Mazedonien und Griechenland (*Apg* 13–21). Er setzt gegenüber der zunächst judenchristlich orientierten Urgemeinde in Jerusalem durch, dass Nicht-Israeliten Christen werden können, ohne die jüdische Beschneidungspraxis und Speisegebote zu übernehmen (*Apg* 15). Paulus als „Heidenapostel" sorgt damit für die Verbreitung des christlichen Glaubens im nordwestlichen Mittelmeerraum. Auch er ist Verfolgungen ausgesetzt und wird mehrfach inhaftiert, zuletzt in Jerusalem (*Apg* 21–23). Von dort über-

Marginalien: Die Urgemeinde in Jerusalem — Märtyrertod — Paulus

stellt man ihn nach Cäsarea, dem Sitz des römischen Statthalters (*Apg* 24–26), schließlich reist er als Gefangener nach Rom (*Apg* 27–28). Damit schildert die Apostelgeschichte das Entstehen der Kirche aufgrund der Mission der Urgemeinde in Jerusalem und den paulinischen Missionsreisen. Beides beruht auf göttlicher Beauftragung, die sich in der Geistgabe zu Pfingsten (*Apg* 2) und in der Christusvision des Paulus (*Apg* 9) ausdrückt.

Briefe

■ **Die Paulusbriefe.** Von Paulus stammt ein Teil[1] der im Neuen Testament gesammelten Briefe. Darin geht er auf Anfragen oder Probleme ein, die sich in von ihm gegründeten Gemeinden stellten. Die Paulusbriefe sind situationsbezogene Gelegenheitsschriften, die theologische Einzelfragen behandeln, also kein systematisch angelegtes theologisches Gedankengebäude sind. Lediglich der *Römerbrief* ist eine Ausnahme: Dieser Gemeinde ist Paulus nicht persönlich bekannt und stellt sich vor seinem geplanten Besuch den römischen Christen mit seiner Theologie vor, nicht zuletzt um gegen ihn umlaufende Verleumdungen zu entkräften. Während die später entstandenen Evangelien und die *Apostelgeschichte* narrative Theologie bieten, bilden und begründen die paulinischen Briefe theologisches Argumentieren, nicht zuletzt mit Hilfe der Schriftauslegung des Alten Testaments.

Apokryphe Literatur

Es liegt auf der Hand, dass die Briefe als solche durch ihren Abhandlungscharakter praktisch keine literarische Rezeption erfuhren. Die Apostelgeschichte hingegen bot in der Antike mit ihren Geschichten über Petrus und Paulus ein Vorbild für Lebensbeschreibungen exemplarischer Christen und schließlich Märtyrerakten und Heiligenlegenden. Solche legendenhaften Ausweitungen liegen in apokryphen Evangelien vor, die Leerstellen der kanonisch gewordenen vier Evangelien füllen, indem sie etwa aus Jesu Kindheit erzählen (*Kindheitsevangelium des Thomas*) oder das Leben seiner Mutter Maria darstellen (*Protevangelium des Jakobus*).

Bedeutung des Taufritus

■ **Die Taufe.** Im 6. Kapitel des *Römerbriefes* geht Paulus im Rahmen der so genannten „Rechtfertigungslehre" auf die Taufe ein, durch die der – damals erwachsene – Taufbewerber, der zum Glauben an Jesus Christus gekommen ist, in die christliche Gemeinde aufgenommen wird. Paulus erläutert die Bedeutung des Taufritus folgendermaßen: Das Taufgeschehen, bei dem

---

[1] Vgl. dazu die Einleitung zum NT.

der Taufende den Taufbewerber ursprünglich ganz unter Wasser tauchte, bildet zeichenhaft das Sterben und Auferstehen Jesu Christi ab, mit dem der Täufling von nun an verbunden ist[2]. Indem der Taufende die Taufe im Namen Jesu Christi vollzieht, wird der Täufling der Herrschaft Christi unterstellt und damit der Macht des Bösen entzogen. Durch die Taufe wird dem Menschen also das ewige Leben, das Heil zugeeignet.

Im Laufe der Kirchengeschichte wurde zunehmend die Säuglingstaufe praktiziert, die angesichts einer hohen Kindersterblichkeit sicherstellen sollte, dass auch ein früh verstorbenes Kind des Heils teilhaftig wurde. Im Volksglauben erhielt somit vor allem der Aspekt Gewicht, dass die Taufe einen Menschen vor dem Zugriff böser Mächte, insbesondere vor dem Teufel schützt.

Säuglingstaufe

Literarisch

- **Jeremias Gotthelf – *Die schwarze Spinne*.** Der Schweizer Autor Jeremias Gotthelf (1797–1854) siedelt seine Novelle *Die schwarze Spinne* (1842) in ländlicher Gegend im Berner Land an. Eine wohlhabende Bauernfamilie begeht die Taufe ihres jüngsten Sprosses, eines erst wenige Tage alten Knaben. Gotthelf schildert die ländliche Idylle und die lokaltypischen Bräuche und Mahlzeiten, die mit einem solchen Anlass verbunden sind. Nach einem reichlichen Essen nimmt die Taufgesellschaft unter einem blühenden Baum im Garten Platz, von wo aus sie auch auf das neue Haus der Familie blicken. Man entdeckt einen geschwärzten Pfosten neben einem der Fenster, der einen Fremdkörper in dem Neubau bildet und Neugier weckt. Schließlich lässt sich der Großvater bewegen, die Geschichte dieses Pfostens zu erzählen.

Rahmenerzählung: Eine bäuerliche Taufgesellschaft hört eine Erzählung

Der Großvater blickt sechshundert Jahre zurück auf die Zeit, als die Bauern von Sumiswald noch Leibeigene waren. Einer der schlimmsten Fronherren, Ritter Hans von Stoffeln, ließ die Bauern ein Schloss auf einer Höhe mitten in der Einöde bauen und verlangte anschließend noch, dass sie einen Schattengang aus hundert Buchen binnen Monatsfrist pflanzen sollten, und zwar sollten die ausgewachsenen Bäume aus dem Münneberg stammen, so dass ein längerer Transport nötig war. Niedergeschla-

Der Auftrag des strengen Fronherrn scheint unerfüllbar

---

[2] „So sind wir ja mit ihm begraben durch die Taufe in den Tod, damit, wie Christus auferweckt ist von den Toten durch die Herrlichkeit des Vaters, auch wir in einem neuen Leben wandeln." (*Röm* 6,4).

gen beklagen die Bauern auf dem Heimweg die schwere Arbeit. Da begegnet ihnen ein grüner Jäger mit roter Feder am Hut und einem roten Bart im schwarzen Gesicht, der ihnen Hilfe anbietet; als Lohn verlangt er dafür ein ungetauftes Kind. Erschrocken fliehen die Männer und berichten daheim ihren Frauen, die ebenfalls klagen – bis auf eine, die Lindauerin Christine. Als die Männer mit der Arbeit beginnen, zeigt sich, dass sie innerhalb der Frist die Aufgabe nicht bewältigen können. Es trifft sich, dass Christine zugegen ist, als der Grüne den Männern ein zweites Mal erscheint. Während die Männer fliehen, verhandelt Christine mit dem grünen Jäger und schließt den Vertrag mit ihm ab im Vertrauen darauf, dass man ihn überlisten und unbelohnt lassen könne. Der Grüne besiegelt den Handel mit einem Kuss auf Christines Wange:

Der Vertrag mit dem Teufel

> Da berührte der spitzige Mund Christines Gesicht, und ihr war, als ob von spitzigem Eisen aus Feuer durch Mark und Bein fahre, durch Leib und Seele; und ein gelber Blitz fuhr zwischen ihnen durch und zeigte Christine freudig verzerrt des Grünen teuflisch Gesicht, und ein Donner fuhr über sie, als ob der Himmel zersprungen wäre.[3]

Christine berichtet den versammelten Männern von dem Vertrag und ihrem Plan, den Grünen zu übervorteilen, so dass sie dem Handel zustimmen. Vom nächsten Tage an beginnt der Schattengang auf der Schlosshöhe beständig zu wachsen und ist zum gesetzten Termin fertig.

Angst verbreitet sich, als die Niederkunft einer Frau im Ort naht. Der Priester umsprengt das Haus der Gebärenden mit Weihwasser und tauft das Neugeborene sofort. Christine steht dabei Gevatter und spürt den Kuss auf der Wange brennen, auf der sich alsbald ein schmerzendes schwarzes Geschwür in Form einer Spinne entwickelt. Auch das nächste Neugeborene wird gerettet. Doch die Spinne in Christines Gesicht schwillt an, platzt und entlässt unzählige kleine Spinnen, die ein großes Viehsterben bewirken. Nun erzählt Christine den Männern auch von dem bislang verschwiegenen Kuss und verlangt das Opfern des nächsten Säuglings, was sie ihr versprechen. Die Spinnenplage lässt nach. Die nächste Gebärende ist zwar Christines Schwägerin, doch hindert sie dies nicht, den werdenden Vater zu bewegen, ohne Eile den Priester zu holen. Tatsächlich gelingt es Christine, des Neugeborenen habhaft zu werden und mit ihm

Die Taufe der Neugeborenen entzieht dem Teufel seinen Lohn

Die Verkörperung des Bösen durch die Spinne

---

[3] Jeremias Gotthelf, *Die schwarze Spinne*. Anmerkungen von W. Mieder, reclam UB 6489, Stuttgart 2002, S. 44,2–9.

den Treffpunkt mit dem Grünen anzusteuern. Doch der Priester trifft zeitgleich dort ein und besprengt das Kind bei der Übergabe mit Weihwasser und tauft es später im Arm der Mutter; „und jetzt war es entrissen des Teufels Gewalt auf immer, bis es sich ihm freiwillig übergeben wollte. Aber vor dem hütete es Gott, in dessen Gewalt jetzt seine Seele übergeben worden" (S. 77,10–14). Da der beherzte Priester mit der Spinne in Berührung kam, in welche Christine sich verwandelte, stirbt er alsbald.

Allenthalben herrscht Furcht und Verzweiflung, und das Gewissen der Leute regt sich. Denn unberechenbar treibt die schwarze Spinne ihr Unwesen und tötet Ritter und Bauern. Christines Schwägerin bangt um ihre beiden kleinen Kinder. Sie bohrt ein Loch in einen Balken nahe der Wiege und legt einen mit Weihwasser getränkten Zapfen bereit. Als die Spinne tatsächlich auftaucht, packt die Mutter sie mutig, sperrt sie in das Loch und schlägt trotz heftigster Schmerzen den Zapfen ein. Dies bezahlt sie mit dem Leben „und die Engel geleiteten ihre Seele zu Gottes Thron, wo alle Helden sind, die ihr Leben eingesetzt für andere, die für Gott und die Ihren alles gewagt." (S. 88,27–30). Damit kehrte Ruhe im Tal ein – und die Spinne sitzt immer noch in dem Balken.

Die Spinne wird gefangen gesetzt

Diesen Hinweis des Großvaters am Schluss seiner Erzählung vernimmt die Taufgesellschaft mit Schrecken. Schweigsam geht man zu Tisch im Haus, die Nähe des Pfostens meidend. Als Antwort auf die Frage, ob die Spinne nicht wieder herauskam, erzählt der Großvater eine zweite Geschichte. Nachdem die Leute sich mehrere Generationen zu Gott gehalten haben, hält ungefähr zweihundert Jahre später Hochmut Einzug im Tal. Der fromme Christen lebt nun in dem Haus mit dem Spinnenpfosten. Seine Mutter und seine Frau jedoch setzen sich durch, bauen ein neues Haus, in dem sie in Saus und Braus leben und überlassen den Altbau dem gottlosen Gesinde, das es dort wüst treibt und eines Tages im Übermut den Zapfen aus dem Loch zieht, so dass die Spinne entkommt und wieder ihr Unwesen treibt. Zuerst tötet sie alle Bewohner des alten und neuen Hauses außer dem abwesenden Christen und seinen Kindern. Wie seine Ahnfrau sperrt er die Spinne wieder in das Loch und opfert dafür sein Leben. Während seiner Bestattungsfeier brennt das neue Haus ab. Seither bezieht die Familie den alten Pfosten in jeden Neubau ein, erklärt der Großvater zum Abschluss seiner Erzählung. Und weil seither „rechtschaffene, gottesfürchtige Menschen, die Segen im Leben fanden und im Himmel noch mehr" (S. 113,14–17) in dem

Eine zweite Erzählung: Die Spinne wird befreit und erneut eingefangen

Haus lebten, „fürchtete [man] die Spinne nicht, denn man fürchtete Gott" (S. 113,18–19). Nachdenklich geht die Taufgesellschaft der Rahmenhandlung spät am Abend auseinander. Der Erzähler fasst am Schluss die Lehre, die die Geschichte vermitteln soll, zusammen: Die braven Leute im Tal liegen

in süßem Schlummer, wie die schlummern, welche Gottesfurcht und gute Gewissen im Busen tragen, welche nie die schwarze Spinne, sondern nur die freundliche Sonne aus dem Schlummer wecken wird. Denn wo solcher Sinn wohnet, darf sich die Spinne nicht regen, weder bei Tage noch bei Nacht. Was ihr aber für eine Macht wird, wenn der Sinn ändert, das weiß der, der alles weiß und jedem seine Kräfte zuteilt, den Spinnen wie den Menschen. (S. 117,4–13).

Die Lehre Die Gottesfurcht, die Bindung an Gott kommt in der Erzählung in der Taufe sinnfällig zum Ausdruck, da sie die Kinder, die selbst ganz passiv bleiben, dem Zugriff des Teufels entzieht. Hinzu tritt der vom tätigen Glauben getragene Opfertod des Priesters und zweier Familienmitglieder. Die Tauffeier des Rahmens, die heile Welt, kontrastiert mit der unheimlichen Atmosphäre der beiden eingebetteten Geschichten. Der Kommentar eines Vetters relativiert das vom Großvater Geschilderte: „Es ist nur schade, dass man nicht weiß, was an solchen Dingen wahr ist. Alles kann man kaum glauben, und etwas muss doch an der Sache sein, sonst wäre das alte Holz nicht da." (S. 116,1–4). Damit macht Gotthelf deutlich, dass die Geschichte auch allegorische Züge trägt und die Spinne ein symbolhaftes Element bildet, das todbringende Böse, das sich immer dann durchsetzt, wenn die Menschen gottlos sind.

3. Apokalypse – Vision der Endzeit

Biblisch

■ **Die Offenbarung des Johannes.** Nach den einleitenden Versen (1,1–3) der *Offenbarung* gibt ein Christ namens Johannes (1,4)[1] in dieser durch die Rahmenteile[2] als Brief gestalteten Schrift an sieben repräsentative Gemeinden[3] weiter, was Christus ihm durch einen Engel in Vision und Audition über die nahe Zukunft enthüllt hat. Das Buch besitzt somit prophetischen Charakter. Diese Apokalypse – so der griechische Titel der Schrift (1,1) – teilt also auf übernatürlichem Weg erhaltenes Wissen über den weiteren Verlauf der Geschichte mit, die auf ihr Ende und eine grundstürzende Zeitenwende zusteuert. Johannes erlebte die Vision, als er auf der Insel Patmos weilte, wohin er wegen der Verkündigung des Evangeliums verbannt war (1,9). Er ist damit ein Vertreter der Christen, die unter der Herrschaft Kaiser Domitians (81–96) Repressionen ausgesetzt waren. Die Botschaft, die Johannes' Schrift weitergibt, bedeutet für seine christlichen Adressaten einen Trost, da mit dem Ende der irdischen Geschichte ihre bedrängte Lage alsbald überwunden sein und im göttlichen Endgericht ihre Gegner verworfen werden, ihnen selbst dagegen Gerechtigkeit widerfahren wird. Alles Böse wird vertilgt, und durch die Erschaffung eines neuen Himmels und einer neuen Erde bricht ein neues Zeitalter an, die Heilszeit unter der Herrschaft Christi. Diese Aussichten stellt die *Offenbarung* in einer für Außenstehende verschlüsselten Weise dar, doch bedarf auch der Seher während seiner Schau bisweilen der Erläuterung, die ihm durch Deuteengel zuteil wird. Die Bilder, die vor allem für eine Verhüllung sorgen, sind zum überwiegenden Teil

Hintergrund und Anlage der Offenbarung

---

[1] Altkirchliche Tradition setzte den Verfasser der *Offenbarung* mit dem Evangelisten Johannes und damit mit dem Lieblingsjünger Jesu gleich. Da die Schrift im letzten Jahrzehnt des 1. Jahrhunderts entstanden sein dürfte, ist dies wissenschaftlich gesehen nicht vertretbar.
[2] Vgl. vor allem 1,4–6 und 22,21.
[3] An jede dieser Gemeinden richtet er ein so genanntes Sendschreiben mit Ermahnungen, im Glauben nicht nachzulassen und Ermüdungserscheinungen zu bekämpfen (Kap. 2–3).

aus dem Alten Testament, schwerpunktmäßig aus den Schriftpropheten, entlehnt. Die Bildmotive wirkten dann auch rezeptionsgeschichtlich weiter.

Vision vom Thronsaal Gottes

In den Visionen (4,1–22,5) spielt die Sieben, die Zahl göttlicher Vollkommenheit, eine wichtige Rolle. Der Geist versetzt Johannes in den himmlischen Thronsaal Gottes, wo er Zeuge des himmlischen Gottesdienstes wird. Unter denen, die Gott als König anbeten, sind auch vier himmlische Gestalten, von denen eine einem Löwen, die zweite einem Stier, die dritte einem Menschen und die vierte einem Adler gleicht (4,6–7) – diese wurden traditionell mit den vier Evangelisten identifiziert, so dass Löwe (Markus), Stier (Lukas), Mensch oder Engel (Matthäus) und Adler (Johannes) zu deren Symbolen wurden. Der thronende Gott

Das Buch mit den sieben Siegeln

hält in der Rechten ein Buch mit sieben Siegeln. Nur das Lamm – Sinnbild für Christus – ist aufgrund seines Opfertodes würdig, die Siegel zu öffnen (5). Als es die vier ersten Siegel erbricht, erscheinen als Repräsentanten von Krieg und Tod vier Reiter, „apokalyptische Reiter" genannt; das Öffnen des fünften Siegels lässt Johannes eine Schar von Märtyrern erblicken, das Aufbrechen des sechsten den Weltuntergang (6). 144.000 Auserwählte, dann auch Unzählige aus allen Völkern sowie die Engel beten das Lamm an (7). Als das Lamm das siebte Siegel öffnet (8,1), tritt absolute Stille ein.

Vernichtungsgericht

In der nächsten Vision (8,2–11,19) erscheinen sieben Engel mit sieben Posaunen. Nacheinander blasen sie in die Instrumente. Die ersten sechs Posaunenstöße lösen verheerende Plagen aus, ein vernichtendes Gerichtsgeschehen, das in der Sieben-Schalen-Vision (15–16) Analogien findet. Die siebte Posaune hingegen kündigt das Kommen der ewigen Heilsherrschaft Christi an. Doch versuchen zunächst feindliche Mächte, sich durchzusetzen: Eine Schwangere im Sonnenglanz mit Sternenkrone auf einer Mondsichel stehend und in Wehen – Sinnbild Marias, der Mutter Jesu – belauert der Drache, um das Neugeborene zu verschlingen. Doch wird der männliche Säugling zu Gott entrückt, und die Frau entflieht. Der Erzengel Michael und sein Heer besiegen den Drachen

Erzengel Michael besiegt den satanischen Drachen

– in 12,9 explizit als alte Schlange (vgl. *Gen* 3), als Teufel und Satan bezeichnet – nebst dessen Gefolge, so dass die satanischen Gestalten vom Himmel herabstürzen. Auf der Erde verfolgt der Drache die Frau und ihr Geschlecht, diejenigen, „die Gottes Gebote halten und haben das Zeugnis Jesu." (12,17), also die Christen. Nach der politischen Allegorie (13) – zwei tierische Mischwesen verkörpern politische Gegenmächte; das zweite verweist auf den römischen Kaiser und dessen Anbetungskult – kündigen Engel das Gericht an, das in das Bild der mit der Sichel vollführten (Getreide)Ernte und der Weinlese nebst des Traubenkelterns gekleidet wird (14).

Eine weitere Vision (15–16) lässt Johannes sieben Engel schauen. Jeder trägt eine Schale des Zornes Gottes. Nacheinander gießen sie diese sieben Schalen aus, aus jeder entspringt eine vernichtende Plage, die die Erde heimsucht: Geschwüre bei denen, die Anhänger des Tieres sind; Meer, alle Flüsse und Quellen werden zu Blut; die Sonne verbreitet sengende Hitze; der Euphrat trocknet aus; Gewitter und Erdbeben lassen Städte einstürzen, Inseln gehen unter, Berge verschwinden, Hagel trifft die Menschen, die trotz der Plagen weiter Gott lästern. Einer der Engel zeigt und erklärt Johannes den Untergang der Hure Babylon (17–18), einer Chiffre für das römische Kaiserreich. Nachdem im himmlischen Gottesdienst Babylons Untergang bejubelt wurde (19,1–10), tritt Christus aus dem geöffneten Himmel hervor, um seine Feinde endgültig zu besiegen (19,11–21). Tausend Jahre wird der Drache alias alte Schlange, Teufel und Satan gefangen gehalten, dann kommt er noch einmal für kurze Zeit frei, verführt auch noch einige, wird dann aber von Feuer getroffen und „in den Pfuhl von Feuer und Schwefel", also in die Hölle, gestürzt, wo er ewiger Qual ausgesetzt bleibt (20,1–10). Im Weltgericht (20,11–15) erfolgt eine Beurteilung aller nun auferweckten Toten aufgrund der Aufzeichnungen über ihre Taten. Die Verurteilten, der Tod selbst und alle, die nicht im Buch des Lebens verzeichnet sind, werden in den zweiten Tod, in den feurigen Pfuhl gestürzt.

Fortsetzung des Vernichtungsgerichts

Untergang der Hure Babylon

Weltgericht

An die Stelle der bekannten, der ersten Welt treten nun ein neuer Himmel und eine neue Erde (21). Und auch Jerusalem ist neu erschaffen, sie wird als geschmückte Braut personifiziert, die ihrem Bräutigam, dem Lamm Christus, zugeführt wird. Sie steht im Kontrast zur Hure Babylon, wird dem Seher Johannes aber wie jene von einem Engel gezeigt. Das neue Jerusalem ist quadratisch mit zwölf offenen Toren aus Perlen, besteht sonst aus Gold und Edelsteinen und wird von Christus selbst erleuchtet, der die Stelle des Tempels einnimmt. Vom Gottesthron her entspringt eine Quelle; den Strom, der sich daraus bildet, säumen Bäume des Lebens (22,1–5). Dies erinnert an den Paradiesgarten (*Gen* 2) – ein neues Paradies steht in Aussicht, in dem Gott thront. Zu ihm haben die, die ihm dienen, freien Zugang und leben ewig im beständigen Lichtglanz Gottes. Johannes selbst und seine Adres-

Die neue Schöpfung

saten dürfen die berechtigte Hoffnung hegen, in dies himmlische Paradies aufgenommen zu werden.

Abschließend (22,6–20) weist Johannes nochmals auf seinen Auftrag hin, die geschaute Botschaft weiter zu geben, weil die geschilderten Ereignisse nahe bevorstünden. Zur Bekräftigung zitiert er zudem ein Verheißungswort Christi, der alles Existierende umfasst: „Ich bin das A und das O, der Erste und der Letzte, der Anfang und das Ende." (22,13).

Das A und das O

Der Blick des Sehers Johannes in die Zukunft umfasst einerseits den Weltuntergang, andererseits eine im Jenseits daran anschließende Differenzierung zwischen den Mächten des Bösen sowie den von ihnen verführten Menschen und Gott sowie den ihm Dienenden im Jüngsten Gericht. Das Böse wird beseitigt, indem es in den Bereich der Hölle verbannt wird. Die Gerechten gehen in das himmlische Paradies ein. Literarisch wirksam sind zunächst die beiden Bereiche des Jenseits, Himmel und Hölle: In dieser Hinsicht übte die *Offenbarung* Einfluss auf die poetisch ausgestalteten Entwürfe etwa Dantes in seiner *Commedia* oder Klopstocks in seinem *Messias* aus. Schriftsteller des 20. und 21. Jahrhunderts dagegen griffen die Katastrophenszenarien des Weltuntergangs auf, die mit den apokalyptischen Reitern, den sieben Posaunen und den sieben Schalen, aber auch dem Untergang der Hure Babylon verbunden sind.

Weltuntergangsszenarien

Literarisch

- **Cormac McCarthy – *Die Straße*.** McCarthy (*1933) präsentiert in seinem Roman *Die Straße* (2006) nicht die vernichtende Katastrophe selbst – sie hat gut zehn Jahre zuvor stattgefunden –, sondern wie sie sich in der Region dauerhaft auswirkt, die einmal ein Teil der USA war. Was seinerzeit genau geschah, bleibt offen. Nur an einer Stelle klingt eine Erinnerung an, die eine nukleare Vernichtung andeutet:

Die Uhren blieben um 1 Uhr 17 stehen. Eine lange Lichtklinge, gefolgt von einer Reihe leiser Erschütterungen. […] Er ging ins Bad und betätigte den Lichtschalter, aber der Strom war bereits ausgefallen. Im Fensterglas ein stumpfer, rosiger Schimmer.[4]

---

[4] Cormac McCarthy, *Die Straße*. Deutsch von N. Stingl, Reinbek bei Hamburg [4]2007, S. 50.

3. Apokalypse – Vision der Endzeit

Ein namenloser Vater und sein ebenfalls namenloser Sohn, der bald nach Eintritt der Katastrophe geboren wurde und also etwa zehn Jahre alt ist, haben überlebt. Seit dem Selbstmord der Mutter[5] des Jungen sind die beiden unterwegs auf der asphaltierten Straße, die das Land immer noch durchzieht und zusammen mit einer zerlesenen Landkarte den Wandernden zur Orientierung in Richtung Süden dient, wo sie sich bessere Lebensbedingungen erhoffen. Ihre wenigen Habseligkeiten befördern sie in einem Einkaufswagen und einem Rucksack. Die Natur ist völlig verödet: überall Asche und Staub, tote Bäume, Unkraut, das zu Staub zerfällt. Sämtliche Tiere sind ausgestorben. Die Städte sind verbrannt. Alles ist farblos und grau. Wegen der Asche und des Staubes ist die Sonne niemals sichtbar. Frisch gefallener Schnee wird sofort grau und schmutzig. So tragen Vater und Sohn einen Mundschutz und versuchen, sich unterwegs mit Decken und Plastikplanen gegen Kälte und Nässe zu schützen und sich an ihren Rastplätzen abseits der Straße zusätzlich durch Feuer zu wärmen. Die beiden führen täglich einen Kampf um das nackte Überleben, das von mehreren Seiten gefährdet ist.

<small>Vater und Sohn nach der Katastrophe</small>

Ständig sind sie vom Hungertod bedroht. Auf der Suche nach Nahrung durchkämmen sie die verrottenden Reste der zerstörten Zivilisation: In den schon mehrfach geplünderten Supermärkten, in liegen gebliebenen Zügen oder Lastwagen, Gehöften und einsam gelegenen Häusern, schließlich, als sie die Meeresküste erreicht haben, auf einem gekenterten Schiff finden sie bisweilen nicht nur für eine Weile Unterschlupf, sondern auch Konserven, sauberes Trinkwasser in Vorratskanistern oder getrocknete Früchte und Samen sowie Brennstoff; zudem erneuern sie dort ihre zerschlissene Ausstattung an Kleidung und Decken. Trotzdem leiden sie oft Tage lang Hunger und frieren erbärmlich.

<small>Hunger</small>

Gefahr geht außerdem von den überlebenden Menschen aus. Denn ein offensichtlich größerer Teil von ihnen lebt von Menschenfleisch. Die Kannibalen haben sich zu Gruppen zusammengeschlossen und befinden sich auf der Jagd. Vater und Sohn stoßen daher nicht nur auf verwesende oder mumifizierte Leichen von Menschen, die bei der Katastrophe starben, sondern auch auf die grausige Hinterlassenschaft der Kannibalen:

<small>Andere Überlebende als Bedrohung</small>

---

[5] Ihr Motiv spricht sie aus: „Wir sind keine Überlebenden. Wir sind die wandelnden Toten in einem Horrorfilm." (S. 52).

Sie traten auf eine kleine Lichtung, der Junge an seine Hand geklammert. Bis auf das schwarze Ding, das über der Glut auf einem Spieß steckte, hatten die Leute alles mitgenommen. Er stand da und schaute prüfend in die Runde, als der Junge sich zu ihm umdrehte und das Gesicht an seinem Körper vergrub. [...] Der Mann sah genauer hin. Was der Junge gesehen hatte, war der verkohlte Leib eines Kleinkindes, ohne Kopf, ausgeweidet und auf dem Spieß langsam schwärzer werdend. (S. 177).

Ein anderes Mal gelingt ihnen beiden gerade noch die Flucht, nachdem sie in einem Kellerverlies auf nackte, verstümmelte Gefangene stießen, den lebenden Vorrat einer Kannibalengruppe (S. 100–101). Vor diesem Hintergrund bewegen sich Vater und Sohn mit äußerster Vorsicht und meiden das Zusammentreffen mit anderen Menschen. Gelingt ihnen dies einmal nicht, so begegnet zumindest der Vater den anderen mit größtem Misstrauen. Der Vater hat für den Notfall einen Revolver bei sich, der zwei – später lediglich nur noch eine – Patronen enthält. Falls sie in die Hände einer solchen Bande fallen sollten, würde der Vater den Sohn und sich selbst erschießen, um ihn und sich den zu erwartenden Quälereien zu entziehen. Die Menschenfresser sind „die Bösen", denen Vater und Sohn als „die Guten" gegenüber stehen.

Die Guten

Du wolltest wissen, wie die Bösen aussehen. Jetzt weißt du es. Vielleicht passiert das wieder. Meine Aufgabe ist es, auf dich aufzupassen. Damit hat mich Gott beauftragt. Ich bringe jeden um, der dich anfasst. Verstehst du?
Ja.
Der Junge saß da, bis über den Kopf in die Decke gehüllt. Nach einer Weile blickte er auf. Sind wir immer noch die Guten?, fragte er.
Ja. Wir sind immer noch die Guten.
Und das werden wir auch immer sein.
Ja. Das werden wir immer sein. (S. 71).

Der Vater ist überzeugt, dass es weitere Gute gibt, die sich versteckt halten (S. 164)[6]. Die Guten zeichnen sich dadurch aus, dass sie Menschlichkeit bewahren – das heißt vor allem konkret, dass sie keine Kannibalen sind (S. 116). Der Vater hat den Jungen unterrichtet, nicht nur im Lesen und Schreiben, sondern er hat ihm auch Werte vermittelt. So ist es dem Jungen wichtig, dass sie nur Lebensmittel nehmen, die niemandem mehr gehören – dem Grundsatz des Vaters entsprechend: „wir stehlen

---

6 „Also ich glaube nicht, dass wir auf der Straße unbedingt irgendwelche Guten treffen."; S. 135.

niemandem seine Sachen." (S. 215). Als sie einen bislang unentdeckt gebliebenen Bunker in einem Garten entdeckt und einige Tage wie in einem Paradies gelebt haben, dankt der Junge den unbekannten Verstorbenen in einer Art Gebet:

Liebe Leute, danke für das ganze Essen und die Sachen. Wir wissen, dass ihr es für euch selbst aufbewahrt habt, und wenn ihr hier wärt, würden wir es nicht essen, ganz gleich wie hungrig wir wären, und es tut uns leid, dass ihr nichts davon bekommen habt, und wir hoffen, dass ihr im Himmel beim lieben Gott in Sicherheit seid. (S. 131).

Der Junge erträgt es daher nur schwer, als der Vater zu ihrer beider Verteidigung einen Menschenfresser erschießt oder einen Mann, der ihren Einkaufswagen mit allen ihren Lebensmitteln gestohlen hat, aufspürt, ihn bedroht und nackt auf der Straße zurücklässt. Der Junge setzt sich mitleidig für die Einzelnen ein, denen sie begegnen, so dass der Vater ihnen etwas zum Essen gibt.

McCarthy lässt seine Leserschaft mit den beiden Protagonisten bangen und sorgt damit für Spannung. Ständig mit dem allgegenwärtigen Tod konfrontiert sprechen Vater und Sohn immer wieder über den Tod, wohl wissend, dass er sie jeden Augenblick ereilen kann. Für den Vater ist klar: „Dass der Junge das Einzige war, was zwischen ihm und dem Tod stand." (S. 29). Bei aller Trostlosigkeit der Lebensbedingungen ist es die Liebe zwischen dem Vater und dem Jungen, die Menschlichkeit, die sie sich bewahrt haben, die einen positiven Akzent setzt. Beide „bewahren das Feuer", wie sie sich gegenseitig versichern. Der Junge ist als ein Hoffnungsträger gestaltet, der an einigen Stellen durch biblische Anspielungen geradezu messianische Züge[7] trägt. Als sie einen abgemagerten Alten treffen, der sich als „Ely" – ein Anklang an den (hier seltsam pervertierten) alttestamentlichen Propheten Elia – vorstellt, bewegt der Junge den Vater, den Alten zum Essen einzuladen. Ely spricht mit dem Vater über das Sterben, „[..] vielleicht wünschte ich, ich wäre gestorben. Wenn man am Leben ist, hat man das immer vor sich." (S. 150), und über die Frage, wie man wissen kann, möglicherweise der letzte noch lebende Mensch zu sein.

Tod und Liebe

---

[7] So bereits am Anfang des Romans: Der Vater denkt über den Jungen „Wenn er nicht das Wort Gottes ist, hat Gott nie gesprochen." (S. 8; vgl. *Joh* 1, wo Jesus Christus als Wort Gottes bezeichnet wird).

> Man würde es wahrscheinlich gar nicht wissen. Man wäre es bloß. [...]
> Gott würde es wahrscheinlich wissen. Ist es das?
> Es gibt keinen Gott.
> Nein?
> Es gibt keinen Gott, und wir sind seine Propheten. (S. 151).

Der Sohn als Messias Der Alte äußert sich in der ihm eigenen paradoxen Weise auch über den Jungen:

> Als ich den Jungen gesehen habe, habe ich gedacht, ich wäre gestorben. Sie haben geglaubt, er wäre ein Engel?
> Ich wusste nicht, was er war. Ich hätte nie gedacht, dass ich nochmal ein Kind zu Gesicht bekomme [8]. Ich wusste nicht, dass das passieren würde.
> Und wenn ich nun sage, er ist ein Gott?
> Der Alte schüttelte den Kopf. Über so was bin ich hinaus. Schon seit Jahren. Wo keine Menschen leben können, ergeht es Göttern nicht besser. Das werden Sie schon noch sehen. Es ist besser, allein zu sein. Deshalb hoffe ich, es stimmt nicht, was Sie sagen, denn mit dem letzten Gott unterwegs zu sein wäre schrecklich, deshalb hoffe ich, es stimmt nicht. Wenn alle weg sind, wird alles besser. [...] Wenn wir alle endlich weg sind, wird niemand mehr da sein außer dem Tod, und dessen Tage sind dann auch gezählt. Dann steht er da draußen auf der Straße, hat nichts zu tun und niemanden mehr, den er holen kann [9]. Wo sind denn alle hin?, wird er sagen. Genau so wird das dann sein. (S. 153–154).

Hoffnung Der Roman endet allerdings doch mit einem Hoffnungsschimmer. Nachdem der Junge von einer fieberhaften Erkrankung wieder genesen ist, erliegt der Vater alsbald einer Lungenerkrankung, deren Symptome – Husten und blutiger Auswurf – sich auf der Reise steigerten. Doch der Junge findet Aufnahme in einer vierköpfigen Familie von „Guten". Als der Vater sein Ende kommen fühlt, erklärt er dem Kind, „Du musst das Feuer bewahren." Auf die Frage des Jungen, „Wo ist es?", antwortet er, „Es ist in dir. Es war immer da." (S. 246). Hier mag man das Feuer, das sonst im Roman als zerstörendes Element vorkommt, als Anspielung auf den (Heiligen) Geist verstehen.

Auch der letzte Absatz des Buches scheint eine Zukunftsperspektive aufscheinen zu lassen:

---

[8] Dies erinnert an den alten Simeon, der im Tempel die Geburt des Messias erwartet und ihn in dem Säugling Jesus erkennt, vgl. *Lk* 2,25–35.

[9] Dies kommt einer sarkastischen Überwindung des Todes gleich, die biblisch durch Christi Auferstehung geschieht.

In den Bergbächen gab es einmal Forellen[10]. Man konnte sie in der bernsteingelben Strömung sehen, wo die weißen Ränder ihrer Flossen sanft im Wasser fächelten. Hielt man sie in der Hand, rochen sie nach Moos. Glatt, muskulös, sich windend. Ihr Rücken zeigte wurmlinige Muster, die Karten von der Welt in ihrer Entstehung waren. Karten und Labyrinthe. Von etwas, das sich nicht rückgängig machen ließ. Nicht wieder ins Lot gebracht werden konnte. In den tiefen Bergschluchten, wo sie lebten, war alles älter als der Mensch und voller Geheimnis. (S. 253).

In minimalistischer Sprache erzählt McCarthy von der Endzeit. Auch die Dialoge zwischen Vater und Sohn beschränken sich auf das Notwendigste, einzig Beschreibungen von handwerklichen Tätigkeiten des Vaters, z.B. die Herstellung einer behelfsmäßigen Lampe, sind detailliert und illustrieren Geschick und Erfindergeist des Vaters, aber auch die Wichtigkeit von scheinbar Unbedeutendem für das Überleben. Die beiden Protagonisten halten trotz allem an Gott fest – in dieser Hinsicht ähneln sie Hiob. Trotz aller Schrecknisse in dieser Welt nach der Katastrophe deutet sich überdies – wenn auch zurückhaltend – an, dass es eine Zukunft geben kann. Die Sprachwelt ist – wie die wenigen genannten Beispiele illustrierten – in der Darstellung von Verzweiflung und Hoffnung durchtränkt von biblischen Anspielungen, die über die *Offenbarung des Johannes* hinaus weisen.

McCarthys Endzeitvivion

---

10 Die Fische mögen auf den *Ez* 47,9–10 beschriebenen Fischreichtum, der in dem vom Heiligtum Gottes ausgehenden Strom herrscht, anspielen und insofern ein verborgenes Paradies assoziieren.

Auswahlbibliographie

Beispiele für einschlägige Textsammlungen
- *Die Bibel in den Worten der Dichter*, hg. B. KIRCHER, Freiburg i.Br. 2005. Anthologie, die nicht nur Lyrik, sondern auch Kurzprosa und Ausschnitte aus epischen Werken bietet.
- *Poetry in English Inspired by the Bible*, hg. R. ATWAN /L. WIEDER, Oxford 1993; Vol. 1: Genesis to Malachi; Vol. 2: Gospels to Revelation. Lyrik-Anthologie.
- *Gebete der Dichter*. Große Zeugnisse aus 12 Jahrhunderten, ausgewählt von A. WEIMER, Düsseldorf 2006. Anthologie deutschsprachiger Gebetslyrik.
- KUSCHEL, K.-J., *Jesus im Spiegel der Weltliteratur*. Eine Jahrhundertbilanz in Texten und Einführungen. Düsseldorf 1999. Nach thematischen Aspekten geordnete Anthologie von erzählenden Kurztexten und Romanausschnitten mit einführenden Informationen über die Autoren und Werke.

Hinweise auf Rezeption biblischen Materials in der Literatur sind zu finden in:
- FRENZEL, E., *Stoffe der Weltliteratur*. Ein Lexikon dichtungsgeschichtlicher Längsschnitte, Stuttgart ^{9}1998.
- FRENZEL, E., *Motive der Weltliteratur*. Ein Lexikon dichtungsgeschichtlicher Längsschnitte, Stuttgart ^{5}1999.
- BOCIAN, M., *Lexikon der biblischen Personen*. Mit ihrem Fortleben in Judentum, Christentum, Islam, Dichtung, Musik und Kunst. Stuttgart 1989.
- JEFFREY, D.L. (hg.), *A Dictionary of Biblical Tradition in English Literature*, Grand Rapids, Michigan 1992.

    Dabei ist einschränkend zu bedenken, dass hier überwiegend solche Werke genannt werden, deren biblische Bezüge deutlich auf der Hand liegen.

Noch stärker eingeschränkt ist der Überblick in
- KRANZ, G., *Lexikon der christlichen Weltliteratur*. Freiburg i.Br. 1978.
    Der Verfasser betrachtet „christliche Literatur", also Werke, deren Autoren die christliche Botschaft verbreiten wollten. Daher umfassen die Überblicke über christliche Literatur in verschiedenen Na-

tionalsprachen und das Autorenlexikon auch kirchliches (Predigten) und theologisches Schrifttum (z.B. Karl Barth).
- TISCHLER, N.M., *Thematic Guide to Biblical Literature*, Westport, Conn. / London 2007.
Schwergewicht auf englischer Literatur, doch auch darüber hinausgehend. Jeweils nach kurzer Einleitung gibt es einen biblischen Überblick gefolgt von einer Betrachtung literarischer Umsetzungen. Themen: Schöpfung, irdisches Paradies, Natur, Tier und Mensch, Versuchung und Sünde, Gottes Liebe und menschliche Antwort, Freunde und Familie, Liebe und Ehe, der Held, Frauen als Helden, die Lebensreise, Sklaverei und Freiheit, Krieg, gute Menschen, Gerechtigkeit, Herrschaft und Politik, Vorherbestimmung und freier Wille, Wahrheit, Tod und Jenseits, die letzten Tage.

- LANGENHORST, G., *Theologie und Literatur*. Ein Handbuch. Darmstadt 2005.
Dieser auf den deutschen Sprachraum beschränkte Forschungsbericht bietet einen Überblick über Erträge, Tendenzen und Perspektiven des interdisziplinären Forschungsfeldes Theologie und Literaturwissenschaft seit 1970.
Das umfangreiche Literaturverzeichnis führt Werke zu Grundsatzfragen des Verhältnisses zwischen Bibel und Literatur sowie zur religionspädagogischen Nutzung an; darüber hinaus Beiträge, die sich mit einzelnen Autoren und deren Bibelrezeption befassen.

Dokumentation zweier Forschungsprojekte:
- LINK, F. (hg.), *Paradeigmata*. Literarische Typologie des Alten Testaments. 2 Bände, Berlin 1989.
Der erste Teil/Band behandelt in Einzelbeiträgen Literatur „von den Anfängen bis zum 19. Jahrhundert", der zweite Teil/ Band widmet sich dem 20. Jahrhundert. Die Artikel verfolgen jeweils entweder ein biblisches Element (Die Gestalt Sauls in der frühen jüdischen Überlieferung; Die Sintfluterzählung in der modernen englischsprachigen Literatur) oder befassen sich mit einzelnen Nationalliteraturen (Das AT in der italienischen Literatur), Autoren (Ismael, Hiob, Jakob: Alttestamentarische Typologie bei August Strindberg) oder Werken (Der Paradiesesmythos in Charles Péguys *Ève*). Am Schluss des 2. Bandes liefert der Herausgeber als Ertrag eine Zusammenschau der Beiträge unter den Rubriken „Themen", „Perioden", „Varianten" und „Bibel/ Mythos".

- SCHMIDINGER, H. (hg.) *Die Bibel in der deutschsprachigen Literatur des 20. Jahrhunderts*. Mainz 1999. Die Autoren verfolgen das Ziel, die Bedeutung der Bibel (AT und NT) für die deutschsprachige moderne und Gegenwartsliteratur nachzuweisen.
Band 1: Formen und Motive, enthält Beiträge zu einleitenden und grundlegenden Fragen sowie drei Aufsätze, die den biblischen Ein-

fluss auf sprachlich-formale Gestaltung betrachten (Rätsel und Lehre; Psalmen; Verkündigung). Es folgt eine Reihe von Darstellungen ausgewählter Motive wie z.B. Erschaffung der Welt, das Prophetische, Erlösung, Apokalypse.
Band 2: Personen und Figuren. Befasst sich mit biblischen Figuren (Hiob; Jesus; Lazarus) oder Personengruppen (Richter; Könige; Frauen), aber auch mit dem Gott Israels, dem christlichen Gott oder dem Antichrist.

Aus der Fülle von Studien und Sammlungen von Einzelaufsätzen seien nur einige wenige genannt.
- GELLNER, C., *Schriftsteller lesen die Bibel*. Die Heilige Schrift in der Literatur des 20. Jahrhunderts. Darmstadt 2004.
  Behandelt in Einzelkapiteln deutschsprachige Autoren: Else Lasker-Schüler, Rose Ausländer, Grete Weil, Hilde Domin, Wolfgang Hildesheimer, Erich Fried, Heinrich Böll, Günter Grass, Günter Kunert, Christine Lavant, Ingeborg Bachmann, Anna Seghers, Stefan Heym.
- EBACH, J. / FABER, R. (hg.), *Bibel und Literatur*, München 1995.
  In seiner Dreiteilung illustriert dieser Band die unterschiedlichen Schwerpunkte des Gebietes: auf historisch-theologische Überlegungen folgen Beiträge zur neuzeitlichen Bibelrezeption aus literaturwissenschaftlicher Sicht (Calderón, Heine, Thomas Mann) sowie Überlegungen von Theologen über die Bibel als Literatur, d.h. deren literarische Qualität (Beispiel: David und Goliat; Ruth).
- KLEFFMANN, T. (hg.), *Das Buch der Bücher*. Seine Wirkungsgeschichte in der Literatur. Göttingen 2004.
  Sammlung der acht Beiträge einer Ringvorlesung (Hiob; lateinische Bibelepik, französische Literatur, Gen 3, Shakespeare, Melville, Thomas Mann, Christus in russischer Literatur).

Register

Abendmahl 89, 230, 260, 271, 276
Abraham 22, 72, 73–75, 83, 86–88, 93, 95, 130, 135, 240, 251, 265–266, 272, 274 Anm. 39
Adam 11, 28, 36, 38–43, 44, 45, 56, 61, 84, 270, 273, 274 Anm. 39, 276
Ägypten 22, 73 Anm. 91, 78–79, 88, 94–96, 97–100, 252
Arche 63, 65, 229
Auferstehung 258, 262, 268, 274–275, 286
Auferweckung 119, 120, 255, 263, 266

Baum 26, 28, 38, 56, 200, 321
Bekehrung 133, 218, 219
Bekenntnis 178, 191, 218
Berg 101, 102, 103, 105, 109, 152, 182, 200, 229, 275
Bergpredigt 199, 254, 289
Berufung 98, 211, 254
Böses 29–30, 36–37, 45, 49, 53, 219, 222
Brot 99, 184 Anm. 23, 256, 260, 264, 267
Bruderkonflikt, -mord 51–52, 75–76, 78–70, 80, 90, 265
Bund 64, 74, 93, 98, 104–105, 123

Cherub(im) 11, 29, 37, 57, 214, 272

David 5, 131, 133–134, 135–141, 147–148, 149, 153, 166 Anm. 52, 174, 180, 235, 243, 248, 251, 274 Anm. 39, 310 Anm. 52
Drache 28, 320–321

Ehe 192–195
Ehebruch 138, 227, 267, 307–310
Elia 152, 155–157, 219, 223, 253, 256, 261, 325
Engel 10, 37, 60, 65, 66–67, 87, 108, 110, 126, 131, 152, 191, 225, 241, 262, 265, 269, 272, 313, 319–321
Entrückung, s. Himmelfahrt
Erzengel 7, 8, 37
– s. auch Gabriel, Michael, Raphael, Uriel
Eva 28, 36, 38–43, 45, 51, 56, 61, 274 Anm. 39

Frau, verhängnisvolle (*femme fatale*) 81, 127, 293
Feuer 71, 74, 98, 100, 103, 156–157, 215, 233, 265, 313, 323, 325–326
Fisch 161, 218, 220, 256
Fluch 28, 43, 52, 159

Gabriel 7, 39, 110, 252, 270, 274–275
Garten 25, 32–35, 208, 260
Geist, Heiliger 158, 216, 252–253, 313, 326
Geisterbeschwörung 11, 137, 143, 145
Gerechtigkeit Gottes 188, 190, 257
Gesalbter s. Messias
Gewitter s. Unwetter
Gut und böse 26–27, 35, 190, 198, 324

Herz 99, 150, 196, 215
Himmelfahrt 62, 152, 264
Himmelsleiter 76, 89, 135
Himmelsreise 57, 93, 242

Himmelsstürmer 55, 71
Hiob 7, 8, 162, 166 Anm. 52, 185–191, 274 Anm. 39, 327
Hirte 98, 136, 179, 200, 252, 268
Hochzeit 192, 228, 257
Hölle 37, 38, 57, 239, 240–241, 265–266, 273, 275, 321, 322

Isaak 22, 72, 75–77, 83, 90–91, 272, 274 Anm. 39

Jakob 22, 54, 72, 75–78, 83, 86, 89–96, 135, 274 Anm. 39, 304
Jesus Christus 21, 36, 43–44, 59, 113, 120, 131–132, 134, 136, 138, 155, 200, 248–249, 250–268, 269–281, 286, 288, 295–297, 307, 313–315, 319–322
Josef 22, 54, 78–80, 83–96, 304
Jüngstes Gericht (Tag) 36, 43, 234, 322

Kain 51–52, 53–61, 91
Kreuz 113, 134, 261, 263, 266–267
Krippe 108, 252

Lamm 99, 320–321
Lazarus 119, 265, 266, 271, 274, 276
Luzifer 30, 37, 57, 241
– s. auch Satan, Teufel
Löwe 126, 132, 225, 320

Märtyrer 113, 160, 200, 313, 320
Maria 135, 150, 208, 242, 252, 272, 297, 314, 320
Messias 20, 69, 138, 149, 153, 235, 248, 253
Michael 7, 37, 44, 110, 320
Mose 5, 32, 97–111, 113, 122, 136, 155, 180, 240, 256, 266, 272

Paradies 30, 33, 34, 36, 38, 40, 44–45, 56, 60, 84–85, 242, 264, 279, 321
Posaune 103, 122, 123, 271, 320
Prüfung 45, 75, 86, 188, 193–195

Raphael 7, 39, 161–162

Salomo 138–139, 150, 166 Anm. 52, 180, 196, 202, 207, 274 Anm. 39
Satan 7, 30, 35–46, 186, 189, 270–271, 272–273, 320–321
– s. auch Luzifer, Teufel
Schlange 9, 12, 26–29, 40–42, 44, 56, 98–99, n 101, 208, 320–321
Schöpfer, Schöpfung 8, 12, 23–30, 31–32, 48–50, 177, 182, 187, 219–220, 229, 295
Segen 24, 64, 76, 77, 79, 81, 90–91, 95, 102
Seraph(im) 213, 215, 241, 271
Sintflut 63–67, 84, 229, 231
Sodom 74, 81, 292
Sündenfall 9, 11, 12, 26–29, 34–35, 36–37, 40–43, 45, 53, 60, 85, 208, 270

Taube 63, 64, 66, 67, 253
Teufel 10, 30, 35, 118, 1181, 191, 241, 253, 270, 315–317, 320–321
– s. auch Luzifer, Satan
Traum 39, 76, 78–79, 89, 142, 158, 199, 224–225, 236, 239, 252, 271, 274
– s. auch Vision
Tierfriede 33, 44, 235
Turm 70, 84, 229, 230–231

Unwetter 66, 68, 103, 129, 182, 187, 233
Umkehr 192, 211, 231, 253
Uriel 38, 273

Vision 44, 158–159, 211, 226, 314

Weg 197, 198–201, 268
Wein, Weinberg, Weinstock 152, 184 Anm. 23, 233–234, 256, 258, 260, 266, 268
Weisheit 150, 166, 189, 196, 198, 202
Wüste 97, 100–101, 215
Wunder 98, 120, 122, 152, 225, 255–256, 266–267, 295–301, 313

Zahlen
- Drei 39, 103, 186, 220, 222–223, 260
- Sieben 24, 76–77, 122, 162, 186, 242, 320–321
- Zwölf 77, 95, 112, 253, 256, 321
- Vierzig 100, 101, 138, 223, 253, 254

Ferdinand Hahn
Theologie des Neuen Testaments
Band I: Die Vielfalt des Neuen Testaments –
Theologiegeschichte des Urchristentums
Band II: Die Einheit des Neuen Testaments –
Thematische Darstellung

In diesem Lehrbuch der neutestamentlichen Theologie verdeutlicht Ferdinand Hahn nicht nur die Vielfalt des urchristlichen Zeugnisses, sondern er behandelt in einer selbst für Laien verständlichen Sprache auch ausführlich die Einheit des Neuen Testaments anhand von Einzelthemen.

Aus Rezensionen zur 2. Auflage:
»F. Hahn […] hat eine enorme Arbeit geleistet. […] Selten kann man einen Text lesen, dessen Argumentation so gut und folgerichtig verläuft wie die Hahns. Er ist tatsächlich ein großer Meister der deutschen Sprache.«
Timo Laato in *Lutherische Beiträge* 14 (2009), S. 196–198

»Theologien des NT haben vor allem im protestantischen Bereich […] eine große Tradition, in diese reiht sich der verdiente Autor ein und setzt einen weiteren Meilenstein in dieser Gattung theologischer Literatur. […] Ein großes Werk, das hohen Respekt verdient!«
Rudolf Hoppe in *Biblische Bücherschau* 2 (2007), S. 126–127

»Indeed, in terms of its critical sophistication and attempt at theological synthesis, Hahn's work is the most significant Theologie to emerge since Bultmann's.«
C. Kavin Rowe in *Journal of Biblical Literature* 125 (2006), pgs. 393–410

3., nochmals durchgesehene
Auflage 2011.
C, 1736 Seiten (2 Bände).
(UTB Mittlere Reihe 3500).
ISBN 978-3-8252-3500-0
Broschur

Mohr Siebeck
Tübingen
info@mohr.de
www.mohr.de

Nicole Kuropka
Melanchthon

Zu den großen Reformatoren zählt Philipp Melanchthon, der wichtigste Kollege Martin Luthers. Er kam als Griechischprofessor an die Wittenberger Universität und entwickelte sich schnell zu einem einflussreichen Wissenschaftler als Philologe, Philosoph und Theologe. So wurde er zum unermüdlichen Ausleger der Heiligen Schrift und zum Lehrer der Reformation, der zudem die protestantischen Bildungsideale begründete und umsetzte. Auf Reichstagen und bei Religionsgesprächen vertrat er die evangelische Lehre, welche er grundlegend im Augsburger Bekenntnis (1530) zusammenfasste. Der Bekenntnistheologe zu Augsburg wurde in der Folge auch zum politischen Gelehrten der Reformation, der sich nicht zu schade war für das mühselige Geschäft des Verhandelns, Befriedens – und auch Scheiterns. Wer in das Leben und Wirken dieses Universalgelehrten eintaucht, dem begegnet nicht nur eine faszinierende Persönlichkeit, sondern auch die Geschichte der Reformation in ihren zahlreichen Facetten.

»Die Lektüre dieses Buches weckt zweifellos Lust auf mehr Wissen über Melanchthon.«
Martin Schreiner in *Theo-Web. Zeitschrift für Religionspädagogik* 9 (2010), S. 335

2010. V, 143 Seiten
(UTB Profile 3417).
ISBN 978-3-8252-3417-1
Broschur

Mohr Siebeck
Tübingen
info@mohr.de
www.mohr.de